大道上的

老子

—— 《道德经》与大众传播学

谢清果 编著

九州出版社 | 全国百佳图书出版单位 JIUZHOUPRESS

图书在版编目（CIP）数据

大道上的老子：《道德经》与大众传播学 / 谢清果
编著. -- 北京 : 九州出版社，2016.8
ISBN 978-7-5108-4556-7

Ⅰ．①大… Ⅱ．①谢… Ⅲ．①道家②《道德经》－关
系－大众传播－研究 Ⅳ．①B223.15

中国版本图书馆CIP数据核字(2016)第170699号

大道上的老子：《道德经》与大众传播学

作　　者	谢清果　编著	
出版发行	九州出版社	
地　　址	北京市西城区阜外大街甲 35 号 (100037)	
发行电话	(010)68992190/3/5/6	
网　　址	www.jiuzhoupress.com	
电子信箱	jiuzhou@jiuzhoupress.com	
印　　刷	北京九州迅驰传媒文化有限公司	
开　　本	720 毫米 ×1020 毫米　16 开	
印　　张	24.5	
字　　数	403 千字	
版　　次	2016 年 9 月第 1 版	
印　　次	2016 年 9 月第 1 次印刷	
书　　号	ISBN 978-7-5108-4556-7	
定　　价	72.00 元	

"中央高校基本科研业务费专项资金资助"（Supported by the Fundamental Research Funds for the Central Universities）项目"大道上的老子——老子智慧与大众传播学"（项目编号：20720151259）

厦门大学传播研究所　成果
厦门大学华夏文明传播研究中心　成果
厦门大学老子道学传播与研究中心　成果

厦门大学

哲学社会科学繁荣计划

2011—2021

厦门大学华夏文明传播研究文库

顾问

黄星民（厦门大学新闻传播学院教授，博导）

詹石窗（四川大学老子研究院院长，博导）

学术委员会

主　任：孙旭培（中国社会科学院）

委　员（以姓氏笔画为序）：

马成龙（香港浸会大学传理学院）

尹韵公（中国社会科学院新闻与传播所）

吕　行（美国迪堡大学）

庄鸿明（厦门大学新闻传播学院）

孙　玮（复旦大学新闻学院）

李　彬（清华大学新闻传播学院）

肖小穗（香港浸会大学传理学院）

肖东发（北京大学新闻与传播学院）

吴　飞（浙江大学传媒与国际文化学院）

吴予敏（深圳大学传播学院）

吴廷俊（华中科技大学新闻与信息传播学院）

汪　琪（台湾政治大学传播学院）

邵培仁（浙江大学传播研究系）

陈国明（美国罗德岛大学传播研究系）

陈韬文（香港中文大学新闻与传播学院）

陈嬿如（厦门大学新闻传播学院）

张惠晶（美国伊利诺大学芝加哥分校）

张铭清（厦门大学新闻传播学院）

林升栋（厦门大学新闻传播学院）

罗　萍（厦门大学新闻传播学院）

总　序

一、文明传播：文明的传播与传播的文明

　　"文明传播"概念的提出与理论阐释已经成为中国传播学界一个别样的探索方向。从"文明传播"的视角来审视人类文明的发展规律以及背后的传播机制是人类自我反省的必然要求，而文明传播研究的成果从根本上有具有指导人类文明航向的意义。

　　"文明传播"问题的提出源于20世纪90年代中国社会科院新闻与传播研究所的几位传播学研究者与《北京日报》《人民日报》《光明日报》、中央电视台首都新闻共同发起了声势浩大的"文明工程"运动。得益于"文明工程"运动实施引发了"文明传播"问题的思考，并于2006年12月在北京召开的中国首届"文明论坛"上提出建构"文明传播学"的观点。2007年8月"文明传播的跨学科研究与学科创建"课题作为中国社会科学院资助重点课题获得立项，主要参与者有季燕京、毛峰、王怡红、杨瑞明、张丹、胡河宁、胡翼青、刘明等人。季燕京、毛峰于2007年的《中国社会科学院院报》上发表《以文明传播思想为核心的传播哲学》一文，文章认为："以文明传播思想为核心的传播哲学认为，信息传播最深刻的起源应当在人类的社会实践—认识结构之中，其最核心的基础和根本问题是社会认识的主体性起源。同时，任何社会认识的主体性都应当是基于社会实践主体性之上的。也就是说，社会实践中的各种利益关系、组织方式以及不同主体所处的社会历史地位，这是社会认识中主客体关系的基础或依据。因此，真正了解社会传播的主客体关系及其主体性问题，包括起源和形成，都应当从社会的利益关系、组织关系、

物质条件以及相应的认知模式中寻求答案。"总而言之，文明传播追求的是自觉审视社会整合中的通过社会组织方式而实现的利益交换整合和通过社会传播结构而实现的信息交换的整合，从而形成与当代和谐社会理念相配合的传播文明视域。毛峰则是较早关注文明传播且富有成就的学者，他从研究《帝国与传播》《传播的偏向》入手，提示出伊尼斯的文明传播观："文明在确立、生长、扩张与绵延的过程中会不断遭遇传播问题：政治权力与经济利益是否合理流动分配、文化价值是否被大多数社会成员共享共信，是这一文明能否实现内部整合的基础；而在外部扩张上，文明对自然的开发是否超过自然所能忍受并自我修复的限度、文明是否能合理对待其他文明中的社区与人群，更成为文明生死存亡的关键。文明在传播过程中时常出现的'偏向'与失衡，往往致文明以死地。文明传播的悖论在于：文明在物质、技术以及媒介层面的进步，常常打乱了固有的文明传播秩序，尤其是文化信息的骤然增加与分歧杂乱，使原本共享共信的文明价值被怀疑并否弃，最终使文明成为传播的牺牲品，文明由于传播的偏向而堕入战乱、崩溃等非文明的野蛮状态。"[1] 如此看来，文明传播研究的价值与意义在于自觉维护人类文明永续发展，促进和保障人类生活和谐。毛峰从中国的《论语》中找到防止文明传播异化的指导思想，他认为："孔子提出的救济传播的偏向、失衡与异化的原则是对文明传播活动施以道德指引，使文明传播活动回归其逐渐偏离的自然秩序（道）与社会秩序（德），赋予文明传播牢不可破的道德基础，使文明水葆活力、持久与和谐。"[2] 中华文明上下五千的智慧蕴藏着丰富的文明传播理念。毛峰认为"文明传播的法则是自然生态与人类活动的良性平衡"，中华文明在漫长的历史长河中养成中国的"文明模式"："以儒家思想为中心，辅以道家等先秦思想而形成的中国世界观，确保了中华文明在绵延五千年的悠久岁月中取得独步世界的辉煌成就，其尊崇爱护自然、力行道德教化、追求精神提升、万物和谐的文明模式，在世界其他文明盛衰不定的历史急流中，保障了中华民族的长期统一、稳定、繁荣、与他民族和谐共存等高度可持续性。"[3]

　　2012 年 11 月，《文明传播的哲学视野》一书作为"文明传播的跨学科研

---

① 毛峰：《文明传播的偏向与当代文明的危机——伊尼斯传播哲学中的历史智慧》，《史学理论研究》，2005 年第 2 期。

② 毛峰：《回归道德主义：孔子文明传播思想论析》，《南开学报》（哲学社会科学版），2005 年第 3 期。

③ 毛峰：《文明传播的秩序——中国人的智慧》，中国传媒大学出版社，2005 年版，第 13 页、前言第 4 页。

究与学科创建"的结项成果正式出版，"文明传播"理论得以完整呈现。该书分"关于文明传播的基本认识""传播学的反思与中国学派的传播哲学""中华文明传播的原理探索""中华商业文明及其传播机制的历史反思""文明的转型与发展传播理论的反思""文明跃迁进程中的组织变革与战略理性"6篇共34章。该书的问题意识在于"中华文明何以传播承续至今而不中断""现代传播学为什么不能解释中国历史和现实社会的重大和基础性问题""文明转型过程中涉及什么样的传播思想、传播结构、重大社会理论和组织方式问题"而"文明传播"概念的基础内涵在于人类在克服人与自然、人与社会、人与自身之间重重矛盾的努力中所达到的历史进度和高度。显然，"文明传播"的目标是和谐，实现和谐传播的方法和途径是对话和反思。其中，"文明传播"作为概念，是"文明的传播"与"传播的文明"的统一。前者强调的是"文明"在传播中生成和发展；后者强调"传播"亦是在"文明"的观照下进行的，传播活动本身也进行着"文明"的洗礼。正所谓"文明通过传播，走向对话语境，达到和谐。传播是表明文明的手段，是显露文明的平台，传播的对话方式是实现和谐社会的有效途径。"①

二、华夏文明传播：华夏传播学的理论特质

"华夏传播"的提法，最早出现在《华夏传播论》一书中。然而书中却未对这一概念作说明。《华夏传播论》最初拟名"中国古代文化传播概论"或"中国传统文化中的传播"，最后正式出版时改为现名。可见，当时"华夏传播"仅作为书名的缩写形式出现，还没有鲜明的概念意识。真正将其作为概念提出的是黄星民教授，他发表《华夏传播研究刍议》一文，清晰地勾勒出"华夏传播"一词使用的脉络，进而分析"华夏"一词的文化意涵——华夏特此古代中国，且内含地理中国和文化中国的褒义。他这样界定"华夏传播研究"："华夏传播研究是对中国传统社会中的传播活动和传播观念的发掘、整理、研究和扬弃。"这个定义包括三个层面的含义：其一，指出中国传统社会是该研究的范围，即大抵指涉五四运动以前的中国社会。其二，指出"传播活动与传播观念"是该研究的对象。"传播活动"包括传播媒介、传播人物、

---

① 杨瑞明、张丹、季燕京、毛峰主编：《文明传播的哲学视野》，中国社会科学出版社2012年版，第35页。

传播事件、传播制度等以及它们的沿革流变、经验教训和基本规律；"传播观念"指的是关于传播的言论、观点，学说、思想，甚至传播哲学等等。重点在华夏传播思想与传播制度。其三，指出"发掘、整理、研究和扬弃"是该研究的基本指导思想。"发掘、整理"是研究者对华夏传播活动进行客观的描述，是基础。"研究、扬弃"是研究者在发掘、整理的基础上，运用传播学等当代社会科学的研究方法加以验证或阐释，力争从其中找出带规律性的东西，从而把它们提炼成科学的传播理论，用来指导今天的传播实践，丰富和发展世界传播学理论。"研究、扬弃"也可以从批判角度入手，告诫我们如何去避免过去的失误。这样的"华夏传播研究"的价值与意义就十分明显了：学术意义，即熔铸西方传播科学理论和华夏传播学说精华于一炉，共同解释、指导和总结今天中国的传播实践，形成我国特色的理论范式，形成传播学中国学派；发扬时代色彩，华夏传播研究在华夏文化与信息传播两方面保持着灵动的张力，如此既有助于发扬中华文化的魅力，又有助于培育、探索适合中国国情，能够阐释中国实践的信息传播学说；提供世界启示，华夏技术与传播道德的结合，是中华文明延续的内在原理，这对于世界传播事业的健康发展具有一定启迪意义。①

"华夏传播研究"作为领域已然形成，正像传播学可分为经济传播学等方向，华夏传播研讨华夏传统文化中的传播活动与现象，自然也可以称之为"华夏传播学"。当然，"学"通常被解读为"学说""理论"，亦有"学科"之意。笔者认为，"华夏传播学"的前提假设是承载五千年文明的中华文化虽然没有用现代传播学话语表达的传播学理论，但是已然存在直接或间接用中国话语（无论是文言文，还是白话文）表达的传播学理论却是存在无疑的。如《鬼谷子》的论辩说服理论和张仪、苏秦的说服实践，《韩非子》中的《说难》篇、《吕氏春秋》中的《察传》篇对口语传播的理论提炼，这样的情况不胜枚举。当然，这不是"西学中源"的自吹自播，而是强调立足中华传统，根植于中国几千年的生活生产实践，延续、传承、创新我们中国传播理论，借助西方的传播学说和方法，重塑可与西方对话，阐释中国实践的华夏传播学。因此，华夏传播学是华夏传播研究的终极指向。我们可以这样表述："华夏传播学是在对中国传统社会中的传播活动和传播观念进行发掘、整理、研究和扬弃的基础上，建构起来的能够阐释和推进中华文明可持续发展的传播机制、机理

---

① 黄星民：《华夏传播研究刍议》，《新闻与传播研究》，2002年第4期。

和思想方法的学说。"这里包涵三个含义：其一，以史鉴今，通过开展华夏传播研究，提炼华夏独特的传播理念、传播技艺；其二，华夏传播研究的目标在于既能解释中国传统社会的传播现象与活动，又能推导中国当代社会实践，实现传播理论的当代创新；其三，着力点在于将复杂的传播现象、传播制度、传播理念通过"由表及里，去粗取精，去伪存真"的功夫，形成一套能够保持自然生态和谐、社会关系和顺、政治运作高效廉洁、民众生活有序安宁、国际关系和平互助的传播思想、传播制度，以指导当下的传播活动，实现与社会组织方式的紧密配合。换句话说，既保证了社会制度安排必需的公平正义，又在合理的传播秩序中保障权力运作过程的公平正义。用今天的话来说，保障公民的"知情权、参与权、表达权、监督权"，需要作为社会公器的传播媒介确切发挥功能，不沦为只当政府的耳目喉舌，而首先充当公民的耳目喉舌。

我们知道中国传统社会中的传播活动、传播制度、传播理念并不是完美无缺的，甚至有时显得有些反动，但从理论上讲，这是实然与应然的矛盾。拿古代士人传承的传播观念来说，其中就有如史家的秉笔直书传统，但在制度化为传播管理控制时，产生了偏差，出现了所谓"刑不上大夫，礼不下庶人"的情景，再等而下之，具体的传播活动和事件上是往往沦为人治，而不是注重法治。华夏传播学的起点在于客观地把握中国传统社会中传播实际（理论与实践两方面），归宿点则在于拨乱反正，将先贤对实现大同世界的诸多构想和探索，经过与世界文明的对话，以中华传统价值观为内核综合创新成适应社会主义实践的传播观念、传播制度和传播活动。这样的学说，才是"秀外慧中"的。

周伟业将华夏传播理论称为东方范式，他以汉语成语、谚语、俗语为例，认为华夏传播理论蕴含着行胜于言的传播取向、一诺千金的传播伦理、"信言不美，美言不信"的语言理论、"防民之口，甚于防川"的舆论警示，表现出以人际传播为核心、既重视语言又怀疑语言、聚合中华文化基因等特征。相对于欧美传播理论，华夏传播理论在文化根源、价值取向和思维方式上具有自己的文化特性：

1. 文化根源

华夏传播学体现以儒家的中庸太和，道家的无为自然和禅宗的缘起性空为核心精神的华夏文化，而经验学派源于实用主义哲学，讲究通过媒介控制，达到社会行为调控的效果；批判学派源于法兰克福学派，侧重于对社会、文化、传播现状的反思和批判。

2. 价值取向

华夏传播学的主旋律是和谐，力求通过传播活动构建内心和谐、人际和睦、天人合一的和谐人生、和谐社会、和谐宇宙。经验学派的价值取向改良社会，关注的是如何和多大程度上调整传播活动以改善当前的社会统治。批判学派价值在于变革社会，着力点在于反思传播过程中的控制合法和合理问题，进而促进传播控制的合法合理。可见，"经验学派和批判学派的总体取向是通过媒介生态的改造来改良社会生态、文化生态；华夏传播理论的总体取向是通过人际关系的协调来实现社会关系的优化"①。

3. 思维方法

华夏传播学以"中庸"（或称为中和、中道）为核心的思维方法是对历史与现实生活智慧不断进行理论提升的结晶，因此，其运思过程就是生活智慧的不断积淀和升华，是经验思维（实用理性）取向。经验学派则讲究科学实证，要求运用问卷调查，社会实验等方式来进行数据分析，因此是科学思维取向。批判学派则是理论反思与现实批判，注重通过人文精神的重塑来实现社会公平正义，因此是批判思维取向。

表达方式和适用范围。华夏传播学的表达方式往往是经验性的话语，如格言警句、成语，适用广泛，不仅适用于古代，也适用于现代，这体现出华夏传播学较擅长解释人际传播现象。经验学派和批判学派的表述方式是学术话语，以概念和理论的形式出现，更适用于大众传播时代，因此能较好地解释现代社会的媒介传播、组织传播。

总而言之，华夏传播学"是一种历史沉淀、文化积累。它不同于为政府、公司提供咨询、服务的实证研究，也不同于批判现代社会弊病、文化工业问题的理论研究，是一种扎根于中华文化的东方范式的传播学理论。它是汉语文化对人类传播规律的深刻领悟，也是华夏文明对世界传播所做出的独特贡献"②。

综上所述，华夏传播学是贯通古今，以传统为主，以现实为辅；以现实为导向，以传统为着力点；试图通过对华夏传播史与华夏传播理论的双重观

---

① 周伟业：《东方范式：华夏传播理论的内涵、特征与价值——以汉语成语、谚语、俗语为中心的思考》，《南京政治学院学报》，2010年第5期。

② 周伟业：《东方范式：华夏传播理论的内涵、特征与价值——以汉语成语、谚语、俗语为中心的思考》，《南京政治学院学报》，2010年第5期。

照中，寻找传统与现实的逻辑起点，围绕社会运作与信息传播的互动为主线，夯实中华民族圆"中国梦"的基础。

在此基础上，我们进一步提出"华夏文明传播"观念，不仅仅是将文明传播的视野集中于中国，而且是要聚焦于中国优秀文化传统（即华夏文明），着力挖掘华夏文明中的传播智慧，当然也追求依托华夏文明来与西方传播实践与理论展开对话，鲜明地传播中国好声音，讲好中国好故事，用我们的中庸、天下、和谐、礼乐等观念来阐述华夏传播理论，来解释中国当代社会交往与国际传播背后的理念，从而为中华民族的伟大复兴建构起自己的传播话语体系，让世界理解华夏文明是以追求"天下太平"为己任，她奉行"和而不同"的交流观念，具有极大包容性、开放性和开拓性的优秀品质，世界的和平发展需要华夏文明贡献智慧，华夏文明也乐于与世界分享中国智慧。

《华夏文明传播研究文库》将以研究与传播中华优秀传统文化为宗旨，一方面注重传播华夏文明，从多个维度研究中华文化传统，以增强民族的文化自信与文化自觉，使华夏文明能够薪火相传；另一方面积极阐扬华夏文明的传播智慧，立足中国，放眼世界，以他者为镜鉴，建构华夏文明传播的思想体系，提供可以与西方传播理论对话的中国文本。

主编 谢清果

2016 年 2 月 26 日

目　录

总　序 ……………………………………………………………………… 1

绪　论 ……………………………………………………………………… 1

第一部分　《老子》文本传播的多维考察

第一章　传播仪式观视域下的《老子》传播 ……………………… 11
　　第一节　仪式传播观观照下的《老子》传播 ……………………… 13
　　第二节　传播仪式观对《老子》传播的些许建议 ……………… 18

第二章　老子思想在西方的传播特征 ……………………………… 21
　　第一节　老子与老子思想在中西方的重要地位 ………………… 21
　　第二节　老子思想在西方传播的两大特征 ……………………… 23

第三章　"5W"模式下的《老子》传播致效考察 ……………… 27
　　第一节　《老子》的传播学研究取向 ………………………… 28
　　第二节　《老子》传播致效的"5W模式"因素 ……………… 30

第四章　老子柔弱谦下思想的传播渠道与效果 ………………… 39
　　第一节　老子柔弱谦下思想的文本阐释 ……………………… 39
　　第二节　老子柔弱谦下思想的传播渠道与效果 ……………… 40
　　第三节　融入民族文化中的传播效果 ………………………… 45

第二部分　老子的大众传播效果影响因素考察

第五章　大众传播效果研究视域下的老子思想 ………………… 51
　　第一节　从传播效果观照《道德经》的智慧 ………………… 51
　　第二节　微观传播效果下的《道德经》思想 ………………… 53

第六章　老子思想与影响传播致效因素的共通 ················· 60

　　第一节　老子论"信"与信源的可信性效果 ············· 62

　　第二节　老子的"去彼取此"与把关人学说 ············· 62

　　第三节　老子的"复归"思想与传播效果中的反馈 ········· 64

　　第四节　老子的"为之于其未有"与传播致效中的"前馈" ··· 65

第七章　论"不笑不足以为道"与老子"道"文化传播的大众路线 ··· 66

　　第一节　道可道，非常道：老子"道"文化大众传播的深入思考 ··· 67

　　第二节　强大处下，柔弱处上：老子大众传播思想的价值取向 ··· 68

　　第三节　下士闻道，大笑之：探索"笑"在文化传播中的意义 ··· 69

　　第四节　不笑不足以为道：探寻贴近大众的文化传播路线 ··· 71

第八章　上善若水与媒介的社会责任 ··················· 74

　　第一节　利万物：传媒的社会责任 ················· 75

　　第二节　七善：传媒社会责任的落实方法 ············· 76

　　第三节　不争：传媒社会责任的应然境界 ············· 78

第九章　老子之道大众传播的受众观 ··················· 80

　　第一节　上士：精英群体的传播指向 ··············· 81

　　第二节　中士：中间力量的传播形象 ··············· 83

　　第三节　下士：普罗大众的传播目标 ··············· 85

第三部分　老子思想的符号学与修辞学价值

第十章　符号学视域下的《道德经》 ··················· 91

　　第一节　《道德经》与符号学 ··················· 91

　　第二节　"道"的符号学视角解读 ················· 95

第十一章　传播视角下的《老子》修辞格研究 ············· 100

　　第一节　《老子》中的常见修辞格及其运用特点 ········· 101

　　第二节　修辞格与《老子》思想内容的表达 ··········· 102

　　第三节　传播修辞学与《老子》修辞格的传播效果 ······· 104

第十二章　论视觉修辞在《道德经》中的运用 ············· 107

　　第一节　《老子》研究的修辞学视角 ··············· 107

　　第二节　《道德经》的视觉修辞效果考析 ············· 108

　　第三节　《道德经》中的语言视觉修辞举要 ··········· 118

　　第四节　《道德经》的视觉修辞方法对广告传播的借鉴意义 ………………… 127

第十三章　《道德经》中具象元素呈现与技巧 ………………………………… 129

　　第一节　《道德经》具象元素的呈现及意义 ………………………………… 131

　　第二节　《道德经》中具象元素的表现技巧 ………………………………… 135

　　第三节　《道德经》中具象元素的运用启示 ………………………………… 141

第十四章　探究老子治国思想的视觉传播向度 ……………………………… 143

　　第一节　视觉传播视域下的《道德经》 …………………………………… 143

　　第二节　特征与效果：老子治国思想的视觉传播呈现 …………………… 144

　　第三节　老子视觉传播呈现的时代价值 …………………………………… 148

第四部分　老子思想的说服学价值

第十五章　修辞三要素理论视角下的《道德经》说服思想 ………………… 155

　　第一节　"信不足焉"：说服者的信誉证明 ………………………………… 158

　　第二节　"知人者智"：被说服者的情感证明 ……………………………… 159

　　第三节　"有无相生"：说服过程的逻辑证明 ……………………………… 160

第十六章　论老子传道的说服策略及技巧 …………………………………… 162

　　第一节　明确传播目的：以道教化天下 …………………………………… 163

　　第二节　定位诉求对象：闻道勤行的上士 ………………………………… 164

　　第三节　精炼诉求信息：反为道动的意义表达 …………………………… 164

　　第四节　创新诉求方式：玄实并用的语言策略 …………………………… 166

第五部分　老子思想的宣传学价值

第十七章　老子传播思想破解当代宣传工作困境 …………………………… 173

　　第一节　老子传播思想观照下的宣传学 …………………………………… 174

　　第二节　老子思想对改善宣传工作的启示 ………………………………… 177

第十八章　老子宣传思想的基本结构 ………………………………………… 182

　　第一节　何以从宣传维度考察老子思想 …………………………………… 182

　　第二节　"6W1H"框架下的老子宣传思想研究 …………………………… 185

第十九章　老子思想与新媒体时代宣传工作的耦联 ………………………… 192

　　第一节　新媒体与传统宣传技巧的回顾 …………………………………… 192

　　第二节　老子思想与新媒体时代宣传的特点相契合 ……………………… 195

第三节 老子沟通智慧在新媒体时代大有作为 ……………………… 198

第二十章 老子宣传思想在政务微博中的应用 ……………………… 201

第一节 老子宣传技巧与政务微博的研究回顾 ………………… 202

第二节 老子宣传技巧在政务微博中的应用 …………………… 204

第二十一章 老子智慧与现代广告宣传技巧和企业美誉度宣传策略 …… 217

第一节 老子宣传思想与企业管理 ……………………………… 219

第二节 老子宣传思想与现代广告宣传技巧 …………………… 220

第三节 老子宣传思想与企业美誉度的塑造 …………………… 224

第六部分 老子思想的舆论学价值

第二十二章 老子论"水"的特性与微力量舆论监督机制 …………… 229

第一节 水的哲学内涵与舆论监督效果的期待 ………………… 230

第二节 老子论"水"的德性、道体及其安身立命期许 ……… 232

第三节 老子论"水"的特性与微力量舆论监督机制的比较 … 234

第二十三章 老子"无为"思想与微博时代的言论自由 …………… 238

第一节 老子的无为思想与微博言论自由的研究回顾 ………… 239

第二节 老子"无为"思想与微博言论自由的对话 …………… 242

第七部分 老子思想的危机管理与政治传播价值

第二十四章 老子思想与新媒体环境下政府危机公关四阶段策略 …… 249

第一节 危机预防阶段——无为而无不为 ……………………… 250

第二节 危机准备阶段——为大于其细 ………………………… 251

第三节 危机应对阶段——柔弱胜刚强 ………………………… 252

第四节 危机修复阶段——慎终如始，知止不殆 ……………… 254

第二十五章 老子的政治传播智慧 …………………………………… 256

第一节 老子的政治传播思想述要 ……………………………… 257

第二节 老子政治传播思想中的传者"主体性" ……………… 258

第三节 老子政治传播思想的时代启发 ………………………… 262

第八部分　老子思想的媒介批评指向

第二十七章　老子思想中的媒介拟态环境批判意识及其治理之道 ……… 267

第一节　老子传播思想中的拟态环境批判意识 ……………… 267

第二节　老子智慧中媒介拟态环境治理之道 ………………… 269

第三节　老子的媒介批判意识与当代传媒文化 ……………… 275

第二十八章　老子思想与媒介传播者批评 …………………… 277

第一节　老子思想的媒介批评光辉 …………………………… 277

第二节　老子传播思想与市场导向下的媒介传播者 ………… 280

第三节　老子传播思想与维护报道客观性审思 ……………… 281

第九部分　老子思想的战略传播价值

第二十八章　论老子的"水德"思想与策略性传播思想的比较 ……… 287

第一节　老子的水德与策略性传播的研究回顾 ……………… 287

第二节　策略性传播理论、原则与老子的"水德"思想 …… 290

第二十九章　老子"战略传播"智慧的四个维度 …………… 297

第一节　老子的战略传播基本原则：以"一"育万物，以"道"应世事 299

第二节　老子的战略形象管理智慧：百姓乐推而不厌 ……… 301

第三节　老子的沟通传播智慧：以其善下之，故能为百谷王 306

第四节　老子的危机管控理念：福祸相依，治之未乱 ……… 307

第十部分　老子有无相生的传播技巧

第三十章　老子有无相生的传播技巧运用研究 ……………… 313

第一节　"有无相生"的传播情境应用技巧 ………………… 316

第二节　有无相生的慈善传播应用技巧 ……………………… 316

第三节　有生于无，商机无限 ………………………………… 317

第三十一章　"有无相生"思想下的城市品牌传播 ………… 319

第一节　"无中生有"与城市品牌创造 ……………………… 321

第二节　"有中生无"与城市品牌维护 ……………………… 323

第三节　"虚实相资"与城市品牌升华 ……………………… 325

第十一部分　老子思想的传播学其他视域

第三十二章　老子的组织传播思想与跨文化对话 ……………………331

　　第一节　老子组织传播思想的基本主张 …………………… 333

　　第二节　老子的组织传播思想与西方组织理论的跨文化对话 …………………… 338

第三十三章　阴柔风格：老子思想传播中的女性意识和女性话语 ………340

　　第一节　老子"母""静"女性意识的传播力 ………… 341

　　第二节　女性话语"阴柔风格"的传播技巧 ………… 343

第三十四章《道德经》的民本思想与"受众本位"的民生新闻…………348

　　第一节　老子民本思想与民生新闻概述 ………… 349

　　第二节　《道德经》的民本思想与民生新闻在价值取向上的共通 ………… 352

第三十五章　老子语言观与优化公共领域内口语传播的思路 …………356

　　第一节　老子语言思想的公共领域取向 ………… 357

　　第二节　公共领域内口语传播的可道与非常道的困境 ………… 360

　　第三节　老子语言观对优化公共领域内口语传播活动的意义 ……………… 363

参考文献 …………………………………………………… 365

后　记 …………………………………………………… 367

绪　论

老子思想观照下的当代大众文化审思

老子思想与当代大众文化具有相通性，他强调"道法自然""无欲无知"的"无为"观点既与大众文化中表达的自由诉求相呼应，也为我们思考大众文化社会中出现的问题提供了思想资源。

经典思想或理论的魅力在于它们提供了一种通古辨今的思考。作为普世哲学，老子思想拥有极强的历史适应性。面对当今大众文化社会所体现的时代特征，老子思想中的某些方面，能够给我们以智慧的启迪。

大众文化社会可能是目前为止最接近也最违背老子当初构想的社会形态了：一方面，相对自由的文化氛围使政治压力从台前走入幕后，公共领域以及公众声音的扩大推高了舆论影响，导致社会精英不得不加入更多"以百姓心为心"（《老子》，第四十九章）的思量；另一方面，达到一定程度"我自然"权限的大众社会没有像老子想象的那样和谐，大众也并非"无欲无知"，恰恰相反，正是大众对于欲望和精神发展的渴求推进了文化自治的声音，也在集体意识的反抗中造成了大范围内的文化消解。

大众文化社会的来临掀起了一种建立在商品经济之上，带有无差别印迹的市民文化。通过消费来实现的社会参与将人们的主体作用历史性地最大化，大众媒介不仅提供了即时互动的信息，也赋予了大范围的公众展示与言论平台，从而允许普通人对宏观议题发表意见。在一定程度上，带有精神解放性质的大众文化潮流弱化了上层意识对人们的思想束缚与压迫，为道家"我自然"的自治理想提供了可能。

就某种意义而言，老子"无为"的放任机制与由市场主导的消费文化有异曲同工之妙。老子在五千言中谈道："为无为，则无不治"，（第三章）"天地不仁，以万物为刍狗；圣人不仁，以百姓为刍狗"（第五章），以草木为喻，强调社会管理应当像天地对待万物一般，顺其自然，达到自相治理的境界。作为领袖的"圣人"只起到表率作用，而不直接干涉和喝令民众自由。可以说，这种倡导灵活自发的态度正是大众文化社会的思想根基。现代高度发展的市场经济推动了文化向精神产品转变，受众参与媒体活动日益加深，这使得社会控制日趋弱化。在充满喧嚣的流行文化之间，高压的政治声音很难通过舆论手段进行直接疏导。力图在个性文化生产中有所作为的受众需求导致了市场"无为"式的应对机制。大众文化不遵循任何个人的命令，只听令于大众本身。文化产品走入工业流水线，并被大量复制。平面化的产品在消解文化个性的同时，也悖论十足地充满创造性。

老子思想在过去曾被误解为有片面的"反智"倾向。与"愚民"般的"弃智"不同，老子"使民无知无欲，使夫智者不敢为也"（第三章）的观点强调的是理想社会中民风所保持的纯朴自然，其对于"用智"的反对集中体现在对以统治者为核心的社会精英使用"伪诈"之术防范于民的行为。从这一层面来看，老子关注的是如何合理地使用智慧，而非否定智慧。不过，老子思想与现代运动中的"反智主义"却有着某种巧妙的契合，即两者都反映了一种对权威的消解态度。大众文化中对于个性的憧憬衍生出极强的娱乐化和叛逆化倾向，并造成了其与主流文化、精英文化的碰撞。"反智主义"的一个重要方面就是人们对知识精英的反抗，自主意识日益强烈的大众不再像以往那样对权威深信不疑，他们认为自己拥有"自知者明"的能力，并往往对社会精英脱离民意的行为嗤之以鼻。老子虽然强调以"圣人"为主导的社会管理结构，但是并不承认"圣人"过分使用其专制权限。"以智治国，国之贼；不以智治国，国之福"，（第六十五章）与"反智主义"运动的矛头一样，老子反智论的对象也在于统治精英。

"道之尊，德之贵，夫莫之命而常自然。"（第五十一章）老子精神中体现的现代诉求在于其浓厚的包容性，即倡导解除束缚的"自然"作为。从"无知无欲"上升到"无为"的自然主义政治观表达了老子循理而治、纯粹和谐的社会追求。"圣人无为"的状态在过去是很难想象的，因为上层政策的放开必然导致普通民众拥有更多自主权利，这与集权式的封建结构无法兼容。然而，大众文化社会却淡化了统治与被统治的绝对界限，在大众传媒引导下的文化流动强化了公众个体地位，管理者只负责宏观协调，而无法根据自身来定义大众作为。因此，大众文化社会的结构具有强烈的开放性，它能允许多种意见气候共存，并且在某些时候，大众能根据自我个性自由创造属于自己的文化。

老子的思想多针对统治者而言，对于普通民众的社会文化特性还缺乏详细讨论。他所构想的是从"圣人无为"到"社会无为"的统一结构，认为这将使得社会群体内部两不相争，彼此自然相处，从而达到和谐之境。但是，老子并没有料想到"民自治"可能带来的混乱与无序。大众文化社会中的文化流动则揭示了"民自治"可能并非完美。它让我们看到，当人们真正能在某种意义上实现"我自然"的需求，其自由权限上升到一定程度的时候，社会文化也将出现一些消极反应：建立在跨地域、跨文化基础上的大众文化社会基本让"小国寡民"的愿景遭遇破灭，覆盖在流行之下的文化被反复解构与重组，强调视觉、潮流、感性的大众群体在大众文化的扩张中既兴奋又迷茫。在一场场文化景观的塑造中，人们似乎完全自由，可是，在喧嚣中升起的孤独与困惑又仿佛在暗示另一种时代制约。

因此，老子作品里的对"无为"和"自然"阐述与大众文化社会所呈现的许多特征具有相通性。虽然用两千多年前的思想来解读当今社会，这对前人是有失公允的，但是，老子思想中的一些内容确实有利于我们回答当今大众文化社会中存在的某些特征与问题。大众文化社会肯定了自由的重要性，也比任何时候都要认可普通人对于社会的作为，但延伸在群体中的失控的欲望也使得它比任何时候都要显得浮躁不安。与老子哲学所倡导的一样，现代文明也强调"我"的概念。不同的是，老子要求的是"道法自然"的我，"我"是与天地相融，与万物平等的一部分。大众文化社会里的"我"则是个相对中心的概念，"我"是社会的参与者，也是文化与娱乐的主体。

概要而言，老子思想与大众文化社会思潮的根本生命力都在于其鲜明的人文性。老子一直致力于探求如何建立合理的社会秩序以及平衡上层建筑与普通民众之间的关系。他向统治者劝诫效法天地，行无为之政，倡导圣人精神自由的心灵状态，也从另一方面默认了通过示范与教化，普通大众能够拥有自持力，并尊重了民众个体生活样貌。老子所描绘的政治蓝图和社会框架具有强烈的"乌托邦"色彩，但是，在当初看来或许不可能的想法现在却有一部分成为现实。大众文化社会虽然充满娱乐至死的"酒神"式狂欢，但它从本质上依然是一种昭示人文品质与呼唤精神发展的文化形态。如果说老子追求的"我无为而民自化"（第五十七章）所针对的是一种政治压迫消除后，人民自由安排生活的秩序状态，那么大众文化社会则在此基础上更进一步，其高度的个性膨胀和开放姿态追求的是人类如何在现代社会体系中充分发挥自我价值，从而实现对人性终极关怀的结果。①

老子的思想富有民本思想的意蕴，他追求的理想社会下大众文化昌盛，即所谓的"甘其食，美其服，乐其俗，安其居"，人们的行住坐卧都能恰意自适。"乐与饵，过客止"，人们在音乐与美食，犹如当下的《中国好声音》与《舌尖上的中国》，令国民振奋，我们的国民从来都是向往民有、民治、民享的太平社会，虽然这在过去只停留在知识精英们的构想中，抑或只在回眸历史上三代时期似有还无的追思中，但是，其实这样的理想，也可谓是"中国梦"的雏形，它激励着人们改天换地，自强不息。

老子虽然生活在动荡的春秋末期，但是他也是幸运的，因为当时社会也是处于转型期，社会涌动着创造的活力与激情，社会固有的规范和秩序面临着重构，可以说也是千百年未有之变局。他的《道德经》也可以说是文章合为时而作，这部仅仅五千余言的经典著作成为后世帝王将相以及普罗大众追求"大治"的精神指南。老子"无为而治"的制度建构照顾到了最广大人民的根本利益，这种思想集中体现在第五十七章中：

> 以正治国，以奇用兵，以无事取天下。吾何以知其然哉？以此。天下多忌讳，而民弥贫；民多利器，国家滋昏；人多伎巧，奇物滋起；法令滋彰，盗贼多有。故圣人云我无为而民自化。我好静而民自正。我无事而民自富。我无欲而民自朴。

老子的理想社会构想是建立在对现实社会的批判性反思上，"天下多忌讳，而民弥贫；民多利器，国家滋昏；人多伎巧，奇物滋起；法令滋彰，盗贼多有。"用现代的话来说是，人为设置的"禁区"，干扰了百姓的生计，因而贫穷；人民沉迷于"利器"，而不务正业，谣言四起，放纵自我，如此社会易于滋生昏乱的状况；人民崇尚奇技淫巧，从而邪物眩目之事物就层出不穷；法令越发繁多，盗贼却不时出现。解决这一切乱象——其实当下社会亦是如此——必须得从根本入手，那就是制度设计（顶层设计）。老子的顶层设计的根本原则就是"我无为而民自化。我好静而民自正。我无事而民自富。我无

---

① 谢清果、王昀：《自由与迷茫的并奏——老子思想观照下的当代大众文化省思》，《福建宗教》，2012 年第 5 期。

欲而民自朴。"其中的基本要义便是作为管理者、统治者的职责是保持无为、好静、无事、无欲的状态,说到底是"辅万物之自然而不敢为",用现在的话说,就是让权力在阳光下运作,那些官员们不过是发挥看门狗的职责。正因如此,百姓获得了休养生息的宝贵社会环境,而在这样的环境下,百姓易于萌生自治的思想与言行,这就好比弥尔顿所倡导的"观点自由市场"与"自我修正"思想一样,人民在制度安排下参与社会事务,自正,自化,自富,自朴,如此用力最少,而得益最多。

我们深知当下正是处于日新月异的"变"的时代中,社会的核心价值由原来的政治宣导转向民众自主反省,建构新型社会关系,需要新的反映时代精神和民族精神的理论成果来指导。而老子在第六十六章中提出的理想关系(主要是君民关系),当然在当代可以拓展到一切关系(包括国际关系):

> 江海之所以能为百谷王者,以其善下之,故能为百谷王。是以欲上民,必以言下之;欲先民,必以身后之。是以圣人处上而民不重,处前而民不害,是以天下乐推而不厌。以其不争,故天下莫能与之争。

老子在此以江海与百谷的关系为喻,指出江海之所以成为百谷之王,乃是因为其"善下"。因此管理者、统治者当效法之,而做到"言下之""身后之",如此,就会得到百姓的拥戴,乐推而不厌,保持最理想的君民关系。有了这样的关系,社会何愁不和谐,世界何愁不太平?

正是基于如此的思考,我立足本职,发挥所长,力求贯通古今,以古鉴今,呼应老子"执古之道,以御今之有"(第十四章)之教诲。多年来,我给本科生、研究生开设《华夏传播概论》《道德经导读》《老子传播思想研究》《中国传播理论研究》等课程,希望带领同学们创造性地运用传播学理论与方法来观照中国传统经典,以期发掘中国文化深厚的传播智慧,这样不仅深化了对传播理论的理解,而且也推动了同学们对中国文化的把握,从而形成合力推动传播本土化实践向纵深挺进。多年来在课程开设的方向上我有意围绕传播学的几大框架:自我传播、人际传播、组织传播、大众传播、跨文化传播等逐一开展古今传播智慧的对话,从而有了已出版的《和老子学传播——老子的沟通智慧》《和老子学养生——老子的健康传播智慧》《和老子学管理——老子的组织传播智慧》,还有在出版中的《传播论——老子的传播智慧及其时代阐扬》《道通天下的和谐交流——老子的人际传播智慧》《道德真经精义》等。现在呈现在读者面前的《大道上的老子——〈道德经〉与大众传播学》正是这一研究系列的最新成果。

本书持的是广义的"大众传播"。"我们所谓的广义的'大众传播',所使用的媒介既可以是机器,诸如印刷机、收音机和电视机,也可以是非机器的媒介,如手抄书报,甚至更古老的史诗、礼仪和歌谣等等"。以古腾堡印刷机的发明为界,此前为古代大众传播,此后为现代大众传播。"古代和现代大众传播最大的共同之处就是它们都是面向不知其名、数量众多而又分散各地的大众进行传播活动。"① 如此说来,老子那个时代自然也存在大众传播活动,且老子本人也从事了大众传播工作。其一,老子是守藏室之史,现称为国家图书馆馆长,虽然当时的藏书并不向普通老百姓开放,但是毕竟也向相当多的士人开放,例如孔子当时并没有官爵,却能赴洛阳老子所掌管的藏书室交流学习,便是个例证;其二,老子既然作为史官,那么他自然主持或参与过许多重大的礼乐活动。根据黄星民教授的研究,他认为礼乐传播也是一种社会管理者"自觉地利用礼乐这一传播形式向全社会广泛地传播自己的思想观念的传播活动。礼乐传播中的'礼',主要指的是在各种场合下举行的各种礼仪;礼乐传播中的'乐',不仅只是音乐,还包括诗歌、舞蹈等艺术形式。"礼乐这种形式传承了中国古代的伦理观念、待人处事的基本规则,诚然发挥着类似于电视、广播等现代传播媒介的功能。其三,老子隐居前和隐居后,根据《庄子》中有关记载,我们认为他也从事了教育传播活动。著名学者张松辉先生曾著文指出"第一位开办私学、打破学在官府的是老子,而不是孔子。② 例如,《庄子·庚桑楚》有言:'南荣趎请入就舍,召其所好,去其所恶,十日自愁,复见老子'"。张松辉认为这里的"舍"当是"学舍"。至少,老子当时所处当有一些客房用来招待前来求学的士人。因为《庄子·养生主》有载:老子去逝时,秦失来吊,哭三声就出去了。老子的弟子就质问他是不是老子的朋友,不然会有如此的吊唁行为。可见,老子无论在为官时,还是在民间都有一些弟子,平时他应当是有开坛讲学的。当时的教育是开门办学的,没有什么门槛,因此,也可以说是大众传播的形态之一。其实,正是有像老子这样的许多人因不满政治的黑暗社会动荡而成为隐士,不过,他们是心隐,而身不隐,依然关心社会,关注民生,积极传授天人之学,以利天下苍生。

---

① 黄星民:《"大众传播"广狭义辨》,《新闻与传播研究》,1999年第1期。
② 张松辉:《老子研究》,人民出版社,2006年版,第251—258页。

所以，我们把老子当作一位大众传播事业的先行者，也不为过。

既然老子可谓是一位当时社会文化事业的继承者与传播者，那么他的社会实践与理论探讨的观念结晶自然蕴藏着丰富的大众传播智慧，至少能够与当代的大众传播实践相呼应。当代的大众传播活动也能够，也应当向老子及其《道德经》取经，以利于更有历史感与时代感地为人民服务。

传播有道，道在传播。当代与大众利益攸关的传播活动，例如舆论传播、宣传活动、修辞实践、政治传播、战略传播、媒介批评、文献传播、危机传播、新闻报道、性别传播、组织传播，等等，都离不开大众传播，也都可以视为大众传播的一种实践形态。老子的《道德经》作为一部百科全书式著作，高屋建瓴地为人类的实践活动确立了根本法则，大众传播活动也不例外，因此，本书就着重发散地探讨老子的大众传播智慧，从而使老子精神跨越时代迈新步，展新姿。

大众传播源于大众，为了大众。大众是大众文化的创造者与享用者，大众传播事业是大众文化创造过程中的重要一环，也是大众文化形成发展的重要动力，更是大众分享大众文化成果的必要途径。老子思想的传播得益于大众传播实践，老子思想也应当回馈于大众传播事业，本书便是基于这样的观念而创作的。

当然，我们也深知这本书仅是我们探索老子传播思想过程中的一段探险之旅，而且是稚嫩，甚至有点步履蹒跚，脚步凌乱的一段行程，不过，我们却期待能够引发世人的思考，期盼我们的社会能走在大道上，我们的人民能走在大道上，因为"行于大道"也是老子的热切希望，天下有道是天下人之福。

是以本书取名《大道上的老子——〈道德经〉与大众传播学》。

第一部分 《老子》文本传播的多维考察

第一章　传播仪式观视域下的《老子》传播

自传播学科出现以来，传播是信息的传递这一概念主宰了传播学的基本框架，成为传播学研究的主流。凯瑞的"传播仪式观"的提出给我们带来了审视传播的新视角。本章我们尝试从"传播仪式观"的角色、功能、传播模式三方面审视《老子》文本及其思想的传播，从传播行为与社会现实互动的角度，把握老子传播过程的本质，探讨老子作为一种文化的仪式，如何借用了传播的力量影响和建构了特定的社会文化和生活方式。最后结合现状为《老子》文本及其思想在国内外进一步传播方面提出些许建议。

谈及道家，提及老子，国人皆以阳春白雪不敢与之攀附半分，殊不知此已融进我们的血液，李约瑟曾言，"中国人的特性中，很多最吸引人的地方，都来自道家的传统，中国人如果没有道家就像大树没有根一样"①，他强调"儒道仍是笼罩中国人思想的两大主流"，由此可见，想要研究中国不能绕过道家，想要研究中国的传播更不能对其视而不见。

自八十年代开始，国人已经在传播学学科领域内展开对老子的解读，大致可分为两个方面：

一是研究老子文本和老子思想的传播。这些研究一部分从时间维度探讨了老子文本和老子思想在穿越泱泱历史的长河时，不同时期所面临的传播环境、所用的传播方式、其传播显现的时代特征、其传播带来的影响。这部分研究多与历史相结合，侧重于老子的哲学特性。如危琼辉、王建设所写《试

---

① ［英］李约瑟：《中国古代科学思想史》，陈立夫主译，江西人民出版社，1990年版，第197页。

论春秋战国时期老子思想在齐国的传播条件》等。另一部分则从空间维度探讨老子文本和老子思想跨越地域的限制，在传播到其他国家时，其文本、思想、形象发生的改变，从跨文化角度探讨老子思想如何与其他国家的文化相融合，并对这些国家产生了何种影响。如陈巧玲的《〈道德经〉翻译传播及其效应的多维考察》，张谷的《论道家道教思想在日本近世的传播和影响》，谭渊的《〈老子〉译介与老子形象在德国的变迁》等。

二是研究老子中所蕴含的深邃的传播思想。道教被鲁迅誉为"中国根柢"，其经典《道德经》词约义丰，虽非传播学专著，但处处闪烁着中华文明传播的深邃智慧。这一部分研究的文献并不丰富，但是已经初步建立起基本的框架和体系。如谢清果主撰的《和老子学传播——老子传播的沟通智慧》一书从传播动机、传播策略以及传播效果三个方面剖析了老子传播思想的总纲——"以正治国，以奇用兵，以无事取天下"，进而探讨老子在语言传播、人际传播、人内传播、具象传播等方面的深邃思想；考察了老子对传播过程的认知、对传播道德考量的执着、对信息"无为"传播的追求等。魏超的《老庄传播思想散论》一书则用诙谐幽默的语言加上通俗易通的案例对《老子》的传播主体、传播符号、传播技巧、传播受众、传播过程与传播环境展开解读。其他一些文献进一步完善了这一体系，使建立在传统传播学基础上的老子传播思想的理论框架更加全面。

以上两方面的研究成果使人受益匪浅，但是，这些研究多是从传播的传递观角度，以 5W 为视角，从不同的角度研究其传播者、传播媒介、传播内容、传播接受者、传播效果等进行解读。这也与近百年来，传播学研究的主流相一致。传统上，"传播是信息的传递"这一概念主宰了传播学的基本框架，是传播学研究的潮流。

在这一潮流中，凯瑞的"传播仪式观"令人耳目一新，带我们发现了另一片新大陆。正如《隐藏的维度——詹姆斯.W.凯瑞仪式传播思想研究》一书中提到的，凯瑞对传播做出了"另类"解读：传播并不是指信息在空中的扩散，而是指在时间上对一个社会的维系；不是分享信息的行为，而是共享信仰的表征，"是一种以团体或共同体的身份把人们吸引到一起的神圣典礼"①。传播的起源及最高境界，不是指信息的传递，而是建构一个有秩序、

① ［美］詹姆斯·w.凯瑞:《作为文化的传播》，丁未译，华夏出版社，2005 年版，第 7 页。

有意义、能够用来支配和容纳人类行为的文化世界。

凯瑞在《作为文化的传播》一文中明确指出，传播仪式观强调的是对人类行为本身的研究，因而以此为基点展开的文化研究不应该教条地因循目前占据主流的结构性和行为性的研究模式，而应该多从生物学、神学、人类学及文学的一些知识材料中另辟蹊径。而老子的传播方式、传播思想因其卓远的地位和所具有的文化的特殊性，尤其值得我们从"仪式传播观"的角度进行审视。

第一节　仪式传播观观照下的《老子》传播

本章将从传播行为与社会现实互动的角度，把握老子传播过程的本质，探讨《老子》文本作为一种文化的仪式，如何借用了传播的力量影响和建构了特定的社会文化和生活方式。为了清晰明了具有直观性，笔者借助位常娥2009年发表于《新闻传播》上的《两种满足模式的比较——传播的传递观与仪式观下的使用与满足模式》一文中的传递观与仪式观比较的图表（如下图），从仪式观的角色、功能、模式三方面对老子传播进行审视。

表：传递观与仪式观比较

	传递观	仪式观
隐喻	运输、运动	仪式、典礼
角色	发送者 / 接收者	参与者
意涵	发送 / 接受	生产 / 再生产
传播成功的标准	接受者收到（传播的精确性）	分享经验（共同感）
功能	穿越时空的影响	穿越时空的维系
模式	线性模式	场景模式（情景模式）

一、角色：参与者

人类学者莫妮卡·威尔逊写道："仪式能够在最深的层次揭示价值之所在……人们在仪式中所表达出来的，是他们最为之感动的东西，而正因为表达是囿于传统和形式的，所以仪式所揭示的实际上是一个群体的价值。"凯瑞认为传播是一种"仪式"，取的是"仪式"的隐喻，即并不注重例如宗教般所具有的形式和程序，而是强调其内在的功能价值。老子作为先民智慧的结晶，是人们以"道"为追求，对生命之本源的向往，是人们对重新获取生命力和运动动力的期许，是群体的价值，这一点在萧兵和叶舒宪先生《老子的文化解读》的第三章有详细论证，在此不加以赘述。因此老子的传播本身就是群体价值的传播，是一种"仪式"的传播。

同时，《老子》作为文化作品和文化现象，是有一系列符号组成的，这些符号群借助符号的"生产力"制造了传播过程的"仪式性"，人们在阅读时，通过对这些具体符号意义的解读和建构，参与到仪式场中，分享了共同的意义。

传播活动并未在受众接受到信息后结束，正如凯瑞所认为的，传播仪式是一个流动性的再生产，受众通过共享意义，一方面将自己认可的态度和意义移植到现实的生活中，产生新的现实，另一方面，这新的现实又称为下一轮意义共享的表征。老子因其文本的特殊性，受众可以根据自己的观念去解读《道德经》，这些不同的阐释进一步建立了各种关于老子的思想，并被用于现实生活中。

"道"是老子的核心思想。美籍华裔学者成中英先生曾指出"《老子》全书是用一大串的意象来叙述道。这些意象构成道的终极实体的'象征指涉'系统。因此，它动态地产生具有感应的同一场，赋予道的概念以生动深刻的意义。我们可以用不同的观念去解释道的概念，因此借助于道的意象和感应，以及意义的领域，又是提供了发展这些观念的丰富的基础和来源。"① 回顾历史，不难发现"道"在不同的时期被人们进行了不同的阐释。

先秦《老子》的"道"，是凌驾于一切之上的绝对精神，不是任何人为力量能够改变的。到了汉代，黄老学派，开始论"道"，即把"道"变成治国的理论和方法，成为"经术政教之道"。例如，黄老学派主张清静无为的政治，在《道法》中倡言"道生法"，"这就明确地把'道'和'法'紧密联系起来，以'道'治国，意味着以'法'治国，这就是所谓的黄老刑名之学"② 。也正因黄老之术的盛行，为汉初带来了一段时间"修养生息"的良好状态。至后汉时期，道教形成，将"自然长生之道"与"经术政教之道"对立起来，对我国民族文化产生了深远的影响。

回到文本中，我们会发现，老子对道的概念未作严格、明确的定义，只

---

① [美]成中英：《世纪之交的抉择——论东西方哲学的会通与融合》，知识出版社，1981年版，第244—245页。

② 王明：《道家与传统文化研究》，中国社会科学出版社，1995年版，第228页。

是从概念的某些方面间接加以说明。开章先言"道可道，非常道；名可名，非常名"；第四章用"万物之宗"说明了道的性质；在第三十章以"物壮则老"喻不道；在第三十二章以"川谷之于江海"喻道的状态；在三十五章从味觉角度以"味无淡"来表示道；在第四十五章用"大音希声""大象无形""大方无隅""大器晚成"等一系列意象表述了"大道"的无名状态。在其他章也用各种意象描述了道在其他方面的体现。人们以自身出发，通过综合领悟来理解其义，正是老子所希望的。

受众通过自己领悟理解道后，一旦产生认同便会产生二次加工。因为对他们来说，这些隐藏的认同是一种值得推荐的生活态度和模板，它既影响到对周围环境的解释，也会影响到真实生活的建构。如心理分析家从"反动道之动"发现"圜道"那浑然整体的原型象征性质，环保主义者从"道法自然"和"无为"证明"天人以和"的伟大意义；农学家受其启发创造"自然农法"；医学家把"辩证"治疗和整体调节等归源于《老子》的大小宇宙"互动"或者阴阳说等等①。

《老子》及其思想如同幽深的泉源，这一泉源中流出的水是同质的，不同的是人们各自从中汲取所需的部分，并用于构建真实的生活。不管怎样，老子思想活水般轻盈灵动，因其在传播过程中开放的姿态，才能海纳百川，永不竭泽。这一点也是与传播的仪式观相呼应的。在传播过程中，受众不是被动接受，不是铁板一块，而是有自主能动性的个人。承认其能动性，让其参与其中，传播的生命力才能体现出来。

二、功能：维系社会

传播的仪式观认为传播与"分享""参与""联合""团体"及"共同信仰"这类词有关。它并非直指信息在空间的传播，而是指在时间上对一个社会的维系；不是指分享信息的行为，而是共享信仰的表征。通俗来讲，即传播塑造一种得到传播对象普遍认可的信念，以此将其连结为一个整体，使受众在潜移默化的过程中理解并接受信息内容。这个共同的信念正是传播能够实现维系社会功能的关键所在。

从历史的横截面看，汉初黄老之术推崇清静无为，得到统治者的赞许而

① 萧兵，叶舒宪：《老子的文化解读——性与神话之研究》，湖北人民出版社，1994年版，第259页。

在全国推行而来。汉武帝虽"罢黜百家，独尊儒术"，但在民间清静无为仍是百姓所期许的，反映在东汉末年农民领袖张角起义时，要求道民诵读《老子》五千言。魏晋时期玄学盛行，《老子》作为三玄之一，广为推崇，无为率性成为社会风潮，并且为后世人所敬仰。唐朝统治者以李耳后人自居，宣布儒、释、道三教中，道教领先，同时大力推行清静无为的政治举措，百姓颇为受益，贞观之治和开元盛世所缔造的泱泱唐朝，至今为人向往和钦佩。宋明理学也深深烙有老子的印记，王安石把老子封为圭臬，作为改革的指南针。这些历史的片段，都启示我们，老子的思想既然可以被统治阶层用来作为巩固统治的工具，可见已经被人们所普遍认可，成为共同的信念。

纵观历史，则会发现老子所倡导的一些基本观念，对中国人的生活，对中国人的心理，都产生了深远的影响，成为我们之所以为中华民族的重要原因。美国哲学家威尔莱特曾说过，某位作家的作品中反复出现的隐喻可以成为"个人性的象征"，一旦它被人们普遍接受并传播到文化中去，它就变成了原型性的象征。老子中的"上善若水""赤子之心""合抱之木，生于毫末；九层之台，起于累土；千里之行，始于足下""天网恢恢"等，原本只是"个人性的象征"，被普遍接受后，大都化作中国文化中的成语或者俗语，成为人们共同的认知。人们会把认知作用于现实，相同的认知在现实中会产生认同，产生凝聚力。

《道德经》第五十四章首句："善建者不拔，善抱者不脱，子孙以祭祀不辍"所体现的，遵循"道"，传播"道"，其影响力会润沁到子子孙孙。道的传播引发共同经验的分享，子孙到参与到这个大的文化场里面，将"道"用某些仪式比如祭祀、节日礼仪等固定下来，在共鸣的基础上以达到跨越时空的维系，成为整个社会乃至民族都会遵循共同的信仰。

譬如，在老子思想中，初始之完美体现在浑沌状态，这在《道德经》中多次体现，如第二十五章章言："有物混成，先天地生"，第二十八章言："常德乃足，复归于朴"等。《淮南子·诠言训》也有言道："洞同天地，浑沌为朴，未造而成物，谓之太一。"并且这种思想被以某种特定的仪式固定下来，在我国传统的民俗文化中可窥见一斑。

萧兵和李舒宪在《老子的文化解读》一书中提到中国民俗文化最为独特的一面——新年之际礼仪性的同食饺子与道家复归混沌理想之间存在潜在联系。他们认为这种礼仪是全民性回归浑沌玄同状态的象征性模仿。因为从语言学角度，饺子在古代被称为"馄饨"，并且按照远古风俗，馄饨并不是一年中随便可以享用的食物，而是规定在正月初一第一餐食用，包制馄饨的时间则是年三十晚上。李约瑟也曾指出："浑沌留下的最古老的遗迹，就是今天中国人普遍食用的馄饨。"[①] 新年初吃饺子的习惯在我国很多地区仍然存在，人们很少去探究为何在这一天吃饺子，但是认为只有这样才有年味，人们下意识里会认为中国人过年就该这个样子。

虽然人们参与仪式的行为很多时候是无意识的，但是由于共享共同的文化象征符号，如语言、神话、信仰、价值体系等。这些文化象征符号将人们整合在同一个社会系统中，从而保持人们文化认同的凝聚性。这种文化认同延续下来，维系着中国社会，维系着中华文明，维系着中华民族。

三、传播模式：情景模式

凯瑞的传播仪式观并不否认传播中存在信息的传递。前者只是发现了后者所忽视的传播在文化层面的东西。"仪式化传播"是就仪式的隐喻而言的，这类传播不是原初意义上的仪式传播，而是指该类传播在主题、内容、类型、方式、时间及场景等方面都与仪式展演类似。老子在传播时，除了信息的传递，同时也为受众提供了一个场景，所谓的场景其实是指意义的共享区域。这个场不是个人的，不是私密的，是众人皆可以参与的。

当你翻开《老子》时，无论你身处何时，无论你身处何地，你身边的世界都会淡化，你进入了老子带给你的另一个神圣的仪式中。老子有自己即成的体系和规则，以祭祀类比，"道"作为最高的存在，如同祭祀仪式中所崇拜的神明和祖先，是祭祀想要得到的东西；老子中纷繁的符号如"水""婴儿""刍狗"等则是仪式的幕布，让人们得以置身于祭祀的环境中；而"无为""无味""不言"等便是祭祀的方式，是达到目的的途径。你我芸芸读者则是仪式的参与者，在五千言中怀着庄严的心情，去获取动力，感知生命，我们置身其中，虽然不一定能学到什么，但是通过分享某种共同的意义，使某种特定的世界观或价值观得到强化。在这场仪式中，众生是平等的，只不过是扮演的角色不同而已。譬如圣人因其知识渊博、因其道德高尚、因其具有权威性，那么他在这个场域内扮演的可能是祭司的角色，起着引导的作用，普通百姓更多扮演的是信众的角色。

虽然，这个共同意义的场，如同田野间的大舞台，如同宗教的神殿，人

---

① [英] 李约瑟:《中国古代科学思想史 》，江西人民出版社，2006 年版，第 137 页。

人是平等，皆可参与其中。但人们处于不同的社会群体之中，群体与群体之间又产生了不同的场域，再加上传播仪式的流动不受时间和空间的限制，可以在任何时空内开展，于是这些场域出现交叉融合，衍生出复杂的相互交错的意义网络。社会呈现出多元化，但因能共享同一意义，由被连接在一起，形成更大范围的场域。

第二节　传播仪式观对《老子》传播的些许建议

我国城市化进程加速，今天的人们在物质丰富的同时，面临着精神缺失的困扰，城市问题日益严重。同时，放眼世界，全球化趋势不可避免，文化软实力愈发被看重。面对强势文化的输入，保证我国文化独立性和将我国优秀文化输出变得极为重要。老子所代表的道家是我国优秀传统文化之一，是中国人的精神支柱之一，是我们之所以是中华民族的支撑之一。使其发扬光大，是我们不能选择的道路。这里借助于凯瑞的"传播仪式观"并结合上文分析，为老子在我国以及世界的传播提供些许建议。

一、重视受众的参与性

施拉姆道："我们是传播的动物；传播渗透到我们所做的一切事情之中。它是形成人类关系的材料。它是流经人类全部历史的水流，不断延伸着我们的感觉和我们的信息渠道。"作为人类生存自我确证的文化其实就是意义，而意义的形成依赖于"参与和可沟通"。

凯瑞强调传者和受众之间的关系不是传递关系，而是平等的参与、平等的构建仪式的关系。受众并非应声即倒的靶子，而是有血有肉有思想的人。承认受众在传播中的主动性和参与性，对于老子传播是极为重要的。

由于人们是在阅读时，通过对具体符号意义的解读和建构，参与到仪式场中，分享共同的意义。老子以及其思想在传播时，要注意符号释义的准确性和可靠性，文本符号的阐释要尽量照顾受众的"期待视野"，将"道""名"这类的符号放在传统中国的背景下进行阐释，并结合与之对应的传统仪式，比如祭祀、节日等。让受众能够全方位的参与其中。至于特殊的对外传播则要在对文本翻译时，做到尽量贴近，并结合国外人所熟悉的意象进行阐释。

二、重视"权威"角色的作用

上文分析指出,老子传播是一种传播仪式,为受众提供了平等参与的仪式场。如同宗教仪式一样,虽然人们可以平等参与,却扮演着不同的角色。比如天主教中的神父,被看作神的代言人,起着"宣传教义"的作用,被众信徒所尊敬。他一言可起四两拨千斤的作用,是众人模仿和推崇的楷模。这样的人可以被看作是传播中的"权威",起到我们通常所说的意见领袖的作用。

好比我国古代"竹林七贤"和"兰亭名士"所引导的社会风尚一样。贤士们向外发现了自然,向内发现了自己的深情,以清谈巩固其志气,药与酒陶冶其趣味,而名人效应之下,清谈、药与酒渐渐在魏晋社会流行起来了。人们注重精神世界的纯净,无视功名利禄和富贵,内心旷达,形迹放浪,追求内心的纯净给传统礼教沉痛一击。这般名士的引领,在我国历史上留下了一段可遥望而不可及的"魏晋风流"。

正如《道德经》所推崇的圣人一样,老子在传播的时候,应该重视这些"权威"角色的作用,突出这些人在文化仪式中的功能,给受众一个更直观的表征,供他们去认同,去模仿。

三、选择适当的载体

对于老子传播的载体,从符号和媒介两方面进行探讨:

第一方面,符号的载体。陈力丹等人认为,"仪式'共享'的背后是无形的权威"[①]。在不同的宗教中,权威借助不同的符号体系得以体现:在氏族宗教中,它存在于"传统意象的劝诱性力量"中;而在神秘主义宗教中,它则存在于"超感觉经验的绝对力量"中。老子文本及其思想虽不是宗教,但是其背后是中华几千年的文明,是我们的民族自豪感。由于其权威是"中华民族",如何用恰当的符号构建这个权威,对我们意义重大。

第二方面,随着媒介技术的发展,人们的媒介接触方式发生了很大的改变。多种媒体并兴的时代,受众愈发的被分割,变的碎片化。一种媒体无法聚拢起足够的受众,也不能渗透到所有人群。老子文本及其思想面对这样的潮流也不能免俗。必须要顺应潮流,选择合适的媒介载体,以接触到更多的

---

① 陈力丹、王晶:《节日仪式传播:并非一个共享神话——基于广西仫佬族依饭节的民族志研究》,《中国地质大学学报(社会科学版)》,2010年第4期。

受众。同时，碎片化的媒介接触，人们的思考习惯有深变浅。老子距现今社会也有千年历史，如何跨越阅读和思考的障碍，变的十分重要，将其译成白话文并伴以多种有效的表现形式如图、画、声等，虽不是最好但不失为有效的手段。

凯瑞的传播仪式观具有很强的理论意义和实践意义，为我们了解传播，探究文化提供了独特的视角。而《道德经》作为传统中国文明精髓的浓缩，在其博深的思想中也有对仪式观的体现，虽未成篇论述，但只言片语亦令后世传播学子受益匪浅。詹石窗教授等人的研究，其切入点虽是哲学层面，但转嫁到传播学角度便不难发现老子思想中所蕴含的仪式观。老子将祭祀作为客观的文化现象，既没有"专门介绍祭祀的过程，也没有直接论述祭祀的作用，但却以肯定的语气表达了'祭祀'的历史延续性"[①]。正如法国著名人类学者涂尔干所言："仪式首先是社会群体定期重新巩固自身的手段。当人们感到他们团结了起来，他们就会集合在一起，并逐渐意识到了他们的道德统一体，这种团结部分是因为血缘纽带，但更主要的是因为他们结成了利益和传统的共同体。"[②] 老子也深刻地洞察到这一点，因此他并不侧重于对繁杂的仪式进行描摹，而是强调深藏在这些仪式背后的认同，强调参与仪式的重要性，认为世人通过参与仪式，可以共享意义的表征。这只是反映老子"传播仪式观"的一个侧面，还有许多独特的传播思想仍值得我们去挖掘。

（刘伟　谢清果）

---

① 詹石窗、杨燕：《老子对祭祀文化的哲学升华》，《哲学研究》，2007 年第 2 期。
② [法] 爱弥尔·涂尔干：《宗教生活的基本形式》，上海人民出版社，2000 年版，第 507 页。

第二章　老子思想在西方的传播特征

——拉扎斯菲尔德传播理论的视角

老子思想在中国有着几千年的深厚积淀，对一代代炎黄子孙的境界修养提升发挥着重要作用。但在中西文化碰撞的过程中，《道德经》也在一定程度上为西方传播者所用，成为思想上的传播利器，配合着其他领域的革命和创新，为其提供精神方面的协助。在这一过程中深深印刻着传播学者拉扎斯菲尔德所提出的诸多传播理论的影子。在大时代的影响下，两级传播理论和既有政治倾向假说在老子思想在西方的传播方面显现了很大的作用。

第一节　老子与老子思想在中西方的重要地位

一、老子与老子思想在中国的传播

老子是我国古代最伟大的哲学家和思想家之一，被道教尊为道祖，世界文化名人，后人称其为"老子"。他著书《道德经》上下篇，五千余言，或称《老子》，他也是中国文化中之隐者先驱。老子《道德经》的伟大思想几千年来为炎黄子孙所推崇。"道可道，非常道。名可名，非常名。"以及"上善若水"等很多思想对中国人为世之道、为人处世和自身境界的提升发挥着极大的帮助和影响。此外，明末以降《道德经》深邃的思想已经陆陆续续为西方国家的人所知晓，并且加以加工利用，也使它得到了广泛传播。

二、老子思想在西方传播的状况和特征

在以英语为母语的国家中，《道德经》的传播已经有约 500 年的历史，据不完全统计，《道德经》的译本约有 643 种，涵盖了 31 种语言。现在的研究者大多从翻译学、比较学等方面去探讨《道德经》在西方传播的准确性，缺

少从文化传播的特定历史、特定区域以及两者之间的碰撞去揭示西方传播《道德经》时固有的文化本源和思想前见①。我们更清楚地发现，在老子思想在西方世界传播的前期，一些老子思想中的精华被西方传播者和翻译者进行了另类的解读，灌输进了传播者和时代的特征，这也就致使老子思想和《道德经》的传播在西方社会又有了别样的特征。

（一）宗教性特征

因为社会发展的不同和精神需求的差异，老子的思想在西方传播过程中有着深深的时代烙印，早期传播中有着明显的宗教性溯源。根据李约瑟（ Dr. Joseph Needham) 考证，最早西译《道德经》的三个代表版本都是传教士所译。19 世纪后半期欧洲各国如德国、法国、英国、西班牙以及美洲等出现较受欢迎的版本仍然是传教士译本，这些译者有英国的湛·约翰、德国的施特劳斯和美国的卡鲁斯等。和前面的三个代表性译本一样，他们共同的特点——译者多是传教士或是基督教徒。他们有着深厚的基督文化背景，并把自己文化特色浓墨重彩地表现在对《道德经》的翻译解读当中，如最早的拉丁译文就将"道"译成"理性"——这个"理"实指西方观念中"神"的最高理性。到了 19 世纪后半期，这种特征则更加明显②。

（二）实用性特征

然而，在两次世界大战期间，《道德经》的翻译与研究有了实用性的解读。《道德经》的翻译者和研究者纷纷试图用老子思想来拯救美国，使美国这一时期对老子和《道德经》的研究后来居上。二战后初期的《道德经》英文译本，几乎有一半是在美国出版。那些学者为老子"无为而治"的思想所折服，倡导"道法自然""少私寡欲"，以反对西方社会奢靡浪费、和膨胀私欲。

战后，西学学者反思自身文化，纷纷开始在自身文化上找原因，对自身的世界观进行检讨。德国哲学家斯宾格勒就是一个很好的例子，在他的代表作《西方的没落》一书中就将 20 世纪上半期西方文化的危机性描绘得淋漓尽致；而英国历史学家汤因比在他的著名作品《历史研究》及《展望二十一世

---

① Knut Walf. *Westliche Taoismus □ Bibliographie (WTB)*. Essen，Germany：Verlag DIE BLAUE EULE，2010 (6)

② 章媛、张尚稳:《〈道德经〉前期西传异化探析》,《淮北师范大学学报（哲学社会科学版）》,2011 年第 1 期。

纪》中，也明确提出反对"欧洲中心主义"，直接指出西方文化的弊端，同时也将希望寄于东方文化。在两次世界大战时期这样动荡的文化背景下，西方企图通过对异域文化的研究，从中找到一剂"良药"来药到病除，从思想和精神领域来拯救其日益没落的西方文化，救助两次世界大战对人们物质世界和精神世界带来的重创。这使得那些长期研究《道德经》的学者，对老子所倡导的自然哲学、和谐世界等观念非常痴迷，并大张旗鼓呼吁西方抛弃"欧洲中心主义"，汲取《道德经》精华。

第二节　老子思想在西方传播的两大特征

在老子思想于西方大行其道的时代背景下，拉扎斯菲尔德的传播思想也应运而生。在此，我们以拉扎斯菲尔德的传播理论来观照老子思想在西方的传播过程，颇有意思。

一、两级传播与老子思想西方传播的宗教性特征

（一）拉扎斯菲尔德的传播学思想

拉扎斯菲尔德（Paul Lazarsfeld）是美籍奥地利人，著名社会学家。毕业于维也纳大学，拉扎斯菲尔德是对后来的传播学研究方法影响最大的一位，对研究方法作出了杰出贡献，被称为传播学研究领域的"工具制作者"。拉扎斯菲尔德一生中也提出了诸多经典传播学理论，在哥伦比亚大学建立了应用社会研究局，二十世纪四十年代末期至六十年代中期是研究局的鼎盛期。然而这段时期也是两次世界大战集中爆发的动荡时期，而世界大战这种不安的社会背景对于拉扎斯菲尔德研究的很多著名理论提供了坚实的土壤[①]。

（二）两级传播理论

拉扎斯菲尔德在 1940 年主持的一项研究发现，在总统选举中选民们政治倾向的改变很少直接受大众传媒的影响，人们之间直接的面对面交流似乎对其政治态度的形成和转变更为关键。通常有关的信息和想法都是首先从某一个信息源（如某一个候选人）那里通过大众媒介达到所谓的"意见领袖

---

① 李天道、魏春艳:《"有无相生"与跨文化文学比较》,《当代文坛》,2009 年第 6 期。

（Opinion Leader）"那里；然后再通过意见领袖把信息传播到普通民众那里。前者作为第一个阶段，主要是信息传达的过程，后者作为第二阶段，则主要是人际影响的扩散。

意见领袖是指在人际传播网络中经常为他人提供信息，同时对他人施加影响的"活跃分子"，他们在大众传播效果的形成过程中起着重要的中介或过滤的作用，由他们将信息扩散给受众，形成信息传递的两级传播。

（三）老子思想传播的宗教性特征中的两级传播

近代西方的发展，在经历了文艺复兴、启蒙运动等一系列变革后，最终走上资本主义发展之路。这期间的宗教虽然也经历了自上而下、自下而上或自内而外、自外而内的变革与洗礼，但数千年来根植于西方的宗教，尤其是基督教，并没有因资本主义制度的确立，自然科学的发展而泯灭。18 世纪和19 世纪欧洲政治状况与社会生活的真实概况是发达的科技文明、先进的社会制度与改良后的宗教文化深深交织在一起，而《道德经》在西方的接受与传播，就是在这样一种文化背景下拉开大幕，可以说一开始就打上了这种深深的"基督"烙印。

西方的宗教从业者成为"传道士"，从字面上我们就可以看出他们更多侧重的将对己有用的思想加以广泛"传播"。最初将中国文化引入西方国家和社会的就是这些具有一定文化知识并远赴重洋万里来到中国的传教士，毫无疑问，在那样一个特殊的年代和社会背景下，传教士成为老子道家思想传入西方世界的"意见领袖"。

从马可·波罗发现中国开始，西方就十分渴望了解中国，而最早来到东方这个神秘国度的就是传教士，他们既肩负着布道基督的责任，又担负着探究这个神秘国度的任务。由于当时儒家文化在中国占着统治地位，属于主流文化，所以从 16 世纪之后到 19 世纪之初，这些来到中国的传教士大都把基督文化与儒家文化"对接"，翻译了大量儒家经典，但其中也不乏像法国传教士白晋、傅圣泽等人，通过学习了解《道德经》，从中发现可以代其表达西方神的概念，他们被称为索隐派人物。傅圣泽甚至认为《道德经》中的"道"字，指基督徒中的最高的神造物主上。最早西译《道德经》的三个代表版本都是传教士所译①。19 世纪后半期欧洲各国如德国、法国、英国、西班牙以及美洲等出现较受欢迎的版本仍然是传教士译本，这些译者有英国的湛·约翰、德国的施特劳斯和美国的卡鲁斯等。和前面的三个代表性译本一样，他们共同的特点，也就是译者多是传教士或是基督教徒。他们有着深厚的基督文化背景，并把自己文化特色浓墨重彩地表现在对《道德经》的翻译解读当中。

二、选择性接触与老子思想西方传播的功利性特征

（一）选择性接触

传播学中的选择性接触是指受众并不是不加区别地对待任何传播内容，而更倾向于"选择"那些与自己的既有立场、态度一致或接近的内容加以接触；这种选择性接触行为更容易在强化他们的原有态度的方向上起作用，而不是导致它的改变。

在拉扎斯菲尔德学习和生活的年代因为战争成为整个社会的主旋律，所以很多理论和假说的提出都有着强烈的政治学色彩。甚至可以说他的整个传播学理论都是建立在政治生活之上，所以从传播学奠基人拉扎斯菲尔德的经历上我们也可以看出，传播学是建立在政治学上的一门综合学科②。

（二）老子思想传播的实用性特征中的选择性接触

历史迈入 20 世纪之后，西方在初期的快速发展之后，日益暴露出资本主义本质中的掠夺性与侵略性，从而激化了资本主义内部的各种矛盾，在不到 40 年的历史中相继发生了两次世界大战。战争使人类遭受重创，也使西方标榜的先进文化和基督文化日益受到质疑，使他们的内心受到震撼，从而由乐观转到悲观，从自信走向焦虑，从崇拜传统到怀疑传统，从高举理性到反思历史。一些西方学者纷纷开始反思自身的文化，检讨自己的世界观。正是在两次世界大战时期这样的一个文化背景下，西方企图通过对异域文化的研究，从中找到一剂"良药"，来拯救其日益没落的文化，弥合因战争对物质世界和精神世界带来的重创。这使得那些长期研究《道德经》的学者，对老子所倡

---

① 李天道、魏春艳:《老子生态思想与跨文化比较》,《消费导刊·文化研究》,2009 年第 14 期。

② 郭杰:《一个哲学悖论的诗学消解——论老子"道"本体的无限性及其审美转向》,《文艺研究》,2007 年第 11 期。

导的自然哲学、和谐世界等观念非常痴迷，并大张旗鼓呼吁西方抛弃"欧洲中心主义"，汲取《道德经》精华。如德国诗人克拉邦德撰写诗歌《听着，德国人》(1919 年)，号召德国人要"依据圣神的道的精神"生活，并且要"成为欧洲的中国人"①。

两次世界大战期间及战后初期，由于西方自身政治上的衰败、社会的动荡、文化的疑虑等因素，导致他们对《道德经》的翻译传播存在着一种十分明显的功利性，即希望通过对《道德经》的译介，通过对老子思想的研究传播，唤醒病态的西方社会的"自然"意识、"无为"本色，既达到治愈世人因战争饱受创伤的痛苦，又达到拯救西方社会的目的②。不可否认，这种目的实际上饱含着根深蒂固的实用主义文化本性，它与早期译本中体现的"基督文化本源性"有所不同，他们注重对《道德经》本身的内涵或哲学命题进行研究探讨，从中寻觅一些可以借鉴的精神价值和所谓的"治世良方"。

老子思想尤其是《道德经》的广泛传播确实在西方社会引起了格外的反响，在思想领域引起了数次动荡，这很大方面都要归功于一些早期进入中国的西方人士，特别是传教士在中西文化交流中所起到的作用。但是我们不能否认，他们的选择行为在相当的程度上体现了当时时代和社会的历史使命和变革特征。碰巧在某些时候，拉扎斯菲尔德的传播理论也是对这些现象的一个总结和升华，使得老子思想在西方社会的传播顺理成章地留下了时代的烙印。

（罗艺漫　谢清果）

---

① 王剑凡:《〈道德经〉早期英译与基督教意识形态》，范文美编，《翻译再思：可译与不可译之间》，书林出版有限公司，2000 年版，第 173 页。

② 辛红娟:《〈道德经〉在英语世界：文本行旅与世界想像》，上海译文出版社，2008 年版，第 194 页。

第三章 "5W"模式下的《老子》传播致效考察

　　《老子》作为道家思想和中国文化的载体流传甚广，一方面是因为它丰富的思想内容，另一方面就是它能指导我们当代的一些行为。本章试以传播学"5W模式"为理论基础来研究《老子》的传播致效，为我们当代的传播致效活动提供一些借鉴。

　　道家是先秦时期的一个思想派别，其思想崇尚自然，有辩证法的因素和无神论的倾向，同时主张清静无为，反对斗争。老子是中国古代伟大的思想家，同时也是道家的开创者，其著作《老子》主要阐述自己的思想与社会经验，是道家思想的代表典籍。自问世以来，研究者甚多，上至达官贵人，下至文人学士，出版有关《老子》的著作相当之多，据不完全统计达 1800 余种。鲁迅曾经说过："不读《老子》一书，不知中国文化，不知人生真谛。"他甚至认为"中国文化的根柢全在道教。"①《老子》上下五千言，字字珠玑，不仅在中国影响深远而广泛，而且漂洋过海，传遍了世界五大洲，深受外国人的青睐，引起浓厚的学习兴趣和研究热情。他们赞誉《老子》为"东方智慧的结晶"。据联合国教科文组织统计，在世界文化名著中，译成外国文字出版发行量最大的是基督教的《圣经》，其次就是《老子》。《老子》在成书之初就对道家思想的有效传播起到了非常重要的作用，而在今天，它对中国文化的有效传播依然具有毋庸置疑的推动作用。

　　《老子》作为一种文化象征呈现出多元性、涉身性与和谐性。既然《老子》具有如此丰富的内容，那我们应该能从《老子》中获取一些传播学方向

---

① 鲁迅：《致许寿裳》，《鲁迅全集》第 11 册，人民出版社，1996 年版，第 353 页。

的启迪，学习老子的传播智慧使得我们的传播活动更好地到达受众，使得传播致效。

第一节 《老子》的传播学研究取向

系统而完整的传播学产生于西方，在 20 个世纪 70 年代末才由余也鲁、张隆栋等学者介绍和引进中国。四十年来，中国的学者在将西方学者和传播思想引进国门的同时，也致力于创建有中国特色的传播学思想体系。他们在前期接触到研究传播理论之后，认为具有悠久历史的中国，定当在传播实践和思想积淀方面有着丰富的成果，因此，他们也开始用传播学的视角来研究我国古代典籍，找寻我国古代传播思想的萌芽和可应用于传播实践的思想与智慧。

一、老子是否反对传播

在对道家传播思想的研究中，前期的研究者们大都认为老子是反对传播的，如夏晓鸣在《儒道传播思想之比较》中提到中国古代就拥有多种多样的传播方式，古代思想家们面对广泛存在的社会传播现象，在自己的言论和著作中各抒己见，形成了不同的传播观念和传播理论，儒道思想便是其中的典型代表。文章通过对比法分析，指出儒家是肯定传播，而道家在一定程度上是反对传播的。随着社会的发展和研究的深入，很多研究者都在逐渐认同老子的传播思想，在刘欢、肖景的《春秋战国的传播思想初探》中，作者肯定了春秋战国时期各家各派都有特定的传播方式和传播理念，指出在当时特定的历史条件下诸子百家创造性地运用一系列行之有效的传播方式，正确认识传播的功能，自觉地进行传播实践活动，为中国古代文化传播做出了辉煌的贡献。在这种意义上来说，道家（老子）应该是肯定传播的。而常启云的《道家语言传播思想探析》和张卫中的《老子对语言传播的批判》则是从两个完全对立的角度来看待老子的《老子》，一个赞同，一个反对。余晓莉的《反传播还是愚民政策——试论道家的传播观》认为道家的传播思想不能简单地从"愚民"的角度去理解，从老庄对语言符号的认识以及道家对传播技巧的彰显来看，认为道家"反传播"的认识也不能成立。

通过对于文献的阅读发现，学者关于《老子》的传播学解读多半都是承认其思想具有传播学意义的。

二、《老子》传播学研究的新领域

后续的研究不断深入挖掘老子传播思想的内在意义，周圆在《试论〈老子〉的传播观念》中就提出老子对传播有深刻的认识，从符号学和传播动因理论来说明老子的传播思想，总结出老子对于传播的方式方法、传播者和受者的意见和建议。谢清果的《道家语言传播效果的求美旨趣》和《道家语言传播主体的求真意向》从道家老子的语言传播方面进行研究，指出老子不仅赞同语言传播，对于语言传播还提出了很多建设性的意见。还有从人际传播领域来看老子的《老子》，如田园的《老子人际传播思想 "四论"》，陈江柳的《从老子〈老子〉看传播媒介的演进》则是从结合中国老子《老子》的 "反战" "守柔" 以及 "人本" 主义三大思想，以人类传播史上媒介技术的演进为纵线，进而评析主要大众传播媒介的演进图景及其所展示的传播文明。

这些研究都只从传播学的某一方面对《老子》进行传播学的解读，但并未从传播致效角度来研究《老子》。本章就着重从这一角度来展开探讨。

三、"5W 模式" 与传播致效问题

（一）"5W 模式" 概述

"5W 模式" 是传播学理论的核心内容，1948 年，由美国政治学家拉斯韦尔在其论文《传播在社会中的结构与功能》中，提出了人类的传播活动是由：谁（who）——说了什么（say what）——通过什么渠道（in which channel）——对谁说（to whom）——产生什么效果（with which effect）五要素组成。这即是著名的 "拉斯韦尔 5W 模型"。"拉斯韦尔 5W 模型" 总结了人类基本的传播现象，说明了传播学的基本框架，基本上概括了传播过程中传播者、信息、媒介、受传者、传播效果的几个环节。拉斯韦尔宣称 "5W 模式" 是研究传播行为的一个简便方法，但他马上又说对传播构成要素的细分并不是他的目标所在，从而将话题转移到了对传播功能的探讨上来。对照 "5W 模式"，拉斯韦尔所说的传播功能与传播效果所关注的是一个问题，即如何进行有效的传播。

（二）传播致效简述

传播致效（principle of communication effect）是传播学研究的重点课题，它集中从内容、技巧、受众心理等方面考察传播效果产生的机制、规律。美国学者 D·卡特赖特在 1949 年概括了传播致效的四个原理：

（1）信息引人注目，有适合受众需要的鲜明特点和刺激态势，能够进入他的感官。

（2）使受传者认识到所传信息对他们有百利而无一害，并使信息与他们心目中原有的接受目的接近或一致。

（3）务使信息在受传者那里便于被理解和接受，成为他们认识结构中的一部分。

（4）在劝导说服有效的基础上，受众根据所传信息采取行动的基本条件是：达到目的途径的简便性、具体性、直接性；达到目的途径越直接，规定的时间越具体，选择的余地越小，受众采取行动的可能性就越大。

其后的美国传播学研究人员继续强调任何传播的终极目的都是产生效果，继续探讨致效原理，归纳起来主要有：

（1）传播者的"可信度"和声望与传播效果成正比，因此，媒介要努力塑造自己使受众信任的形象。

（2）对有争议的问题，要根据受众的固有观念或预存态度、文化程度分别采取只说一面之辞或正反理由都讲的方式。

（3）不要过度渲染问题的严重性。有学者认为，"适度的恐惧诉求比强度的恐惧诉求更能致效"。

（4）明白揭示比暗示隐讳更有效果。

正如传播学者们不断反复强调指出的那样，拉斯韦尔的"5W 模式"导致了传播学对测定传播效果的重视。"5W 模式"提出之初就是要使得传播得以致效。传播致效原理与"5W 模式"也有很多交叉的部分，所以根据传播学中的"5W 模式"和传播致效原则对《老子》进行分析可以明晰老子的传播思路，了解道家思想得以有效传播的原因，对解决我们当代的传播致效问题也能提供帮助。

第二节 《老子》传播致效的"5W 模式"因素

传播是人类借助一定的传播媒介交流信息的活动，传播者、传播内容、媒介、受众构成了传播活动最基本的要素，《老子》正是对上述基本要素作了成功而出色的把握，从而保证了传播活动的有效开展。

一、传播主体的"真"

按传播学对于传播者的定义：传播者是指在传播过程中担负着信息的收集、加工任务，运用符号，借助或不借助媒介工具，首先或主动地向对象发出社会信息的一方。传播主体即"5W模式"中的"Who"，作为传播活动的起始奠定了一个传播活动是否成功的基础。《老子》作为一个传播主体，一方面是其自身形象的一种塑造，另一方面就是老子对于统治者作为一个传播主体的建议。

（一）《老子》中"老子"形象的塑造

霍夫兰等传播学者的早期劝服效果研究表明，同样的内容的信息由不同的传播者来传播，其传播效果并不相同。所以说塑造一个良好的传播者形象是达到传播效果的基础，传播者的传播就是一种自我的表达能力，而所谓的自我表达是传播者将自己的心情、意志、感情、意见、态度以及地位、身份等向他人加以表达的活动。从传播学的角度来看，外观形象就是自我表达的第一符号特征，是自我表达的一种重要手段。

《道德经》中"俗人昭昭，我独昏昏；俗人察察，我独闷闷。澹兮！其若海，飂若无止。众人皆有以，而我独顽似鄙。我独异于人，而贵食母。"（第二十章）便是塑造了一个清静恬淡的圣人形象——世人皆向往虚华光耀的生活，对声名利禄趋之若鹜，处于熙熙众人之中，我却未被名利迷惑引诱，仍然坚持一颗淡泊清明之心。这就为获得受众的信任做了很好的铺垫和准备，奠定了传播者完全可信的自我形象。"是以君子终日行不离辎重，虽有荣观，燕处超然。"（第二十六章）进一步表明自己的"圣人形象"，即圣人行事处处有备无患，做好充分的准备。即使已经达到光彩夺目的境界，他也能安然处之。老子开始说自己是"众人皆醉我独醒"，接着就是说明自己即使知道自己是这尘世中的"明珠"，也不会自大妄为，依然是谨言慎行，避免给受众留下傲慢自大的形象。而"我独异于人，而贵食母"。（第二十章）又再次强调自己的特殊身份，把"主我"和"众人"严格地区分开来，只有"我"是完全不一样的，突出了自己的独特性，更是留下一种"权威"印象，利用民众普遍具有的"迷信权威"的思想，以便达到更好的传播效果。

老子在《道德经》中正是通过这样层层递进的对自我形象进行塑造，顺利在受众心中构建出了一个权威的却又并不高高在上的圣人形象。

（二）老子对统治者作为传者的建议

很多学者认为，《老子》并非针对所有民众，而是针对统治阶层所写，笔者也是比较赞同这个说法的。因为先秦时期，"君本位"的思想加上民众的普遍文化素质并不高，老子作为道家学说的创始人所要传达的思想要能够被执行，自然必须要通过当时的执政者。所以当时的统治者也是作为一个新的传播过程的传播主体而存在的，统治者也必须塑造自己良好的传者形象。

作为执政理念这一传播活动的传播主体的统治阶层，最先应该树立自己的"传者本位"，在老子看来当然也必须具备一个道者的形象。"豫焉若冬涉川，犹兮若畏四邻，俨兮其若容；涣兮若冰之将释；敦兮其若朴；旷兮其若谷；混兮其若浊。孰能浊以静之徐清？孰能安以久动之徐生？保此道者不欲盈。夫唯不盈，故能蔽而新成。"（第十五章）作为传播主体要有非常从容的态度。待人处事要修养到从容豫逸，"无为而无不为"。"无为"表面上看来似乎没有作为，实际上，却是智慧高超，反应迅速，举手投足之间早已考虑周详，事先早已下了最适当的决定。看他好像一点都不紧张，其实比谁都审慎周详，只是因为智慧高，转动得快，他人看不出来而已，并且待人接物，样样心里都要清清楚楚，一举一动都毫不含糊。

老子给予统治者的建议不局限在良好的传者形象上，还为其制定了一个行为准则——"绝圣弃智""绝仁弃义""绝巧弃利"（第十九章）、"绝学无忧"（第二十章）便从四个方面给统治者提出建议：1. 传者当圣且智但不以圣智为怀，即不利用信息不对称来愚弄他人，要使人们在信息的充分沟通中广泛受益；2. 传者的语言应该顺应人们的自然本性，不用仁义之念来干扰人们本来至孝至慈的纯真心境，也就是说，传者要尽可能维护他人平静的心灵；3. 传者的语言也不要激发人们的功利之心，以避免人们在功利的诱惑下作奸犯科，沦为盗贼；4. 传者要尽可能避免人们在追求知识的过程中忘了生活本身，从而给自己带来无尽的忧愁。这就为统治者执政理念的传达给出了一个"行为准则"，方便其进行统治活动。老子的传者形象塑造是为了获得统治者认可，而老子对于统治者作为传者的建议更是践行了自己对于传者重要性的考量。

综合来看，老子认为更为重要的是"信不足焉，有不信焉"（第十七章）。意思是，统治者的诚信不足，人民才对他不信任。作为传播者要就要注意维护自己的诚信，因为只有做到了自己诚信才能取得民众的信任。我们都知道"狼来了"的故事，小孩有过欺骗大家的经历所以当他真正遇到危险的时候再求救就起不到作用。传者还应具备一定的知识修养，传者要使受众明白某一道理，自己就得先行一步掌握这一道理。"以其昭昭使人昭昭"，这样方有从事传播的资格，方能收到良好的传播效果，否则"以其昏昏欲使人昭昭"，则必然事与愿违。传播者具备了这些素质才能主动掌控传播内容和传播过程。

二、传播内容的真实可信

传播内容就是一种信息，是传播的客体，而信息就是能够减少或消除不确定性的东西。它包括两个方面，一是精神内容的载体；二是人的与物质劳动密切相关的精神劳动的创造物。老子既然以《道德经》名篇，表明"道"和"德"是老子思想体系的两个核心概念，它们作为传播内容的信息主要是一种精神内容的载体。所谓"道"，是指宇宙间包括客观世界和主观世界在内的一切事物发生发展的根本规律。所谓"德"，是指客观世界规律在人类社会生活中的表现，或者说是人根据客观规律为规范自身生活而制定的共同遵守的准则。在老子的传播思想里，"道"是一个非常抽象的概念，只代表一种控制着整个思想的原则，真正的传播内容则应该是"德"，"德"是"道"的部分，也是"道"的具体化。所以循道而趋，必然要放德而行，由德及道——遵循"道"的准则，使"德"成为传播的内涵。

"道之为物，惟恍惟惚。惚兮恍兮，其中有象；恍兮惚兮，其中有物。窈兮冥兮，其中有精。其精甚真，其中有信。"（第二十一章）老子说明了"道"是由极其精微的物质所组成，虽然看不见，无形无象，但确实存在，万事万物包括人本身都是由它演化而是客观存在的，主观世界必须真实地反映客观世界，遵循客观世界的发展规律。而"信"就是寓于道之中的真实本质，只有表现出真实的状态才能称之为"信"。而这种"信"是就是一种承诺，一种忠于事实的态度。"信言不美，美言不信"（第八十一章）。认识主体必须客观真实地反映外部世界，而不应该凭空捏造、信口开河。

另一方面，传播学理论中有个"噪音理论"，"噪音"是发出的信号和接收到的信号之间的差异，是一切传播者意图以外的、对正常信息传递的干扰。而在第十九章中的"圣""智"即是所谓的"噪音"，它会影响传播内容进而影响传播效果。所以老子指出人世间有很多东西会使人心乱，故闻到者、行道者，当虚其心，努力地"少私寡欲"，通过这个手段达到"民利百倍""民复孝慈""盗贼无有"的效果，使民众回到最真实、最原始的状态。

三、传播过程的控制

传播过程就是传者通过使用一定的传播渠道把传播内容送达到受众的过程。而传播渠道是信息传输的介质，是信号的运载工具，是信息发送者传递到接受者的路径，是传播者和受传者之间相互进行信息交流的各种途径、手段和方式。就这种传播学意义来说，传播渠道就包括传播媒介的选择和传播技巧的使用。

（一）传播媒介的选择

通过对《老子》的研读，老子一直秉承着语言传播不如"不言之教"的传播过程更为直观。他认为其真实的原因就是共通意义空间制约传受过程。正如《老子》所言"道之为物，惟恍惟惚"（第二十一章），这种恍恍惚惚的"道"，难以描述，更难以传达给受众，加之个人的知识结构、社会背景、社会经验等差异，传受双方对很多信息的理解可能会出现很大的出入，在传播内容的编码和解码过程中就难免出现偏离。以传播学角度看，"传播具象"是受到文化—意识形态壁垒干扰相对最少的传播方式，它打造出一个自由心灵间的相对开放的传播平台，为接受者有违媒体传播意图的批判性、反抗性的解读提供了更大的自由空间。也就是说在具象传播的过程中传受二者的共通意义更大，对"道"即传播内容的理解也更为相近。传受双方的共同体验制约着传播的过程，对传播者有潜移默化的影响。在整个传播过程中，无声胜有声，行动比言语更重要，"是以圣人处无为之事，行不言之教"（第二章），以不言之言、无声的行动去影响对方，则往往是传播活动大智大巧的一种表现，最常用在教师通过自己的日常行为去暗示和影响学生。老子提倡"不言之教"，其实在一定程度上具有非言语传播的意思，就是通过行为、眼神等其他的渠道和方法来完成传播过程。就像古话所说的长辈们应该"言传身教"，除了言语上地督促外，更让自己成为榜样，例如每每有空时就读书看报，以营造一种学习的氛围，孩子们就在这种耳濡目染中受到教育，更为重要的是在无形中形成了一种学习的习惯。

"知人者智，自知者明。胜人者有力，自胜者强。知足者富。强行者有志。不失其所者久。死而不忘者寿。"（第三十三章）在这一篇章中，老子用"道"做指导思想，专门阐述了精神修养方面的观点。智者知人，明者知己，知己知彼方能百战百胜。《老子》中的这一思想同军事策略有很大的相似性，而在传播学的视角下，传播者就得分析各媒介的优劣势，比如广播、电视、报纸、网络，由于各自特点不同，所以会适宜不同内容的传播，充分利用自己的优势，避开弱点，选择最合适的传播形式，才能够让传播取得最好的效果。媒体竞争越来越激烈的当下，谁吸引了受众，谁就是胜者。"知人者智"就是要告诉我们要了解各媒介的节目安排、收视（听）率排行还有宣传策略，再一一和内容匹配，使得传播内容能够通过最适合的途径传播开去。

（二）传播技巧的使用

传播技巧，就是灵活运用一般传播原理、规律和方法所表现出来的具体而又特殊的传播手法，目的就是为了达到传播效果而采取的一种传播策略。

从语言传播策略来说，《老子》主要语言表达方式就是悖论，更是善用"正话反说"的语言策略。比如，"俗人昭昭，我独昏昏；俗人察察，我独闷闷"正能体现"正话反说"的语言传播策略。所谓"正话反说"就是说出来的话，所表达的意思与字面完全相反，如字面上肯定，而意义上否定；或字面上否定，而意义上肯定。就如同"众人皆醉我独醒"和"众人皆醒我独醉"，即从反面来批评社会的众生相。即众人都认为自己生活在那个时代里，争权夺利是应该的，是"昭昭"，而你不争则是"昏昏"。所以老子就承认自己"昏昏"，实际上老子的"昏昏"就是"醒"，众人的"昭昭"才是"醉"。作用就在于一种讽刺或者说是一种强调，从而把"本我"与"众人"严格区分，并对众人眼中的"客我"进行解读，获得一种传播内容的独特性，留下"权威"印象，以获得更佳的传播效果。

摈弃华而不实的语言，提高传播的效率———"言有宗，事有君"。郭志坤在《先秦诸子宣传思想论稿》中指出，先秦诸子皆有传播艺术的个性，墨子的传播具体形象，从事实出发，实实在在，使人可以达到对其传播内容"信而不疑"的程度。孟子的传播，除去他那种具有好辩的特点之外，很强调传者自己的表率作用。商鞅的传播艺术，注重缜密，强调逻辑力量。先秦诸子的传播艺术同样具有共性,他们在宣传艺术和传播策略上都主张"以名举实"，以"正名"为务，对于轻浮不实的"宛言"，对于夸大其词的"妄言"则大加鞭挞。诸子主张要"举实"，并非单纯的就"实"论"实"，它可以有修辞，有发挥，但是修辞也得"求实"，不得"虚言"，更不能"淫辞"。

《道德经》还言道："持而盈之，不若其已，揣而锐之，不可长保。金玉满堂，莫之能守；富贵而骄，自遗其咎。功遂身退，天之道也。"（第九章）意指物极必反，盈后为亏，锐后必钝，劝慰人们防止矛盾激化，警惕不要走向反面。在传播过程中也是一样，要想达到好的传播效果就一定要把握好传播的度。过多、过长时间或是过于偏激的传播都容易引起反效果。进行传播时一定要把握好"度"，传播的量和内容都应该在受众适宜接受的界限内，才能够达到较好的传播效果，"度"这种传播技巧的使用是与受众的重视紧密联系在一起的。

四、对于受众的重视

受众是社会传播活动中信息的接受者。受众通常指的是传播的对象或信息的目的地，常常被传播者当作自己传播意图的体现者。受众与传播者同为传播活动的主体，既相互依存又相互矛盾，共同推动着传播过程不断向前运动。受众是信息的"目的地"，又是传播过程的"反馈源"，同时也是积极主动的"觅信者"。传播致效原理的第三点就有提到——对有争议的问题，要根据受众的固有观念或预存态度、文化程度分别采取只说一面之词或正反理由都讲的方式。可以看出要使得传播致效必须要站在受众的角度来思考。

老子《道德经》就具有一种强烈的"受众观"。"轻则失根，躁则失君。"（第二十六章）就非常直白地说出了轻视人民的人会失去民心，浮躁的国王会失去君王的尊位。这句话说明受众的力量是强大的，正如我们常说的"水能载舟亦能覆舟"，民众的力量是强大的，我们必须得尊重受众的感受，才能达到自己所期望的传播效果。

不过，"知人者智"（第三十三章）可不仅仅用于传播媒介的选择，更重要的是要了解受众的需求。依照受众的特点和需求，制定相应的内容、选择合适的传播途径，才能更好引起受众的关注和使用。另一方面，对受众的重视并不代表要盲目迎合受众，降低自身品质，否则，传播只能达到它的负面传播效果。

《道德经》第十七章写道："太上，不知有之；其次，亲之誉之；其次，畏之；其次，侮之。"虽然这一段话评述的是政治，但对于传播依然具有指导意义。类似于前文提到的"不言之教"，它是一种传播技巧，使用的初衷还是因为以受众根本没有意识到的形式进行传播，无论是灌输思想、意识，或是推销商品，都容易达到最好的传播效果。从心理学角度进行分析，有形的传播容易让受众有戒备心，受众会在脑海中对传播内容进行分析、思考，很少会达到完全接受的效果，而无形的传播则不同。中国古来就有"潜移默化"一说，无形的传播就是在受众毫无防备间达到了最好的效果。这种"不言之教"首先从受众自身而言，就是一种自我的领悟和理解，是一种积极主动的学习之道。受众是被动接受者的同时也是人际传播的传播者，在以"受众为王"的当代，对于受众的重视既是传播得以致效的必备因素也是前期传播策略制定的重要考量指标。

五、传播效果的达成

道家崇尚"无为"，无为不是不为，其实是为无为，无为而无所不为。老子开创的道家以"道"为基准，道虽然不是具体事物，但也是物的存在，是无物之物，所以老子所期待的传播效果是在不改变民众本真和产生反感的前提下，使其在潜移默化中获得"美"的感受。美是传播效果的评判原则，美是一种超功利的感受。鱼儿与其有"泉涸，鱼相与处于陆，相呴以湿，相濡以沫"之悲壮，不如彼此体验"相忘于江湖"之乐。道家认为真正的传播当如没有传播一样，正所谓"至言去言，至为去为"。

老子所处的先秦时期，百家争鸣，最重要的是用言语进行人际传播，他认为"从语言传播看，只要一切符合'言'的自然性（即'言'的规律），不在'言'的自然性之外去刻意追求，就能达到最佳的传播效果，这便是老子所谓'不言'的真正内涵"。老子提倡"不言"，还有一个意图，那就是实现语言符号与非语言符号相互配合以实现最佳的传播效果。"是以圣人处无为之事，行不言之教。"（第二章）《老子》的第四十三章也指出了"不言"的传播效果是："不言之教，无为之益，天下希及之"。

而"大道废，有仁义。慧智出，有大伪。六亲不和，有孝慈。国家昏乱，有忠臣"。（第十八章）老子讽刺了统治者失道缺德的腐朽性，深刻揭示了传播的一些消极效果，由于统治者自身的虚伪和腐朽，使得其传播的效果往往事与愿违，适得其反。

以上可以看出要达到良好的、"美"的传播效果离不开前期的各种准备和策略。就"5W"模式而言，传播者和传播内容的真实可信，传播过程的良好控制，对于受众的重视都是取得良好效果的前提条件，传播效果作为"5W"的结束的同时也影响着下一个"5W"的顺利进行。

传播者——内容（信息）——渠道（过程）——受众——效果，前面的一系列工作都是为了取得一个良好的传播效果。要使传播得以致效这些因素都缺一不可，随着社会的发展，"5W"模式不单是这一简单的线性模式，它的五个因素会相互交叉、相互影响，在不同时代大家对它的侧重点可能不一样，但是它们五个却是紧密相连的，这一点毋庸置疑。

传播学研究往往更注重运用实证主义的研究方法，将传播者、媒介信息、受众和效果等传播要素加以量化研究，这样的研究方法似乎是有悖于《老子》作为一种思想的人文主义特征，但是这种理性的研究路径可以帮助我们从一个新的角度来看待《老子》的流传。通过传播学相关理论的分析可以看出《老子》正是遵从了一些传播规律所以才得以取得良好的传播效果，而作为道家始祖的老子更是深谙传播致效的各种规律和技巧。

《老子》的有效传播告诉我们，传播过程是一个整体，从传播者对信息的有效编码形成传播内容再通过一定的途径和手段传达到受众，并要使得受众乐于接受、易于接受，从而达到最初的传播意图，获得良好的传播效果。所以说传播者本身就要树立一个良好的形象——诚信、权威但又不是高高在上，传播内容必须真实可信，且要站在受众的立场上传达他们想要的或者能够理解的信息，建立一个共通的意义空间，再选择合适的传播媒介和传播策略使得信息不受"噪音"的影响顺利抵达受众领域，获得受众反馈，最后回到传播者处，根据效果的差异来适时调整，重新开始新一轮的传播过程。这就形成了一个封闭的传播过程环，即使有外部的干扰信息影响，也可以及时发现做出应对，不会影响最后的传播效果。

《老子》流传千百余年，从古到今，从国内到国外，不单单是因为其丰富的文学价值和博大精深的思想内涵，还因为有着与时代发展并行的先进理念，常读常新，对于我们当今社会文化的发展依然具有很好的指导意义。

（宋思雨　谢清果）

第四章　老子柔弱谦下思想的传播渠道与效果

本章首先对老子的柔弱谦下思想进行文本上的解析，进而从传播渠道与传播效果方面对柔弱谦下思想的形成进行阐释。传播渠道着重从传播者和传播方式方面进行剖析，而传播效果则从对个人修养、国家治理以及人与自然等三个方面的影响进行论述。

《老子》全书仅五千言，思想却博大精深，成为中华文化中不可不提也不可不研究的一部重要典籍。众多名家和文化大师以及学者从不同角度对《老子》进行解读，他们或从《老子》版本演化上进行探究，或从《老子》的哲学维度进行剖析，或从文化的角度进行解读，或从政治学方面进行阐释。在此，笔者不一一举例赘述。本章我们试图从老子思想的传播学角度进行分析，来探讨老子柔弱谦下思想形成的传播学过程。

第一节　老子柔弱谦下思想的文本阐释

毫无疑问，论"道"是《老子》全书的核心所在。然而在诠释何为"道"，以及"道"为何种状态上，我们就不能不提到柔弱谦下。老子在第四十章提到"弱者道之用"。"道"作为生成万物的母体，它的创生作用虽然是柔弱的，却能绵延不绝，作用无穷。这在某种意义上也体现了柔弱作为一种状态的强大功用。在《老子》全书中，柔弱谦下的思想有时是以一种直接的表述呈现出来，而大多时候是以意象的形式来表达的。如在第八章中，"上善若水。水善利万物而不争，处众人之所恶，故几于道"。老子喜用"水"来表达自己的思想，而"水"的形象成为了最接近老子"道"的意象。水的形象是柔弱的，柔软的，往低处流的，这种特质和独特的形象正好和老子所表达的"道"的特质相吻合。柔弱、谦下、处下便成为最接近于道的可贵品质。

关于柔弱谦下思想，我们可以在很多章中找到相关的表述。如在第二十二章中，"不自伐，故有功"体现出了老子对谦下思想的看重。在第二十八章中，老子直接表明他的持柔的观点："知其雄，守其雌，为天下谷。为天下谷，常德不离，复归于婴儿。"而在第三十九章中，老子表达了他对谦下的看重，原文如下："故贵以贱为本，高以下为基。"同样的，在表达治国方略上，老子同样看重柔弱谦下的重要作用，他这样认为："大邦者下流，天下之牝，天下之交也。牝常以静胜牡，以静为下。"大国只有处在雌柔的位置才能胜过雄强。在第六十二章，老子直接表明了谦下的好处："江海之所以能为百谷王者，以其善下之，故能为百谷王。"关于柔弱谦下思想的文本，在《老子》全书中有众多体现，在此不作详细阐述。

在对《老子》柔弱谦下思想的研究中，众多学者也提出了自己的独到见解。金景芳在《论老子思想》一文中指出，老子反复提到两个观点，其中之一便是重柔弱。而老子之所以形成这种思想，金景芳认为这其中有其思想根源。这个根源便是老子继承和发展了《归藏》的首坤次乾的思想。童书业先生在《老子思想研究》中，从阶级属性对老子作为没落的奴隶制贵族采用"不动"的方法来应对封建社会到来的大趋势。同时，他的思想体现在处世哲学上即表现为以退为进、谦下不争，以不争为争。臧宏在《说〈老子〉的"柔"》一文中，论证了"柔"对"道"的依赖，说明了依赖于"道"的"柔"是真智慧、大智慧。张志芳在《论〈老子〉的"柔弱胜刚强"》一文中，从柔弱的定义、柔弱与刚强的辩证关系以及对柔弱胜刚强的阐释三个方面对柔弱的特性进行分析。张金兰在《论老子的柔弱哲学》中认为，老子的柔弱哲学是对自然现象、社会政治、军事斗争实践和人们为人处世经验进行高度概括总结的结果，它对后世产生了深远的影响。

第二节　老子柔弱谦下思想的传播渠道与效果

一、传者是以知识分子为主的统治者

从传播学角度来说，信息的传递是需要信源的。在对《老子》的研究和解读以及传播的过程中，传者显然是作为知识分子的统治者。从对老子其人的研究来看，尽管说法不一，但是一致认为《老子》成书是和老聃有莫大关

联的。胡曲园在《论老子的"无"及老子其人》一文中认为，郭沫若对于老子的考证较为合理：也即老子即是老聃，《老子》一书即为老聃的语录。老聃作为周朝史官的特殊地位从某种意义上表明了他作为原始传者的标志性意义，即他是作为统治阶级发言人的地位而存在的。而其后对于《老子》一书进行更多诠释和解读的更是作为统治阶级代表的知识分子阶层。撇开王弼不谈，历史上为《老子》作注解的更是多如牛毛，甚至帝王直接为《老子》做御注。较为有名的便有唐玄宗、宋徽宗、明太祖、清世祖。老学研究者尹振环在其《帝王文化与〈老子〉》一文中阐明了汉文帝以自己的行为来为《老子》做注的历史事实，而唐玄宗的御注则客观上将南面术的《老子》引向人生哲学的《老子》。显然，帝王做注在某种意义上体现了在对《老子》传播过程中传者的特殊性地位。同时，也暗示了这种做注行为在传播学意义上的传者主动性的控制地位。

首先，知识分子阶层作为传者，对所传信息所具有的强大的控制能力，主要体现在，知识分子阶层对于《老子》的阐释和解读的权力。老聃作为周朝史官，以其所见所闻和独到的眼光写出《老子》五千言，这是他作为统治阶级以及知识分子阶层的代表所总结的哲学和政治学的经验智慧所在。这在某种意义上表明，知识分子阶层在维护统治阶级的统治上所作出的努力。这也给后世知识分子一个解读和诠释老子的契机和权力。而《老子》思想对于统治者的有用性更是被视为"君人南面之术"，亦即"帝王术"，这也使得对于《老子》的解读和阐释更多从政治哲学的高度入手。从一定程度上讲，这也使得总体上为统治阶级服务的知识分子阶层，持有和把持了《老子》的阐释和解读的权力。

对于这种阐释和解读的权力体现最为明显的莫过于唐朝。唐太宗和唐玄宗均为《老子》做注，唐朝推崇以"道"治国的方略。在唐朝，统治阶级以及知识分子对《老子》的崇拜达到了巅峰。唐代各帝王大都对《老子》有很深的造诣，都较注意吸取《老子》的治国思想，唐玄宗就曾说过"道德者，百家之首；清静者，万化之源"。[①]"为理之本，谅在无为，我无为而民自化。"[②]在唐代对于《老子》以及道家经典的搜集和整理以及诠释解读规模空前。董恩林在《简论唐代〈老子〉诠释文献的文化价值》中指出，对《老子》

---

① 《全唐文》卷三十一《为玄元皇帝设像诏》。
② 唐玄宗：《御制道德经疏》第七十五章。《道藏》本。

版本的认定和解读是和帝王的态度有关的。唐代各帝和唐玄宗一样厚河上公而薄王弼，这就导致了对《老子》的解读和诠释上的狭隘性。这种厚此薄彼是和唐朝统治者的统治策略相关的，这也在某种程度上表明了知识分子阶层对《老子》的阐释和解读具有一定的把控和操纵性。董恩林在其文章中指出，在晚唐强思齐、杜光庭等人试图对有唐一代的老学进行一番总结与集解工作，意在纠正唐代前期将《老子》宗教化、中期将《老子》世俗化两种极端倾向，还《老子》哲学思想论著的本来面目。可见，统治阶级对于《老子》的诠释和解读是具有强力性的，这种把控使得对《老子》的研究在某一时期赋有一定强制性特色。

其次，作为传者的知识分子阶层对于《老子》解读和传播是具有一定的目的的。显然，对任何一个文本的解读都是带有一定的色彩和角度的。出自史官之手的《老子》在某种意义上也带有一定的政治性的色彩。历史上各路学者对《老子》进行解读，或从哲学层面，或从道德伦理学方面，或从政治学方面。凡此种种解读无不是为统治阶级服务的。丁怀轸先生在《王弼对〈老子〉思想的诠释》一文中指出，王弼对《老子》的解读是体现出一定时代精神的。丁先生所谓的时代精神也即是王弼所处的乱世给王弼注解《老子》所产生的影响，这种影响表现为面对乱世，知识分子阶层所期待的国家统一、社会稳定的状态。于是，王弼在阐释《老子》宗旨时提出了"崇本息末"的命题。丁先生甚至认为，王弼注释老子，从根本上说并不是为了追求《老子》一书的"原意"，而是为现实的政治服务的。

且不说早期王弼对《老子》研究的目的和动机所在，唐朝尊道治世的理念也不提，在中国封建社会晚期的知识分子同样对《老子》抱以热忱，他们期望通过对《老子》的诠释以期改变王朝的末世之命运。吕锡琛在《从魏源老子本义看老学的救世价值》一文中指出，魏源力图通过诠释《老子》以"矫末世之弊"，他在《老子本义》中阐发了"不盈、务内"的管理之道、"利人外身"的处世哲学、贵贱同一的平等思想，充分彰显出老学所具有的"救世"价值。同时也可以看出，在晚清知识分子阶层为维护国家统一、抵御外侮，维护统治上所下的心思。他们期望通过对《老子》的诠释和解读，让作为受众的人民提高自身的觉悟，从而对维护国家统一和维护统治阶级的统治作出相应的回应。

再次，老子对统治者谦下心态的预设。在《老子》全书中，老子在很多章都提到了作为"得道者"的统治者所应有的柔弱谦下的心态。在《老子》

一书中，水的意象是最为关键的一个核心词。水的特性是老子所钟爱的"道"的最佳同义替换题。水是柔弱和处下的一种象征。对于统治者来说，老子期待他们能具有水一样的品格。在书中众多章中，都能看到老子对有"道"的统治者的期待。

在第七章中"是以圣人后其身而身先；外其身而身存"。老子强调理想中的治者能"后其身""外其身"，不把自己的意欲摆在前面，不以自己的利害作优先考虑，这是一种了不起的谦退精神。在第六十一章中老子直接希望大邦者能像水一样甘居低下，这其实便是老子对统治者的期待和预设。同样的在第六十六章中，老子直接用江海为百谷王者的譬喻来告诫统治者所应持有的心态，接着老子便更是教导如何作为一个成功的领导者："是以圣人欲上民，必以言下之；欲先民，必以身后之。"老子直率地说明了统治者应具有谦下的心态。在第七十六章，老子通过形象的说理，以箴言的形式，直接告诉统治者一个真理："强大处下，柔弱处上。"在第三十六章，老子直接以一句"柔弱胜刚强"来表明柔弱的强大。在第四十三章中老子这样说"天下之至柔，驰骋天下之至坚"。在第七十八章，老子对统治者做出如下预设："受国之垢，是为社稷主；受国不祥，是为天下王。"只有谦下的君主才能配称君主。以上种种都是《老子》文本中对于统治者谦下、柔弱心态的预设。因为，柔弱谦下是"道"的状态，得"道"者需按规律做事，统治者需像水一样柔弱谦下方能治理国家，服务百姓。

二、以教化为主的传播方式

首先，对于教化的释义和解读。教化是指个体的精神转变，即用某种好的思想和价值观念来对个体的精神意识和行为方式进行潜移默化的启发和引导，使这种善的思想与心灵自然地融为一体，从而实现从个别状态向普遍性状态的跃迁。古代的教化具有类似于现代的思想道德教育一般的意义，但是明显带有一定的阶级色彩的。荀子在《王制》篇中指出："论礼乐，正身行，广教化，美风俗。"由此，"教化"一词从荀子开始。鲍明和赵朝峰在《论中国古典教化理论及其影响》一文中对古典的教化理论进行了详细阐释。他们认为，教化的主要对象是民众。孔子认为，统治者对民众实施教化，可以塑造"易使"的民众。这在一定程度上说明了教化带有相当强的目的性，这种目的性便是民众的容易治理。而在教化的类别上，统治阶层会从日常行为道德，文化知识培养以及一定的法律普及等方面来实现。这是一种有效传播纲常伦理道德的有效手段，也是统治者稳定社会维护统治的绝佳方略。古代教化的渠道，大体分为学校教育途径（官学、私学教育）、家族和家庭教育、官府训导和礼教宣扬途径、史传与文艺宣扬途径等。自教化形成后，人们一直绵延这种规范，使得社会得以安定，文明得以流传，教化也变成了统治阶级实施统治的一种行之有效的软手段。

再次，老子柔弱谦下的教化手段。老子在第二章提出这样的观点："是以圣人处无为之事，行不言之教。"不为也即不干扰，不妄为。不言之教也即潜移默化的引导，并非刻意地通过政令或者条规去督教民众。这是典型的老子式的教化方式，以"道"的状态去行自然之事。从传播学角度来说，教化是一种传播的手段和方式。它所要达成的目标自然是传者所期待的一种合乎"道"的规范的传播效果。这种传播效果便是社会和谐、人民幸福，没有战乱。

总体看来，老子的柔弱谦下的教化手段主要是有两个层次的：第一层次是对自我的教化，主要是指老子文本中所提到的统治者的自我教化。这主要体现在，老子对统治者的规劝。老子在第二十二章坚定地表达出圣人所应有的状态，那便是：不自见、不自是、不自伐、不自矜。这都是作为统治者所应有的柔弱谦下的品格的表现。而在第四十三章中，老子直接表明了对教化的看法："不言之教，无为之益，天下希及之。"在老子看来只有"不言之教"才是最可贵的，这也是统治者所要追求和坚守的。老子在第五十四章对统治者的"自化"提出要求，这种"自化"便是老子给予统治者的宝贵建议："故以身观身，以家观家，以乡观乡，以邦观邦，以天下观天下。"统治者要从自身来观照其他的世界，要先自我修养，自我教化，方能看清世界，才能治理国家。在第五十七章，老子说"我无为，而民自化"。老子对民自化的前提条件做出说明，首先是统治者"无为"。这种"无为"的统治理念自然是合乎"道"的，它对统治的要求便是像"道"一样有柔弱、谦下的品格，为人民利益着想，有功而不处前，不自伐，不骄矜。在第六十三章，老子还提到"圣人终不为大，故能成其大"。不为大也是对统治者谦下心态的要求，"终不为大"是对统治者自我教化的其中一项要求。这种自化正是统治者自我内向传播的一种体现。

第二层次，主要是对百姓的教化。这种教化也有两个方面，第一方面便是统治者对《老子》文本的诠释所带给百姓的教化的结果，第二方面便是统治者自身的示范作用给百姓所带来的教化的结果。在第一方面，《老子》的文本阐释是和时代相关联的，不同的时代对《老子》的诠释是不同的，这当然是和统治者的意图想联系的，正如上文所述，在唐朝的尊道行为是和李氏王朝的统治策略相关的。广泛地对《老子》以及道家典籍进行搜集和整理，势必让人民更多地接触和了解老子。而作为唐朝的统治策略来说，老子的清静无为更是变成了绝佳的治国方略。统治者以期百姓清静无为，社会稳定，毫无疑问这样是有助于维护统治的。对百姓贯之以柔弱、谦下的品格传输，也是一种统治策略。从政治学角度来看，柔弱谦下的人反抗的可能性较之争强好胜的人更容易治理，且反抗统治的几率更小。而在历史上作为统治阶层的知识分子对《老子》的误读也是其实行百姓教化的一种手段而已。最典型的误读莫过于认为老子主张"愚民"的政策。所谓的"愚民"出自《老子》第六十五章"古之善为道者，非以明民，将以愚之"。这便成了统治者教化百姓所坚信的一条原则。当然，大多数情况下，统治者对《老子》的解读还是较为接近老子本人的意旨的。文本中的关于个人修养的章句都得到很好的诠释，全书中很多的名言成为人们个人修养的坚实信条。第二方面，统治者自身的示范作用给百姓所带来的教化在《老子》文本中得到很好的体现。这主要是老子对统治者良好"圣人"形象的预设。这一点在第六十六章表现特别明显，老子这样说道："是以圣人欲上民，必以言下之；欲先民，必以身后之。是以圣人处上而民不重，处前而民不害，是以天下乐推而不厌。以其不争，故天下莫能与之争。"这是典型的老子对作为"圣人"的统治者柔弱谦下品格的预设。所以说，统治者若要人民柔弱谦下，必自身亲历而为，给百姓做出表率。在《老子》全书中，老子屡次对圣人的品格提出要求，这些要求无疑是和"道"的品性最为接近的。柔弱谦下以水的譬喻来表达。而老子更是表达了圣人对这些品格的拥有所带来的良好的社会治理效果。这自然是老子对统治者的示范作用所产生的强大效果的肯定。这无疑是老子对统治者以身示范的教化功能的重视和强调。

第三节　融入民族文化中的传播效果

毫无疑问，《老子》是和中国文化紧密相连的，甚至毫不夸张地说《老子》的精髓是深入中国人血液里的。《老子》对于中国文化的影响可见一斑，鲁迅曾经这样说过：不读《道德经》一书，不知中国文化，不知人生真谛。由此可见《老子》和中国文化的深厚渊源。而"文化"是一个具有深刻内涵和广泛外延的词语。黄楠森先生曾撰文《论文化的内涵与外延》对"文化"的内涵做如下界定：文化是人类的精神活动及其产品，是经济和政治的反映，归根到底是人类物质活动的反映。黄先生还给文化的外延进行分类，总结起来有十二种之多。在此不作详细说明。这里将从三个方面阐释柔弱谦下思想在民族文化中的影响力，而这三个方面正好应对了黄先生对文化外延的分类。从个人修养方面，这可以归属到第五类文化现象也即是道德伦理观念、善恶标准和道德伦理理论。而从国家治理方面，这应对了第三类文化现象也即政治法律思想和理论，它是一个社会的政治活动的反映。从人与自然方面来说，这可以归属到第一类文化现象即第一类文化现象就是科学技术（这里指的主要是自然科学技术），它是一个社会的物质生产水平的直接反映并直接推动生产的发展。它在某种程度上体现了人与自然的紧密联系。

第一，从个人修养方面来看，老子柔弱谦下的思想突出表现为知识分子阶层将柔弱谦下用作一种有效的处世手段。这种柔弱谦下又可以体现为以下两个方面：首先应该有水一样"利万物而不争"的品格，"功成而身退"的胸襟。这正是老子的"道"所具有的特性，得此法便顺应"道"，顺应自然，反之则酿大祸。范蠡和文种便是最好的例证。范蠡和文种在帮助越王勾践战胜吴王夫差后，范蠡深得"功成身退"之要义，谢绝勾践的封赏，毅然泛舟五湖而得保全身家。反之，文种看不清"功成身退"的道理，依然迷恋权势和地位，不懂伴君如伴虎的道理而最终成为历史的牺牲品。老子在第二十二章这样说道："不自见，故明；不自是，故彰；不自伐，故有功；不自矜，故能长。"老子已经讲到了谦虚谨慎能处下的好处。其次，还要有谦下涵容的品格。老子在第二十八章中提到："知其雄，守其雌，为天下谷。"充分体现了老子提倡谦下涵容的品格，倡导处下不争。在历史上最有名的例子莫过于蔺相如和廉颇了。蔺相如对廉颇的多番相让，最终让廉颇看到自己的无知，最后有了"负荆请罪"的佳话。这是对老子谦下涵容品格的完美表达。

第二，从国家治理方面来看，柔弱谦下更是在很多朝代的君王身上得到完美体现。从老子作为史官来写此书来看，他是有劝谏统治者的意味在里面的。圣人必须是尊"道""法自然"的，只有做到这些，才能更好地治理国家管理人民。所以，以圣人为榜样的统治者必须有圣人一样的品格，这种品格便是"道"的品格。像水一样柔弱而有力，处下而不骄矜。老子在第三十九章中提到"故贵以贱为本，高以下为基。是以侯王自称孤、寡、不穀。"老子以春秋战国时代诸侯自称孤或寡人，楚越国君自称不穀为例，说明侯王要得到百姓的拥护，就必须对百姓表现出柔弱谦下的态度。这方面做的最好的莫过于唐太宗了，李世民虽然知道魏征是之前对手的谋士仍然不计前嫌，谦下地请其做宰相，并且对魏征的多次冒犯上谏示以宽容。正是这种谦下的品格才使得魏征尽心竭力地为其所用。同时，唐朝正是有效地运用《老子》思想来治国，才有中国历史上的大唐盛世，呈现出豪放不羁，宽容开放的风气。

第三，从人与自然方面来看，老子的柔弱谦下思想同样也是深深地浸入中国人血液中的。老子在第二十五章中说道："人法地，地法天，天法道，道法自然。"这是老子对天道自然思想的表达。老子肯定了万物创生的规律性，在某种意义上是要求人们要遵守这种"道"的规律。而在第七十七章老子以形象的比喻来说明自然的规律是要和谐的，人与自然同样需要和谐。"天之道，其尤张弓与？高者抑之，下者举之；有余者损之，不足者补之。"万事万物都需要和谐和平衡。人类尊崇自然，遵循自然规律但是必须认识自然的极限需要"知止"。"知止可以不殆"，知道万事万物的度，便可以在内在规律中行事，就不会有危险。"不知常，妄作凶。"便是违背自然规律打破和谐的行为，必然会出大的乱子。凡此种种可以看出，老子在关于自然和人的关系方面，是要求人们在自然面前保持谦下的姿态，这种谦下表现在不强力违抗自然的规律，不违抗"天道"。而这种观念在中国古代好多成语中便有体现。譬如"竭泽而渔""拔苗助长""杀鸡取卵"等等。尽管这些都是一些强力违背自然规律的反例，但正是这种正言反说的成语体现了中国人对老子遵循自然天道的谦下思想的铭记。

总的来说，《老子》一书思想博大精深，而老子对"道"的描述和总结正是其想传达的智慧的结晶。近"道"的品性必然是像水一样柔弱不争、能够安然处下。而从千百年来先人对《老子》的解读和传播来说，中华民族似乎已然延续了老子深刻的思想和智慧。谦和不争也成了中华民族的一个显著的优秀品德，柔弱处下变成了中国人生存和应对困难的智慧。这正是对《老子》传播所带来的结果，它成为中国人文化基因中不可抹去的一个特色。

（邬秀君　谢清果）

第二部分　老子的大众传播效果

影响因素考察

第五章 大众传播效果研究视域下的老子思想

　　传播学研究的本土化诉求和实践，要求研究者从多个角度和层面对中华文化进行深度思考。老子和《道德经》作为中国传播思想的一个典型资源，引起了许多学者的关注和研究。本章主要从微观的媒介效果——说服性研究的角度，从传播者、受众以及传播技巧三个方面分析大众传播怎样才能取得好的传播效果，来探讨《道德经》中所蕴含的丰富传播思想。

　　在大众传播时代，信息的传播已经由卖方市场转向买方市场，如何使自己的信息在浩如烟海的信息海洋中得到受众的注意并产生预期的效果，成为十分重要且备受关注的问题。大众传播效果指的是大众传播对受传者和社会所产生的一切影响和结果的总体，不管这些影响是有意的还是无意的、直接的还是间接的、显性的还是潜在的[①]。

第一节　从传播效果观照《道德经》的智慧

　　自大众传播研究出现以来，西方学者提出了很多理论和研究方法。这些学者对大众传播的影响研究结论经历了从直接的、短期的、明显的效果转向间接的、长期累积的、隐形的（潜移默化的）效果的转变。大众传播的效果研究大致可以分为说服性研究和社会化研究，前者依据盛行的时间和归因于媒介影响的效果大致分为子弹论、有限效果模式、适度效果模式和强大效果模式；后者认为，媒介内容通过一个长期的、潜移默化的过程使得人们日益

---

　　① 佘绍敏：《传播学概论》，厦门大学出版社，2003 年版，第 230 页。

社会化。然而，大部分传播媒介的传播效果并不可能普遍发生，而是取决于其他的变量。

西方学者伊莱休·卡茨指出，选择性理解和人际关系是大众传播效果所依赖的两个重要变量①。克拉珀认为，大众传播是通过一些中介因素而发生作用的，这些中介因素有：受传者的心理倾向性和与之相关联的选择过程；群体和群体规范；人际传播和意见领袖以及大众传播媒介本身②。霍夫兰和耶鲁研究小组的研究揭示了效果的形成并不简单地取决于传播者的主观愿望，而是受到传播主体、信息内容、说服方法、受众属性等各种条件的制约③。

大众传播是信息传递的过程，大众传播的整个过程都以传播者搜集、制作、传递信息开始，而以受众接触、接受信息并对信息作出反馈结束。传播者对传播效果的影响不言而喻，而受众作为大众传播的对象和目标，对传播过程和传播效果亦有着不可估量的影响。接收分析的几个主要代表人物之一斯图亚特·霍尔（1980）认为，受众在接触媒体提供的各种内容时，带着来源于自己观念和经验的其他含义结构，"编码—译码"这一过程中的译码可以完全不按编码员的设想而进行，接收者可以从字里行间中解读，甚至可以正义反解④。此外，信息本身的内容、形式与传播技巧是有效传播内容的重要因素。大众传媒为了力求吸引更多的受众、大多在内容上力求平易、在形式上力求简，倾向于少登意思抽象深邃、内容不易理解的复杂材料⑤。同时，动之以情、晓之以理和讲双面理等传播技巧有助于取得更好的传播效果。

在中国，传播学研究的本土化诉求和实践，已经要求研究者从多个角度和层面进行深度思考。中国学者对来自西方的传播学原理进行系统介绍和合理吸收的过程中，也从本土文明资源入手进行中国的本土传播学理论的建设。老子和《道德经》作为中国传播思想的一个典型资源，引起了许多学者的关注和研究。

郭志坤在《先秦诸子宣传思想论稿》中结合大量的材料，从"不言之教"、

---

① ［美］沃纳·赛佛林，小詹姆斯·坦卡德：《传播理论起源、方法与应用》，郭镇之等译，华夏出版社，2000年，第237页。

② ［美］斯坦利·巴兰，丹尼斯·戴维斯：《大众传播理论：基础、证明与未来》，曹乐书译，华夏出版社，2000年版，第145页。

③ ［美］斯坦利·巴兰，丹尼斯·戴维斯：《大众传播理论：基础、证明与未来》，曹乐书译，华夏出版社，2000年版，第142页。

④ ［英］丹尼斯·麦奎尔：《大众传播模式论》，祝建华译，上海译文出版社，2008年版，第128—130页。

⑤ 佘绍敏：《传播学概论》，厦门大学出版社，2003年版，第179页。.

释"愚"、"信"和"善言"四个方面生动地阐述了老子的宣传思想，指出老子是一个有着丰富的辩证观念的宣传家，他的宣传崇尚"不言之教"，目的是使人们返璞归真，达到"愚"的境界，在宣传手段上，他讲究实事，善于诱导，生动形象，这些都是很珍贵的思想遗产①。魏超从传播主体、传播符号、传播技巧、传播受众和传播过程与传播环境这五个方面探讨了老庄的传播思想，指出老庄的传播思想较多涉及传播者，并且多是传播主体应该以怎样的姿态或立场面对受传者或受众，才能获得影响力；和西方传播学中"首因效应""近因效用""一面提示""两面提示"之类的传播技巧论相比较，老庄所关注的传播技巧更具有整体性和超越性，内涵丰富，妙用无穷；在受众方面，他从"没有谁可以高高在上""顺应大众是硬道理""身教重于言教""'愚民'的前提是自己更愚"和"没必要让民众团结起来"五个层面分析老子关于传播受众的思想②。谢清果教授从事华夏传播研究，研讨老子传播思想多年，取得丰富的成果。他在《和老子学传播》一书中先从传播主体、传播策略、传播效果总述了老子的传播智慧，然后从传播过程、语言传播、人类传播、人际传播等多个维度分述了老子的传播思想③。该书论述丰富，给笔者很大启发。吴景星、姜飞从老子"道可道，非常道，名可名，非常名"和庄子"道可传而不可受，可得而不可见"等"传播的不确定性思想"进行了"传—受"博弈过程的本土化诠释④。此外，还有不少人从组织传播、人际传播、语言传播等角度论述老子的传播思想，我们在此不一一赘述。

第二节 微观传播效果下的《道德经》思想

《道德经》是道教始祖老子的传世之作，短短五千余言涵盖了这位思想家对世界的理解，其中有不少内容对传播学颇有启发，研究《道德经》对创建具有中国特色的传播思想体系颇为有益。这里主要从微观的传播效果——说服性研究的角度，从传播者、受众、信息内容与形式以及传播技巧这四个方面，分析大众传播怎样才能取得好的传播效果，来探讨《道德经》中所蕴含

---

① 郭志坤：《先秦诸子宣传思想论稿》，福建人民出版社，1985年版，第51—66页。

② 魏超：《老庄传播思想散论》，中国轻工业出版社，2010年版，第134—139页。

③ 谢清果：《和老子学传播》，宗教文化出版社，2010年版，第24—25页。

④ 吴景星，姜飞：《"传—受"博弈过程的本土化诠释——中国道教"可传而不可受"思想对传播研究的启示》，《新闻与传播研究》，2009年第4期。

的丰富传播思想。

一、"微妙玄通，深不可识"的传播者

传播主体是传播行为的发起者，也常能主动掌控传播活动和传播过程，对传播行为能否致效有着很大的影响。霍夫兰和耶鲁研究小组的研究揭示了效果的形成并不简单地取决于传播者的主观愿望，影响传播效果的因素主要包括传播来源的可信度、传播来源的知名度和传播者的动机等。老子的传播思想较多涉及传播者，并且所涉及的多是传播主体应该以怎样的姿态或立场面对受传者或受众，才能获得影响力，这是老子传播思想的一大特点。那么老子是怎么看待传播者对传播效果的影响呢？

（一）传播者的动机："恒无心"

任何传播都离不开传播者和传播受众这两个传播过程的主体。传播者作为信息的发布者，是传播过程的第一个环节，决定着信息的选择和信息的流通。从心理学的角度，动机是一切行为的起点和源头，决定着人类的行为。对传播而言，传播者的动机亦影响着信息的选择和传播的效果。老子在《道德经》中对传播者动机做出如下论述："天长地久。天地所以能长且久者，以其不自生，故能长久。是以圣人后其身而身先，外其身而身存"①（第七章），在此老子借用天道来论述人道，用天地的运作不为自己去比喻圣人的行为没有贪私的心念。同样，老子在第四十九章中更明确了"圣人"应具有的传播素养："圣人恒无心，以百姓心为心。圣人在天下，歙歙，为天下浑其心。"这里所讲的"圣人"，是老子理想中的执政者，老子指出，要做到这一点就必须自己"恒无心"，即无欲，并且"以百姓心为心"，将"善"与"信"作为自己的心和天下人的心。所以，在老子看来，理想的传播应是传播者以"恒无心"的动机传播，以百姓利益为第一位。这为我们反思当今的传播现状提供了借鉴。

新闻的发轫于大众对信息的需求，提供可以满足大众需求的消息则是新闻最初和最基本的功能。然而，在新闻业发展的过程中，"黄色新闻"在19世纪中晚期曾显赫一时。根源于对金钱的追求，西方传媒业出现了对"发行量"狂热追求的浪潮，甚至不惜制造虚假消息，满足大众的好奇心。与之相

---

① （魏）王弼：《老子道德经注》，楼宇烈校释，中华书局，2008年版，第14页。

类似，当今的"有偿新闻"也不断被业界学界提起，传播者为了个人私利或组织私利而违背传播应遵守的道德准则和职业规范，而与受众利益背道而驰。当前中国传媒业正处于改革期，传媒处于政治、市场、受众三者的张力之中，这时老子所言的"恒无心"为传媒的传播活动提供了方向，即传播应"以百姓心为心"，以百姓利益为出发点，由此成为传媒业健康发展的根本保障。

（二）传播者的品质："谦恭"与"不争"

在大众传播时代，传播主体多指传媒机构，但是在老子所处的时代，传播主体往往是指个人，即便说到君侯王者，老子一般也不将其作为权力机构的代表，而是将其作为一个需要不断完善其品格修养的人①。但这不妨碍我们从老子的论述中汲取有关大众传播的智慧。

老子在第十五章中阐述了得道之人的修养和崇高德行："古之为善为士者，微妙玄通，深不可识。豫焉！若冬涉川。犹兮！若畏四邻。俨兮！其若客。涣兮！若冰之将释。敦兮！其若朴。旷兮！其若谷。混兮！其若浊。"他认为得道之人，在任何情况下，都会谦恭行事，始终虚怀若谷，不谋私利，这样的人有道无欲，正是道虚无本性的具体体现。在第十七章"太上，下知有之。其次，亲而誉之。其次，畏之。其次，侮之"中，老子指出仁政者会受到人民的爱戴和拥护，而暴政者将受到人民的反抗和蔑视。在大众传播时代，传播者应该突破以前的单向信息的流动模式，不要把受众当作信息的被动接受者，传播应该是传播者与受众双方处于平等位置，信息在传者和受者之间循环流动，面对受众，传播者应怀有一种"谦恭"的态度而不是觉得自己掌握着传播的主动权而高高在上。

在第二十二章"不自见故明，不自是故彰，不自伐故有功，不自矜故长。夫唯不争，故天下莫能与之争"中老子用辩证思想作为观察和处理社会生活的原则，规劝人们要处柔守弱，谦让退下。在第二十四章"企者不立，跨者不行，自见者不明，自是者不彰，自伐者无功，自矜者不长"中，老子劝人顺应自然，遇事谦逊退让，不争强好胜。其实，在信息传播过程中，传播者也应以"不争"的态度选取信息、传递信息，不能仅仅聚焦于刺激性、甚至低级趣味的信息。在信息爆炸、社会转型和传媒变革的环境中，媒体要在激烈的竞争中取得立足之地，应根据自身媒介特点，遵循新闻规律，向受众传

---

① 魏超：《老庄传播思想散论》，中国轻工业出版社，2010年版，第1页。

递有新闻价值的信息，新闻"内容"的价值性是媒介竞争的关键，面对来自同类媒体、新兴媒体的竞争，传播者应坚持发挥自身优势，坚持对新闻价值的追求和对受众利益的维护，不必一味跟风争抢最吸引受众眼球的"引爆点"，而应坚持以"不争"的态度取胜。

二、受众：上士、中士与下士

传播是信息传递的过程，以受众接触、接收信息并对信息作出反馈结束。受众作为大众传播的对象和目标，对传播过程和传播效果有着不可估量的影响。从受众自身的差异性出发，老子在《道德经》中格外强调了受众因素在传播中的作用。老子将闻道者分为上、中、下三等，并区分了他们对"道"的不同反应："上士闻道，勤而行之。中士闻道，若存若亡。下士闻道，大笑之"（第四十一章）。同样的是"道"，上士（即对道有认识、有所悟者）则勤勉行道，中士则半信半疑，下士则哈哈大笑。可见，受众自身的差异、知识水平影响着受众的认知与态度。

关注受众的差异性，是尊重受众在传播过程中的主体性的体现。对于同一则信息，不同的受众按照自己的方式进行"解码"，从而产生不同的解读方式。霍尔认为，受众自身的差异影响着对信息的处理方式，从而产生"协商式解读""对抗性解读"或"偏好式解读"①。对信息接受产生影响的因素，不仅包括受众的知识水平、受教育程度等个人性因素，也应考虑社会地位、风俗习惯、所处地理位置等社会文化因素的影响。

老子对不同闻道者的区分为我们进行传播活动提供了借鉴。在媒介技术不断发展的媒介环境中，广播、电视等传统媒体逐渐尝试对受众进行细分。"窄播""分众"等新型传播方式逐渐弥补了传统的"太阳式"或"中心式"传播模式缺陷，新兴的"数字媒体"更是将受众由原来的"后仰式"观看模式转变为"前倾式"观看方式，由"不关我事"的旁观态度发展为"我要选择"的主体观念。关注受众差别、针对受众特征而采用差别化的内容和传播技巧，《道德经》中蕴含着"受众差异"这一传播智慧。

三、信息的内容与形式："适"而"简"

在第七十章"言有宗，事有君。夫唯无知，是以不我知。知我者希，则

① 武桂杰：《霍尔与文化研究》，中央编译出版社，2009年版，第139页。

我者贵是以圣人被褐怀玉"中，老子认为自己的主张很少有人理会，并且躬行践履，是因为他们不了解其言论和行事的根本。在大众传播过程中，传受双方共通的意义空间是传播过程能否顺利进行以及传播能否致效的前提，它有两层含义，一是对传播中使用的语言、文字等符号含义的共通理解；二是大体一致或接近的生活经验和文化背景①。受众是传播过程的终点，决定着传播的效果。因此大众传播在"编码"时要充分考虑到受众的"解码"可能性和接受习惯等因素，根据共通意义空间选择合适的传播内容，才能取得理想的传播效果，避免由于"莫能知"而出现"莫能行"的传播效果。

在第十二章"五色令人目盲，五音令人耳聋，五味令人口爽，驰骋畋猎令人心发狂，难得之货令人行妨"中老子阐释了物欲的害处，认为人若不能清除对物质的贪欲，必遭灭顶之灾，这对大众传播有一定的启示。为了力求吸引更多的受众、大众传播在内容上力求平易、在形式上力求简单，不宜使用意思抽象深邃、内容不易理解的复杂材料。国内营销学权威卢泰宏教授曾经提出"消费者信息行为中的'傻瓜'假设"理论，主张将消费者看成懒惰而无耐性（所以广告应简单化）、只有常识而无知识（所以广告应简明）、健忘（所以广告应连续持久）、感性直觉优先而理性居后（所以感觉应从感觉入手）、喜欢悠闲而讨厌说教（所以广告应轻松）、三心二意或喜新厌旧（所以广告应差异求新）、从众跟随以保全安全（所以广告应重视意见领袖）②。

四、"极"与"故"的传播技巧

传播者修身修德再好，也不见得就能够完全感化受传者，使受传者自觉地接收，从而完成传播过程并取得理想的传播效果，因此还必须在以德育人的基础上，注意传播技巧的使用，进行以理服人和以情感人③。

（一）"柔弱处上"，以情感人

老子在《道德经》中推崇"守柔"的智慧。在第二十七章"善行者无辙迹，善言者无瑕谪，善数不用筹策，善闭无关楗而不可开，善结无绳约而不可解"中，老子用善行、善言、善闭、善结作喻指，说明人要善于行不言之教，善处无为之政，才有可能取得好的效果。在第四十三章"天下之至柔，

---

① 刑立双：《共通意义空间在电视传播中的作用》，《电视研究》，2005 年第 3 期。

② 胡天佑，李玲玲：《OTC 药品广告谋略谈》，《中国药业》，2006 年第 21 期。

③ 黄合水：《广告心理学》，高等教育出版社，2010 年版，第 146 页。

驰骋天下之至坚。无有入无间。不言之教，无为之益，天下希及之"中老子说明柔弱和"不言""无为"的益处，并指出最柔弱的东西里面，蓄积着人们看不见的巨大力量，使最坚强的东西无法抵挡。在第七十六章"坚强者，死之徒；柔弱者，生之徒。是以兵强则不胜，木强则兵。强大处下，柔弱处上"。老子以柔弱和坚强的得失好坏，来教人弃强取弱、舍刚守柔的道理。在第七十八章"天下莫柔弱于水，而攻坚强者莫之能胜。弱之胜强，柔之胜刚"中老子以水为例，说明柔可以胜强、柔可以胜刚的道理。"守柔"的智慧可用于现代广告中，广告可以采用情感诉求这种"柔"技巧，通过激发消费者的情感，进而达到广告说服的目的。例如，幽默广告是一种情感诉求的一种形式，它能够引起受众对广告的注意，提高受众的广告接触率，促进受众对广告、品牌形成良好的态度 ①。

（二）"有无相生"，讲两面理

《道德经》中充满了辩证的色彩。在第二章"天下皆知美以为美，斯恶已；皆知善以为善，斯不善已。故有无相生，难易相成，长短相形，高下相盈，音声相和，前后相随"中，老子指出事物只要失去对应面，则另一面就不复存在，事物都有以对立的方面为自己存在的前提。在第三十六章"将欲歙之，必固张之。将欲弱之，必固强之。将欲废之，必固兴之。将欲夺之，必固与之。是谓微明，柔弱胜刚强"中，老子指出事物的发展规律乃是矛盾的互相对立和相互依存，矛盾的双方必然由一方向相对立的一方转化。这种辩证的思想同样适用于现代广告的诉求技巧中。每一个消费者都希望自己买到的产品物美价廉，但正如世界上没有十全十美的人一样，世界上也没有十全十美的商品，这是人所共知的。所以在广告中适当地采用双面论证的手法，真实地展现商品中矛盾的双方，将自己的"弱点"表现在广告中，更容易得到消费者的信任，获得意想不到的效果。

（三）"大成若缺"，把握好传播的"度"

　传播过度是当今信息时代传播环境的一个真实写照，它不仅包括传播信息的过度，还包括传播态度的过度和传播方式的过度等。信息过剩和信息污染等使受众在信息的汪洋大海中难以找到自己所需时，容易变得茫然和焦虑，

---

① 黄合水：《广告心理学》，高等教育出版社，2010 年版，第 149 页。

甚至对信息产生不信任和厌烦（如脑白金广告）。老子在《道德经》中也谈及了这一点。在第九章"持而盈之，不若其已，揣而锐之，不可长保。金玉满堂，莫之能守；富贵而骄，自遗其咎。功遂身退，天之道也"中，老子劝人谦恭退让，效法自然之道，不要把事情做得太过，要留有余地。在传播过程中也一样，要想达到好的传播效果就一定要把握好度，过多、过长时间或是过于偏激的宣传都容易引起受众的反感，取得反面的效果。这一思想同样体现在第七十二章"民不畏威，则大威至。无狎其所居，无厌其所生。夫唯不厌，是以不厌"中，这章原本是老子对高压统治者的警告，反对肆无忌惮地压榨百姓，但它也启示我们：对大众传播和组织传播而言，在信息传播时要"瘦身"，注意信息的过滤简化和真实有效，使之不超过受众的接受范围，才不会引起受众的反感和负面影响，正如"夫惟不厌，是以不厌"。

　　《道德经》作为中国传播思想的一个典型资源，蕴藏着老子丰富的传播思想。在大众传播时代，我们可以吸收老子的智慧，促进大众传播的发展。

（江娟　谢清果）

第六章　老子思想与影响传播致效因素的共通

　　本章在总结前人对老子传播学研究文献的基础上，从老子论"信"与信源的可信性效果；"去彼取此"与把关人学说；老子的"复归"思想与传播效果中的反馈和"为之于其未有"与传播致效中的"前馈"四个方面出发，试图探讨老子思想与影响传播致效因素的共通。

　　《道德经》又称《老子》，是中国古代先秦诸子分家前的一部著作。《道德经》被誉为是道家思想的重要来源。截至目前，《道德经》一书渐被域外广泛翻译与研究，目前已达 40 种语言文字，1162 部之多，居外译汉籍之首。①《道德经》不仅是对中国古代哲学的阐述，也对后世的众多领域产生了重要影响。比如管理学科、商学以及健康养生学等皆从老子的《道德经》一书中获得了启示，这其中包括传播学。

　　在传播学科是一个社会学科，任何一个社会学科都离不开其所处的社会文化大背景。传播学从西方引进到中国并在中国获得长足发展，不少读者立足于中国文化，从《道德经》中借鉴了不少与传播学思想相通的传播理念，并从中获得了启示。如厦门大学谢清果老师在《老子的组织传播思想纲领初探》一文中提出了《道德经》第八章中的"正、善、治"是其组织传播的目标。并以"以正治国，以奇用兵，以无事取天下"为其基本纲领。具体说来，他认为"以正治国"是组织关系的象征互动；"以奇用兵"是组织冲突的化解之道；"以无事取天下"则说到了组织的权利意识②。还有其他研究者从传播

---

① 丁巍：《由〈老学典籍考〉到〈二千五百年来世界老学文献书目数据库〉》，第二届地方文献国际学术研讨会论文集，2007 年 10 月。

② 谢清果：《老子的组织传播思想纲领初探》，《今传媒》，2011 年第 3 期。

学视角出发，探讨了《道德经》中与传播学相通的思想。如有研究者认为老子提出的"道"是传播活动发生发展的根本动因，他对传播的方式方法、传者及受众都提出了自己的意见，比如传播应该遵循自然规律等①。学者蔡铭泽则从《道德经》中总结了老子传播思想的三个方面：道是宇宙间万事万物发生发展的根本原因，自然也是传播赖以发展的根本原因；真善美等"德"的范畴规定了真实性、以人为本等信息传播的基本原则；"无为"的人生态度体现出信息传播应该遵循的一系列基本方法②。陈巧玲则从跨文化传播入手，从《道德经》外译的角度出发探讨了"和谐世界"理念的跨文化传播③。也有学者从媒介批判的入手，结合老子《道德经》的"反战""守柔"以及"人本"三大思想，以人类传播史上的媒介技术的演进为纵线，进而评析主要大众传播媒介的演进途径及其展示的传播文明④。亦有研究者从《道德经》中的"常善救人，故无弃人"看到了人际交往的平等和开放前提；从"和其光、同其尘"看到了传播主体形象的问题；从"上善若水。水善万物而不争，处众人之所恶，故几于道"看到了人际传播的道德要素。从"希言自然"论述了传播能力的相关问题⑤。

　　大众传播研究包括传者、内容、渠道、受众和效果五部分，其中研究历史最长，争议最大、最具有现实意义的是效果研究。大众传播的研究一般都基于媒介可以产生某种效果这一假设，通过效果研究可以检测其他四方面的功能及状况⑥。而所谓传播效果，指传播者发出的信息经媒介传至受众而引起受众思想观念、行为方式等的变化⑦。

　　影响传播效果的因素有很多，从老子《道德经》里以及相关学者的研究发现，老子在《道德经》中的思想，有很多与传播致效的思想是相通的。

---

① 周圆：《试论〈老子〉的传播观念》，《人民论坛》，2011 年 05 期中。
② 蔡铭泽：《老子传播思想探析》，《湖湘论坛》，2012 年第 6 期。
③ 陈巧玲：《浅析〈道德经〉外译与"和谐世界"理念和跨文化传播》，《沈阳大学学报》2011 第 6 期。
④ 陈江柳：《从老子道德经看传播媒介的演进》，《东南传播》，2010 年第 8 期。
⑤ 田园：《老子人际传播思想"四论"》，《周口师范学院学报》，2011 年第 3 期。
⑥ 胡正荣：《传播学总论》，清华大学出版社，2008 年版，228 页。
⑦ 费斯克：《关键概念．传播与文化研究词典》，李彬译，新华出版社，2004 年版。

第一节 老子论"信"与信源的可信性效果

《道德经》第十七章："信不足焉，有不信焉。"这意思是说统治者的诚信不足，人民就不会相信他。这对传播活动的启示是，要想获得良好的传播效果，传播者自身就应该是一个被大众信任的传播源。因为传播源的状况会直接影响到传播信息是否被受众所接受。所谓信源，就是信息的来源，在传播活动里若以个体的视角出发，信源即是指传播者。传播者决定着信息的内容，但从宣传或说服的角度而言，即便是同一内容的信息，如果出于不同的传播者，人们对它的接受程度是不一样的。这是因为，人们首先要根据传播者本身的可信性对信息的真伪和价值做出判断。一般来说，受传者对信源依赖很深，人们普遍信赖权威意见而不太信赖非权威的意见，信赖专门性信息而不太信赖普通信息[①]。信息对信息的影响也可以被看作是"背书效应"，即倘若受众对一个传播者非常信任，那么这种信任也会移情到此传播者传播的信息中。这也是为什么在央视做广告的费用要远远超过地方台的原因。除了高收视率之外，央视的权威性、可靠性会使消费者在潜意识中相信央视平台播出的广告，认为广告中的商品也是值得信赖的。

从社会管理的层面看，老子在《道德经》中的讲到统治者要有诚信的重要性。倘若统治者时常尔反尔，言无诚信，则统治者的话语很难被百姓认可接受，从而也无法达到管理的目的。从传播学的领域出发，要想传播致效，信源也就是传播者，要树立自己的诚信和权威，要善于建立自己在受众心目中可信赖的形象。而这种可信赖性又包括真实性、权威性和专业性。只要这样，才能使得传播者所传达的信息被受众接受，并获得受众的认可，从而达到传播者理想的传播效果。

第二节 老子的"去彼取此"与把关人学说

《道德经》第十二章："五色令人目盲，五音令人耳聋，五味令人口爽。驰骋畋猎令人心发狂 难得之货令人行妨。是以圣人，为腹不为目，故去彼取此。"其意思是缤纷的色彩，使人眼花缭乱；嘈杂的声音，使人听觉失灵；丰盛的食物，使人舌不知味；纵情狩猎，使人心情放荡发狂；稀有的物品，使

---

① 樊昌志、王勇、唐晓玲：《传播学应用教程》，湖南人民出版社，2008年版，第209页。

人行为不轨。因此，圣人但求吃饱肚子而不追逐声色之娱，所以摒弃物欲的诱惑而保持安定知足的生活方式。

大众传播活动所传递的信息多种多样，这其中不免会有一些不真实的、负面的、价值观扭曲的和社会主流价值相背离的信息。针对这种情况，就需要传播者在传播活动中对信息进行整理、选择、处理和加工，即"把关"。而进行把关行为活动的人就被称为"把关人"。"把关人"的概念是传播学的重要范畴，由传播学的先驱者之一库尔特·卢因最早提出。卢因在1947年发表的《群体生活渠道》一文中首先提出了这个概念。"把关人"（Gatekeeper）又译作"守门人"。卢因认为：信息的传播网络中布满了把关人，这些人负责对信息进行把关，过滤信息的进出流通。他形象地指出了传播者在传播活动中的基本行为模式和特征。而影响传播者把关的因素有政治法律因素、经济因素、社会和文化因素、信息自身的因素、传播组织自身的因素、受众因素、技术因素和传播者个人的因素[1]。

当今社会信息复杂多样，各种价值观和意识形态不断涌现，但是，在我们尊重多样价值取向的同时，也要严格对信息的传播进行把关。如某些别有不良用心的分子意图传播一些反党、分裂国家和邪教组织的信息。针对这种情况，把关人在传播活动中就要对此类信息进行鉴别，以保证受众不会被不良信息所误导。

把关人的作用可以联系到当今社会宣传物欲文明的弊害。进入文明时代，随着生产力的发展，为社会提供了愈来愈多的生活资料，与此同时，声色犬马，金玉珠宝，也对人产生了极大的感官刺激和心理诱惑[2]。如今的部分广告，以轰炸式的方式无孔不入地侵入我们的生活，向我们提倡各种物质至上和拜金主义的思想意识，似乎人生价值的实现标准在于你购买了多少个名牌手袋，人生理想的实现就在于你买了几辆豪华轿车，就连广告创意也偏向于诉求奢侈的生活方式，如酒类广告常常诉求于宫廷之景。正是由于这种原因，老子在《道德经》中指出的物欲横流的危害在当今社会和信息传播活动中仍有警示之效。

---

① 胡正荣：《传播学总论》，清华大学出版社，2008年版，152—156页。
② 饶尚宽：《老子》，中华书局，2010年版，29页。

第三节 老子的"复归"思想与传播效果中的反馈

《道德经》第十六章说:"万物并作、吾以观复,夫物芸芸,各复归其根。"意思是说万事万物的发展变化都有其自身的规律,是一个循环往复,生生不息的过程。这就好比信息的循环系统。从传者到受众,受众获得信息后反馈给传者,传者通过受众的反馈调整传播活动,从而进行下一次传播。在老子《道德经》中,这个循环系统的观念在传播实践活动中强调的便是反馈。而反馈,也是影响传播效果的重要原因之一。

在人类传播中,反馈"指接受者对于传播者发出的讯息的反应。传播者可以根据反馈检验传播的效果,并据此采取进一步的行动[①]"。实际上,反馈在传播过程可以发挥巨大的作用。从传播者角度看,反馈可以检验传播效果;传播者可以据此调整和规划目前和未来的传播行为。因此,作为传播者必须增强信息反馈的自觉性。从受众角度看,反馈是受众意见、需要、态度等信息的流通方式;受众可以据此更积极、更主动地介入传播过程中,主动搜集、使用信息。因此,作为受众也必须增强信息反馈的主动性[②]。在实践中,为了能使传播活动有良好的效果,传播者要重视开拓信息反馈的渠道。如报纸和杂志媒体可以开通读者信息来信,与读者进行新闻信息和杂志内容的探讨交流;广播媒体可以开通听众热线,让听众在广播中发出自己的声音;电视媒体可以请电视观众对节目进行打分评价;互联网媒体可以开通即时的网民评论等。不仅如此,还可以委托专门的受众调查公司获得受众对媒体传播信息的反馈。

不仅在传播实践中如此,在营销领域同样如此。学者许伟杰则从以消费者为中心建立信息数据库、实现信息再生和传播作用的差异性三方面论述了整合营销传播遵循老子《道德经》思想中的循环意识。而整合营销传播活动下的广告、公关、促销、POP 等活动也是循环传播的体现[③]。

---

① [美]施拉姆·波特:《传播学概论》,陈亮等译,新华出版社,1984 年版。
② 胡正荣:《传播学总论》,清华大学出版社,2008 年版,第 128 页。
③ 许伟杰:《论整合营销传播的循环统一》,《浙江工业大学学报》,2006 年第 2 期。

第四节 老子的"为之于其未有"与传播致效中的"前馈"

《道德经》第六十四章有言："其安易持，其未兆易谋，其脆易泮，其微易散。为之于未有，治之于未乱。"意思是说当世道平安的时候，它的稳定很容易维持，当事情还没发生显著变化的时候，改变它的比较容易；最脆弱的东西，很容易把它打碎；是细小的东西，很容易使它消融。处理事情最好在问题还没产生的时候，治理国家则应在发生变乱之前。这些言语体现了老子注重预防的思想。《道德经》第十六章："知人者智，自知者明。"意思是说能了解、认识别人叫作智慧，能认识、了解自己才算聪明。老子在《道德经》中要求了解别人的思想，与传播活动中的前馈是相通的。

为了达到理想的传播效果，仅有反馈是不够的，因为在一些控制系统，尤其是比较巨大和复杂的系统中，还需要有前馈。反馈可以检出并纠正偏差，但其滞后性难以避免。因此，又不要在系统发生偏差之前，尽可能根据预测的信息，采取相应的措施，这就是前馈。这种"前馈—反馈"结合的系统能达到较好的控制效果[①]。

大众传播中的前馈，"指的是在经济和社会发展中使用大众媒介时，事先通过调查研究等方式了解传播对象的需要，以改进传播节目的制作，增强传播效果"[②]。所以，为了使传播致效，传播者不仅要重视反馈，也要采取前馈措施。如电视台在开展一栏新节目之前，要进行一定规模的受众调查，去了解受众需要怎样的信息，希望通过什么渠道接受信息，愿意花费多少时间去接受信息。只有前馈工作做得充分，才能知晓受众的需求。从而为新的节目获得受众认可和喜爱而打下基础。

（李程 谢清果）

---

① 胡正荣:《传播学总论》，清华大学出版社，2008 年版，第 74—75 页。
② 施拉姆·波特:《传播学概论》，陈亮等译，新华出版社，1984 年版。

第七章 论"不笑不足以为道"与老子"道" 文化传播的大众路线

　　文化传播是人类社会各种文化资源和文化信息在时空中流变、互动和共享的一种现象，渗透于各种类型的社会成员之间。中国文化数千年的传播历史告诉我们最有效的传播方式是为大众所认可和喜闻乐见的文化传播方式。《道德经》提出的"不笑不足以为道"观点，从一定程度上可以理解为道文化传播的终极取向，即让大众在笑中感悟大道。

　　老子《道德经》第四十一章有言："上士闻道，勤而行之。中士闻道，若存若亡。下士闻道，大笑之。不笑不足以为道。"从文化传播的视角来看，这里把受众分为了上、中、下三等，不同受众由于自身素质的不同对接收到的信息有不同的表现。上士接收到文化的信息，晓得文化的伟大而真实，所以便努力不懈地去实行。中士接收到文化的信息，觉得文化的内涵似有似无，似真似假，持不置可否的态度。下士接收到文化的信息，便哈哈大笑。其实正是因为下士的大笑，才显示出道的高深莫测，若下士不笑，道便不可称之为道。也可以理解为，传播者传播的文化令下士笑了，文化才彰显了它的意义所在。倘若下士不笑，那么文化也就失去了传播的意义。

　　文化传播是人类社会各种文化资源和文化信息在时空中流变、互动和共享的一种现象。这种文化是渗透于各种类型的社会成员之间的，即老子所说的"上士""中士"和"下士"。由于个人文化素质、经济基础等因素的差异，他们对所接受到的文化信息的解码也有所不同。因此，我们有必要探索一种适当的传播形式，使我国丰富多彩的文化信息得到有效的传播。

第一节　道可道，非常道：
老子"道"文化大众传播的深入思考

"道可道，非常道"，老子在《道德经》的开篇首句便阐述了道的隐晦的传播方式，认为道很难言传的，因为语言文字容易曲解真相。佛教禅宗所谓"说是一物即不中"就是这个道理。所以语言文字只是人们悟道的一种辅助工具而已。同样文化的传播也是复杂多样的，尤其是在中下层民众之中流传的文化，很少拘泥于语言和文字，多是以更为活泼多样的形式表现和传承的。

中国文化有着几千年的历史，在各个历史阶段我们的祖先都创造了独特的文化传播形式。在文字出现之前的口语传播时期，生产力极不发达，社会也没有出现各种等级的划分，人类主要通过"言、歌、舞"进行文化的传播。所谓"诗，言其志也；歌，咏其声也；舞，动其容也"（《乐记·乐象篇》）。我们聪明的祖先，早就知道了比言更有威力的是歌，比歌更有威力的是舞。《尚书·尧典》就说"击石拊石，百兽率舞"。这里的百兽并不是指老虎狮子之类，而是先民模拟动物，通过动作传递特定的信息或心情。后来出现的军舞、巫舞也都演变为特有的文化形式代代传承下来。文字出现后，人类出现了知识水平的差异，《诗经》原始素材采于口口相传的底层民众，成于贵族阶层，此时主流文化的创造者还要归功于目不识丁的下层人士。春秋战国时期出现了专业的文化阶层——"士"，这些"士"中不乏出身贫苦见识匮乏的下等人，即前面老子所谓之"下士"，虽然这一时期的各种文化大放异彩，但其传播范围却有所局限，高深莫测的精英文化有意无意摒弃了底层民众以及"下士"。三国两晋南北朝时期，文化的分野更加明显，尽管这个时期产生了玄学以及一些奇特自由的文艺作品，但这些文化却很少传承下来，原因不外乎"曲高和寡"，也就是拘泥于上层统治阶级中，不够通俗，难以在民间流传。唐宋元明清时期的文化则逐步摆脱了上层文化的限制，逐步走进下层民众中来。唐朝的诗画或咏物或叙事，大多以贴近人民生活的题材为主，故而得以在民众中广为传颂。宋词则是文人和歌姬鼎力合作的结果，也唤起了广大小市民们的热情。值得一提的是，更为迎合底层民众的文化传播形式"说书"在这个时候出现了，之后以四大名著为代表的明清小说也以"飞入寻常百姓家"的低姿态受到底层民众的喜爱得以流传至今。

纵观历史，我们不难得出这样的结论：文化传播要想取得好的效果，关键在于选择一种为广大民众所喜闻乐见的传播形式与艺术。正如老子所言："道可道，非常道"，可见老子对语言文字所持的批判态度，部分是源于语言文字在文化传播上的局限性。在古代社会，高深的语言文字是贵族阶级的特权，"道"若仅以这种语言文字为载体，那么普通民众便无从闻"道"，"道"便不能恒久。同样，那些脱离了民众的文化难以得到时间和空间上的传承，这样的文化也就失去了它的意义。

第二节　强大处下，柔弱处上：老子大众传播思想的价值取向

本章开篇提到老子把士分为了上、中、下三个等级，也会有人联想到当今传播学研究中关于受众的精英与大众的分类，并理所当然地把老子归为精英一族。但是老子是否愿意把自己摆在高高在上的位置呢？《道德经》第八章有言："上善若水。水善利万物而不争。处众人之所恶，故几于道。"老子推崇水的德行，因为水停留在卑下之地，滋润万物而不与之争，以善处下而成为上善。可见老子并非想把自己置于"上士""圣人"或者"精英"的地位，反而认为那些处于下层的最卑微大众或许才是社会上真正的"精英"。第三十九章有言："贵以贱为本，高以下为基"，第七十六章亦曰："强大处下，柔弱处上。"这些都是以谦卑的态度强调了下层民众的力量与重要性。如此看来，老子所认为的精英应该是怎样的呢？《道德经》第十七章说："太上，不知有之"也就是说，最上等的精英，是不被大众所察觉的。明明在上，而大家又不知道，这和在下有什么区别了呢？"是以圣人抱一为天下式"，也就是说，精英与大众也本是合二为一的，谁也不必把自己看作精英，谁也不必把自己看作大众。

因此，从传播的角度来看，老子思想中的受众是平等的，没有精英与大众之分。老子在《道德经》第五章早有声明："天地不仁，以万物为刍狗；圣人不仁，以百姓为刍狗。"天地对于世界万物是无爱无憎的，皆一视同仁，任凭万物自然发展以保全其本性。同样，圣人无所偏爱，对百姓平等相待，从信息传受的角度来看，即传播者在传播信息时怀着公正无私的心，对受众是一视同仁的，没有厚此薄彼。第四十九章写道："圣人无常心，以百姓心为心。善者，吾善之；不善者，吾亦善之，德善。信者，吾信之；不信者，吾亦信之，德信。圣人在天下，歙歙焉，为天下浑其心。"文中的圣人，我们可以理

解为老子理想中的传播者，这样的传播者没有私心，以受众的需要为需要，无论受众善信与否都一视同仁的对待。这也体现了老子平等的受众观。在这样的传播环境下，受众看似如婴儿般愚蠢无知，老子也自诩："我愚人之心也哉，沌沌兮"，在老子推行绝圣去贤德的"愚民"政策下，受众成为"大智若愚"的受众，却具有足够的选择权与自主权。《道德经》第五十三章说："大道甚夷，而民好径。"我们从传播学的角度理解为获取信息的主流渠道是方便而畅通的，但受众喜欢从各种小渠道来获取信息，这里的受众是可以自由选择获取信息的渠道的。因为人们天性喜自由，老子主张的"无为之治"正是还受众以自由选择媒介的权利。第十七章说道："信不足焉，有不信焉。悠兮，其贵言。功成事遂，百姓皆谓'我自然'。"传播者所传的信息不可信，受众自然不会相信他，传播者不乱发号施令，顺应大众之心，发挥大众的主观能动性，反而取得良好的传播效果。可见在老子的思想中，受众是具有智慧的且在传播过程中占有着主控地位。

以传播的角度看老子思想，受众是平等的，自由的，智慧的，具有主观能动性的，因此本段的小标题选择了《道德经》第七十六章的"强大处下，柔弱处上"来概括老子思想中的受众观，取其受传者（大众）虽处传播过程的末端却有强大的掌控力量之意。沿着老子的思想轨迹，我国文化的大众传播需寻找一种与受众相适应的传播形式才能达到传播效果的最大化。

第三节　下士闻道，大笑之：探索"笑"在文化传播中的意义

老子有言："下士闻道，大笑之"，我们前面分析老子的思想中受众是平等的，无上下高低贵贱之分，这里又怎么有上、中、下士的分类呢？受众是具有不同特点的个人，这里只是按人的知识水平和接收信息的能力将受众进行了定量的划分。众所周知，老庄哲学充满了辩证法思想，"明道若昧"，"上德若谷"，自以为是上士的人在他人眼里可能是下士，自以为是下士的人在他人眼里也可能是上士。因此没有必要坚持于这样的划分。受众在传播者的眼中都是一律平等的泯然大众。那么"强大处下"的大众在接收到传播者的信息后何以"大笑之"呢？

"道"本是一个严肃的话题，而中国人向来擅长以幽默的方式表示严肃的态度。对此，林语堂先生也曾出色地予以解释：凡是最成功地记述了

中国的作家，都是富有幽默感的作家。古板的作家是很难懂得中国人如此细腻的情感的。因此，智慧的传播者必定不是以严肃的，高高在上的姿态将"道"传给少数的同样严肃的高高在上的人，而是以大众所喜闻乐见的方式，有效地传给具有强大力量的大众。"笑"便是这种传播方式作用于受众的即时的传播效果。关于笑，法国哲学家柏格森曾提出了几个论点，其一是：滑稽是人类独有的特性。人类是笑独有的创造者和表现者，人们认为道是好笑的，那是因为道的外形是人类赋予的。其二是：笑伴随着冷漠。笑来自单纯的理智，当您作为一个单纯的旁观者，无动于衷地观察生活时，许多悲剧就会变成喜剧。老子强调"无为而无不为"，这不正是闻道而笑的"下士"所为的吗？老子的道是非人格化的，它创造了万物，但又不主宰万物，顺由自然万物的繁衍、发展、淘汰、新生，所以无为实际上是不强为，不刻意为之。相反，"上士闻道，勤而行之"，如果是身心愉悦地行道，自然是再好不过，但如果是身心憔悴地行道，那本质上却是背离了道的初衷。中国古代文人士大夫总是一副心怀天下，情系苍生的姿态，仿佛没有忧患意识就非知识分子，但无论为何而忧这种心境毕竟是种负面情绪，说明当时的社会是动荡不安的，正所谓老子在第十八章中所言"大道废，有仁义；慧智出，有大伪；六亲不和，有孝慈；国家昏乱有忠臣"，因此，"忧"是与不"乐"，不笑相伴随的。法国诗人保尔·瓦莱里认为："笑就是拒绝思考，就是头脑对某一事物感到无从思索或难以思索，需要摆脱它。"弗洛伊德则认为，当一个人完全感觉不到抑制时会产生笑。《道德经》第十九章也有言："绝圣弃智，民利百倍。绝仁弃义，民复孝慈。绝巧弃利，盗贼无有。此三者以为文不足，故令有所属。见素抱朴，少私寡欲。"老子站在大众的立场上，反对统治阶级奴役人民的文化，而是要大众恢复人的自然本性，得到身心的解放。笑是人拒绝思考摆脱虚伪文化的本性表现，可见下士闻道而笑正是循道而行的。如果"道"的教化连下士都能笑，那才充分说明"道"的意义已经深入人心了。

　　把笑作为一种社会现象来考察，更能体现出笑的意义。春秋末年动荡变化的社会及统治者与人们之间的尖锐矛盾和斗争为大众制造了一个痛苦的生存环境，因此老子劝告统治者无为而治，使民不争。人们则以哈哈大笑来应付统治者的教化，也用哈哈大笑来面对痛苦和不幸。这样，统治者与大众共同创造一个小国寡民，无欲无争的"拟态环境"。约翰·费斯克认为，大众文化不产生文本，却产生意义。笑，是大众文化的基本追求，也是大众审美的基本形态，蕴含着深刻的意义。西方社会科学领域对"笑"有长达两千多年的思考。其主要研究成果有柏拉图的幸灾乐祸说、亚理斯多德的滑稽丑怪说、康德的期待落空说、黑格尔的盲目主体说，以及柏格森的生命机械说等。这些学说的研究对象主要集中在喜剧中的嘲笑、讽刺和滑稽对象方面。其中有一部分理论研究了笑的社会特性，如基尔斯和斯福德在《笑之根源的多维理论》中指出："社会性的笑可以被视为一种旨在将某个特殊的社会集团内的个人联系起来的行为反应。"在笑的研究文献中，这是第一次将"笑"等同于一种社会凝聚力的研究。1972 年，荷兰籍流亡人士 O.G. 罗德出版了一本小书《印度尼西亚的微笑》，他认为印度尼西亚人似乎"生来就会微笑"，有时候他们流着眼泪也还在微笑。而这种微笑所代表的是温暖、友爱、好客、善意和慷慨。希腊日籍作家小泉八云著有《日本人的微笑》一书。这些代表性著作，都对人类的笑进行了文化功能、社会作用等方面的研究。由此可见，"笑"分别作为一种个人行为和社会现象，在传播过程中是个不可忽略的因素。总之，从另一层面来讲，下士之笑，正是大道行世的终极体现。

第四节　不笑不足以为道：探寻贴近大众的文化传播路线

《道德经》第四十一章中写道："不笑不足以为道。故建言有之：明道若昧，讲道若退，夷道若类，上德若谷，大白若辱，广德若不足，建德若偷，质真若渝，大方无隅，大器晚成，大音希声，大象无形。道隐无名。夫唯道，善贷且成。"老子用十二个构成矛盾的事物双方，从有形与无形，存在与意识，自然与社会等领域来说明道的幽隐无名。同样，我国的文化博大精深，正如老子的道一样是很难用言语文字来传达清楚的，因此有必要寻找一种适当的传播形式与艺术，将我国的文化及其意义在空间和时间上得到有效的传播，并在"强大处下"的大众中取得如传播者所期望的社会效果。

我们生活在社会中，文化传播如水流一般穿梭于生活的各个方面，曲高和寡的高雅文化被束之高阁，贴近大众的文化被广为传颂。无论是高雅文化还是通俗文化，都是人们物质精神生活的不同的表现形式，我们传播文化，则是为了将这些体现人类社会化进程的有价值的东西保留下来，进而为人类的进一步发展提供借鉴和指导。《道德经》第五十七章说"以奇用兵"即以出奇制胜之法指挥军事，同样的策略也可借鉴到文化传播的领域中来。那么什么样的文化传播策略才可称之为"奇"呢？

今天的中国，文化传播方式多种多样。商业的介入、草根英雄的兴起、受众受教育程度的普遍提高等都为传统形式的文化传播注入了新的元素也同样不可避免地引发了一系列争议。以相声为例，因为各种各样的原因郭德纲的相声经常遭受传统的主流的相声界的诟病，但是郭德纲的相声作为一种文化形式究竟有没有意义？其实真正的评判权还是握在大众的手里，尤其是占社会成员大多数的底层大众，他们才是相声之道的真正受众。大众认可郭德纲，喜爱郭德纲，是因为郭德纲的相声满足了他们"找乐子"的需求。要分析起来的话，郭德纲最大的特长就是站在底层民众的立场上以对抗的姿态嘲讽所谓的精英与权威，面对高高在上的所谓精英与权威，底层民众的话语权无疑是薄弱的，既然话语薄弱，就只有笑，笑一声，便是最最激烈的回应和最最痛快的释放。在这里笑，也成了一种传播符号，通过开怀一笑，人们也相互传播了诸多的信息：我们都一样，乐于作一个平民百姓，乐于无欲无求的生活状态，乐于藐视权贵，哪怕这种欢乐仅是持续片刻呢。当然，只有站在同一立场的人才能了解这笑的含义，但这种理解却是明朗的直白的无须思考或隐藏。再如《百家讲坛》，也是将文化以通俗易懂的传播形式展示给大众，大师们以笑谈的方式深入浅出，解读自己专业领域的文化研究并加以个性化的见解，这种大众化的文化传播路线自然受到了大众的欢迎。老子自嘲"我愚人之心也哉"，也是把自己放在了下士的地位，倘若再世，估计也会被褐怀玉地来观赏这种寓教于乐的大众文化吧。

好的文化是属于大众的文化，有效的文化传播就是让受众感觉不到你在刻意的传播。《道德经》第三十七章的"道常无为而无不为"就是这个道理，传播者旨在传播的内容被大众当作娱乐潜移默化地接受了，甚至感觉不到"教化"的痕迹，这样的传播效果无疑是强大的。麦克卢汉在其成名作《机械的新娘》中认为广告传播的最高境界是作用于大众的潜意识，让他们不觉得是广告，不觉得烦便乐于接受广告的内容，从而受到广告的影响。这也是老子所说的无为而无不为。回到文化传播的命题上来，大众不是在庄重的讲堂里，而是日常的休闲中接受了文化的传播并潜移默化地受到了文化的洗礼，这样的传播效果可谓是更加长久和有效。正如《道德经》第十七章中说："功成事遂，百姓皆谓：'我自然'。"

值得一提的是，大众化并不等同于庸俗化。传播者不能停留在大众喜欢什么就传播什么的层次上，尤其是在商品经济日益发达的今天，传播者更要注意不要为了一时之利而丧失基本的媒介素养。文化传播是一个长远的命题，传播者想要得到一个长久有效的传播效果，有必要站在大众的立场上，并巧妙地将大众的注意力引领到有利于文化发展的道路上来。

（谢清果　姚家君）

第八章　上善若水与媒介的社会责任

　　《道德经》第八章提出以"上善若水"为总纲的人类行为原则。而以此来审视当代大众传播，我们认为大众传播媒介应该具有"上善若水"的媒介德性和社会责任感，而这种媒介德性和社会责任感的培养可以从老子提出来的"利万物"，"处众人之所恶"，"动善时"，"心善渊"，"言善信"，"与善人"，"居善地"，"正善治"，"事善能"等方面的要求来实现，并力求实现以及"不争"而无忧的传媒理想境界。

　　"哲学，是理论化、系统化的世界观，是自然知识、社会知识、思维知识的概括和总结，是世界观和方法论的统一。是社会意识的具体存在和表现形式，是以追求世界的本源、本质、共性或绝对、终极的形而上者为形式，以确立哲学世界观和方法论为内容的社会科学。"①《道德经》作为一部哲学著作，对人类最大的贡献就是帮助人们理解这个世界的本源本质，理解这个世界的运行规律。传播作为这个世界的重要组成部分，也必须要遵循这个世界的规律，这也就是要求传播要遵循《道德经》里所倡导的"道"，其中比较重要的一条就是《道德经》第八章所提出来的"上善若水"的"道"，传播特别是大众传播应当具有"上善若水"德性，而大众传播主要依靠大众传播媒介来完成，这也就是要求大众传播媒介要有"上善若水"的德性，要肩负起"上善若水"的媒介责任。但是"上善若水"是一句及其精炼概括的话，大众传播媒介要如何才能做到"上善若水"？可以从《道德经》第八章所阐述的几个方面得到启示：

---

① 姜玉亮：《哲学的思辨》，延边人民出版社，2009年版。

第一节　利万物：传媒的社会责任

一、大众传播媒介应该做到像"水"一样"利万物而不争"，这就要求大众传播媒介所传播的信息一定要对大众有益处，要能"利万物"，强调大众传播媒介要做好信息的筛选工作，也就是做好自己"把关人"①的角色，充分发挥传播的"教化""协调""传承"，以及监测环境的功能②。而"不争"更是针对当今的大众传播媒介所提出来的。当今的大众传播媒介之间能真正地做到"不争"来"利万物"的很少，大多数都是在哗众取宠以及传播一些"娱乐至死"的信息，而且，为了争夺受众，媒介之间不惜进行恶意竞争，像360与QQ之间的恶意竞争，就完全没有考虑受众的感受，最终损害的还是受众的利益，可以说，这些大众传播媒介不仅没有"上善"，就连最基本的"善"都没有，因此，大众传播媒介之间不应该是互相封闭信息，互相进行残忍的不正当竞争的关系，而应该都拥有胸怀"利万物"的社会责任感，互相的联合起来，共享信息资源。建立起一个以信息和传播为主体的社会，来利万物。

二、大众传播要像"水"一样的"处众人之所恶"，水居处在人们所厌恶的地方，荡涤污渍，保持环境的清洁，但是水在带走污渍的时候，却不会污染到自己，蒸发变成雨或者渗透之后，依然保持自身的纯净。这才是真正的"利万物而不争"，包容万物，但是坚持自己的纯真本质。从一个方面来说，这是要求大众传播媒介要抵制住这个世界的各种各样的诱惑，要恪守大众传播媒介的职业道德和它的本性；从另一个方面来说，这也是要求大众传播媒介要包容各种各样的信息，不仅仅只是传播美好的，正面的信息，还要敢于直面这个世界中的丑陋的一面，敢于做社会的"耙粪者"，这样才是真正的"利万物"，既然大众传播媒介是这个"拟态环境"的主要的创造者，那么就应该尽量的提供一个真实的"拟态环境"，时时提醒受众要居安思危，保持清醒的头脑，不喜亦不悲，使整个人类社会像水一样平静，而不舍昼夜地川流不息。

---

① 郭庆光：《传播学教程》，中国人民大学出版社，1999年版，第162页。
② 郭庆光：《传播学教程》，中国人民大学出版社，1999年版，第113页。

第二节 七善：传媒社会责任的落实方法

大众传播媒介传递的信息主要是新闻，作为新闻，最基本的要求就是及时，真实，实效，准确，简明①。而这些要求在《道德经》第八章中都有体现。

一、"动善时"，今译为"行动要善于把握时机"②，这就是要求新闻不仅要及时，还要善于把握时机，掌握分寸，哪些该报，哪些不该报；不同的新闻的报道顺序等等都要把握时机，掌握好分寸，就像中央电视台的新闻联播一样，先是报道重要领导人的工作，这样是对全国人民的交代，真正使人民群众做到了当家做主，而最后是通报一些有关文艺的事情。但是，在特殊情况下，像汶川地震的抗震救灾期间，就把抗震救灾的报道放在了最前面，为人民大众的利益着想，这几个方面就是"动善时"的很好的体现。

二、"言善信"，今译为"说话善于信实"③，要求所传播的"言"即信息，一定要有信，大众传播媒介所传递的信息一定要真实、准确，不能有虚假信息的存在。另外这个"言善信"里还要求所传播的应该是信言，而非美言，这就要求大众传播媒介所传播的新闻一定要简明扼要，真实的再现事实，减少带有个人意志的修饰词的使用。其实，这个"言"不仅仅是指语言文字，图片也是一种"言"，也要求"信"，像炒得沸沸扬扬的"挟尸要价"的新闻图片就没有做到所"言"的"信"。什么是"信"，左人，右言，有人才能"信"，这个"信"在很大程度上就取决于"言"的人，那张"挟尸要价"的新闻图片的摄影记者，他知道事情的本来面目是打捞者求助岸边的人来一起把尸体抬上岸去，但是，为了得奖或者一些"水所恶"的目的，他歪曲了这张照片的所传递的信息，这是一种"不善"的表现，而这种"不善"所带来的后果就是受众对这个社会的看法的改变，这会影响到整个社会和谐稳定的发展，正所谓"不善人者，善人之资"，从另外一个方面来说，这种"不善"这是给广大新闻工作者敲响了警钟。

三、"心善渊"，今译为"心神善于渊静"，其中的这个"渊"是一个有着深刻意味的字，《管子·度地》中提到水"出地而不流者，命曰渊水"。"渊水"可以理解为在一定的规则内的灵动自由。心要像渊水一眼，就像肖天石

---

① 王学典：《新闻写作技巧与范例大全》，吉林大学出版社，2009 年版。
② 黄友敬：《老子传真》，海峡文艺出版社，1998 年版，第 55 页。
③ 黄友敬：《老子传真》，海峡文艺出版社，1998 年版，第 55 页。

所说的一样"心善渊，则清虚湛澈以为守，潜龙勿用以深藏，故能神鉴而自明也"。① "心善渊"即心不外驰，要像渊水一样的沉静，但是也要像水一样的灵动，有所创新。这对于大众传播媒介所提出的要求就是要"心不外驰"，要把心规矩在"渊"这样的一个框架之内，采写编评报都要讲求原则，不能天马行空的乱加附会，要客观的编码，传递信息，不能把自己的主观意志加进新闻当中去，但是在遵守原则的前提下有应像水一样的有所创新。

四、"与善人"，今译为"相与善为道的人"，要与大道的伴侣肝胆相照，切磋琢磨共同的学习时间，共同的研究探索，同化于道。这就要求大众传播媒介要与人进行沟通交流，不仅仅是与外部的受众进行沟通交流，还要在传播媒介内部进行沟通交流；不仅要能与善人进行沟通交流，还要与不善的人进行沟通交流。因为在老子的眼中，善与不善不是绝对的，是可以相互转化的，《道德经》第二十七章中说"故善人者，不善人之师，不善人者，善人之资"。这就是要求大众传播媒介建立其完善的反馈机制，吸收各种各样的信息，不论是"善"的，还是"不善"的。就像山东电视台齐鲁频道所采取的主持人与受众进行的短信互动一样，观众所发的短信，不论是赞扬的还是批评的，都会在屏幕下方滚动播出，而且，主持人的解答也会同时出现，主持人解答的场景也会出现，这种互动方式，就会拉近受众与媒介的距离，而且会使受众感觉到这个媒介的包容和宽广的胸怀。

五、"居善地"，今译为"居处良善的地方"，这要求大众传播媒介一定要创造良好的环境，在媒介内部建立良善自然的工作环境，在媒介外部，也要创造有利于媒介发展的良善的环境，但是怎样的地才可称为"善地"呢，黄友敬在提到"善地者何"的时候指出善的标准就是合与自然，就是朴素，是能够使人"甘其食，美其服，乐其俗，安其居"，使人心情舒畅的理想净土。"善地"也可以理解为对新闻所传递的信息所提出的要求，就是简明扼要，最大限度地保持新闻最原始的朴素面貌，现在的现场直播就是对保留新闻原始面貌的尝试。

六、"事善能"，今译为"事业善于胜任"，如何做到胜任事业？就是要知己，知人。知己才能自胜，知人才能善任。这对大众传播媒介提出的要求就是内部的分工要合理，在外部就是要针对不同的受众，传递不同的信息，针对受众不同的需要，传递不同的信息，像现在日本所发生海啸地震一样，受

---

① 黄友敬：《老子传真》，海峡文艺出版社，1998年版，第54页。

众可能很希望知道日本的伤亡人数，中国对日本的救援，此次地震会不会影响到中国，传说中的 2012 世界末日会不会来临等等，所以大众传播媒介应该利用经验或者调查来确定受众的需求，根据需求传递信息，会达到事倍功半的效果。而对于所传递的信息，就是要按照信息的特性进行分类，安排顺序，时间，像娱乐信息应该放在何种时间，何种频道，民生信息的安排等等。人尽其能，信息也要尽其能，只有"事善能"，大众传播才能"利万物"。

七、"正善治"，今译"正事善于处理"。老子自己对这句话的注解是"是以圣人之治也，虚其心，实其腹，弱其志，强其骨；恒使民无知无欲；使夫智者不敢为也；无为而已，则无不治矣。"在这句话中，老子提出来如何才能成为圣人，就是要虚心，实腹，弱志，强骨。这就给从事传播事业的新闻工作者提出了要求，要求新闻工作者要"虚心"，就是贴近群众，虚心的听取群众的意见和建议，像山东电视台齐鲁频道的主持人"小侠女"——王羲，就深入到群众深处，而且还会把救助执行到底；要"实腹"，就是丰富自己的知识储备，融会贯通各种知识，要"弱其志"，在此提及的"弱其志"并不是指没有志向，而是要有切实可行的志向，不能好高骛远，建立不能达到的目标；要"强其骨"，不仅仅是要有强健的体魄，还要有强烈的正义感，要有社会责任心，要有骨气和满腔的热情。大众传播媒介主要是依靠广大的新闻工作者支撑起来的，广大的新闻工作者只有做到了老子所说的这些方面，大众传播媒介才能"善治"。

第三节　不争：传媒社会责任的应然境界

上文所提及的七种"善"都是源于不争，同时也是因为有这七种"善"才能够不争。所以《道德经》的第八章的总结就是"不争"："夫唯不争，故无尤。"今译："正因为它不争，所以没有什么怨尤。"作为大众传播媒介来说，也要做到"不争"，不争是一种心态，也是一种方法，大众传播媒介之间应该不争，应该合作，就像水一样，只有不同的小水之间进行合流，才能慢慢积累，最终汇聚成汪洋大海。而对于大众传播媒介应对外部来说，"不争"就是要适应这个社会，媒介所要做的不是强行的改变这个社会，只能是适应遵守这个社会的规律来恩泽整个社会，"处众人之所恶"，来荡涤这个社会的污垢，在遵循社会规律的前提下，做自己能做的和应该做的来保持这个社会的和谐，就像水一样，它总是遵循着高低的规律来流淌，它的渠或者河道挖到哪里，水就顺应着这个渠和河道流向哪里，那里就会受到水的恩泽，它"不争"，又"处众人之所恶"，"善"的德性被"水"完美而形象的呈现出来了。因此，大众传播媒介也要像水一样的"不争"，这样才能使媒介没有怨尤，也能够使整个社会没有怨尤，保持社会的和谐。否则，就会像渠道不符合自然之规律的水一样，泛滥成灾。就如同外国报纸中的"黄色小报"中的"黄色新闻"，如果不加以控制，就会泛滥成灾，娱乐至死。

　　媒介修得"上善若水"的目的就是提高广大受众的"媒介素养"[①]，从上述可以看出，《道德经》的第八章，不仅仅指出大众传播媒介的德性和社会责任应该是什么？而且指出了具体的修得"上善若水"的方法，就是要"利万物"，"处众人之所恶"，"动善时"，"心善渊"，"言善信"，"与善人"，"居善地"，"正善治"，"事善能"以及"不争"。大众传播媒介真正完全的做好这十个方面，就能达到真正的"上善若水"，只有媒介的德性和社会责任感提高了，广大受众的媒介素养才会提高，才能保证社会的和谐。

（杨芳　谢清果）

　　① 江作苏、梁锋、王雪莲：《媒介公信论》，新华出版社，2010年版。

第九章　老子之道大众传播的受众观

　　早在 2500 年前，道家学派创始人老子就将"道"的受众细分为三类。其一，精英阶层的上士对"理身治国"之道有着极强的求知欲，其对信息的加工方式是"勤而行之"，理想的传播方式是"下知有之"，传播形态类似公关传播；其二，积极进取的中士看重"道"的实用性，但对"曲则全"的成功之道疑信参半，合适的传播方式是"亲而誉之"，传播形态类似广告传播；其三，平凡普通的下士追求能让自己"大笑之"的生活之道，其对信息的加工是不求甚解，最佳的传播方式是"道入生活"，传播形态类似大众传播。

　　因媒介技术、社会心理等因素的刺激，受众在传播中的地位与日俱增，从被动接受信息的仆人日渐转变成主动消费信息的上帝。受众需求已经成为传播行业运行发展的原动力，直接影响着传播的内容、方式和效果，受众研究被提上议事议程。事实上，早在 2500 年前，智慧的老子已然洞悉细分受众的奥妙。老子曰："上士闻道，勤而行之；中士闻道，或存或亡；下士闻道，大笑之。"（第四十一章）由于思维、情感、文化、社会背景之差异，上士、中士、下士在信息接收过程中的心理需求、卷入程度、理解方式亦大相径庭。因此，迎合不同受众的心理需求及传播偏好，乃传播行业"深根固柢，长生久视之道"（第五十九章）。尽管老子的受众观局限于"道"的传播，但其"道莅天下"（第六十章）的传播理想与当今传播效果论有共通之处，其对受众的洞悉也必有可鉴之处。此外，"执古之道，以御今之有"（第十四章），解读老子的受众观既有助于我们深刻体会中华传播思想之博大精深，也有利于我们以一种本土视角去理解中国的受众。

第一节　上士：精英群体的传播指向

春秋战国混乱的局势促进了"士"阶层的崛起和壮大，一些既有一定知识，又熟悉上层社会各种礼仪制度的知识分子形成了"士"阶层，他们投奔于当权者门下，针砭时弊，为侯王提供治国建议和策略，凭借自己的知识智慧同社会进行交换。[①]用现代的话说，类似美国政府的"智囊团"。通观《老子》，"圣人""侯王"共出现 35 次，可见老子写作时心中的核心受众是非常明确的。而老子所言之"上士"，既指"士"阶层之佼佼者，还包括"尊道贵德"的侯王，他们担负着社会变革的使命，对理身治国之道有着极强烈的"求知欲"。

一、上士对"理身治国"的求知需求

"道"的产生及其早期的传播不仅是老子的杰作，更是时代的产物。根据郭店楚墓出土的竹简本《老子》及司马迁所编的《史记·老子韩非列传》，我们基本可以确认老子生活在春秋战国时期。春秋战国是中国历史上重要的转型期，即由奴隶社会向封建社会转变。当时天子式微，诸侯侵权，礼崩乐坏，社会混乱无序，动荡不安，"春秋之中，弑君三十六，亡国五十二，诸侯奔走不得保其社稷者不可胜数"[②]。王侯如何才能赢得民心、重拾威信；天下苍生何以摆脱"天下无道，戎马生于郊"（第四十六章）的苦难，这是摆在社会精英阶层——老子所指"上士"面前的难题。

老子之"道"虽微妙玄通，但包罗万象且与现实政治联系紧密，可以说是一部政治哲学。荀子说得极明白，"道者，非天之道，非地之道，人之所以道也，君子之所道也"[③]《荀子·儒效》。据《史记·老子韩非列传》记载，"老子者，楚苦县厉乡曲仁里人也，姓李氏，名耳，字聃，周守藏室之史也"。身为史官，老子必定博览群书；又见证周室盛衰之变迁，对理身治国之道感悟深刻。他通过对历史、宇宙、社会、人生的观悟，抽象出"道"这一概念，欲"道莅天下"（第六十章）而使民"甘其食，美其服，乐其俗，安其居"

---

① 危琼辉、王建设：《试论春秋战国时期老子思想在齐国的传播条件》，《科教文化》，2007 年第 2 期。

② 《史记·太史公自序》。

③ 引自梅珍生：《道家政治哲学研究》，中国社会科学出版社，2010 版，第 4 页。

（第八十章）。这对忧思社会混乱、欲创世界和谐的"上士"来说，老子的和谐之"道"极富吸引力。

"有物混成，先天地生"（第二十五章）、"道生一，一生二，二生三，三生万物"（第四十二章），"道"生长万物、是宇宙万物的本原，即天地人物皆由客观存在、"惟恍惟惚"（第二十一章）的"道"所派生。老子用科学理性的方式瓦解了宗教神威，自然也消解了君主的绝对霸权，倡导了自由平等之观念。"人法地，地法天，天法道，道法自然"（第二十五章）、"万物莫不尊道而贵德"（第五十一章），老子进一步提出世界和谐共处之"道"是顺应自然规律、不任意妄为。"反者，道之动"（第四十章）"贵以贱为本，高以下为基"（第三十九章），老子之"道"还意在启发人们用发展辩证的方法去思考现实问题，欲取信于民必先依赖于民，这对提高上士的政治修养大有裨益。一言以蔽之，春秋战国时期高频率改朝换代的历史事实证明君主霸权的日渐失灵，而老子从自然宇宙运行之规律推及而来的"理身治国"之道为上士提供了理论的指导和思维的启示，其"道法自然"（第二十五章）、"尊道贵德"（第五十一章）、"以百姓心为心"（第四十九章）等理念，迎合了上士重树君主形象、重拾民众信心、共创和谐世界的心理需求。后来历史上的"文景之治""贞观之治""开元盛世"，君王无不是承袭了老子"道治"的思想。①

二、"勤而行之"的信息加工模式

老子曰："勤而行之。"（第四十一章）上士对信息的加工是积极主动的。老子之"道"可谓"玄之又玄"，其深邃的宇宙人生哲理、修身治国理念，非一朝一夕所能理解彻悟。但上士身为社会的精英阶层，本身就受过良好的教育，又对"理身治国"之道有着强烈的需求，因此对信息的卷入程度高。他们在闻道后能很快意识"道"的重要性，从而"惟道是从"（第二十一章）。对于高卷入度的受众，其对信息的加工一般遵循"精细加工"模式。具体而言，他们在求"道"的路上非常审慎，不仅仅满足于字面的意涵和推理，更是"勤而行之"（第四十一章），将实践作为检验真理的唯一标准，并在实践中不断丰富和修正理论。"明道若昧，进道若退，夷道若纇"（第四十一章），

---

① 谢清果、郭汉文：《和老子学管理——老子的组织传播智慧》，宗教文化出版社 2011 版，第 33—40 页。

进道的过程虽艰辛崎岖，但他们意志坚定、持之以恒。"众人熙熙，如享太牢、如春登台……我独异于人，而贵食母"（第二十章），他们为追求真理而特立独行，以"愚朴之心"破除世俗偏见，追求"道"的真谛。

面对上士这样卷入度高、对信息进行精细加工的受众，传递的信息应该真实、全面、可靠。在老子看来，"信言不美，美言不信"（第八十一章），信息的真实性和可信性远远重于华丽的辞藻和虚假的包装；"言有宗"（第七十章），传递的信息必须充足全面，不能夸夸其谈；"善言无瑕谪"（第二十七章），注重信息的前后逻辑和思辨性，不能前后矛盾。

三、"下知有之"的传播方式

老子曰："太上，下知有之。"（第十七章）最好的方式是润物细无声，这一传播方式类似我们今天推崇的公关。由于上士在接受信息过程中的主动性强，信息的传播应选择双向、平等的沟通方式，不能凌驾于受众之上。

具体而言，一方面是塑造典型形象，"行不言之教"（第二章）。"古之善为士者，微妙玄通，深不可识。夫唯不可识，故强为之容。豫兮若冬涉川，犹兮若畏四邻，俨兮其若客；涣兮若冰之将释；敦兮其若朴；旷兮其若谷；混兮其若浊"。（第十五章）通过对"善为士者"美好形象的塑造吸引上士阶层"勤而行之"。就如现代评选"感动中国人物"之类的公关活动，意在为受众构建"真善美"的标准，倡导社会正义善良之风尚。另一方面是"悠兮其贵言"（第十七章），即点到则止，留给受众足够的思路空间，充分发挥受众的主观能动性。老子论"道"，不触及任何具体的时代和人物，就是为了让"道"具有普适性，受众才能根据"道"的规律，灵活将其运用在各种具体的场合。

第二节　中士：中间力量的传播形象

中士的社会地位处在精英阶层和普罗大众之间，他们或希望在动荡社会中明哲保身，或期待在乱世中跻身于上层社会。相比上士，中士对信息的识别和判断能力相对逊色；而相比普通百姓，其知识眼界又相对开阔。总而言之，他们是社会的中坚力量，是"道"应该积极争取的对象。春秋战国时期，社会处在变革的风口浪尖上，各种思想流派相互激荡、百家争鸣。面对各种良莠不齐的思想流派，中士们表现出信息过剩的困顿和信息选择的恐惧，对各种信息都疑信参半，"若存若亡"（第四十一章）。

一、中士对"成功之道"的求实需求

求实心理是指受众注重信息的实用性。在社会动荡不安或竞争激烈之时，"受众对那些能够'立竿见影'地解决自己现实问题和精神困扰的有用信息更感兴趣，受众明显表现出更加务实的心理取向"。①《老子》一书，不仅为上士提供了宇宙哲理和思辨思想，也为中士提供了许多实用性强的信息，具有可操作性。换言之，老子为积极进取的中士准备了"曲则全"的成功学。

老子反对争强好胜，推崇"曲则全"（第二十二章）的成功之道。"全"一指"保全"，即避免遭人嫉恨、明哲保身；另指"周全"，即赢得他人肯定、功成名就。内敛含蓄、谦虚谨慎本是中国人欣赏的性格特质，且乱世中社会关系异常紧张，争强好胜、锋芒毕露者容易遭人怀疑忌恨。正如老子所言"不自见故明；不自是故彰；不自伐故有功；不自矜故长"（第二十二章），凡自称有功劳的人，反而让人怀疑他所说的功劳；经常自我夸耀的人，反而让人反感质疑他的骄傲。"自见""自是""自伐""自矜"都是自我炫耀、争强好胜、不知谦下退让的表现，结果必然弄到"不明""不彰""无功""不长"的地步。②那何谓"曲则全"？老子曰"将欲歙之，必固张之；将欲弱之，必固强之；将欲废之，必固兴之；将欲夺之，必固与之，是谓微明"（第三十六章），在面对竞争对手时，"曲"是能屈能伸的气度；"夫唯不争，故天下莫能与之争"（第二十二章）、"以其终不自为大，故能成其大"（第三十四章）、"善用人者为之下"（第六十八章），在面对下属时，"曲"是谦虚处下的胸襟；"用兵有言，吾不敢为主而为客，不敢进寸而退尺。……故抗兵相加，哀者胜矣"（第六十九章），在面对劲敌时，"曲"是以弱胜强的智慧。

二、"若存若亡"的信息接受意愿

中士闻道是疑信参半，感觉其好像存在、又好像不存在，"若存若亡"（第四十一章）。正如现在的广告受众，面对铺天盖地的硬软广告信息，不可

---

① 吕斐宜：《受众心理与传统文化传播》，《贵州社会科学》，2007 年第 7 期。
② 东方桥：《老子现代读》，上海书店出版社，2002 年版，第 101 页。

全信，也不能不信。稍有常识的消费者都会知道广告具有鲜明的功利性，传递的信息不可全信；但当其在选择品牌时，又常常倾向于选择经常做广告的品牌，这就是"疑信参半型受众"的矛盾和无奈。对中士而言，当时百家争鸣，各种思想流派都在极力宣扬传播自己理念，不仅众说纷纭，且意见相左、针锋相对之现象是历史罕有的壮观。面对如此杂多的信息，中士没有能力快速做出选择和判断，也没有那么多时间、精力去逐一消化，只能选择性注意、理解那些实用性强的信息，能快速帮助自己做出决定。

对于实用偏向的受众而言，一方面他们需要诉求点明确且能进行快速消化的信息，因为他们不会花过多的时间去理解意涵；另一方面，他们需要行动性的信息，纯粹的理论应该落脚到实践，帮助其提高决策行动的能力。

三、"亲而誉之"的传播方式

老子曰："其次，亲而誉之。"（第十七章）面对中士这类受众，最佳的传播方式是诉求"道"之实用性、塑造"道"之美誉度、激励求道者的信心和决心，以此收获受中士对"道"的信任赞誉，积累口碑效应。"人之所畏，不可不畏"，（第二十章）反过来说，"人之所誉，不可不誉"。相对上士的独立自主，中士阶层具有明显的从众性，他人对"道"的推崇，特别是其他成功者对"道"的赞誉会直接影响着他对"道"之作用功能的判断。

积累口碑效应，最为关键的是扩大"信道、从道"这个群体的规模。对于中士而言，传播的最大障碍不在于让其理解"道"的实用性，而在于怎样激励其战胜自身弱点、能持之以恒地求道。"五色令人目盲，五音令人耳聋，五味令人口爽，驰骋畋猎令人心发狂，难得之货令人行妨。是以圣人，为腹不为目，故去彼取此。"（第十二章）"难得之"，在传道的过程中，应该时常提醒受众保持内心的澄明，不让不恰当的欲望妨害自己的思想和行动。"天下难事必作于易。天下大事必作于细"（第六十三章）、"企者不立，跨者不行"（第二十四章），激励受众在求道之中，保持循序渐进的心态、欲速则不达。"功遂身退，天之道"（第九章），告诫受众懂得急流勇退，目的是保护受众。

第三节　下士：普罗大众的传播目标

"下士"类似于现在所说的普通大众，他们处在社会的底层。在民主尚未萌芽的时代，普通大众的个人力量微不足道的，即便对社会有诸多不满，对社会变革有着强烈期待，但却无能为力。他们知识匮乏，难以理解深奥玄妙的道理，也没有鸿鹄之志，只求能安居乐业。这样一个庞大却弱势的群体，他们并非"道"的绝缘体，而是"道"的基础受众。因为"圣人常善救人，故无弃人。常善救物，故无弃物"（第二十七章），"道"不会抛弃任何人的；"故贵以贱为本，高以下为基"（第三十九章），"道"尊重个体价值的平等。

一、下士对"生活之道"的求乐心态

"下士闻道，大笑之"（第四十一章）。"大笑"是人类最古老的情感表达方式，是发自内心而自然外露的欢喜，是心理冲突消解后的畅快淋漓。下士对"道"的需求不在于对"治国安邦"的求知，也不在于对成功之学的渴望，而是为了缓减压力、释放心情，即安顿动荡不安社会中众多痛苦、焦躁、不安的心灵。就是当今社会，许多想暂时逃避尘世喧嚣和竞争压力的人们，会去青城山、龙虎山、武当山、茅山等道教名山体道、悟道。

"道"何以让普通大众心领神会、畅怀大笑？俗话说，"平常心是道""老来都可悟道"，可见"道"并非远离尘世，而是普遍地存在于万事万物的发展变化之中，鲜活生动地存在于生活百态之中。下士闻道，最主要的动机是让"道"化解心中的不满与焦虑，是一种寻求求乐导向的信息接受。老子用形象的比喻、来源生活的话语，帮助下士理解"道"的真义。如"飘风不终朝，骤雨不终日。孰为此者？天地。天地尚不能久，而况于人乎"（第二十三章），相比宇宙天地，人是何其渺小，天地尚且有其局限，而况于人乎？说得直白些，人生之不如意十之八九，不必太放心上。人生的幸福在于懂得知足，"祸莫大于不知足，咎莫大于欲得。故知足之足，常足矣"。（第四十六章）与人相处之道在于柔弱不争，"天下之至柔，驰骋天下之至坚"（第四十三章），争强好胜者易挑起冲突、伤害感情。对于身处弱势地位的人而言，老子一句"名与身孰亲？身与货孰多？得与亡孰病？是故甚爱必大费，多藏必厚亡"（第四十四章），身体健康比显赫功名更重要，给了多少平凡者以宽慰。

二、"不求甚解"的信息加工方式

下士对信息的加工往往是粗略的、不求甚解的。这类受众的求道不是为了困扰其有限的理解力，而是为了舒心。因此，明白晓畅、通俗易懂的信息才易被其理解和接受。作为普通受众，道并非人生的必需品，而只是生活的调剂品，能为苦闷焦躁的生活添入一股清泉、一缕芳香。他们无须费神理解宇宙自然之道，无须细细琢磨理身治国之道，亦无须精挑细选成功之道，他们只需要体悟生活之道、人生之道。闻之，能感受道之精妙，能化解心之焦虑，能让精神为之振奋、开怀大笑，就已完美地完成了信息加工过程。

生活之道必需来源生活，且高于生活。它就好比电视电影类的大众文化，能让受众观赏到生活的影子，又能让受众感叹生活原来蕴藏着这么多哲理，只是自己尚未察觉或未曾思考。

三、"道入生活"的传播方式

因为受众的需求及信息加工方式呈现出多元化，道的传播方式自然也呈现出多元化。"道家文化是一种迁延几千年的文化现象，从符号学的角度看其历时性传播，它首先表现为一个文本意义的演化过程，这是一个不断学理化的过程；其次是文本功能的内化过程，这是一个不断生活化（生命化）的提升过程。"[①] 让道融入下士生活，才是最佳的传播方式。

传道语言的生活化是"道"亲近民众的具体表现。对于寻常百姓，让其相信道的存在和意义，除了在文本上下功夫，还得选择贴近生活的传播途径。例如"早期道教在创教和发展中，采取符水和药物治病以及送医赠药的方式，最大限度地迎合了广大贫民的生理和心理需要，也多少解除了他们的疾患和病痛，这对疾病横流，饱受疾病苦痛的人们来说，无疑是输进了一股暖流，注入了一支强心剂，人们自然感激它，崇拜它，信服它，结果'民、夷信向'，纷纷入道，'竞共事之'。"[②] 当民众感念道帮助其减轻现实苦难后，再向其传授生活之道、人生之道，必能取得很好的传播效果。贴近大众的传播，越是在内容和形式上贴近受众，就越能感化受众，切忌深奥玄乎的文本、遥不可及的传播渠道。

"道"乃中华文化之根底，但相比儒、释的传播现状，的确令人遗憾。我

---

①　曹智频：《论道家思想的传播与文化走向——对李锦全先生道家研究的梳理》，《广东社会科学》，2009 年第 2 期。

②　王丽英：《论早期道教的传播方式》，《北方论丛》，2005 年第 5 期。

们如今把"道"的意义和受众狭隘化、歪曲化，或以为"道"只是高深玄妙的宇宙哲学，或以为"道"只是避世消极的宗教神学。事实上，抽象的"道"有非常积极、丰富、贴近人生的意涵，无论是"上士""中士"还是"下士"，都能从老子的"道"受益匪浅。若站在传播者的视角，我们应该学习老子有关受众的需求、信息加工方式以及传播方式的深刻洞察，为道的弘扬，以及其他中国传统文化精华的弘扬，提供借鉴。

（曹艳辉　谢清果）

第三部分　老子思想的符号学与修辞学价值

第十章 符号学视域下的《道德经》
——基于转喻与隐喻解读"道"的意义

"道"是《道德经》的核心思想，而"道"究竟是什么，老子并未予以明确回答，而是借助于可感、可言的"物"来诠释道的意义。本章从符号学分析的角度，通过转喻和隐喻的视角对《道德经》中"道"进行意义解读，尝试对户牖、谷、水、母、子等喻体进行分析，从而对"道"的隐含义做出阐释和探讨。

《道德经》在第一章便指出"可道"之道与"常道"、"可名"之名与"常名"①的区别。在老子看来，给予所描述的事物一名称，实际上是对这个事物进行了限制、损害了其完整性，对事物的理解不应仅仅限于事物的名称——即"可道之道"，更应理解隐含于"可道"名后的"常道"的意义。老子的这一理念与符号学的思想不谋而合——符号学并不把文本本身作为研究重点，而是更关注文本与其指涉物、文本意义的关系，"符号分析的目的就是找出传播内容中被隐藏的意义"②。从这个角度看，基于符号学的视角解读《道德经》可以更贴近道之本意。本章将从符号学分析的角度，对《道德经》中"道"的意义进行解读。

第一节 《道德经》与符号学

老子在《道德经》中表达了"名"与"实"之间的差异性。按照老庄的

---

① （魏）王弼:《老子道德经注》，楼宇烈校释，中华书局，2008 年，第 1 页。
② 贾兵:《先秦诸子政治传播观念研究》，上海大学博士学位论文，2011 年 4 月，第 284 页。

思想，"名"与"实"体现着两种不同的存在形式，"名是自在的规定，实是自在的呈现"，实总是通过名而为人所知。然而，"名不副实的情况又时有出现"，如何通过"名"理解"实"，即符号学分析的核心——如何通过符号理解其意义。

一、符号与意义

符号（sign）就是代表某种事物或思想的记号或标志①。米德把符号视为人际传播的中介，也是主体与内向传播的中介。现代符号学分析起源于两人——瑞士语言学家费迪南·德·索绪尔和美国哲学家查尔斯·桑德斯·皮尔士②。索绪尔作为欧洲符号学（semiology）的创始人，提出符号由能指（signifier）和所指（signified）组成，能指与所指的关系是任意的③；皮尔士作为美式符号学（semiotics）首次提出者，对符号意义的产生过程进行了描述④。皮尔士把"符号关系"（semiosis）定义为"符号""事物"和"意义"之间的关系，对于阐释者，符号代表着某个事物——即指涉物（referent）。例如，对于阐释者，"马"这个词作为一个符号与某种动物联系起来，这个词并非动物本身，而是代表了一种思想、联系或解释，从而把这个词与"真实物体"联系在一起。由于阐释者不同的经历，他们对"马"这个符号所代表的意义和体验是完全不同的。由此，阐释者、符号和物体三者共同构成了符号的意义⑤。

索绪尔认为，符号由两部分组成，一个是物理层面可以感受到的声音和图像，即能指（signifier），另一个是这种声音和图像带来的心理层面所感受到的概念，即所指（signified）。能指与所指密不可分，构成了符号。在索绪尔看来，能指和所指的关系是任意的，并没有必然的逻辑联系；而符号学分析的目的并不在于描述符号本身，而在于发现符号能指与所指的关系。延续索绪尔的符号概念，法国学者巴特（Barthes）将符号放入文化中考察，从两

① 陈阳：《大众传播学研究方法导论》，中国人民大学出版社，2010年，第299页。
② 阿瑟·伯格：《媒介分析技巧》（第三版），清华大学出版社，2011年，第2页。
③ 费迪南·德·索绪尔：《普通语言学教程》，商务印书馆，1980年，第33页。
④ Deacon, David, Michael Pickering, Peter Golding and Graham Murdock. (1999) *Researching Communications: A Practical Guide to Methods in Media* and Cultural Analysis, London: Arnold.
⑤ LittleJohn, Stephen W., & Karen A. Foss. (2009) *Theories of Human Communication* (9th Edition) Beijing: Tsinghua University.

个层面对符号的意义作出分析。

巴特认为符号具有明示义 (denotation) 和隐含义（connotation）。前者是符号外在的明显意义，是相对客观和易理解的；后者是符号在其所依托的社会文化背景中的引申意义，带有价值判断、受到特定文化意义的影响，因此，符号学分析的目的就是找出使得某种文化意义显得自然化的隐含义①。巴特把明示义和隐含义看作表意的第一个层面，神话（myth）是第二个层面。神话由一组相关概念构成，这些概念组合的意义并未明确，特定文化的成员用它理解某个现象②。更进一步，费斯克和哈特利区分了"社会共识"和"神话"两个概念，认为比起社会共识（social concensus），神话具有更外显的意义，他们建议明示义视为表意顺序的第一层面，隐含义和神话是第二层面，社会共识是第三层面③。

以上理论区分了符号的能指与所指、明示义与隐含义，使研究者在关注符号文本意义之外，更关注符号文本所未能表达出来的更深层的隐含意义。延续这一思路，本章在分析《道德经》中"道"的意义时，从"名"（明示义）和"实"（隐含义）两个层面探讨在表意之外"道"所隐含的老子哲学。

二、符号意义的传达

符号学感兴趣的不是信息的传播过程，而是符号学意义上的符号化过程。符号传递着意义，形成人们对符号的理解。在符号学分析中，符号与关系是两个关键概念，对关系的把握有助于我们理解符号的意义。对于《道德经》在符号学层面上的认知，主要体现在"名实之辩"中。老子思想产生的社会背景可追溯到东周，当时社会正处于急剧变革之中，人的思维观念也处在剧烈的动荡之中，人的思维观念，尤其是社会价值观也处在剧烈的动荡之中，"他们已从急变的社会现实中发现了与传统社会价值观相背离的内容，但是还没有新的表达论说工具及逻辑，在不得不采用旧有的表达符号、用旧瓶装新酒时就必然产生了同瓶异酒的现象，即同一符号的新的指涉与传统的指涉

---

① Barthes, Roland. (1970) *Writing degree zero and elements of semiology*. Boston：Beacon.

② Barthes, Roland. (1972) *Mythologies*. New York：Hill &Wang.

③ O'Sullivan, Tim, John Hartley, Danny Saunders, Martin Montgomery, and John Fiske. (1994) *Key Concepts in Communication and Cultural Studies* (second edition), London：Routledge.

不符"①。由此，出现了"名"不能反映"实"的现象。那么，如何通过"名"理解真正的"实"，需要借助符号学的某些原理，对符号的隐含义进行探讨，准确地理解"名"后之"实"。

（一）意义的产生：差异性表达

索绪尔指出，由于关系的存在，概念才有了意义。他指出，"语言中只存在差异"②，"概念在本质上是有区别的，他们不是受其正面内容界定，而是由体系内其他词语之间的关系而界定"③。决定意义的不是内容（content），而是符号之间的关系（relations）。根据索绪尔的观点，符号通过与其他符号的相对位置起作用，即意义源于关系，而差异性（difference）是理解意义的关键。"任何一个语言单位本身没有任何意义，也不包含任何意义，只有在与其他语言单位进行对照后，才能形成某种特定的结构，并且获得特定的意义"④。在现实世界中，世间万物以其差异性构成了世界的丰富性、复杂性和无限性。人们把事物"符号化"，把实在的事物抽象为概念，并利用符号将这种抽象活动的结果固定下来，人们的交流由此成为可能⑤。由此可见，符号是建立在差异化的基础之上，理解符号时除了要考虑符号是什么，也应考虑符号不是什么。《道德经》中的道是"无状之状""玄之又玄"和"万物之注"，并且老子认为"道"这个名称也是"强为之名"的，那么，我们对"道"的理解也应按照差异化的意义原则，对"道"是什么、不是什么进行探析。

（二）意义的传达：转喻与隐喻

符号分析的目的是找出传播内容中被隐藏的意义。按照符号分析学的方法，每种文本都有自己的语言，都可以根据相应的文化背景进行解码，这种方法的本质是一种"系统的深度的分析"，以揭示被文化产品隐藏的意义，隐

---

① 贾兵：《先秦诸子政治传播观念研究》，上海大学，2011 年 4 月，第 280 页。

② Saussure, Ferdinand de. (1966) A Course in General Linguistics. New York: McGraw-Hill.

③ Saussure, Ferdinand de. (1966) A Course in General Linguistics. New York: McGraw-Hill.

④ LittleJohn, Stephen W., & Karen A. Foss. (2009) Theories of Human Communication (9th Edition) Beijing: Tsinghua University.

⑤ 孙小礼、李慎：《方法的比较》，陈怀琦：《符号学在美学和认识论中的意义》，北京大学出版社，1991 年版，第 39 页。

喻（metaphor）和转喻（metonymy）是探究符号隐含意义的两种重要方式。隐喻是利用两个符号之间的相似性，通过类比指出两件事物之间的关系，即以一个符号类比另一个符号，最通常的隐喻形式之一是明喻（simile），如"思维像刀片一样锋利"就是用"刀片"这个符号来代表"思维"；转喻是以联想为基础在两个符号之间建立关系，用来暗示人们的思维，使人们能够做出适当的关联，如通过"王冠"一词称呼国王；同时，转喻通常以部分代表全体，如用五星红旗代表中国[①]。"隐喻与转喻在使用时并非完全分开，而是通常混杂在一起，有时候某个特定的事物可能同时有隐喻和转喻的意义，这使我们能更加清楚地知道事物与形象（以及语言）是如何产生意义的"[②]。没有这些符号，我们便不能明白大多数事物的意义。隐喻和转喻通过两个事物之间的相似性关系，为理解符号的隐含义提供了途径。从这一点看，意义的表达常常借助于符号的使用，"通过表象的隐喻把事物的意义凸现出来"。

隐喻和转喻是理解"道"的隐含义的关键。老子通过"水"隐喻"善"（"上善若水"），用婴儿的"柔"隐喻道的本质（如"专气致柔，能婴儿乎"），使得"道"具有符号表层之外的意义。由此，本章将从符号的使用技巧上——转喻和隐喻方面对"道"的意义进行分析，进而探索"道"的隐含义。

第二节　"道"的符号学视角解读

老子认为，"道"这个名字不同于道的实在本身，与其将道看作是"名"，还不如看作是"无名之朴"。因此，《道德经》开篇便解释，"道可道，非常道；名可名，非常名"。老子提醒我们，理解"道"时需关注的并不是书面上的语言文字，而是语言文字背后的意义，这就要通过理解去获取[③]。

在《道德经》中，道具有无限性，没有形和质的规定性[④]。"道之出口淡乎其无味，视之不足见。听之不足闻，用之不足既"（第三十五章）；"寂兮寥兮，独立不改，周行而不殆，可以为天下母"（第二十五章）；"塞其兑，闭其门，挫其锐，解其纷，和其光，同其尘，是谓玄同"（第五十六章）；"视之

① 陈阳:《大众传播学研究方法导论》，中国人民大学出版社，2010年，第303页。
② Berger, A.A. (2000) Media and Communication Research Methods: An Introduction to Qualitative and Quantitative Approaches, London: Sage.
③ 魏超:《老庄传播思想散论》，中国轻工业出版社，2010年，第68页。
④ 田云刚:《"道"的隐喻与生命——论老子的生成辩证法》，《中国道教》，2010年第4期。

不见名曰夷，听之不闻名曰希，抟之不得名曰微"（第十四章）；"大象无形，道隐无名"（第四十一章）。所以"道"是无法直观感知的，是隐匿于物象背后的。

老子同时指出，道的实存性是不容置疑的，"道之为物，惟恍惟惚。惚兮恍兮，其中有象；恍兮惚兮，其中有物。窈兮冥兮，其中有精。其精甚真，其中有信。自古及今，其名不去"（第二十一章）。可见，不管道有多么难以言说，老子都试图在五千箴言中，描述这个"惚兮恍兮"的实体，为此，老子借助于可感、可言的"物"来为之命名，借助隐喻与转喻诠释道的意义。

一、辩证转喻

老子道论的中心思想是，"道即自然，自然即道"。老子认为自然世界是有秩序有条理的，这就是"道"。因此，万物的规律和条理就是"道"自身，它是自己的因，不为别的物体所限制。无所限制即无限，无限的东西又只能是一。因此，道的运行是自由的（无所限制）、必然的（遵循"道"）、亦是按其自身规律而行的，这里老子用"一"与"万"、正与反、"有"与"无"这些相对立的概念转喻道的辩证统一。

道是"一"与"万"的对立统一。"一"是整体、完整，"万"是复杂多样。"道者，万物之奥也"（第六十二章），意思就是道是万物的庇荫，道蕴藏着万物，万物是大道的显现，由此道蕴含着复杂性与多样性。道是"一"又是多，是"一"与"万"的统一。

道是正而若反的对立统一[①]。老子用"将欲歙之，必固张之；将欲弱之，必固强之；将欲废之，必固兴之；将欲夺之，必固与之"（第三十六章）、"大成若缺，其用不弊。大盈若冲，其用不穷。大直若屈，大巧若拙，大辩若讷"（第四十五章）表达了"道"与玄德的关系，若想达成目的，需要以正而若反的态度、方法或原则行事，这就是得道的做法。

道是"有"与"无"的对立统一。老子认为，道是从"有"和"无"的生成作用中体现出来，"无名天地之始，有名万物之母。故常无欲，以观其妙。常有欲，以观其徼。此两者同出而异名，同谓之玄"（第一章）。在有和无的生成次序上，空虚才能有容，有容才能使万物生于其中，"天下万物生于

① 夏冰：《老子〈道德经〉与亚里士多德〈物理学〉隐喻对比研究》，黑龙江大学学位论文，2012年3月，第30页。

有，有生于无"（第四十章）。"无"不仅意味着空虚，也意味着清静。老子通过户牖、刍狗和水等喻体阐释这一辩证法思想："天地不仁，以万物为刍狗；圣人不仁，以百姓为刍狗。天地之间，其犹橐籥乎？虚而不屈，动而愈出"（第五章），"三十辐，共一毂，当其无，有车之用。埏埴以为器，当其无，有器之用。凿户牖以为室，当其无，有室之用"（第十一章）。老子从"有"与"无"相对相生和相反相成的两个方面，论证了"有无相生"的自然法则，这就是"道"。

二、"水"之隐喻：柔弱而不争

老子特别强调"水"这一喻体，指出水守柔处下、利他不争，虽柔弱却可以保持"恒"："上善若水。水善利万物而不争，处众人之所恶，故几于道（第八章）。"上善是具有最高善行的人，是得"道"的圣人。水善于滋润万物，使万物生长，却从不与万物争高下；水善于谦卑，甘愿处于低洼之处，取此特点为相似点形容"道"，指出了道的利物、不争、处下、谦卑。

类似于水之柔，老子用"婴儿"的柔弱、纯净映射得道者应是无知无欲、天真淳朴的。如"专气致柔，能婴儿乎"（第十章）、"含德之厚，比于赤子"（第五十章）、"常德不离，复归于婴儿"（第二十八章）。在众人追名逐利的现实中，老子用"不知嬉笑的婴儿"表达得道者淡薄无欲的状态，"我独泊兮其未兆，如婴儿之未孩，儽儽兮若无所归"。

三、"母"之隐喻：致虚静而成化育

老子用"母"喻表达"道"具有致虚静而成化育的作用。首先，老子用动词"生"表示道的作用："道生一，一生二，二生三，三生万物（第四十二章）。"其中，"一"是指道化生万物过程的开始；"二"是自身内部运动过程中出现的两个对立体，而并不指涉任何具体的物；"三"是在两个对立体的相互作用下生成的，具有表达道具有生成万物的能力。接下来，老子将"道"转喻为"母"，因为"母"和"道"一样具有致虚静而成化育的作用。他说道，"道冲而用之，或不盈。渊兮似万物之宗"（第四章），"天地之间，其犹橐籥乎"（第五章），"谷神不死，是谓玄牝。玄牝之门，是谓天地根。绵绵若存，用之不勤"（第六章）。在第四章，老子把"道"比作无形的大容器，装无穷无尽的东西却总是装不满；在第五章，又把"道"比作大风箱，越是推动它，越是多排风；在第六章，把"道"比作"谷神""玄牝"。其实，"容器""风箱""牝门"都有着共同的特征，就是中间空虚而作用无穷，这恰好说明了道之"空虚容物，化育生命"①，蕴含着勃勃生机和永恒的生命之意。

其次，作为指代女性的"溪谷"，在《道德经》中也出现颇多。老子将"道"说成是"谷神"，如"旷兮其若谷"（第十五章），"为天下谷"（第二十八章），"譬道之在天下，犹川谷之于江海"（第三十二章），"谷得一以盈"（三十九章）；"上德若谷"（四十一章）。谷的意象受到远古女性崇拜观念的影响，有虚空而生命永恒之意，以"谷"隐喻"道"，揭示了道的特征。

在"母"喻的思路下，老子将尊道转喻为"守母"，认为人要避免盈满而亡就必须守母，"复守其母，没身不殆"（第五十二章）。老子进一步指出，保持中道是守母的关键，"将欲歙之，必固张之；将欲弱之，必固强之；将欲废之，必固兴之；将欲夺之，必固与之"（第三十六章）；同时，保持柔弱谦下，避免刚强处上，"人之生也柔弱，其死也坚强。草木之生也柔脆，其死也枯槁。故坚强者死之徒，柔弱者生之徒"（第七十六章）；而最为根本的，是做到化育生命而不将其据为己有，"生而不有，为而不恃，长而不宰"（第五十一章）。

四、"子"之隐喻：无为与不言

老子用"子"来隐喻尊道之人。"天下有始，以为天下母。既得其母，以知其子"（第五十二章），"子"是那些知道和行道的人，"我独异于人，而贵食母"（第二十章）就是对尊道的人——即"子"的描述。在老子看来，"子"可以"不出户，知天下；不窥牖，见天道"（第四十七章），他们能够保持虚静的精神状态，通过对事物的观察把握规律，"致虚极，守静笃，万物并作，吾以观复。夫物芸芸，各复归其根。归根曰静，是谓复命；复命曰常，知常曰明"（第十六章）。这里的"明"则是对道的隐喻。

"子"是尊道的，道在本质上代表着清静无为的处世态度。老子对尊道和不尊道进行了描述，指出"天下有道，却走马以粪。天下无道，戎马生于郊"（第四十六章），"大道废，有仁义；智慧出，有大伪"（第十八章），"服文彩，带利剑，厌饮食，财货有馀。是谓盗夸"（第五十三章），"天下多忌讳，而民弥贫；民多利器，国家滋昏；人多伎巧，奇物滋起；法令滋彰，盗贼多有"

---

① 田云刚:《"道"的隐喻与生命——论老子的生成辩证法》,《中国道教》,2010 年第 4 期。

（第五十七章），从中表现出尊"道"的清静无为的内涵，告诫统治者应由为学转向为道，由有为转向无为——"为学日益，为道日损。损之又损，以至于无为"（第四十八章）。更进一步，老子提出尊道的统治者要按照"母"的致虚静而成化育的要求，用无为和不言之"道"治理天下，如"圣人处无为之事，行不言之教"（第二章），"圣人无常心，以百姓心为心"（第四十九章），同时指出道德、勤俭等因素也属于"尊道"的内涵，"我有三宝，持而保之。一曰慈，二曰俭，三曰不敢为天下先。慈，故能勇；俭，故能广；不敢为天下先，故能成器长"（第六十七章），"修之于天下，其德乃普"（第五十四章）。

　　符号学中的隐喻分析为揭示"道"的隐含义提供了方法，转喻与隐喻和老子思想密不可分。"道"探讨着宇宙人生的本真存在，本真存在又是不可言说的——"大音希声，大象无形"（第四十一章），而转喻和隐喻是一种突破形式逻辑的诗性语言，可以激活种种思维意向，趋向恒道的真义①。老子通过"有"与"无"、"一"与"万"等对立概念，转喻了"道"的辩证统一；通过水、婴儿揭示了得道者处下而不争、无欲无求的生活态度；借助母、谷、渊等喻体，表达了"道"致虚静而成化育的内涵；同时通过"子"隐喻尊道之人，揭示了道的无为、不言的本质。通过前文的解析，可见老子通过将"道"符号化，赋予了超乎"道"之明示义的隐含义；在符号学视角下探讨"道"的意义，更有助于理解"道"之实体，也使得"道"之哲学思想在现代社会更有普世价值。

（张楠　谢清果）

---

　　① 杨文滢:《中国哲学"道"之隐喻概念化探微》,《西安外国语大学学报》,2012 年第 1 期。

第十一章　传播视角下的《老子》修辞格研究

　　本章将以传播学的视角对《老子》修辞格进行研究。首先对《老子》中的主要修辞格进行了梳理和例证，然后具体分析了修辞格对《老子》思想内容表达的作用，最后以传播修辞学的视角探讨了《老子》修辞格运用对传播的启示。

　　《老子》是一本哲学著作，在有限的五千余言里对抽象的哲学范畴和概念进行了具有老子风格的阐释和例证，内容涉及社会、政治、军事、经济等内容。有限的篇幅却承载了博大的内涵，在我们仰观老子对文字的高超驾控能力的同时，我们也需俯察其究竟。学者林一顺指出老子作为一部纯粹思辩性的哲学著作而能具有极强的文学和艺术魅力，在很大程度上得力于老子诸多辞格的综合运用。学者李生龙指出老子哲学的最大特点就是玄，认为老子在阐述哲学问题时采用的不是内涵明确的哲学范畴和概念以及逻辑严密的推理，而是大量地采用直观的、感性的描述方法，而且作者从用词玄、推理玄，修辞格运用玄这三个修辞特点进行了论证。同时，作者也指出《老子》在很多方面是旗帜鲜明的，论述明白晓畅，精辟独到的，认为这些都在很大程度上归功于老子的对修辞的深刻认识和合理运用。

　　哲学著作因其思辨性和主观性，向来不易为读者所理解明白，但老子却宣称"吾道甚易知，甚易行"，那么老子是如何做到了呢？若以传播学视角观之，老子作为传播者究竟采用怎样的编码方式将自己的哲学思想传递开来？若以修辞学观之，老子作为修辞表达者又是采用了什么样的修辞手段进行观点论述的呢？

　　陈汝东在《新兴修辞传播学理论》一书中指出随着传播学和修辞学的研究深入，两门学科之间的交叉态势不断加强，出现了两种学科形态，一为修辞传播学，主要以传播现象为研究对象，以借鉴修辞学的理论和方法为主，二为传播修辞学，主要以修辞现象为主，借鉴传播学理论和方法。鉴于此，本文拟采用传播修学的视角，以《老子》中的常见修辞格为研究对象，探讨《老子》修辞格的运用对传播的启示。

第一节　《老子》中的常见修辞格及其运用特点

《老子》一书共八十一章，对修辞格的使用贯穿全篇，俯拾皆是，现代修辞学意义上的各种辞格几乎都能在其中找到实例。现就《老子》书中主要辞格进行梳理和例证。

一、《老子》中常见辞格

排比。排比句式在《老子》一书中运用最广，几乎每篇都有出现，有的篇章甚至是全篇都是排比。如第二章："有无相生，难易相成，长短相较（形），高下相倾，音声相和，前后相随"；第十章全篇："载营魄抱一，能无离乎？专气致柔，能婴儿乎？涤除玄览，能无疵乎？爱国治民，能无知乎？天门开阖，能为雌乎？明白四达，能无为乎？生之畜之，生而不有，为而不恃，长而不宰，是谓玄德。"

比喻。《老子》中的比喻变化多端，形象生动。有明喻如"治大国，若烹小鲜"；有暗喻如："无，名天地之始；有，名万物之母"；有引喻如"鱼不可脱于渊，国之利器不可以示人"；有借喻如"谷神不死，是谓玄牝。玄牝之门，是谓天地根"。

对偶。《老子》中对偶之辞非常之多。有正对，如"道可道，非常道；名可名，非常名。"有反对，如"吉事尚左，凶事尚右"。此外在对偶句式上的变化参差错落，不拘一格，交互运用了三言、四言、五言、六言、七言、八言。

顶真，又称蝉联，是一种尾首蝉联，前递后续的辞格。《老子》中此辞格也颇多，如"知容常，容乃公，公乃王，王乃天，天乃道，道乃久"。又如"王法地，地法天，天法道，道法自然"。

回文，也叫回环，主要是利用词语的循环往复来表现事物之间有机联系的一种辞格。《老子》中如"知者不言，言者不知"，"大邦以下小邦，则取小邦；小邦以下大邦，则取大邦"。

反语。反语分为两类，一为以正说反，一是以反说正。无疑，《老子》采用的是正言反说的修辞方式，如"大成若缺、大盈若冲、大直若屈、大辩若讷、大巧若拙"。

借代。《老子》较多地运用了借代辞格。如"天下神器，不可为也，不可执也"，以神器指代国家政权；"昔之得一者：天得一以宁，地得一以宁，神得一以灵，谷得一以盈，万物得一以生，侯王得一以为天下贞。"以一代指"道"。

设问和反问。设问如"何谓宠辱若惊？宠为上，辱为下，得之若惊，失之若惊，是谓宠辱若惊"。反问如"民之畏死，奈何以死惧之？"

以上为《老子》一书中较有代表性的辞格，老子是辞格运用大师，对辞格的运用丰富独到，除上述辞格之外，诸如比拟、反复、对比、夸张等辞格皆能在文中找到实例，在此不一一予以列举。

二、《老子》辞格运用特点

《老子》虽篇幅精短，但在辞格的组合运用上变化多端，具体说来可分为辞格的连用、兼用和套用三种。

辞格连用。以《老子》第一章为例，"道可道，非常道；名可名，非常名。无名天地之始，有名万物之母。故常无欲，以观其妙。常有欲，以观其徼。此两者同出而异名，同谓之玄，玄之又玄，众妙之门"。前三句为对偶辞格连用，属同格连用；后两句是顶真辞格，与前面的对偶辞格形成异格连用。

辞格兼用，指一种表达方式兼有多种辞格，如"大曰逝，逝曰远，远曰反"这句话既是顶真，又是排比，同时还有比喻的辞格（借用天体远行来比喻道体的运行）。

辞格套用，指在一种主体辞格中套用其他的辞格。如"信言不美，美言不信。善者不辩，辩者不善。知者不博，博者不知"。从总体上看是一种排比，但其中又有三个回环格组成，而每回环格里又有顶真格。

第二节　修辞格与《老子》思想内容的表达

《老子》一书文约言简，但其义丰意赅，致此效果在很大程度上有赖于老子对辞格的高超把控。此部分将阐述修辞格对《老子》思想表达的作用。

排比的作用体现为增强气势和强化感情。《老子》中的排比周密细致，不仅把道理阐述得透辟详尽，而且文势如虹，意脉尽显。如"虚其心，实其腹，弱其志，强其骨"，此排比一来阐述了为道，为圣方法；二来文意晓畅；三来因其单动名词的使用而致文势铿锵。

对偶的作用在内容上体现为互相衬托，凝练富有概括力；在形式上可加强言语的感染力。《老子》中的对偶辞格俯拾皆是，通过对不同的对偶句式的运用，在内容的并列，递进等表达上晓畅清晰，文韵流畅。

中国先秦哲人著述，多不用抽象概念式的名理推导，而是"近取诸身""远取诸物""以类万物之情""立象以尽意"，在把深奥的哲理浅显化时，多借助于寓理于形比喻辞格。比喻的作用有二，一是使事物生动具体，给人以鲜明的印象；二是变深奥为浅显，助人认识事物，明白道理。《老子》作为一部精神幽微的哲学著述，在具体阐述哲学义理时对比喻辞格是亲睐有嘉。如，"道"是老子哲学的重要范畴，抽象之至，而老子在对其行阐述时便以比喻辞格以具像化，如"谷神不死，是谓玄牝。玄牝之门，是谓天地之根"，"道冲而用之又弗盈也。渊兮！似万物之宗"，这里老子以熟悉的、具体的玄牝、器皿而喻"道"，便有化抽象以具体的功用。再如"有""无"也是《老子》中的核心概念，"无名，天地之始；有名，万物之母"，老子利用了"母"与"子"设喻，通过"母""子"在时间上和逻辑上的先后关系，将"有（名）""无（名）"的关系进行了简洁有效的说明，便于人们的理解。

顶真辞格的运用能够突出地反映事物的内在联系，接示事物之间的辩证关系。如"人法地，地法天，天法道，道法自然"，"归根曰静，静曰复命，复命曰常"，在这两顶真句中此辞格的功能尽显，充分体现了"人""地""天""道""静""命""常"之间承转递延的变化关系。

回文的功效是利用词语的循环往互来表现不同事之间的有效联系，或相互依赖或对立或转化的辩证关系。《老子》中，此辞格十分适用于对老子事物辩证原理思想的表达。如上文曾列举到的大邦小邦的论述：大邦优于小邦，但勿侵犯它，因为小邦也可成大邦，而大邦也可能最终沦为小邦，此论述旨在讲国与国之间要和平共处，谦和有道。但通过回文式的表达，突显了事物之间相互转化的辩证关系，阐明了思想主旨。

反语中以反说正是老子思想表达的一个重要手段，文中叫"正言若反"，其关键在于"若"字，是"若"而非"是"，如"大智若愚"，看似矛盾，然其意旨丰富，非真"愚"而是智的另一境界。

借代可增强语言的形象性，同时又可避免词语的重复，让语言表达简洁精炼。如《老子》在阐释"道"时，便运了到了如下一些借体进行代替性表达:"一""母""大象""始""希""微"等。此种借代的表达方式可使对内容的阐释丰富多彩，富于变化。

设问与反问可引起读者的注意和思考。设问是作者自问自答，在引起读者注意和思考的同时，进而阐述道理，以接受修辞学视之，此辞格可使作为接受者的读者获取一种得到知识的快感。反问是作者先阐述完道理，再以一问发之，在引起读者注意的同时，也可迫使读者快速回顾以自得其答案，此外反问还有加强语气的功能。以上述引《老子》中"何谓宠辱若惊"为例，老子先以设问，以引人们注意和思考，进而便详述其答案，这之中一问一答，把《老子》要表达思想尽显其中，同时也有与读者有互动之效。

第三节　传播修辞学与《老子》修辞格的传播效果

传播学与修辞学在学理上脉络上具有相通性，两者在基本的模型建构方面，基本部分是相同的，只是具体的名称有所差异：修辞行为及其过程包括：修辞主体—动机—语言或其他符号—编码—传输—交际对象—解码—修辞效果。传播行为及其过程包括：传播主体—动机—语言或其他符号—编码—传输—传播对象—解码—传播效果。随着传播学、修辞学研究的深入，对于修辞和传播有两种研究的范式，一是修辞传播学，以传播现象为研究对象，借鉴修辞学的理论和方法；一种是传播修辞学，以修辞现象为主，借鉴的传播学的理论和方法。修辞格是修辞学的一部分，同时也是人们所熟知的易于掌握的修辞手段，在日常学习生活中运用较多，所以对修辞格的探讨具有普遍性和实用性。

老子作为修辞主体在进行符号传递时，其动机在于将其自己的思想传诸世人乃至后世，但因其内容本身的抽象性和修辞接受对象的大众化，修辞效果作为一因变量便受到是上述等因素影响，而修辞格的使用作为一自变量对因变量修辞效果影响究竟如何？在通过上述《老子》修辞格对思想内容表达作用分析引证后及其时至今日《老子》的广泛研究和传播，足以说明《老子》中的修辞格运用对修辞效果是有显著影响的。修辞本身是为了传播信息，而传播信息是传播的一种基本属性，因而修辞效果直接关联于传播效果。本章主要采用的是传播修辞学的研究范式，以传播的视角对《老子》辞格的研究，进而以发现辞格对传播研究的启示。

老子作为传播者，动机是期冀世人"知吾道，行吾道"，同时这也是他所希望达致的传播效果，符号为"美言不信，信言不美"的文字，传播对象为芸芸大众。如何才能把其深奥幽微的内容进行编码，进而能让受众很好地完成解码呢？老子的编码方案是通过综合运用比喻、排比、对偶、顶真、回文、反语、设问、反问等辞格，力求化抽象为具体，化深奥为简单，以最简练的词表达出最丰富的内涵，以最优的形式展现文理脉络，以结构、形式、声韵共同作用于受众的记忆认知。无疑，最终的传播效果是有效的。老子能把哲思如此清晰晓畅生动的传达出来，而且富有成效，可见其老子的编码能力以及对传播修辞研究的有益贡献。

传播一直是人类的一个主题，不管是人际传播、组织传播还是大众传播，作为传播者都将时时面临着如何编码，如何传递出自身想传达的意旨，以及期待着良好传播反馈。今日之社会，传播媒介多了，但信息繁杂了，人们的注意力稀缺了。传者传的，不仅仅只存在信息质量问题，而且还存在着受众不愿接受信息的问题。人们对信息的要求越来越高，对传者的编码能力提出了更高挑战，人们需要简洁准确的信息，需要内涵丰富的信息，总之需要是"含金量"，需要的是"价值比"，复杂的信息，浅陋的信息不再有市场，诚然谁不愿意用最少的时间获得最好的信息呢？谁不愿关注那些有意思的信息而去理睬那些平淡无奇的东西。修辞学作为传播学的理论传统，对传播影响至深，今观其老子对辞格的运用，我们再度发现辞格的巨大魅力。理解辞格的内涵，熟知辞格的作用，对辞格合理正确的使用将有助于传播编码能力的提高，有助于信息传递的高效，简洁，最终能让受众准确、容易的进行解码，以达成有效的传播。

综观《老子》五千言，在修辞格的运用上比比皆是，且种类不一，组合变化多端，排比、比喻、对偶等修辞格被老子运用得淋漓尽致，如庖丁解牛一般，不仅生动具体的表达了思想内容，而且在有限的载体上承载了大量的信息内容，为后世的保存，传播创造了条件。

修辞是传播学研究的重要理论传统，同样的信息运用不同的表达方式会有不同的表达效果，而且不同的文化背景有着不同的表达习惯。此外，修辞也是变化发展的，比如流行于网络的"凡客体""元芳体"，它们便属于新时代下的新的语言修辞行为。口头表达也好，书面表达也罢，修辞的正确使用不仅有助于思想的表达，而且对其传播效果大有助益。如标语、广告语的创作大都遵从了形式结构的对称、音韵的和谐、回环、顶真等修辞手法，这些修辞的使用一来是服务于内容，其次可以方便人们认知记忆。

汉语修辞应是我们中华文化所独有的，具有本土化特性，华夏传播旨在构建中国本土化的传播理论，汉语修辞这一特有文化元素或许将成为我们架构本土化传播理论的重要突破口和重要组成部分。

（石忠海　谢清果）

第十二章　论视觉修辞在《道德经》中的运用

　　老子的《道德经》内容艰涩，思想深厚，但历尽千年依然能够被后世所理解，其思想在今天依然影响着我们的生活，这与其利用文字的视觉修辞不无关系。本章从词语、句式、修辞格、语篇四个方面分析了《道德经》的视觉修辞手法，并提出在广告传播中借鉴《道德经》中的视觉修辞方法，以增强广告传播效果。

第一节　《老子》研究的修辞学视角

　　老子所著《道德经》虽然只有五千言，其内容却包罗万象，精辟地论述了老子对于治理国家，个人修养，学习思考等问题的看法，在各个方面给不同时代的人以启示。近年来，越来越多的传播学者从《道德经》中汲取智慧，解读《道德经》中传递的传播学思想。

　　目前可见的有关老子传播思想的研究虽然不多，但是涉及了传播思想的方方面面，从研究内容上看，大致可以分为两个部分，一部分是从《道德经》的内容来分析其中所蕴含的传播学思想，这一部分研究包括内向传播、人际传播、组织传播、传播媒介、传播效果，传播策略等内容。另一部分探讨的是老子是如何通过《道德经》将自己的思想传递给世人，这部分研究比较少。主要通过对《道德经》中形象思维运用的分析，论述了老子如何将抽象的哲学思想形象化，从而取得了较好的传播效果。其中《老子形象思维及其现代价值》一文指出《道德经》中老子巧妙地运用了形象思维，成功地塑造了许多丰富、生动的形象，使抽象的道论既通俗易懂，又深刻隽永。① 还有学者提出了诗性思维在《道德经》中的体现。在《诗性思维对〈老子〉言说方式的影响》一文中归纳了《道德经》中几种主要的言说方式，即对具有本体意义的"道"的形象化描述、通过类比和归纳进行推理、比喻的运用、正言如反的话语方式以及否定句式的运用。② 后又有学者进一步论述了老子直觉思维与诗性言说方式的关系，认为直觉思维是老子诗性言说的内在诉求，而诗性言说则是其直觉思维的外在表现形式。③

以上的研究均是从形象思维的角度，论述了老子在《道德经》中的传播技巧。这种思维方式的运用虽然使抽象的哲学思想形象化，但这种形象化只是《道德经》传递其哲学思想在一个方面，无法全面论述《道德经》的传播技巧。《道德经》语言洗练，哲理深奥，老子用简练的文章向后人传递抽象的思想，但历经千年，我们能够理解其中所包含的意义，重要的原因就是老子对语言精妙的运用。将深奥难懂的道理加以视觉化，产生强烈的冲击效果。陈汝东在《论修辞的视觉效果》一文中指出，语言文字是抽象的符号系统。人们通过语言文字传播信息，有时为了给人以身临其境的感受，就追求视觉修辞效果。④ 陈汝东论述了四种视觉效果，即词语的视觉效果，句式的视觉效果，修辞格的视觉效果及语篇的视觉效果，并分析了视觉与其他感觉的转换。本章力图从以上四个方面分析《道德经》的视觉修辞效果，并指出这种视觉修辞的运用对我们今天广告传播实践的指导意义。

第二节 《道德经》的视觉修辞效果考析

视觉修辞是一种以语言、图像以及音像综合符号为媒介，以取得最佳的视觉效果为目的的人类传播行为。⑤ 主要包括语言视觉修辞，图像视觉修辞，和综合视觉修辞，在本章中，主要探讨《道德经》中的文字所产生的视觉修

---

① 谢清果:《老子形象思维及其现代价值》,《福建师范大学学报（哲学社会科学版）》,2002 年第 1 期。

② 王天保:《诗性思维对〈老子〉言说方式的影响》,《语文知识》,2007 年第 1 期。

③ 刘占祥:《论老子直觉思维与诗性言说方式》,《西北大学学报（哲学社会科学版）》,2009 年第 3 期。

④ 陈汝东:《论修辞的视觉效果》,《福建师范大学学报（哲学社会科学版）》,2005 年第 3 期。

⑤ 陈汝东:《论修辞的视觉效果》,《福建师范大学学报（哲学社会科学版）》,2005 年第 3 期。

辞效果，因此，主要论述的语言视觉修辞。语言视觉修辞是指以语言文字符号为传播媒介，以取得最佳视觉效果为目的的修辞行为。视觉修辞效果多不是指文字的直观形态，而是指修辞者把现实或思想中的形象，转换为语言，使听、读者通过话语把信息转换为形象或通过其他媒介转换为实在的图像。[①]具象既包括了图像中的具象视知觉对象，也包括了由其他符号系统塑造的非直接的视知觉形象。[②]具象传播包括两层含义，一层含义是指借助具象进行传播；另一层含义是指传播具象。在本章中，我们取第一层含义。

一、词语的视觉效果

词语的视觉效果主要是通过具体的形象性的词语实现，这主要包括表物的词语、表色彩的词语和表形貌的词语。[③]

（一）用词语表现"道"

词语是构成文章最基本的元素，词语的恰当使用，通常能使有文章眼前一亮的感觉，起到画龙点睛的作用。老子的《道德经》用词精妙，有时只是一字一词就能将"玄而又玄"的"道"描述清晰，仿佛在眼前呈现一般。

在第二十一章中，老子认为"道"是"物"，那么此"物"是什么样的呢？老子对其做了一番描述："道之为物，惟恍惟惚。"认为"道"是"惟恍惟惚"，四个字将"道"的形貌跃然眼前：它是恍恍惚惚，看起来仿佛隐约，似有似无，就是视而不见，听之不闻，抟之不得，好似是一无所有；然而恍惚之中，却似无而实含妙有，唯有善道者进入恍恍惚惚的境界。[④]无独有偶，在第十四章中，老子同样用"惚恍"二字来描述"道"，因为形而上的实存之道，和现实界的任何经验事物不同，它不是一个具有具体形象的东西，它既没有形体，当然也没有颜色，没有声音。[⑤]因此，老子用"惚恍"二字描述"道"的似有若无的状态，将"道"形象地展现在读者眼前。

①　陈汝东：《论视觉修辞研究》，《湖北师范学院学报（哲学社会科学版）》，2005 年第 1 期。

②　杨钢元：《具象传播论——形名学之形学》，人民文学出版社，2008 年版，第 59 页。

③　陈汝东：《论修辞的视觉效果》，《福建师范大学学报（哲学社会科学版）》，2005 年第 3 期。

④　黄友敬：《老子传真——〈道德经〉校注·今译·解说》，海峡文艺出版社，1998 年版，第 145 页。

⑤　陈鼓应：《老子今注今译》，商务印书馆，2003 年版，第 128 页。

除了"惚恍"，老子在第二十五章中进一步对"道"进行了描述，老子为"道"起了名字为"大"，老子认为"大曰逝，逝曰远，远曰反。""逝""远""反"三个字将"道"循环往复，回归本源的状态的描述的具体形象。

论及"道"的特点，老子在第四十一章中对其进行了全面的描述。

上士闻道，勤而行之。中士闻道，若存若亡。下士闻道，大笑之。不笑不足以为道。故建言有之：明道若昧，进道若退，夷道若　。上德若谷，大白若辱，广德若不足，建德若偷，质真若渝，大方无隅，大器晚成，大音希声，大象无形。道隐无名，夫唯道善贷且成。

在这一章中，老子用"昧""退""纇""谷"等字将"道"的深邃、内敛描述的透彻清晰。这几个字容易使人与现实中的事物产生联想，"道"抽象的特点借助形象的事物展现在读者眼前。

关于如何达到"自然之道"，老子提出要"致虚""守静"。致虚是心智作用个的消解，消解到没有一点心机和成见的地步。而致虚必守静。通过的静的功夫，乃能深蓄厚养，储藏能量。[1]那么如何做到"守静"呢？老子认为"归根曰静"。老子用了一个表现动作的词语"归根"，这两个字很容易让人想到成语"落叶归根"，"归根"的形象就跃然眼前了。"归根"将到达"守静"的过程与状态表现的清楚明白，即到达"守静"的状态，就要一切回归本源，回到最开始的地方。

在谈到"道"的功能时，老子称其为"绵绵若存，用之不勤"。"绵绵"两字表现了"道"的作用生生不息，仿佛如棉絮一般连绵不绝。老子只用两个字将抽象的作用加以物化，将其以视觉的形式呈现在读者眼前。

（二）其他

除了关于"道"的论述，在《道德经》的许多篇章中，老子都运用了语言视觉修辞的手法。如广泛流传的"祸兮福之所倚，福兮祸之所伏。""倚""伏"将"福""祸"两者之间相反相成，相互转化的关系清晰地表现出来。"福""祸"本来都是抽象的名词，在现实生活中看不见，摸不着，只能凭感觉去了解。而老子却用了"倚""伏"两个具象的动词将两者联系起

---

① 陈鼓应：《老子今注今译》，商务印书馆，2003 年版，第 140 页。

来，"福""祸"之间的关系一下子就生动完满了。

二、句式的视觉效果

句式的视觉效果主要是指通过不同的句子形式来实现表现上的视觉效果。

《道德经》流传千年，句子短小精悍，朗朗上口，这些句子，或通过排比，给人一种句式上的紧凑感，画面上的连续感，或通过顶针，表现一种画面上的推进感，或通过对比，表现一种画面上的叙述感。

（一）排比

排比是《道德经》中最常用的句式之一，几乎可以在《道德经》中随手拈来："故有无相生，难易相成，长短相较，高下相倾，音声相和，前后相随。""曲则全，枉则直，窪则盈，敝则新，少则得，多则惑。""故不可得而亲，不可得而疏，不可得而利，不可得而害，不可得而贵，不可得而贱，故为天下贵。"这样的例子在《道德经》中不胜枚举。以下，本文以一例来具体分析。

> 企者不立，跨者不行。自见者不明，自是者不彰，自伐者无功，自矜者不长。其在道也，曰：余食赘形。物或恶之，故有道者不处。

在这一章中，老子描述了"不善道者"的四种行为。即"四自"：自见、自是、自伐、自矜。"自逞己见的，反而不得自明；自以为是的，反而不得彰显；自己夸耀的，反而不得见功；自我矜持的，反而不得长久。"[①]

老子用排比句式描述了这四种行为，句式上的一致性给读者带来一种整齐感和节奏感。四种行为看似并列，实际上是逐渐递进的关系，从"自逞己见"，到"自以为是"，从"自己夸耀"，到"自我矜持"，仿佛波浪一般，给人一种层层铺叠的感觉，气势恢宏，感情抒发得淋漓尽致。这样的语言视觉表现，将文字的形式进行视觉修辞，更易于读者的朗读与记忆。

（二）顶针

除了排比，顶针也是《道德经》中经常采用一种句式。顶针具有首尾相

---

① 　陈鼓应：《老子今注今译》，商务印书馆，2003年版，第168页。

连，前后相成的特点，"知常容，容乃公，公乃王，王乃天，天乃道，道乃久，没身不殆"。"治人事天莫若啬。夫唯啬，是谓早服。早服谓之重积德，重积德则无不克，无不克则莫知其极，莫知其极可以有国。有国之母可以长久。是谓深根固柢，长生久视之道。"这样的句子读起来抑扬顿挫，铿锵有力。以下举一例具体分析。

道生一，一生二，二生三，三生万物。万物负阴而抱阳，冲气以为和。人之所恶，唯孤寡不　，而王公以为称，故物或损之而益，或益之而损。人之所教，我亦教之。强梁者，不得其死。吾将以为教父。

在这一章中，老子描述了道如何生成万物，由简至繁，由少至多，犹如花开一般层层展现在读者眼前。前一分句的最后一个字是后一分句的第一个字，前者延伸至后者，后者呼应着前者，逐层推进。从一、二、三到万物，字的笔画逐渐增多，逐渐复杂，单纯从字形上看，就会给人一种从简单到烦琐的感觉，以视觉修辞形象地表现了"道生万物"的特征。

（三）对比

在《道德经》中，老子经常通过对两个相似事物的对比，来阐述自己的观点，这种手法，使《道德经》在阐述观点时产生一种叙述感。同时，在表达上有一种节奏感，产生丰富的视觉效果。

在第五章中，老子对天地及圣人的论述即采用了对比的手法。

天地不仁，以万物为刍狗；圣人不仁，以百姓为刍狗。天地之间，其犹橐龠乎？虚而不屈，动而愈出。多言数穷，不如守中。

天地无所偏爱，任凭万物自然生长；圣人无所偏爱，任凭百姓自己发展。通过将天地与圣人进行对比，老子指出万物自然生长则生生不息，百姓自己发展，才能平和协调。在这一章的最后，老子提出观点，政令繁苛反而加速败亡，不如持守虚境。前两句，将天地与圣人对比，读起来朗朗上口，看起来整齐划一，使语言达到视觉上的效果。

同样是对天地和人的对比，老子在二十三章中从反向进行了论述。

希言自然。故飘风不终朝，骤雨不终日。孰为此者？天地。天地尚不能久，而况于人乎？故从事于道者，同于道。德者同于德。失者同于失。同于道者，道亦乐得之；同于德者，德亦乐得之；同于失者，失亦乐得之。信不足焉，有不信焉。

狂风不会刮一个早晨，暴雨不会下一整天，天地使其如此。天地都不能持久的狂暴，更何况人呢？老子在这一章中，将天地与人进行对比，以指出统治者的行为应合乎道，合乎德，切忌狂暴。无论正向还是反向，这种整齐划一的特点都会使语言产生视觉效果。

在阐述"贵柔戒刚"的思想时，老子也采用了对比的手法。

人之生也柔弱，其死也坚强。草木之生也柔脆，其死也枯槁。故坚强者死之徒，柔弱者生之徒。是以兵强则灭，木强则折。强大处下，柔弱处上。

在这一章中，老子借用人生与草木生存状态的对比，说明柔弱才是具有生命力，不断成长的状态，无论是人生还是草木，当它们变得刚强的时候，都是走向死亡的状态了。人生的柔弱与刚强很抽象，难以理解，但是草木的柔弱与刚强却是显而易见，铺陈在笔端，即展现在眼前，而容易想象和接受。老子以草木和人生对比来说明"柔弱胜刚强"的道理，阐述"贵柔戒刚"的思想。

三、修辞格的视觉效果

在修辞过程中，除了上述方法之外，人们还利用一些修辞格，比如比喻、对比、设问等，增加话语的视觉效果。①

在《道德经》中，有许多抽象的哲学概念，如"道""气"等，为了解释这些哲学概念，老子运用大量的修辞方法来增加文章的视觉效果，借用具象传播的手段，给这些抽象的概念赋予具体形象，从而更好地阐述自己的思想。

---

① 陈汝东：《论修辞的视觉效果》，《福建师范大学学报（哲学社会科学版）》，2005 年第 3 期。

（一）比喻

比喻是《道德经》中经常使用的一种修辞手法，也是视觉修辞在语言中的一种常用手法，通过将相似的事物进行类比，把抽象的概念用读者熟悉的事物表现出来，即产生一种形象感，也便于说理。

1. 水的形象

"水"是《道德经》中常用的形象之一。如"上善若水"，即将具有上德之人比喻如水一般。"上善"的概念如此抽象，仿佛离我们很远，难以想象。老子采用了我们日常生活中非常熟悉的"水"做喻，"水善利万物而不争，处众人之所恶，故几于道"。水善于滋润万物而不和万物相争，停留在大家所厌恶的地方。① 水的这种特性是我们所熟悉的，而这也正是上德之人的人格特征，居处在良善的地方，心胸沉静，待人真诚，遵守信用……一个"水"字，将"上德之人"表现得生动传神。

老子还用"水"来说明"以柔克刚"的道理。

天下莫柔弱于水。而攻坚强者，莫之能胜，以其无以易之。弱之胜强，柔之胜刚，天下莫不知，莫能行。是以圣人云，受国之垢，是谓社稷主；受国不祥，是为天下王。正言若反。

水是天下最柔弱的东西，然而水滴却可石穿，日积月累，世上最柔弱的水可以将硬其许多倍的石头穿透。足以说明，弱可胜强，柔可克刚。老子借用"水"的形象来说明柔弱的作用，并由此指出真正的君主能承担全国的屈辱和霍难。使"以柔克刚"的道理深入人心。

作为"水"的一种具体形式，江海河流也经常在《道德经》中出现。

江海之所以能为百谷王者，以其善下之，故能为百谷王。是以欲上民，必以言下之；欲先民，必以身后之。是以圣人处上而民不重，处前而民不害，是以天下乐推而不厌。以其不争，故天下莫能与之争。

这一章，开头以江海做喻，由于江海善于处在低下的位置上，天下的河流才最终全部归于江海之中。通过展现"百川东到海"的形象，来说明统治

---

① 陈鼓应:《老子今注今译》，商务印书馆，2003年版，第168页。

者只有为人谦下，才能赢得民心，才能使人民归顺。

2. 婴儿的形象

"婴儿"的形象也在《道德经》中反复出现。"知其雄，守其雌，为天下溪。为天下溪，常德不离，复归于婴儿。"婴儿是最真实淳朴，合乎自然常理的状态，也是老子所追求的返璞归真的状态。

除此之外，老子还用"婴儿"做喻，来描述品德高尚的得道之人。

含德之厚，比于赤子。蜂虿虺蛇不螫，猛兽不据，攫鸟不搏。骨弱筋柔而握固。未知牝牡之合而全作，精之至也。终日号而不嗄，和之至也。知和曰常，知常曰明，益生曰祥，心使气曰强。物壮则老。谓之不道，不道早已。

在这一章中，老子通过对婴儿的来展现得道之人的特点：不会受到外物的干扰，精气充足，元气醇和。由于"婴儿"是我们非常熟悉的词语，提起婴儿我们能联想到一切美好的事物，"婴儿"的形象自然能使我们清楚得"道"之人的形象。

在第十章中，老子再一次用婴儿做喻：专气致柔，能婴儿乎？老子认为修身要达到结聚精气以至柔顺，如婴儿一般。

3. 其他形象

除此之外，《道德经》中还有许多其他的视觉形象，如将天地喻为风箱、将统治者失德的行为喻为天地间的狂风暴雨，将自然规律喻为拉开的弓弦等等。原本抽象的概念，在老子笔下都变得清晰，将文字转化为视觉形象，易于理解。

天之道其犹张弓与！高者抑之，下者举之，有余者损之，不足者补之。天之道，损有余而补不足。人之道则不然，损不足以奉有余。孰能有余以奉天下，唯有道者。是以圣人为而不恃，功成而不处，其不欲见贤。

在这一章中，老子将自然规律比作拉开的弓弦，弦位高了就把它压低，弦位低了就把它升高。[①]自然规律也是如此，有余的加以减少，不足的加以补

---

① 陈鼓应:《老子今注今译》，商务印书馆，2003 年版，第 337 页。

充。① 以保持自然的平衡。自然规律如此抽象，只能理解，而无法触摸，而弓弦是有形之物，借助有形之弓弦，描述无形的自然规律。

（二）设问

在《道德经》中，还有一种常用的修辞手法：设问。设问的句子如一条线穿起了老子所描述的画面，层次分明，条理清晰。

如在第十三章中，老子用两个设问句分别论述了此章开头所提出的观点：何谓宠辱若惊？何谓贵大患若身？并分别加以论述。将观点一层层揭开于读者面前。

在一些章节中，老子使用连续几个设问句来铺陈观点，更有一种强烈的视觉冲击力。

名与身孰亲？身与货孰多？得与亡孰病？是故甚爱必大费，多藏必厚亡。知足不辱，知止不殆，可以长久。

这一章中，老子在开篇就连续提了三个问题来探讨生命与名利孰轻孰重的问题，三个设问句相辅相成，又层层推进，读起来朗朗上口，并给读者带来视觉上的递进感。

四、语篇的视觉效果

宏观上的视觉效果，主要通过语篇来实现。语篇及其类型不同，所产生的视觉效果也不同。一篇散文，可以转化为一段影片。而一部小说、一个剧本，则可以转换为一部电影、戏剧或电视剧。至于一首诗，则只能塑造一种气象、一种意境。所以说，语篇的视觉效果因话语的类型、篇幅而异，既可以通过一般的叙述、描写实现，也可以通过话语的信息结构实现。② 《道德经》八十一章，章章都只有几句话，但内容丰富，在一些章节中，老子成功地向我们描绘了一幅幅图景，实现了语篇的视觉效果。

有些文章中，老子会通过描述某一种场景，来论述自己的思想。这种场景的论述会给人一种感同身受的视觉享受，增加了文章的说服力。

---

① 陈鼓应：《老子今注今译》，商务印书馆，2003年版，第337页。
② 陈汝东：《论修辞的视觉效果》，《福建师范大学学报（哲学社会科学版）》，2005年第3期。

绝学无忧。唯之与阿，相去几何？善之与恶，相去若何？人之所畏，不可不畏。荒兮其未央哉！众人熙熙，如享太牢、如春登台。我独泊兮其未兆，如婴儿之未孩，　兮若无所归。众人皆有余，而我独若遗。我愚人之心也哉！沌沌兮！俗人昭昭，我独昏昏；俗人察察，我独闷闷。澹兮其若海，　兮若无止。众人皆有以，而我独顽似鄙。我独异于人，而贵食母。

正如黄友敬所言：本章是老子的自白诗，是他内心世界的独白，以至他的气质、气象的外在流露，是他"与道和真"的真人形象、圣人形象惟妙惟肖的自绘图。[①] 在这一章中，老子向我们展示了普通人与得道之人的不同之处。但是老子并没有列举两者具体有什么不同，而是将两种人进行了描述。一面是众人熙熙攘攘，似乎明察秋毫，一面是老子自己独自漂泊，好像愚昧无知，一面是众人都有所作为，有所施展，一面是老子愚顽而拙讷。两三句话，描述了一幅众人兴高采烈，而"我"遗世而独立的场景，凡人与圣者的区别呼之欲出，最后老子点题，"我与世人不同，而重视进道的生活"。[②]

"小国寡民"是老子思想中重要的组成部分，在第八十章中，老子用寥寥数语描述了一幅"小国寡民"的图景，给人以身临其境之感。

小国寡民，使有什伯之器而不用，使民重死而不远徙。虽有舟舆无所乘之；虽有甲兵无所陈之；使民复结绳而用之。甘其食，美其服，乐其俗，安其居。邻国相望，鸡犬之声相闻。民至老死，不相往来。

在老子所描绘的"小国寡民"的图景中，国土狭小，人民稀少，人们不使用人工器械，重视生死不轻易迁徙。没有必要乘坐船只车马，没有机会使用盔甲兵器，人民使用结绳记事。人民有美味的食物，美丽的衣服，欢乐的习俗，安乐的居所。邻国之间相互看得到，鸡鸣狗叫的声音相互听得见。人民从生到死，互不相往来。

在这一章中，老子没有阐述"小国寡民"有什么优点，只是通过语篇的叙述将这样的生活状态描述出来，这样美好的"桃花源"，这样栩栩如生的图

① 黄友敬:《老子传真——〈道德经〉校注·今译·解说》,海峡文艺出版社,1998年版,第145页。
② 陈鼓应:《老子今注今译》,商务印书馆,2003年版,第168页。

景展现在读者眼前，很难不使人心生向往。

在一些文章中，老子不仅仅描述了一个图景，而是许多图景共同构成了一个语篇。

古之善为士者，微妙玄通，深不可识。夫唯不可识，故强为之容。豫兮若冬涉川，犹兮若畏四邻，俨兮其若客；涣兮若冰之将释；敦兮其若朴；旷兮其若谷；混兮其若浊。孰能浊以静之徐清？孰能安以久动之徐生？保此道者不欲盈。夫唯不盈，故能蔽而新成。

在这一章中，老子用七句话对古代善于行道之人进行了描述。像冬天涉足江河；像提防四周的围攻，像做宾客，像冰柱消融；像未经雕琢的素材；像深山的幽谷；像浊水一样。[①]这七句话构成了七幅图景，从而共同构成一个完整的语篇景象，古代善道之人的形象跃然纸上。

第三节　《道德经》中的语言视觉修辞举要

众所周知，思想是抽象的，我们要把自己的思想很好在传达出去，就必须借助一些具象的东西去替代我们的思想内容，以便受者能够清晰地理解传播者的意图。老子在《道德经》中就借助了很多的视觉元素，去物化他所要传达的思想内容，目的就是为了自己的思想能够完整清晰地传达出去。那《道德经》中到底运用了哪些视觉元素呢？他是怎么去运用的呢？下面我们将相关章节进行语言视觉修辞分析。

在《道德经》第一章中，老子写道："无名天地之始，有名万物之母。"译为在万物没有产生的无名之时，永恒的道是万物的本原即创生者；在万物产生的有名之时，永恒的道是万物的生育者[②]。这里老子采用了语言视觉修辞中的比喻手法，把抽象的"道"比作了具象的"创生者""生育者"，这无疑就给"道"了一个最直接的定义，这也是老子对万物本原的观点：道是万物之始，万物之母。这里的一个类似于母亲的形象，让后文的"道"的各种观点得以产生，是全文的基调。

---

① 陈鼓应:《老子今注今译》，商务印书馆，2003 年版，第 131 页。
② 王效先:《老子通》，江苏人民出版社，2009 年版，第 7 页。

　　第四章中，老子写道"道冲而用之或不盈。渊兮似万物之宗。挫其锐，解其纷，和其光，同其尘，湛兮似或存，吾不知谁之子，象帝之先"。"万物之宗"再次强调了道的身份，和第一章呼应，表明了道的空虚性、无限性、原始性、根本性和客观性。既然是作为万物之宗，那自然对万物都一样，不会有任何的偏袒，这是道最本质的特性，老子用一个万物之宗的形象，充分的表达了这一特性。而"锐"字的运用，则是给读者产生了锋芒毕露的联想，"光"和"尘"则形成了一个对比的效果，如果只是直接说"湛兮似或存"，是很难理解老子要传达出的意图，而有了挫其"锐"和"光"到"尘"的转变，我们就有了一个很清晰的画面感，道的形象就似磨去了锋芒，尘埃抵挡住了光芒一样，恍惚无形，却又存在着。在五十六章里也出现了"挫其锐，解其纷，和其光，同其尘"这段文字，但这两处是有一定差别的。我认为第四章是从万物的角度出发，道对于万物来说是恍惚无形，却又存在着。五十六章是对有道之人而言，是说有道之人要收敛锋芒，与世无争。

　　第五章中，老子写道"天地不仁，以万物为刍狗；圣人不仁，以百姓为刍狗。天地之间，其犹橐籥乎？虚而不屈，动而愈出。多言数穷，不如守中"。这里也运用了语言视觉修辞里的比喻手法。把万物、百姓都比作"刍狗"，"刍狗"是以前祭祀时用草扎的狗来代替活的狗作为祭品，祭祀完如同废物，随意丢弃。这样一个有用则贵，无用则弃的形象，恰如其分的勾画出圣人与天地同道，笃守虚静，无为不言，对百姓不存仁爱之心的形象。"橐籥"是古代鼓风吹火用的器具，在这里比喻呼吸，很好地表达了看似无，实则有的意思。"虚"和"不屈"也是一个很好的画面描绘，让读者能清晰地体会到天地和圣人那种顺其自然的态度。

　　第六章中，老子写道"谷神不死，是谓玄牝。玄牝之门，是谓天地根。绵绵若存，用之不勤"。本章老子运用了很多视觉元素，首先"谷"字可以归类为文字视觉修辞。从甲骨文的形状看，与《说文解字》[①]：泉出通川为谷，从水，半见出於口，相同，是指泉水出来将流经之地冲出而过平川的过程，因此英语翻译的一个意思就是：两山之间的水路。但是还有一个表达意思，英文为：a difficult situation，困难条件，可能是指泉水经过的一路是要经历很多困难的意思吧。换句话说就是：任何事物的形成与发展都要经历一个困难的过程或者说是一个长期的磨砺。所以我认为"谷"字在这里首先是用字

---

　　① （汉）许慎：《说文解字》，中华书局，2004。

体的形象表达了某物从一个口中出来的寓意，和后文的"玄牝之门"相呼应，古时候谷神就是崇祀植物谷子，属自然神，老子把道比作了"谷神"，十分形象生动的解释了"是谓天地根"。"绵绵"则是给人一种微细、微弱的感觉，其呈现的是一种安静的面貌，也是很好地表达了"若存""用之不勤"这一思想。

第八章中，老子的主体思想就是"上善若水"这四个字，这章中后面的内容都是它的延伸。老子把最好的德行比作水，而水给人的又是什么样的联想呢？老子认为水善于给万物带来好处，而又能安静地吃在众人厌恶的地方。水没有固定的形状，能够顺势而动，因物所需，随人所用，滋养万物，驱使行船，灌溉农田，给人类的生产生活及各种活动提供种种便利，所以水是上善，但水总是向低流动，可以和污浊相融，安然处之，所以水有与世无争的品性，"故几于道"。这一章中老子用水把道的品性做了一个十分形象的描绘。

第十五章，老子写道"豫兮若冬涉川，犹兮若畏四邻，俨兮其若客；涣兮若冰之将释；敦兮其若朴；旷兮其若谷；混兮其若浊"。这里采用了排比的句式，属于语言视觉修辞里的句式视觉修辞，连着用七个不同的形象，表现出"古之善为士者"的"深不可识"，因为他们有很多面：豫、犹、俨、涣、敦、旷、混。老子可以用相同的句式把它们放在一起，视觉上对读者造成了冲击，感觉到了老子要表达的那种"深不可识"的感觉，然而感觉到了自然不够，既然要去理解这种"深不可识"的形象，老子就用比喻的手法做了进一步的阐释，分别用"畏四邻""客""冰之将释""朴""谷""浊"告诉我们有道者就如害怕邻居的人、客人、快要融化的冰雪、原木、山谷、污水这些东西一样。

第十六章中，老子写道"夫物芸芸，各复归其根"。译为在事物波起云涌似的事态演变中，我们可以因此而观察它们的循环反复。这里的"芸芸"本意为众多，在这里的使用给读者呈现了一种万物繁茂纷纭的景象，表现出的"多"这一感觉使后面的"归其根"显得更加的难能可贵。

第十八章，老子写道"大道废，有仁义；慧智出，有大伪；六亲不和，有孝慈；国家昏乱有忠臣"。这里的两个"大"字，都是表示强调，表明程度都比较强，引起读者重视。而"国家昏乱有忠臣"则是运用了拟人的手法，把国家刻画成一个昏乱的人的形象，生动易读。

第十九章，老子写道"见素抱朴，少私寡欲"。这里的"素"原意是没有染色的绢，这里是指心地纯净，没有杂念。如果只是简单地说要"少私寡欲"，不免让人摸不着头脑，老子就用了"素"这一形象，使"少私寡欲"变得更加有画面。

第二十章，老子写道"荒兮其未央哉！众人熙熙，如享太牢、如春登台。我独泊兮其未兆，如婴儿之未孩，儽儽兮若无所归。众人皆有余，而我独若遗。我愚人之心也哉！沌沌兮！俗人昭昭，我独昏昏；俗人察察，我独闷闷。澹兮其若海，飂兮若无止。众人皆有以，而我独顽似鄙。我独异于人，而贵食母"。首先这里的"荒"字就勾画出一种广泛宽远的画面感，深刻的表达出那种没完没了的感觉。"熙熙"表达出众人高兴的样子，"太牢"则是古时盛放牺牲的很大的食器，"春登台"则指春天登上高台欣赏美景，这都深化了人们的喜悦。"泊"刻画出了清静无为，淡漠的一种态度，和前文的众人高兴的画面形成对比。老子又进一步描绘了"我"这种"泊"的态度，"如婴儿之未孩"是说"我"像婴儿一样还不懂得言笑作态，"儽儽""遗""沌沌"则表现出"我"疲惫、缺乏欲望、昏昏昧昧的形态，比人的"昭昭""察察"和"我"的"昏昏""闷闷"形成对比，更加凸显我的格格不入，在解释"我"格格不入的原因时，老子用了"海"这个形象，表达出"我"之所以这样是因为我心境像大海一样渺茫无际，行为像随海水漂泊那样没有固定的地方，让"我独异于人，而贵食母"变得容易理解。

第二十二章，老子写道"曲则全，枉则直，窪则盈，敝则新，少则得，多则惑"。在这里运用了对比的修辞手法，从"曲""枉""窪""敝""少""多"几个词所刻画面对比中告诉我们圣人因为守柔不争才成为了天下的主宰。

第二十三章，老子写道"故飘风不终朝，骤雨不终日。孰为此者？天地。天地尚不能久，而况于人乎"，这里，老子运用自然现象的道理告诉了读者为人处世的准则："同于道。"狂风刮不到一个早晨，暴雨下不了一整天。谁行使了这狂风暴雨？是天地。天地也不能长久地维持它的狂暴，何况于人呢？这样一个浅显易懂的画面，就强有力地告诉了读者，按照道做事的人和道一样，掌握了道的人，就会得到道的佑助。

第二十四章，老子写道"企者不立，跨者不行"，这给我们展示了一个踮起脚尖站立、张开双腿走路的人，可以想象，这是很难站立和行走的。这样一个直白的画面，是为后文做铺垫，紧接着老子就说执求成名的，不明于道；自以为是的，不善辨析；自我夸耀的，少有事功；自我矜持的，难以长久。如果少了前面那个垫脚站立，张开双腿行走的人做画面铺垫，后面的结论就会显得苍白无力很多。

第二十六章，老子写道"是以圣人终日行不离辎重"，这里的辎重是指出行时随身携带的衣食等重要的生活资料。[①] 这样一个生活化的场面，表明圣人安县居处，"燕处超然"的态度，佐证了观点：轻率就要失去立身的根本，纵欲妄动就要失去主宰的地位。

第二十八章，老子写道"知其雄，守其雌，为天下溪。为天下溪，常德不离，复归于婴儿。知其白，守其黑，为天下式。为天下式，常德不忒，复归于无极。知其荣，守其辱，为天下谷"。这里再次运用了对比的修辞手法，"雄"对"雌"，"白"对"黑"，"荣"对"辱"，目的都是在强调后者，告诉读者"圣人用之则为官长，故大制不割"。在句式上也使用了排比的手法，让读者看去产生锲而不舍的观感，圣人反其道而行不止一次，而是很多次，这样就加深了印象，更好地理解了作者要表达的思想。值得一提的是。这里第三次出现了"谷"这一形象。

第三十章，老子写道"师之所处，荆棘生焉。大军之后，必有凶年"。这里的"荆棘"形象地刻画了驻军走后的那种一片荒败的景象，"凶"则是刻画出饥荒、灾难连绵的景象，均是通过刻画战争带来的惨败景象表达了对战争的不满。

第三十一章并没有特别突出的一个词语或句子勾画出画面，而是一整章都在勾画一个画面。老子在这章里面给我们描绘了生活中的长尊礼仪。圣人在生活起居时左边为贵，用兵打仗时右边为贵。吉庆之事以左边为上，凶丧之事以右边为上；偏将军居于左边，上将军居于右边——这说明军列的秩序仪轨等同于凶丧之事的行事仪轨。所以，准备征战杀人的人群，要怀着哀痛的心情参加；即使战胜了，也要按照凶丧的礼仪来处理。这样一个反战的思想，若是直接表达，不免少了很多说服力，老子聪明的把生活中的礼仪描绘了出来，这些是和普通百姓息息相关的一些十分浅显的道理，故而能使自己的反战思想和读者产生了强烈的共鸣。

第三十二章，老子写道"譬道之在天下，犹川谷之于江海"。这里把道在天下比作细小的溪流自然流归的江海。这一个形象的比喻，就很好地解释了此章上文的种种观点，"谷"这个形象在此第四次出现。

第三十五章，老子写道"乐与饵，过客止。道之出口淡乎其无味，视之不足见。听之不足闻，用之不足既"。老子举例说声色美食之类的感官诱惑，

① 王效先：《老子通》，江苏人民出版社，2009年版，第389页。

总是轻易地就招引某些人不再奔赴大道，这个画面是人们生活中经常见到过经历的事情，然后老子接着说道传道言谈，也许使人觉得淡然无味，觉得不值一顾，不值一听。但是，理解它而运用它，它的妙用是无穷无尽的。这样一个对比，就凸显出道的可贵，也许它并不会马上吸引人注意，但用好它，会给你带来无穷无尽的好处，只把目光停留在眼前利益上是愚蠢的。有了前面的刻画，老子要传达的思想显得十分的有吸引力。就好比给你描绘了一个美好的事物，然后告诉你，道比它更好，把本来难以言状的道的好处有理有据地展现出来。

第三十六章，老子写道"将欲歙之，必固张之；将欲弱之，必固强之；将欲废之，必固兴之；将欲夺之，必固与之，是谓微明。柔弱胜刚强。鱼不可脱于渊，国之利器不可以示人"。这里再次运用了对比的修辞手法，"歙"对"张"，"弱"对"强"，"废"对"兴"，"夺"对"与"，也是重点在言说后面的词所表达的行径，这样强烈对比产生的画面感使读者印象深刻。而后半段则是用鱼不可以离开深厚的水体而生存这一生活常识，表达国家的有效力的凭恃不可以轻易展示于人的思想，使自己的观点显得有理有据。

第三十九章，老子写道"昔之得一者，天得一以清，地得一以宁，神得一以灵，谷得一以盈，万物得一以生，侯王得一以为天下贞。其致之。天无以清将恐裂，地无以宁将恐发，神无以灵将恐歇。谷无以盈将恐竭，万物无以生将恐灭，侯王无以贵高将恐蹶。故贵以贱为本，高以下为基。是以侯王自称孤寡不穀。此非以贱为本邪？非乎？故致数舆无舆。不欲琭琭如玉，珞珞如石"。这里的"清""宁""灵""盈""生""贞"这几个形容词，都是表面了天、地、神、谷、万物、侯王、达到浑融一体后的表现。这里采用了排比的句式，表现出不同的事物达到浑融一体有不同的后果，体现出道的博大精深。这里"谷"再次出现，第一次为山谷的意思，第二次则为谦虚的意思。而本章最后说道既不要一味地像宝玉那样华丽高贵，也不要一直像石头那样顽劣下贱，是对"故致数舆无舆"这一结论的形象说明。

第四十一章，老子写道"上士闻道，勤而行之。中士闻道，若存若亡。下士闻道，大笑之"。通过对上士、中士、下士三种不同阶层的人闻道后的表现的刻画，引出了结论。因为有了这个具体生动的画面做铺垫，后面要表达的思想。

第四十五章，老子写道"大成若缺，其用不弊。大盈若冲，其用不穷。大直若屈，大巧若拙，大辩若讷。躁胜寒，静胜热，清静为天下正"。这里再次使用了对比手法，通过这种对比使读者感觉到一种针锋相对的画面感，通过对比突出表现自己的核心思想，让读者能抓到关键。

第四十六章，老子写道"天下有道，却走马以粪。天下无道，戎马生于郊"。这里通过刻画马不同的用途，表明国家的运行合乎于道的重要性。

第四十九章，老子写道"圣人皆孩之"。这里把圣人比作母亲，把百姓比作孩子，这样亲密的关系描绘给读者以想象，自然会联想到母亲对自己的无私的爱，从而和此章"圣人无常心，以百姓心为心"相呼应。

第五十章，老子写道"盖闻善摄生者，陆行不遇兕虎，入军不被甲兵。兕无所投其角。虎无所措其爪。兵无所容其刃。夫何故？以其无死地"。这里老子通过向读者描绘这样一个画面：善于维护生命的人，在陆上行走不会遭遇凶恶的犀牛和猛虎，即使参加战争，也不会受到武器的伤害。对于他，犀牛于其身无处投角，猛虎于其身无处伸爪，武器于其身无处显露锋芒。而之所以会这样的原因，是由于他根本就没有可以让人致其于死命的要害部位。由于有了前面形象化的铺垫，所以没有要害部位这个说法就会给读者恍然大悟的感觉，从而留下深刻的印象，达到很好的传播效果。

第五十三章，老子写道"大道甚夷，而人好径。朝甚除，田甚芜，仓甚虚。服文彩，带利剑，厌饮食，财货有馀"。老子先用"夷"说明大道宽广平易，对比有人喜爱小径。接着又用"除""芜""虚"这些形容词描绘出朝政败坏，农田荒芜，仓廪空虚这样的一个画面，和另一个画面鲜衣美饰，利剑随身，饱食而厌，搜刮过多的财货去浪费形成对比，这样四个画面两两对比，造成了强烈的冲击力，使"是谓盗夸。非道也哉"这一惊呼显得铿锵有力引人共鸣。

第五十五章，老子写道"含德之厚，比于赤子。蜂虿虺蛇不螫，猛兽不据，攫鸟不搏。骨弱筋柔而握固。未知牝牡之合而全作，精之至也"。把含德深厚的行为者比作赤子，进而对赤子的情况作了一个描绘，从而提出自己的观点。

第五十八章，老子写道"其政闷闷，其民淳淳。其政察察，其民缺缺"。这里的"闷闷"和"淳淳"间是因果关系，"察察"和"缺缺"也是因果关系。通过描绘为政随和散漫，人民反而喜乐淳和；为政勤谨利索，人民反而怨愤飘零这一画面，因为期间存在的因果关系，使结论"祸兮福之所倚，福兮祸之所伏"。显得有理有据。

第六十章，老子写道"治大国若烹小鲜"。这里的"大"和"小"在形象上形成了鲜明的对比，治理大国之道与烹调小鱼之道可以共通比拟，这里向读者展现的烹小鲜这个画面，给人以简单、轻松的感觉，体现出老子"无为而治"的核心思想。

第六十一章，老子写道"大国者下流也，天下之牝"。译为大国善处下游，它就可以像天下柔静的雌牝一样。这里把大国比作雌牝，呈现出大国谦逊、随和的一面，使得本章后文的观点"有的可以凭借处下态势以占据主导地位，有的则可以使自己善于处下而谋求主导作用"显得有了一个心理铺垫，似乎有迹可循。

第六十二章，老子写道"虽有拱璧以先驷马，不如坐进此道"。这里老子用了一个转折句，先用"拱璧以先驷马"刻画出玉璧由四驾马车供奉护拥着似的尊贵显耀这样的一个画面，在话锋一转说不如来进修我所说的道。这样的手法前面的章节也出现过，同样是可以起到对比突出的效果，让读者印象深刻。

第六十四章，老子写道"合抱之木，生于毫末；九层之台，起于累土；千里之行，始于足下。为者败之，执者失之"。从"大生于小"的观点出发，老子阐述了事物发展变化的规律，说明"合抱之木""九层之台""千里之行"的远大事情，都是从"生于毫末""起于累土""始于足下"为开端的，这一系列画面的描绘，形象地证明了大的东西无不从细小的东西发展而来的。同时也告诫人们，无论做什么事情，都必须具有坚强的毅力，从小事做起，才可能成就大事业。

第六十六章，老子写道"江海所以能为百谷王者，以其善下之，故能为百谷王"。江海之所以能为百川河流所汇注而成王，就是因为它善于处下，所以能成为百川之王。老子通过对这个自然现象的描绘，引出了自己的观点圣人要得到人民的推崇，必先在言行上对人民表示谦下；要引导人民，必先把自己的利益放在人民的后面。江海成了圣人的形象，易于读者理解。这里"谷"这形象再次出现。

第七十章，老子写道"是以圣人被褐而怀玉"。是在描绘圣人的形象，圣人外面穿着的似乎是粗布衣裳，但里面包含着的却是稀世美玉。这里的"被褐"和"怀玉"生动形象地表达了圣人的核心品质，使原本抽象的圣人形象具体化了。

第七十三章，老子写道"天网恢恢，疏而不失"。十分形象地展现了这样一个画面：完善的涵摄之网的覆盖范围像天一样无比广大，虽疏若无有，但没有事物从中漏失。这个形象的描绘沿用至今，今意为天道公平，作恶就要受到惩罚，它看起来似乎很不周密，但最终不会放过一个坏人。比喻作恶的人终究逃脱不了天法的惩处。"天网"这个词语就能给读者强烈的画面感，整个天都似一张网，万事万物都逃不出它的控制，以至于得到"天之道不争而善胜，不言而善应，不召而自来，繟然而善谋"这样的结论。有了这个画面描绘，使得结论浅显易懂。

第七十四章，老子写道"夫代司杀者杀，是谓代大匠斲。夫代大匠斲者，希有不伤其手矣。"这里把用行政区替代司法杀人比作统治者代替木匠去砍木头，并描绘出会砍到自己的手这样一个画面，形象深刻的表明这是一种不对的做法，表明老子对统治者苛刻，经常胡乱杀人的谴责。但如果直说会显得苍白，有了替木匠砍木头这一比喻，就会合理很多。

第七十六章，老子写道"人之生也柔弱，其死也坚强。草木之生也柔脆，其死也枯槁"。在这里老子描述了一个每个人都见过的画面，人在生的时候躯体是柔弱的，但在死后却变得僵硬；草木在生的时候是柔嫩的，死后却变得枯槁。"柔弱"对"坚强"，"柔脆"对"枯槁"这样的画面我们每个人都见过，经历过，但其表达的深意却没有人察觉，于是老子提出，国家肌体中军兵过强就会走向灭亡，植株体系中树枝过硬就会遭到摧折。顽固强硬处于劣势，柔弱灵动处于优势。这样的观点因为读者经历过、见过的画面而变得很有说服力。

第七十七章，老子写道"天之道，其犹张弓者欤？高者抑之，下者举之，有余者损之，不足者补之"。在这里，描绘了一个趋于浑圆弓箭这样一个画面，并且把之比作"天之道"，用弓箭的形象，告诉读者"天之道"就如使弓趋于浑圆的作用一样吗？高的地方把它压低，低的地方把它抬高，有余的地方把它减损，不足的地方把它补足。有个这样具象的描绘，"天之道"似乎变得能够被理解和掌握了，于是乎老子总结出"是以圣人为而不恃，功成而不处，其不欲见贤也"这样的观点就显得顺理成章了。

第八十章，老子用一整章节给我们描绘了一个他理想的社会模式。通过"舟车""甲兵""结绳""邻国相望，鸡犬之声相闻"这样的一些视觉元素，表达了自己内心返璞归真的期待。虽然老子的这个理念存在很多的争议，但他的表现手法还是值得肯定的。他并没有简单地叙述自己所想的那个理想世界，而是通过对目前社会存在的一些形象进行描绘并予以否定，来表现自己的所想，很有画面感，也许不能实现，但并不影响读者去想象。

通览整部《道德经》，出现次数前三的名词为"天下"（57次）、"圣人"（31次）、"万物"（19次）。不难看出我们总结的这些视觉元素，都是为了描绘这几个事物而服务的。而在描绘这些事物时，有单独的字、词，也有整段的句子，甚至一整章。这些都是语言视觉修辞的不同手段，在修辞格方面也常用比喻、拟人、排比等修辞方法，各有不同的用处。老子就是通过这些具象的视觉元素，告诉我们天下、圣人、万物是一个怎样的形象，而他无为的核心思想，也就潜移默化的涵盖在了这些形象的背后。而"谷"这个形象出现了十次之多，且代表了多种意思，这种同字不同义的视觉修辞元素，可以作为以后研究的方向。

第四节　《道德经》的视觉修辞方法对广告传播的借鉴意义

《道德经》中对视觉修辞的运用，对我们今天的广告传播实践也有一定的借鉴意义。在广告中，应该充分利用文字的视觉修辞，达到一种双重编码的效果，增加广告的效果。

一、借助具象传递抽象的概念，便于受众理解。

广告所面对是形形色色的普通消费者，目的在于将信息有效地传递出去，使消费者接受，并产生购买的行为。因此，广告中的信息一定要简洁清楚，故弄玄虚并不能增加受众的好奇心，起到吸引消费者的作用，反而还会使消费者直接忽略广告，影响广告的效果。

但是，广告的卖点通常在于其与众不同的新颖之处，这些"新"必然会引发一些消费者难以理解的概念，如何使这些概念得到有效的传递，这就需要广告借助具象，将抽象的概念转化为具体的视觉形象。

当纯净水刚刚开始流行时，消费者并不知道何为"纯净"，纯净水有多"纯净"，为何要花很多钱去买一瓶水。此时，乐百氏打出了"27层净化"的概念，将抽象的"纯净"概念直观地表现在了消费者的眼前，"27层"，抽象概念与文字有了视觉的效果，消费者霎时间明白了"纯净"是什么意思，也记住了乐百氏的水有多么的"纯净"。

无独有偶，2002年，金龙鱼将其调和油赋予了1：1：1的概念，调和油的概念或许不那么清晰，但"1：1：1"无论从含义上还是视觉上都给消费者传递了一种平衡的状态，而平衡的状态在中国人的眼中一向是最合理的组合，金龙鱼也成为很多消费者心目中最好的油。

二、文案编排朗朗上口，产生视觉冲击，便于受众记忆。

广告信息不仅要传递到消费者，还要使消费者记住，这样才有机会将其转化成为购买力。而消费者自己并不会去记广告信息，因此广告信息必须反复出现，并且本身易于记忆，才能产生潜移默化的效果，使消费者自然而然记住。

20世纪90年代，娃哈哈果奶风靡一时，与其朗朗上口的广告文案不无关系："甜甜的，酸酸的，有营养，味道好。妈妈，我要喝，娃哈哈果奶。"短短二十几个字，将娃哈哈果奶的特点表现出来，更重要的是文案编排短促有力，配上悦耳的歌声，形成一种节奏感，仿佛将产品的特点铺陈在消费者的眼前，娃哈哈果奶的目标消费者——儿童非常容易就将其记住。

老子在《道德经》中运用了丰富的视觉修辞手法，将自己的思想传递给后人，千百年来生生不息，荫泽后人，并传播到世界各地。也许文字是有地区界限的，但是视觉形象通常确是世界所共通的。我们今天从事传播活动时，也可以借鉴老子的视觉修辞手法，将信息加以视觉化，使信息发挥更好的传播效果。

（毕森 马春梅 谢清果）

第十三章 《道德经》中具象元素呈现与技巧

本章通过对《道德经》中自然具象元素、社会具象元素及道的象性的呈现，同时对对比鲜明，层次突出；言不尽意，意象深远；动态感强，气韵生动；运用比兴，形象丰满；虚实相生，空间感强；因果相继，时间性强等传播方式和表现技巧的探析，希望能从具象传播角度更深入的对《道德经》进行理解，同时也能从中得到更多的借鉴和启示。

《道德经》大量的具象元素的呈现及传播技巧的运用不仅使读者更能形象地对《道德经》进行理解，同时也为后人带来了许多启示。

通过对研究文献的回顾和总结，我们对《道德经》中具象元素呈现及技巧做了如下总结：

1. 具象传播

具象包括了图像中的具象视知觉对象，也包括了其他符号系统塑造的非直接视知觉的形象。之所以被称为"具"象，就是因为它与客观实在具有某种感性上的联系，离开了客观实在这一参照系，具象便与抽象没了分别。

《易传》中认为，象比抽象逻辑语言更能表达意念，唐代经学家孔颖达提出"虽有实象、假象，皆以义示人，总谓之象也"①。这也提示我们，处于工具地位上的具象，可以不拘泥于现实之物。

具象这个中介，因为是处于"第二自然"之中，只是一个象，因而不具备任何直接的现实性，这就使它获得了，可以突破现实世界的限制，按照不同的原则形成不同的形象体系。但是它们又不是无限自由的，它们的构成方

---

① 孔颖达：《周易正义·乾象注疏》。

式是根据知觉所能接受的方式建构的。①

具象首先是知觉的对象，是知觉层面的具象认知，也就是将具象同化到特定的认知结构当中。个体间需要约定相同的认知结构，否则将意味着自说自话。②

形象不可能是观念，但是它可以起记号的作用，或者更精确些说，它可以与观念同存于记号之中，而且，如果观念还没有出现的话，形象可以为观念保留着未来的位置，并以否定的方式显出其轮廓。③

具象传播可以使不同文化背景的接受者，根据自己的经验和文化——知识背景，对具象进行解读。传播具象是受到文化——意识形态壁垒相对最少的传播方式。④

老子的《道德经》，不仅包括了丰富的哲理，同时这些哲理都是以各种感性形式的客观实在体现的，是感性和理性的统一，正是这种具象传播，使得其按照受众知觉能接受的方式进行建构，这些具象是传受者共通的意义空间，同时具象的浅显性使得其符合普罗大众的知识层次所能接受的能力。

2.《道德经》中的具象元素

老子道德经孕育着丰富而深刻的哲理，是中国人民 2500 年来不断学习的智慧宝库，不仅是统治者和社会精英的治国、处事的参考，也为普通民众提供了思想的源泉。究其原因就是《道德经》通过其生动的符号和具象元素呈现，浅显易懂且又道理深刻的向人们揭示了道德经所蕴含的真谛。司马迁称老子"著书辞称微妙难识"⑤，丁保福感叹《老子》:辞简而要，旨深而远，包络天地，玄同造化。⑥

《道德经》哲理深刻，老子能透过纷繁复杂的现象抓住事物抽象的本质，但这种深刻的抽象正是通过一个个具体形象的事物呈现所展现出来的。《道德经》正是抽象与具体的统一，虚实相生，有无相形不仅仅是道德经所阐述的

---

① 杨钢元:《自由心灵间的传播法则——论具象传播中的真实系统与认知结构》,《传播论坛》, 2004 年第 6 期。

② 杨钢元:《自由心灵间的传播法则——论具象传播中的真实系统与认知结构》,《传播论坛》, 2004 年第 6 期。

③ [法] 列维·斯特劳斯:《野性的思维》, 李幼蒸译, 商务印书馆, 1997 年版, 第 27 页。

④ 杨钢元:《自由心灵间的传播法则——论具象传播中的真实系统与认知结构》,《传播论坛》, 2004 年第 6 期。

⑤ （汉）司马迁:《史记·老子列传》, 梁绍辉标点, 甘肃民族出版社, 1999 年版, 第 368 页。

⑥ 陆永品:《老子的散文》,《齐鲁学刊》, 1982 年第 6 期。

哲理，同时也是《道德经》表现手法的运用和体现。老子善于运用各种具象词汇来描述纷繁复杂的世界和深刻的人生感悟，比如刍狗、婴孩、舟、江海、柔水坚石等等。各种动态词汇的运用如生、蓄、亭、毒、养、覆等具象词汇，来表达抽象的玄德观。①这些自然界和生活中习用的词汇表达，把抽象的哲理赋予了生命和活力，从具象中延展开深邃的哲理。这体现了老子的宇宙观、自然观、生命观思想。

第一节 《道德经》具象元素的呈现及意义

《道德经》中呈现了众多的具象元素和具象描述，这些具象元素呈现使其抽象的思想变得形象生动，有着重要的作用和意义。

一、《道德经》的具象元素呈现

《道德经》中具象元素主要分为自然具象元素、社会具象元素和道的象性。

（一）《道德经》自然具象元素呈现

《道德经》中常借山川草木，江海舟济，飘风骤雨等具象自然元素来表述某种抽象的概念或道理。如：

> 渊兮似万物之宗；湛兮似或存。（第四章）
> 天地不仁，以万物为刍狗；圣人不仁，以百姓为刍狗。（第五章）
> 上善若水。水善利万物而不争，处众人之所恶，故几于道。居善地，心善渊，与善仁，言善信，正善治，事善能，动善时。（第八章）
> 豫兮若冬涉川；犹兮若畏四邻；俨兮其若客；涣兮其若凌释；敦兮其若朴；旷兮其若谷；混兮其若浊；澹兮其若海；泊兮若无止。（第十五章）
> 故飘风不终朝，骤雨不终日。（第二十三章）
> 天地相合，以降甘露，民莫之令而自均。始制有名，名亦既有，夫亦将知止，知止可以不殆。譬道之在天下，犹川谷之于江海。（第三十二章）
> 鱼不可脱于渊，国之利器不可以示人。（第三十六章）
> 蜂虿虺蛇不螫，猛兽不据，攫鸟不搏。（第五十五章）

---

① 谢清果：《老子形象思维及其现代价值》，《福建师范大学学报》，2002年第1期。

合抱之木，生于毫末；九层之台，起于累土；千里之行，始于足下。
（六十四章）

江海所以能为百谷王者，以其善下之，故能为百谷王。（第六十六章）

万物草木之生也柔脆，其死也枯槁。（第七十六章）

天下莫柔弱于水，而攻坚强者莫之能胜，以其无以易之。（第七十八章）

邻国相望，鸡犬之声相闻，民至老死，不相往来。（第八十章）

老子运用"谷"的空旷包含的自然特点，来显示道的虚无。老子用草木、人的生死来解释柔弱胜刚强的道理。老子借用自然界中天地的狂暴都不能使飘风终朝，骤雨终日来进行论述无为希言才是处事治国之道。毒虫、猛兽、攫鸟、鸡犬、刍狗等鸟兽也是道德经中常出现的事物，老子经常用自然界的动植物来进行环境的陈述或者对人类社会进行比兴。其中，鱼是道德经中运用最多的动物之一。"鱼不可脱于渊""治大国如烹小鲜"形象地描绘了君民犹如鱼水的关系或治国之策。此外，《道德经》还经常运用刍狗来隐喻天地万物没有上下、尊卑贵贱这些人世观念的等差之分。

最常出现的形象如水及与其相关的意向（海、溪、渊等），老子在《道德经》中把水的自然特质挖掘得淋漓尽致赋予水以某种独特的精神品质。用水比喻道，其含义是：1.最高尚的德，是彻底的没有任何功利欲求的，这种品格正可以以水利万物而平静，不自功作比。2.道无欲，处下，守弱，这也正如水能处下而自安。3.道，居虽处下，却容纳天下，施恩天下，正是水的普济天下、功到垂成的效力可以用来比喻。4.正因为道自然无为不可抗拒而又无欲不争，而能无咎无怨。[①]5.通过对水柔弱胜刚强的描述来宣传"贵柔"的道理，从而让统治者真正做到以柔胜刚，达到真正的无为而治的境界。

（二）《道德经》社会具象元素呈现

《道德经》自始至终都是围绕道和德进行论述的，其中许多具象社会元素背后都有着深刻的隐喻意义。如：

"无名天地之始；有名万物之母。"（第一章）从《道德经》的很多社会具象元素中我们能看出老子是贵柔尚阴的，老子经常把道比作万物之母，万物因道生发，由道蓄养，万物依托于道而存在。

---

① 左孝彰：《老子归真》，天津社会科学院出版社，2005 年版，第 86 页。

"大邦者下流，天下之牝，天下之交也。牝常以静胜牡，以静为下。"（第六十一章）在此老子运用玄牝之门来比喻女性的生殖器，从而来形象地说明以静为下的道理。

《道德经》中常运用圣人的形象来表达自己的无为而治的治国理想和道的精神法则。如文章很多处都提到：

是以圣人处无为之事，行不言之教。（第二章）

是以圣人之治，虚其心，实其腹，弱其志，强其骨。（第六章）

是以圣人后其身而身先；外其身而身存。（第七章）

……专气致柔，能如婴儿乎？……天门开阖，能为雌乎？（第十章）

是以圣人为腹不为目，故去彼取此。（第十二章）

圣人不积，既以为人，己愈有，既以与人，己愈多。天之道，利而不害；圣人之道，为而不争。（第八十一章）

婴儿在《道德经》中也是经常用到的形象，如："我独泊兮，其未兆；沌沌兮，如婴儿之未孩；累累兮，若无所归。"（第二十章）"治大国，若烹小鲜。"（第六十章）老子经常用婴儿之未孩的形象体现人生之初最为纯真的状态，从而来表达自己对"朴"的追求。

"虽有舟舆，无所乘之，虽有甲兵，无所陈之。"（第八十章）老子通过虽有舟车甲兵却不凭借舟车甲兵，有器而不用地治理国家，从而宣传了无为而治的小国寡民的治国理念。

（三）《道德经》中道的象性

老子的"道"概念不是共相，而是专有名词。是对某种存在状态的直接描述。柏拉图的"理念"，黑格尔的"精神"以及西方唯物论哲学和自然科学所讲的"物质""实体"等概念，都是共相，是抽象的结果，标示其所概括事物的共性。[①]正是由无数个具象之象构成了道本身，因此对道的理解更应该从宏观的角度进行理解。道德经的象性元素呈现不仅仅是具象的实体，同时还有具象的描绘。由于"道"的难以名状，老子调用了视知觉进行通感，此与麦克卢汉的"媒介是人体的延伸"不得不说是有异曲同工之妙。麦克卢

---

① 刘长林:《中国象科学观》，社会科学文献出版社，2007年版，第91—95页。

汉认为，媒介是人感官的延伸，人的感官逐渐实现了有统一——分化—再统一的过程。《道德经》中对道这种空虚抽象的描述，都调用了各种感官进行感知，如：

"视之不见，名曰'夷'；听之不闻，名曰'希'；搏之不得，名曰'微'。此三者不可致诘，故混而为一……是谓无状之状，无物之象，是谓恍惚。迎之不见其首，随之不见其后。"（第十四章）"道之为物，惟恍惟惚。恍兮惚兮，其中有象；恍兮惚兮，其中有物。"（第二十一章）老子把抽象的东西用"夷""希""微"加以概括，调用了多种感官对抽象的"无物"进行具象的描述。同时值得注意的是，道德经中运用了大量"恍惚"的虚词对道展开描述。

"无名，万物之始也，有名，万物之母也……玄之又玄，众妙之门。"（第一章）"三十辐，共一毂，当其无，有车之用。埏埴以为器，当其无，有器之用。凿户牖以为室，当其无，有室之用。"（第十一章）"有物混成，先天地生……吾不知其名，强字之曰'道'，强为之名曰'大'。"（第二十五章）"执大象，天下往。往而不害，安平泰。"（第三十五章）"大象无形。'道'隐无名。"（第四十一章）"不出户，知天下；不窥牖，见天道。"（第四十七章）"众妙之门""户牖""谷"等词都体现出了道的虚和空的特点，正因"众妙之门""户牖""谷"自身的空旷和虚无从而更好地突出了道的时空性。

老子是以"象"为切入层面来揭示道，而且道之为物仅有"象"，而无形，无体。老子反复讲，道没有确定的象，但有恍惚的象；没有明晰的状，但有无状之状。所说的道有"物""精""信"以及种种表现和行为，都以"象"的形式显示，并通过"象"来加以认识。①

二、《道德经》具象元素的意义

《道德经》中具象元素的呈现可以看出老子对现象的重视。事实上，着眼于世界的空间特性，就会特别看重实体或物质，以实体或物质为审视世界的视角；着眼于世界的时间特性，就会特别看重现象，看重自然整体关系，以现象或自然整体关系为审视世界的视角。换言之，实体或物质可谓宇宙的空间性本体，现象则可谓宇宙的时间性本体。二者相融不可分割，同时又各具独立意义。②因此把象作为一个独立的时间性本体加以研究是非常有必要的。

---

① 刘长林：《中国象科学观》，第91—95页。
② 刘长林：《中国象科学观》，第13页。

斯蒂芬·李特约翰在其著作中就有中国历史上对"象"的重视性的相当藐视，书中写道："而在东方，研究者并不看重语言符号——尤其是口头语言——的重要性，相反，他们是以怀疑论的视角看待语言的……来自亚洲的哲学家们相信的是从直接体验中获得的带有直觉性的洞见。"① 台湾有学者曾说："语言对动态事实的描述只能是暂时的、语言是有限的。而实际上事实是无限的、语言是抽象的。"② 然而，老子《道德经》中大量具象元素的呈现和技巧性的运用，不仅用生动形象的具象图景与文字技巧阐释了道德经的抽象的深刻哲理，同时也清晰地构建出了老子的规模宏大的时空观、宇宙观、自然观、生命观。

第二节 《道德经》中具象元素的表现技巧

《道德经》中具象元素的呈现并不是生搬硬套地简单罗列，我们可以从中看到老子《道德经》中具象元素的纯熟的传播技巧。主要有以下几点：

一、对比鲜明，层次突出

所谓具象"既包括了图像中的具象视知觉对象，也包括了其它符号系统塑造的非直接视知觉的形象"。③ 因此，我们应把《道德经》的具象元素放在宏大的叙事背景之下，理解前后文之间的具象元素的关联意义，从而形成对《道德经》的整体把握。

老子在很多言论中宣传了朴素辩证法的思想，为人们认识事物开拓了道路。在《道德经》一书中，老子对自然现象和人类社会的许多现象几乎无一不是从对立统一的规律来说明，指出事物的存在是相互依存的，而不是孤立的。例如，美—丑，无—有，损—益，曲—全，枉—直，洼—盈，敝—新，少—多，下—高，废—兴，与—夺，辱—荣，愚—智，贱—贵，拙—巧等等。④

除了明显的辩证词汇的具象性描述，《道德经》中还有具象性元素或语句的运用，如：

"天下有道，却走马以粪。天下无道，戎马生于郊。"（第四十六章）在对治国之道进行的描述中，通过对有道与无道两个方面所产生的后果，即走马以粪和戎马生于郊的具象描述，从而来阐述正确的治国之道的重要性。

"其政闷闷，其民淳淳；其政察察，其民缺缺。"（第五十八章）通过对政治宽松和政治严苛所导致的民众的不同反应的具象描述，目的是劝诫统治者要通过宽松的政策达到无为而治的效果。

"合抱之木，生于毫末；九层之台，起于累土；千里之行，始于足下。"（第六十四章）通过对大树与小苗，高台与累土的具象描述，希望告诫人们由小及大，宏远的目标要从小事做起的道理。

"人之生也柔弱，其死也坚强。草木之生也柔脆，其死也枯槁。故坚强者死之徒，柔弱者生之徒。是以兵强则灭，木强则折。强大处下，柔弱处上。"（第七十六章）运用人和草木的生死把柔弱和坚强进行了具象的对比描述，宣扬了以柔克刚的道理。

"天之道，其犹张弓欤？高者抑之，下者举之；有馀者损之，不足者补之。天之道，损有馀而补不足。"（第七十七章）为了说明损有余补不足的道理，老子形象的把弓箭的高低作比。

"重为轻根，静为躁君。是以君子终日行不离辎重。虽有荣观，燕处超然。奈何万乘之主，而以身轻天下？轻则失根，躁则失君。"（第二十六章）通过君主出游与满载的货物，华丽的宫殿与淡泊的心智的轻重对比来论述要以天下为重就要静心守道的道理。

鲁道夫·阿恩海姆曾在《视觉思维》中说过，对立会使某一特殊的性质分离出来，使之得到突出、加强和纯化。任何两种东西的遭遇（或对立）都会使双方改变或变形。[①]《道德经》中对于具象元素或者对于辩证的对立元素进行具象的描述，很多时候都能够达到突出强化、分层的目的。

二、言不尽意，意向深远

老子的《道德经》虽然老子运用了许多具象元素对抽象的道理进行阐释，但经常是言在此而意在彼，言有尽而意无穷。这无疑加大了我们的理解难度，

---

① ［美］鲁道夫·阿恩海姆：《视觉思维 审美直觉心理学》，滕守尧译，光明日报出版社，1986 年版，第 115 页。

因此更需要我们统摄《道德经》全篇，站在一个宏观的视角，解读那些具象元素背后真正的意义。如：

"众人熙熙，如享太牢，如春登台。我独泊兮，其未兆；沌沌兮，如婴儿之未孩；累累兮，若无所归。"（第二十章）是关于老子对绝学无忧的理解。表面上老子是希望自己像婴孩之未孩一样，与如享太牢，如春登台的普通大众不一样，把吃饭奉为本领。但是把绝学理解为不学习，是对老子的严重误解。统摄《道德经》全文，从"为学日益，为道日损"（第四十八章）、"学不学，复众人之所过"（第六十四章）都可以看出老子所谓的绝学无忧，其意义是指顶级的学问，应该能帮助我们免去忧患，达及平和喜乐的境界。[①]

"上士闻道，勤而行之。中士闻道，若存若亡。下士闻道，大笑之。"（第四十一章）这里老子把人分成了上中下。我们要分析老子传播思想的受众观点，可以先从高低、上下说起。表面上看来老子把统治者和民众对立起来，分为精英立场和大众立场。众所周知，老子的思想是极具辩证法的，因此，表面上的对立下潜藏着真正的统一。纵观《道德经》全篇，老子运用水来对此做出了解释。"上善若水，水利万物而不争，处众人之所恶。"（第八章）"江海之所以能为百谷王者，以其善下之，故能为百谷王。"（第六十六章）他认为水有至高无上的德性，因为它总是流向低的地方，以善处下而成为上善。[②]因此对于统治者来说，应该像水一样善于处下，对于民众的无为才是治国之道。

比如《道德经》中经常提到的"婴孩之未孩"，"众人熙熙，如享太牢，如春登台。我独泊兮，其未兆；沌沌兮，如婴儿之未孩；累累兮，若无所归。"（第二十章）"知其雄，守其雌，为天下溪。为天下溪，常德不离，复归于婴儿。知其白，守其辱，为天下谷。为天下谷，常德乃足，复归于朴。知其白，守其黑，为天下式。为天下式，常德不忒，复归于无极。朴散则为器，圣人用之，则为官长，故大智不割。"（第二十八章）老子在此是借喻一种纯朴的赤字之心，并非主张在生理上要同婴儿一样。正像后来鲁迅先生说的"学学孩子"，并非要人们变成孩子一样不懂事，而是要人们学孩子的纯朴。纯朴是老子反复强调的思想。[③]老子用"婴儿之未孩"这个象，其实是在表露一种追求纯朴的心智。因此我们要统摄整个《道德经》去理解"婴儿之未孩"背

① 魏超：《老庄传播思想散论》，中国轻工业出版社，2010年版，第30—31页。
② 魏超：《老庄传播思想散论》，第3—4页。
③ 郭志坤：《先秦诸子宣传思想论稿》，福建人民出版社，1985年版，第58—59页。

后对"朴"的追求。《道德经》中老子对"朴"的表达可谓是淋漓尽致：敦兮其若朴（第十五章）故令有所属：见素抱朴，少思寡欲，绝学无忧。（第十九章）……复归于朴……朴散则为器（第二十八章）道常无名朴（第三十二章）镇之以无名之朴，夫将不欲。（第三十七章）我无欲，而民自朴。（第五十七章）这里的"朴"，大都指人心浑厚，纯清无杂，没有私心，没有欲念，依着自然行事。纯清到什么地步呢？老子把"婴儿之未孩"拿来做比喻，比喻的东西总是不确切的，但它表达了一个意思，那就是孩子般的纯朴。老子认为初生出来的婴儿还不曾到孩童的时候是最为纯朴的，因为那时候还不懂贪欲。老子在书中一再提到"婴儿"，是要人归真返璞，保持赤子之心——忠诚老实。①

三、动态感强，气韵生动

此处借用谢赫《古画品录》中的六法中的第一法：笔法自然，气韵生动。《道德经》以道贯穿全文，老子在文章中不断强调静、无为，但实际上，这种处事状态正是通过动态的气韵贯穿于道的。

"致虚极，守静笃。万物并作，吾以观复。夫物芸芸，各复归其根。归根曰静，静曰复命。"（第十六章）"道常无名朴。虽小，天下莫能臣。"（第三十二章）"大道泛兮，其可左右。万物恃之以生而不辞，功成而不有。衣养万物而不为主，可名于小；万物归焉而不为主，可名为大。以其终不自为大，故能成其大。"（第三十四章）"天下之至柔，驰骋天下之至坚。无有入无间，吾是以知无为之有益。不言之教，无为之益，天下希及之。"（第四十三章）

《道德经》中最多的是对抽象的道进行的具象描述，其中，不为主不自居的道却能够渗透于万物之中，使万物归附。这更是对道的无为与有为的具象体现。

道虽大而无限，却是可以四处流动的。道"衣养万物""可名于小"，"万物恃之以生而不辞"，表明"道"能融通渗透于万物，而生成万物的形体，勃发万物的生机。道惟小而又小，方能融透万物，而成生化养育之功。老子又说：无有入无间，无有指道，道无形，故从小的方面说，必是细无内。细无内，方可入无间。入无间，亦即细无内。正是因此，它流动四方，通透万物，无所阻挡，无所不在，以致"道在物中，物在道中"，与万物没有也不可能形

成互为对象的关系。老子说:"道常无名,朴,虽小,天下莫能臣。"道"不为主",天下也没有任何人或物能够臣服它。因为它小至"入无间",根本不能成为臣服的对象,相反却会被它所通透。[①]

四、运用对比,形象丰满

"豫兮若冬涉川,犹兮若畏四邻,俨兮其若容,涣兮若冰之将释,敦兮其若朴,旷兮其若谷,混兮其若浊。"(第十五章)本章中把遵道者的小心与恭敬的心态比作冬涉川,畏四邻,面宾客,刚柔相济似将融之冰,未雕刻之木,深山幽谷,长江大海。从中体现出了圣人不争不忧的无为心态。

"治大国如烹小鲜。"(第六十章)"道"在无为,但治理国家必行政令,如何解开这对矛盾? 老子通过煮鱼之"象"来阐明以"无为"治国的原则及其重要性,他说:治大国若烹小鲜,治理国家,当如同烹制小鱼那样,烹小鱼,不可翻挠,翻挠则鱼碎烂;治理国家,不当有为,有为则伤民。如此,祸患则无由降生,人、鬼、神、圣人就能够各守其静,国家才能达到"常"(恒)的状态。[②]

"载营魄抱一,能无离乎? 专气致柔,能如婴儿乎? 涤除玄鉴,能如疵乎? 爱国治民,能无为乎? 天门开阖,能为雌乎? 明白四达,能无知乎?"(第十章)用婴儿之未孩比喻对于淳朴的追求。

其中还运用了一系列自然、社会之具象元素对道以及一些抽象的哲理进行比兴,使得晦涩的道理形象生动,趣味益然。

五、虚实相生,空间感强

虚与实本来是一对哲学范畴,它来自客观的物质世界,是客观事物矛盾运动的反应。有与无,实体与空虚不是截然对立的,而是气的两种形态。有无相反相成,虚实相异而生。[③]《道德经》用众多的具象实体阐释着虚无的道,正是虚实相生的体现。

"道冲,而用之或不盈。渊兮,似万物之宗;湛兮,似或存。吾不知谁之子,象帝之先。"(第四章)"天地之间,其犹橐龠乎? 虚而不屈,动而愈出。

① 刘长林:《中国象科学观》,第110—113页。
② 谢清果:《和老子学传播》,宗教文化出版社,2010年版,第197—198页。
③ 郭敏、肖火力:《浅论虚实相生在艺术中的体现》,《北京第二外国语学院学报》,2002年第2期。

多言数穷，不如守中。"（第五章）"谷神不死，是谓玄牝。玄牝之门，是谓天地根。绵绵若存，用之不勤。"（第六章）

此两段文字是对道的比喻和形象化的描述。老子以山谷的空虚象征道之"无"，以道的妙用而称其为"神"。道的妙用来源于"无"，故而"谷神"称道。"玄牝"，指的是雌性的生殖器，"谷神不死，是谓玄牝，玄牝之门，是谓天地之根"。[①]

橐龠指风箱，老子把天地之间比作风箱，来象征道。

"冲"，说文：皿部，盅，器虚也。老子曰：道盅而用之。作冲者，假字也。按，王弼此处以"冲"与"满"、"实"对言，是以"冲"为"虚"之意。[②]

"三十辐，共一毂，当其无，有车之用。埏埴以为器，当其无，有器之用。凿户牖以为室，当其无，有室之用。"（第十一章）本章主要通过车辐辘、器皿和房屋来论证车有无的关系。它们中间的空当是无，外部的实体是有，有是无的实现形式，无决定和派生了有。

"道之为物，惟恍惟惚。惚兮恍兮，其中有象；恍兮惚兮，其中有物。窈兮冥兮，其中有精；其精甚真，其中有信。"（第二十一章）把道的恍惚的特点阐述得淋漓尽致。

这里的虚包含着虚无、容和静三重意思，虚无是对道的无形、无极、无穷等抽象性质的形象描述。容，是道的普及一切、含容一切的性质，也即道的普遍性。静，则是老子对运动的根据、道的法则的绝对性的形象表达。总之，老子的虚是对道所具有的抽象性、普遍性以及运动根据这三个极为重要的本质属性的概括。[③]

六、因果相继，时间性强

统摄整个《道德经》可以看出，整篇《道德经》辩证性强，逻辑严密。尤其是因果关系的运用，能够给读者以警诫的作用。

"治人事天，莫若啬。夫为啬，是谓早服；早服谓之重积德；重积德则无不克；无不克则莫知其极；莫知其极，可以有国；有国之母，可以长久；是

---

① 刘长林：《中国象科学观》，第 96 页。

② （魏）王弼：《老子道德经注》，楼宇烈著《老子道德经注校释》，中华书局，2008 年版，第 12 页。

③ 左孝彰：《老子归真》，天津社会科学院出版社，2005 年版，第 80 页。

谓深根固柢，长生久视之道。"（第五十九章）本章中的因果关系是不断递进的，老子为了说明治国之德、治国之道切忌自以为是的道理，先从要做到早服讲起，做到早服，才能积德深厚，积德深厚才能无往而不胜，最终才能运用这种无法估计的力量而达到持久统治的治国之道。

"天下多忌讳，而民弥贫；人多利器，国家滋昏；人多伎巧，奇物滋起；法令滋彰，盗贼多有。故圣人云：我无为，而民自化；我好静，而民自正；我无事，而民自富；我无欲，而民自朴。"（第五十七章）老子通过本章主要讲正奇相继的治国道理。本章最后老子指出，君主无为，人民便自然顺化；君主好静，人民便自然端正；君主无事，人民便自然富足；君主无欲，人民便自然淳朴。① 从而用无为之因来成就有为之果。

"道之尊，德之贵，夫莫之命而常自然。故道生之，德畜之；长之育之；成之熟之；养之覆之。"（第五十一章）老子通过本章论述道和德蓄养万物却不以此自居的本质，其中通过万物生长、发育、成长、成熟的一系列过程展现了时间的动态变化。

"希言自然。故飘风不终朝，骤雨不终日。"（第二十三章）通过对自然具象"飘风""骤雨"不能持续一整日的道理，指出了除了道之外，人也是不能长久而随时处于变化之中的道理。

老子通过因果相继的具象描述，层层递进有说服力地向人们展现了道德经的抽象哲理。

第三节 《道德经》中具象元素的运用启示

《道德经》从自然、社会、道等各个角度运用了具象元素进行论述，其中采用了多种灵活的具象元素传播技巧，把抽象的哲理形象生动地展现在人们眼前，也带给了后人更多的借鉴和启示。

一、注重逻辑关联，突出层次性

自然界的万物尤其自身的规律和时序，有种子才有果实。同样，社会事物也如此，有原因才有结果。在对抽象的事物进行具象的描绘时，事物间的逻辑关联和层次的呈现也就尤为重要。当传播主体按照一定的需要把这些具

---

① 任继愈：《老子今译》，古籍出版社，1956 年版，第 43 页。

象元素按照一定的逻辑层次呈现在受众的眼前，这些具象元素的琐碎片段便连成一体，构成了具有连续性的宏观叙事。

二、突出重点，强调差异性

在广告中有一个著名的 USP 理论，即独特的销售主张理论，这是一种产品的差异化销售策略。同样，当传播主体只有按照差异性的传播策略，才能传播至效。在阐述一个抽象的观点或事物时，运用相近或者相对的具象元素来进行阐述无疑更能表达观点主张。尤其通过具象元素的对比，不仅显示了描述性的张力，也带给了人们心理上的震撼，这种手法在警示性的观点中运用最多，也最具有说服力，同时在恐惧诉求类的广告中运用较多。有实验表明，动态性事物比静态事物更能引起人们的注意。具象动态元素的呈现无疑也会增加受众的关注度。

三、详略得当，有的放矢

虚实相生的运用能够体现较强的空间性，在绘画艺术中，白描手法线条的粗细相间的笔法往往比笔笔着实的笔法更能够给人带来笔断意连的感觉。同样在其他领域，作为把关人的传播者也要做到在众多信息中，进行甄选过滤，使其传播的信息做到详略得当、有的放矢。

（李程　谢清果）

第十四章　探究老子治国思想的视觉传播向度

老子《道德经》一书很多章节都是以形象化、视觉化的语言去传递治国理念。老子作为传播者，君王为其受众，《道德经》以视觉思维、视觉修辞、视觉与美和视觉说服几个维度的传播特征，生动形象而有效地传达了老子的治国思想，易于为统治者所理解和接受。此外，本章也力争从政府视觉形象建构和社会治理的层面去探讨老子视觉传播呈现出的时代价值。

第一节　视觉传播视域下的《道德经》

老子《道德经》一书，虽五千余言，历经两千多年的长河积淀，至今仍闪耀着无穷的魅力，可谓是中华传统文化一块璀璨的瑰宝。回望历史长廊，无论帝王将相、迁客骚人，或是黎民百姓，都从中汲取了人生智慧，涵养自身的人性光辉。

素有"酒仙"之称的天才诗人李白，是一个虔诚的道教信徒，他特别喜欢《道德经》，在酒酣之际，常常引吭高歌，将《道德经》中的自然道法发挥得淋漓尽致！[①] 鲁迅先生也曾说："中国根柢全在道教。"[②] 由此可见老子在中华文化史的重要影响和地位。

作为道家思想的代表人物，老子主张"无为而治"以治世，于书中描述自己内心的理想国度和对君王的真挚期许。老子的治国思想，贯穿《道德经》书中的许多章节。如"圣人之治，虚其心，实其腹，弱其志，强其骨"（第三章）、"飘风不终朝，骤雨不终日"（第二十三章）、"鱼不可脱于渊，国之利器

---

① 引自 谢清果主撰：《和老子学传播》，宗教文化出版社，2010 年版，第 4 页。
② 鲁迅：《鲁迅书信集上卷》之《致许寿裳》，人民文学出版社，1976 年版，第 18 页。

不可以示人"（第三十六章）、"治大国若烹小鲜"（第六十章）和"江海所以能为百谷王者，以其善下之"（第六十六章）等，都是老子向统治者阐述其治国理念。

　　细细品读这些章节和语句，老子的治国思想，很多都以形象化的表达方式去阐述，其间有各种意象、比喻或是象征手法等。这样的视觉语言表述方式，也特别为古时文人所推崇。"鸟宿池边树，僧敲月下门"是唐朝诗人贾岛《题李凝幽居》诗中的一句。贾岛当时在驴背上抉择用"推"字还是"敲"字，不觉一头撞到时任京兆尹韩愈的仪仗队。韩愈了解情况后，不但没怪罪他，反而立马思索良久，对贾岛说："作'敲'字佳矣。"因为敲门声会惊扰宿鸟，鸟儿从窝中飞出转了一圈，又飞回巢中栖宿，这样一来更显处所环境之隐逸与幽静。王安石在《泊船瓜洲》诗中有一句"春风又绿江南岸"，定"绿"字之前，他先后用了"到""过""入"和"满"等十多字。终采"绿"字，以其最佳。因为"绿"字给人以视觉上强烈的美感，更易让读者感受诗人所见春天之气息。

　　其实这种形象化的文字放至今天，即视觉化的信息表述，是视觉文化传播的一种方式。人类文化经历了口传文化、读写文化和电子文化，这三种不同文化的形态阶段，而电子文化在相当程度上就是一种视觉文化。早在上世纪初的1913年，匈牙利电影理论家巴拉兹·贝拉就率先提出了"视觉文化"这一概念。而视觉文化传播的首要特点就是要吸引受众的注意。

　　宾夕法尼亚大学沃顿商学院做过这样一个实验，他们通过对单纯的文本文件和以视觉语言为主的文件，对受众的说服效果进行对比，发现67%的受众认为包含视觉语言的文件更有说服力。

　　而老子著书所谈治国，其受众为国家的统治者。如何让统治者更加明晓自己构建的理想国度，老子行书之言有着很高的说服水准，以含有视觉元素的语言去为王侯展现理想王国的景象，理想君主的风范，理想民众的生活等等。《道德经》建构的第八十章便是最好的治国图景："甘其食，美其服，安其居，乐其俗。邻国相望，鸡犬之声相闻，民至老死，不相往来。"

第二节　特征与效果：老子治国思想的视觉传播呈现

　　在《道德经》中，老子表述了诸多的治国理念，借用了许许多多自然的、社会的、人物以及动植物的形象或现象，所有这些都生动贴切地展示了其治国理念和图景。老子关于治国思想的形象化表述，涉及了视觉传播的以下特征与效果：

一、视觉思维：治国与"感想"

视觉思维最早由格式塔心理学者鲁道夫·阿恩海姆提出，"所谓视知觉，也就是视觉思维"。换句话说，视觉认知的过程，即视觉思维的过程。哲学心理研究者傅世侠提出，视觉思维的创新性在于："其一，它具有源于直接感知的探索性；其二，它具有运用视觉意象操作而利于发挥想象作用的灵活性；其三，它具有便于产生顿悟或诱导直觉，也即唤醒主体的'无意识心理'的现实性……"①

老子传递治国思想时，依托于统治者所感所思以及感知现实的能力。他说"天地不仁，以万物为刍狗"（第五章），老子希望君主以虚静无为的天道规律来治国。刍狗为何，是用草扎成的狗，用来作为祭品。人们对它并无过多爱憎，在没有祭祀时它受人敬重，祭祀后就随意烧毁。天地对于万物也一样，没有爱憎，全然按自然规律运行。"刍狗"正是一种视觉思维的体现，因为它是统治者可直接感知的事物，可感知便容易理解和认同老子所言的"天地不仁"。

贯穿老子全书八十一章的核心宗旨，简单而言，即二字"无为"。治世治国离不开"无为"，但此二字何解？君主是否真的可以体悟"无为"之精髓呢？老子以"三十辐共一毂，当其无，有车之用。埏埴以为器，当其无，有器之用。凿户牖以为室，当其无，有室之用"（第十一章）形象图解何为"无"以及"无之有用"。老子以车毂、器具和房子这样生活中可以直接接触，便于联想和感知的事物来灵活阐述"无"的作用，作为受众的君王自然可以明了体会老子所言的"无为而治"。这便是老子视觉思维的智慧体现。

在论述俭啬不争的治国之道时，老子说，"天网恢恢，疏而不失"（第七十三章）。何为天网，在广袤的天空中，洒下一张无边的大网，稀疏而不遗漏。天网是自然界不存在的事物，这时就需要统治者调动自己灵活的想象力去体会"天网"这一形象生动视觉意象。而这样的想象是简单而有趣的，老子简简单单八个字，就使得作为受众的统治者明白了"不争""不言"和"不召"的治国之道，从而传播致效。

---

① 傅世侠：《关于视觉思维问题》，《北京大学学报》（哲学社会科学版），1999年第2期。

二、视觉修辞：治国与"意象"

老子以许多可视觉化的意象，即视觉元素来讲解治国理念。这正是一种视觉上的修辞。国内有学者对视觉修辞如此定义："视觉修辞是一种以语言、图像以及音像综合符号为媒介，以取得最佳的视觉效果为目的的人类传播行为。"① 视觉修辞的主要特点中包含以下两点：

1. 视觉修辞不是视觉元素一种孤立的静止的功能，而是一种积极的视觉传播行为，是在利用视觉元素传达观点。

2. 视觉修辞有强烈的目的性，注重传播效果，传者希望视觉元素可以有效地传递信息。②

为更好地向统治者传递无为治国的理念，老子借用了有最佳"视觉效果"的意象来表述。"治大国若烹小鲜"（第六十章），这里的视觉元素为小鱼，小鱼担任了传播媒介。治理国家，如同煎小鱼一样，不能过多翻动，否则鱼容易被翻得碎烂。治国也不能朝令夕改，君主应清静无为。"飘风不终朝，骤雨不终日""天地尚不能久，而况人乎"（第二十三章），老子在这一章同样运用了具有张力的视觉修辞。天地都无法让狂风暴雨持久，何况人呢？老子借以如此强烈的视觉意象，自然是想让君主明白暴政不会长久，行天道才是正途。

无论是小鱼、暴风还是骤雨，老子用这些有戏剧张力的视觉元素来谈无为而治，都使得统治者强烈地感触到老子这一治国理念，如不顺应自然天道，其结局也很清晰地摆在眼前。

三、视觉与美：治国与"美"

对审美的主体而言，人们主要通过视觉系统的作用，从眼及脑然后到心灵，来获得美的感受。如果观者能从视觉元素获得美的感受，就有利于视觉信息的传播。因为如果视觉元素具有稳定，和谐的外部形式，可以让观者获得美感，那这个视觉元素就容易吸引受众；其次良好的外部形式，有利于引导读者理解内在蕴涵的意义；再者具有美感的视觉元素对于受众而言更利于加深记忆。③

老子在书中也以诸多视觉元素，呈现了理想君王、理想国度应有的美好

---

① 陈汝东：《论视觉修辞研究》，《湖北师范学院学报》（哲学社会科学版），2005年第1期。

② 任悦：《视觉传播概论》，中国人民大学出版社，2008年版，第117页。

③ 任悦：《视觉传播概论》，第134页。

面貌和图景："江海之所以能为百谷王者，以其善下之，故能为百谷王"（第六十六章），老子以江海和百谷王两个视觉元素展现了治国之君应有的形象和姿态。百川汇聚的江海是何等壮阔的景象，任何一个人面对江海这样具有震撼美的景象，大都被其气势所感染，因而心平气和、谦下包容，君主自然也如此。君主读到此句，脑海中浮现海纳百川的磅礴画面，从中获得美的感受，就更加容易理解老子所言的谦下治国，因而懂得言下身后，包容大度。

"甘其食，美其服，乐其俗，安其居。邻国相望，鸡犬之声相闻。民至老死，不相往来"（第八十章），是老子刻画的理想国度里民众生活的画面，在这样的天地里，人们丰衣足食，安居乐业，人与自然和谐共处，一副美好的太平盛世图景。这些具有美感的视觉景象，寥寥几句简单利落地呈现老子心中的理想国度时，吸引着作为受众的君王，也把如此美好的王国景象深深地种在了统治者的心底。因为所有这些视觉的元素都给受众以美的观感，从而利于老子理想国度这一图景的有效传播。

四、视觉说服：被"说服"的国君

视觉说服，也就是运用视觉要素作为一种主要的说服手段，被看作是一种比较有效的说服技巧。学者梅萨里认为形象性、标记性和视觉结构的不确定性是探讨视觉说服所具有的鲜明特征的出发点。[1]

"合抱之木，生于毫末；九层之台，起于累土；千里之行，始于足下"（第六十四章），老子于此用了很多形象性的事物，对统治者进行"视觉"说服。合抱的大树与细小的萌芽，九层的高台与一筐的泥土，千里的远行与脚下的一步，对于君王，从其个人生活背景和阅历来说，这三组形象都会给他很直接的感受。这些视觉形象发挥作用的不单单是它们指代的内容，而是它们形象本身隐含的深刻含义。任何事物都有形成的过程，如同萌芽成大树，累土筑高台，跬步积千里一样，治国也应如此，为成远大之事，作为君主，就必须持有耐心和毅力，未雨绸缪、为兆易谋，"为之于未有，治之于未乱"（第六十四章）。

"善行无辙迹，善言无瑕谪，善数不用筹策，善闭无关楗而不可开。善结无绳约而不可解"（第二十七章）也用了诸多视觉形象，其意也在"说服"君

---

① ［美］保罗·梅萨里：《视觉说服—形象在广告中的作用》，王波译，新华出版社，2004年版，第9页。

主无为而治、善待子民。而君王往往不会察觉自己身处一种说服的语境。

而"圣人之治，虚其心，实其腹，弱其志，强其骨"（第三章），与"圣人在天下歙歙，为天下浑其心。圣人皆孩之"（第四十九章），在视觉文化的语境里，都运用了视觉的标记性，视觉的标记性在视觉形象起说服作用时起到论据的作用，而这种标记性会产生所谓的"名人效应"。老子对君王讲述，治国应善待百姓、混沌其心，有质朴淳厚的民风，从而达到"无为而治"。老子在呈现这样的治国景象时，都加入一个"圣人"的形象，这里可以理解为"圣人效应"。这种视觉的标记性都可以证明圣人治国"无为而治、民风质朴"确实存在的效果，从而使统治者更容易被说服。

纵观老子一书，二十多章重在治国，于很多章节的讲述中，都是以形象化、视觉化的语言去传递治国理念。老子作为传播者，君王作为其受众，《道德经》以视觉思维、视觉修辞、视觉与美和视觉说服几个维度的传播方式，生动形象而有效地传达了老子的治国思想，也更加容易为统治者所理解和接受。

第三节　老子视觉传播呈现的时代价值

一、景象社会的到来

1989 年，在美国惠特尼美术馆举办了一个名为"图像世界：艺术与媒体文化"的展览，展览图录中有一段题为《无时无处无人不如此》的文字：

这个早上，260000 个广告牌将竖立在道路两旁。这个下午，11520 份报纸和 11556 份期刊将会准备发售。在太阳落山之际，21689 个剧院和 1548 个影院将放映电影，2700 个录像店将出租录像带。162000000 台电视每个将收看 7 小时，41000000 张照片将被拍摄。而明天，一切将会更多。

到了今日，的确一切变得更多了。甚至有人戏称我们到了"读图"时代，因为没有哪个时代像我们这个时代如此注重外观。法国哲学家居伊·德波在《景象社会》一文中，就大胆宣布了"景象社会"的到来。他对视觉文化提出四点论述：第一，世界转化为形象，就是把人的主动的创造性的活动转化为被动的行为；第二，在景象社会中，视觉具有优先性和至上性，它压倒了其他观感，现代人完全成了观者；第三，景象避开了人的活动而转向景象的观看，从根本上说，景象就是独裁和暴力，它不允许对话；第四，景象的表征是自律的自足的，它不断扩大自身，复制自身。

庄子曾赞叹老子为"古之博大真人"。老子思想博大精深之处突出表现在他精妙绝伦的大道思维，其中形象思维为各门学科留下了可资借鉴的空间和视野。[①] 在景象社会的今天，以视觉传播的新视角再读老子，《道德经》所谈治国的形象思维，尤其是"治大国若烹小鲜"（第六十章）、"鱼不可脱于渊，国之利器不可以示人"（第三十六章）和"大国者下流，天下之交，天下之牝"（第六十一章）等运用视觉语言的传播形式，呈现出新的时代价值。因为老子对治国理念的这种视觉化宣传，在传播致效这一层面上，着实值得当今的政府管理部门等去认真学习，借鉴其视觉传播的方式和效果。

二、政府视觉形象的召唤与建构

对于政府形象之内涵，学术界有多种阐述。之如胡宁生在《中国政府形象战略》一书中把政府形象定义为，政府这一巨型组织系统在运作中产生出来的总体表现和客观效应，以及公众对这种总体表现和客观效应所作的较为稳定和公认的评价。[②] 而政府视觉形象自然也是政府形象中的一部分。政府在民众的心中都有一个形象，这种形象的建构也有很多种途径，而大众传媒自然是其中至关重要的渠道。政府的视觉形象正是借由报刊、书籍、电视、电影和网络等诸多新闻媒体去呈现给民众，涵盖政府和领导人在各种事务场合的形象，如会议、外交、访问、视察和危机处理等等。

正如麦克卢汉所比喻的"媒介是人体的延伸"，视频直播实现了跨空间的同时在场，世界被压进了一个剧场，种种传播手段则成为人类的眼睛、耳朵等感官系统。[③] 在传媒空前视觉化的今天，政府的所有视觉形象都一目了然，因为民众可以坐拥媒介明察秋毫。故言正面的政府视觉形象的召唤与建构亟须重视。

老子在《道德经》中描绘了诸多理想中的国家视觉形象，之如"大国者下流，天下之交，天下之牝"（第六十一章），"甘其食，美其服，乐其俗，安其居。邻国相望，鸡犬之声相闻。民至老死，不相往来"（第八十章）等。书中亦有对理想国君的视觉建构，"圣人执左契，而不责于人"（第七十九章），

---

①　谢清果：《老子形象思维及其现代价值》，《福建师范大学学报》（哲学社会科学版），2002 年第 1 期。

②　廖女男：《转型时期我国政府形象建构面临的挑战及路径探析》，《天府新论》，2012 年第 4 期。

③　杨钢元：《形象传播学》，中国人民大学出版社，2012 年版，第 25 页。

"知其雄，守其雌，为天下溪。为天下溪，常德不离，复归于婴儿"（第二十八章），"不欲琭琭如玉，珞珞如石"（第三十九章），"知我者希，则我者贵，是以圣人被褐怀玉"（第七十章）。从"国"至"君"，这些视觉形象中都蕴含着"无为"的施政理念与"爱民"的施政人格。

老子是通过形象化的语言去建构国家和统治者的视觉形象，而"无为""爱民"和"谦下"等等也正是当今政府所要传承和秉持的形象。这些视觉形象的建构需要政府本身去努力去展现，也需要政府与新闻媒体维持良好的合作关系。政府更应懂得"爱民"，牢记老子"江海所以能为百谷王者，以其善下之"（第六十六章）的大道。因为在公民记者兴起的今天，政府的视觉形象也掌握在每一位民众的手中。

政府机构作为国家的组织者和"代言人"，对建立正面的国家形象有着不可替代的优势。通过对政府视觉形象进行战略性策划设计，能够增强政府信心，规范政府在国内及国际舞台上的视觉形象，促进国家形象的确立与传播。[①] 于此，中国当下的政府视觉形象建构，就更应学习和汲取老子"无为而无不为"（第四十八章）治国理念和视觉传播智慧。

三、视觉传播下的社会治理

当然任何的事物都是一体两面，视觉传播自然也有自身的问题和负面效应。我们的政府管理部门在规避其不足的同时，更应注重视觉传播的优势所在：信息简化；信息传递速度加快；信息引人注目；增强受众对信息的理解等。[②]

尤其当今社会，信息量处于爆炸状态，政策政令、法制法规、规章制度等时常更新和推进，但这些政府的政策或理念，如何更好地为民众所消化和理解是很值得研究的问题。今日社会和2500年前老子所处时代早已不同，可以依托的不仅是文字的视觉化表述，平面设计、图表、字体字号、照片、海报、色彩和影视宣传片等都是可以用以更有效的视觉传播手段。

比如环保部门在宣传环境保护时，海报或是宣传片等都是很好的传递环保理念的好渠道。当然其他行政部门的政策或理念宣讲，都可以依赖视觉传播的手段向民众展示，如利用在公车站设立节水海报，潜移默化地提高人们

---

① 陈守明：《政府形象中视觉形象设计与传播策略》，《艺术教育》，2011年第6期。
② 任悦：《视觉传播概论》，第168页。

的节水意识；于公车、客运以及列车上播放防盗及严惩盗窃的宣传片，增强民众防范意识同时也告诫和威慑不法分子；利用电视和互联网平台，通过影视素材宣讲新交通法规，让人们得以提前学习和适应；制作火车票网上、电话购票教学影片，让盼望回家过年农民工内心更加踏实。政府部门的政策法规，依托这样的视觉宣传，会更加便捷高效地为人们理解和学习。

构建和谐社会提倡已久，其实何谓和谐社会，大多数民众都是模糊的印象，老子一句"甘其食，美其服，乐其俗，安其居。邻国相望，鸡犬之声相闻。民至老死，不相往来"（第八十章），正是对和谐社会绝佳的视觉呈现。老子一书多谈治国，我们的政府管理者在体悟"为无为，则无不治"（第三章）这样的治国理念同时，也应放开视野，借鉴老子在治国思想宣传上的视觉传播特点，以更好的姿态应对已经来临的景象时代，更好地拥抱我们的民众。

（梁村　谢清果）

第四部分　老子思想的说服学价值

第十五章　修辞三要素理论视角下的
《道德经》说服思想

　　目前学界普遍认为，老子并不重视修辞，追求一种自然天成的修辞理想，但我们认为，老子讲究的是"辅自然而不敢为"，说服实践本身是辅自然的表现，这说明老子潜意识里是承认修辞的说服功用的。因此，我们从亚里士多德的修辞三要素理论出发，深入剖析《道德经》的文本内容，从信誉证明、情感证明和逻辑证明三点挖掘《道德经》中老子隐藏的说服思想。

　　随着修辞学史研究的开拓，先秦诸子的修辞理论得到了系统的总结与阐释。其中有关于老子的修辞理论研究，主要集中在老子对语言传播态度的探索上，包括以下两个方面，其一是有关修辞的功用，其二是有关修辞理想。

　　目前，学界的一种普遍态度认为，老子并不重视修辞，这主要是从对老子一贯持有的"无为"态度和否定语言这两个方面得出的结论。

　　王文松在《先秦诸子修辞观比较》一文中认为，老子"无为"的虚无主义的政治思想必然导致文艺上的虚无主义，他认为各种人为的文艺都违反自然，有害身心："五色令人目盲，五音令人耳聋，五味令人口爽。"[1]

　　刘福元在《达意与说服——中西修辞学传统之异初探》一文中更深入地探讨了老子对修辞作用的看法。他认为道家在修辞的功用上不在乎技巧，只重视达意。重达意方面则更重意会和体会。因为《道德经》有言："不言之教，无为之益，天下稀及之。"[2]

---

① 王文松：《先秦诸子修辞观比较》，《云梦学刊》，1993 年第 1 期。
② 刘福元：《达意与说服——中西修辞学传统之异初探》，《云梦学刊》，1999 年第 2 期。

老子不仅不愿多说话，而且反对生动华美和富于论辩色彩的文辞："信言不美，美言不信；善言不辩，辩言不善。"学界普遍认为，老子追求的是一种朴实的自然天成的修辞思想，他在语言传播上追求的是"不言、无言、忘言"的效果。

王文松的《先秦诸子修辞观比较》一文专门探讨了老子认为怎样的修辞标准是理想的，老子反对刻意造作的修辞方式，提倡一种完全顺乎自然的文艺，他说："大方无隅，大器晚成，大音希说，大象无形，道隐无名。"在老子看来，声音、图像、语言都是有限的，不足以构成高度的艺术美。只有无音之声、无形之象、无语之文，才能激起人们丰富的联想和想象，从而进入艺术美的最高境界。[①]

谢清果在《道家语言传播效果的求美旨趣》一文中也写道，道家更注重语言传播的价值理性和审美意境，那就是沉浸于"道"的体悟之中，忘我、忘言，准确地说，是生成了悟性之境。如果执着于语言名相，那就会阻碍对"道"之意的领悟。[②]

但我们认为，老子的这种追求自然的修辞思想与其本人主张说服实践并不矛盾，甚至是相互彰显的，老子讲究的是"辅自然而不敢为"，所以他把说服思想隐藏在五千言《道德经》中。老子及其学生著书立说，将"道"的思想传播当代、影响千世，这就是一种跨越时间与空间的伟大的说服实践；他们反对言辞辩说，但他们的语言却不乏修辞佳例，并具有很强的论辩色彩和深刻的哲理意味。

古希腊先哲亚里士多德开创了修辞学研究传统，首次将修辞术所涉及的问题系统化为一种理论，将修辞学定义为"说服的艺术"，"在每一事例上发现可行的说服方式的能力"，主张"修辞术的功能不在于说服，而在于每一种事情上找出其中的说服方式。"[③]

根据亚里士多德的修辞学三要素理论，我们联系老子创作《道德经》的初衷，认为老子在《道德经》很多篇章的内容都暗含着说服者应该如何将自己的思想向听众进行劝说的思想。

据《史记》记载，老子是周王朝的守藏史，相当于今天国家图书馆、档案馆的馆长。不过，先秦图书馆有点像今天的议会，是贵族知识、权力来源

---

① 王文松：《先秦诸子修辞观比较》，《云梦学刊》，1993 年第 1 期。
② 谢清果：《道家语言传播效果的求美旨趣》，《哲学动态》，2008 年第 3 期。
③ 苗力田：《亚里士多德全集》，中国人民大学出版社，1994 版，第 338—339 页。

的证明机构。老子作为朝廷高官，身处周朝的权力中心，目睹了由于帝王与诸侯滥用权力，缺乏节制，称雄争霸，为所欲为，而导致整个社会出现了灾难性的乱局。而他应关令尹喜写下的五千字《道德经》，其实就是一本对"侯王"（执政者）进行劝谏，说服君王行无为而治的"君人南面之术"，即帝王书。"故道大、天大、地大、王亦大。域中有四大，而王居其一焉。"老子既肯定"王亦大""王居其一焉"，同时，也毫不客气地指出，"人法地，地法天，天法道，道法自然。""王"必须法地、法天、法道、法自然。"侯王若能守之，万物将自宾"（第三十二章），"侯王得一以为天下正"（第三十九章）……除了字面上有侯王称谓的篇章外，全书所有五千字都是冲着"侯王"们（执政者）说的，有依据说理，有严词告诫，有善意相劝，也有骇言警醒……可谓循循善诱，苦口婆心，由此可以看出，《道德经》中处处暗含着老子的说服智慧，笔者将主要从亚里士多德的修辞三要素理论来证明老子的说服思想。

在亚里士多德的《修辞学》中，"证明"是一个核心的概念，其含义是"说服方式"或"说服手段"。"证明"分为"人为证明"和"非人为证明"。人为证明是指事先并不存在，需要说服者临场发挥的说服手段。非人为证明则指说服场合中已经存在、只需说服者加以利用的手段。极富研究意义的是，亚里士多德提出了修辞的三要素：信誉（ethos）、情感（pathos）、逻辑（logos），即"人为证明"部分，将人为证明分为信誉证明、感情证明和逻辑证明。[①]

具体来说，信誉证明是依靠演说者的性格产生的或然式证明，感情证明是依靠使听众处于某种心情而产生的或然式证明，逻辑证明是演说本身所提供的或然式证明。如果我们稍加阐释，那么ethos是指说服者本人的道德品质、个人信誉；pathos指通过对听众心理的了解，诉诸他们的感情；logos指对讲词本身内在的逻辑论证和言语表达技巧。

老子在《道德经》中虽未如此集中地将这三要素归纳出来，但通过对《道德经》文本的仔细研读，可以发现老子的思想精髓中暗含对修辞学三要素的认同，主要包括如何实现说服者的信誉证明、被说服者的情感证明以及说服

① 周琴、杨海霞：《亚里士多德修辞学——西方传播研究之渊源》，《东南传播》，2008年第4期。

过程的逻辑证明，老子思想与亚里士多德修辞学理论的不谋而合，进一步证明了老子思想中隐藏的说服思想。

第一节 "信不足焉"：说服者的信誉证明

信誉证明 ethos 指的是修辞者的可信度和人格威信，这是亚里士多德修辞学理论基础的第一个要素。人格一般指的是修辞者的良好性格及其可信度，既包括自身的道德情操，更重要的是修辞过程中表现出来的、受众所期待的个人因素。亚里士多德就在《修辞学》中明确提出了说服者的个人素质需具备明智、品德和善意。

老子在第十七章中提出"信不足焉，有不信焉"。意思是，统治者的诚信不足，人民才对他不信任。统治者不讲信义，人民就不信服。"不信。民不从也"（《左传》昭公七年）。"周诗有之曰：'弗躬弗亲，庶民不信'，臣惧民之不信君也"（《国语·楚语》）。老子从实际生活中体验到统治者讲究诚信的重要性，在老子看来，统治者讲究诚信是必须完完全全的，不能打折扣，不然，稍有不足，人民便会产生不相信之感。[①] 在老子看来，为政者只有不断提升自己的个人品格，提高信誉，信守诺言，才有可能取得说服的成功，才能使民众对其信服。这其实就是对说服者需具备可信度的体现。

不仅要站在道德的制高点，说服者还应该具有成熟的个人魅力，这是说服者实现说服效果的第一要义，老子也深谙此道。《道德经》第八章中提出的"上善若水"，第六十七章中提出的"我有三宝，保而持之。一曰慈；二曰俭；三曰不敢为天下先"，都是从说服者如何提高自身的个人品格——"善意、明智、品德"这个问题出发，从而达到使人信服的目的。而《道德经》短短五千言，却流传千世，其思想精髓说服一代又一代追随者，这与老子注重个人魅力和个人威信，为孔子师不无关系，从侧面印证了说服者的信誉证明是实现说服效果的重要因素。

---

① 郭志坤：《先秦诸子宣传思想论稿》，福建人民出版社，1985年版，第65页。

第二节　"知人者智"：被说服者的情感证明

情感证明 pathos 作为一种劝说手段，主要是说服者激起受众的情感，并且善于调动他们的感情态度，引起他们的同情心、注意力，引起他们的自我认同，从而接受说服者的说服，即"动之以情"。

柏拉图在《费德洛斯篇》中指出，修辞活动的目的是"用言辞赢得人的心灵"，从这个意义上讲，说服的基础就是关于听众心理的分析。亚里士多德在《修辞学》第二卷用大量篇幅分析听众情感，根据听众的年龄、地位将其分为不同类型，概括出每一类人的不同心理特征。只有了解听众的心理，才能激发和控制他们的情感，使之朝演说者所期望的方向发展，这就是亚氏 pathos 理论的核心内容。

《道德经》第三十三章提到"知人者智"，认为能够了解别人的人，是有智慧的人，所以说服者不仅要用个人品格打动听众，更要有"知人"的心态和行为，真正了解听众的情感追求，并因此去打动听众，才能收获好的说服效果，即是对了解被说服者情感诉求的佐证。

央视著名记者柴静曾在她的博客中讲过这样一段故事。她说自己当年做记者是因为在图书馆贱卖处理的旧杂志上见到一组照片，拍的是一个 16 岁的妓女，她看后深感震惊，并记住了摄影师的姓名：赵铁林。其后，柴静和赵铁林第一次合作，是拍一个从日本回来的寡妇，自己一个人带着孩子。但是那个被拍摄者只让赵铁林拍，却不理会柴静。柴静很纳闷，请教赵铁林。赵铁林说："想拍弱者，就要让弱者同情你！"①

这一句话，是柴静从赵铁林哪里借来，复述给自己听的。真是发人深省的一句话，不仅值得所有媒体从业人员反思，更值得每一个希望取得说服效果的说服者深省，了解被说服者的情感经历，激发他们的同情心和注意力，引起他们的自我认同，从而接受说服者的说服，这种情感证明在说服中是非常必要的。

老子不只明确提出了"知人者智"的论断，更是将这种了解他人情感，化解说服者与被说服者之间情感隔阂的思想贯彻《道德经》文本始终。他在第十章中提出"爱民治国"，第六十六章中提出的"圣人欲上民，必先言下之；欲先民，必以身后之"，第四十九章的"圣人无常心，以百姓心为心"，

---

① 魏超：《老庄传播思想散论》，中国轻工业出版社，2010 年版，第 122 页。

都是要求说服者了解被说服者的情感体验和心理，从而达到说服效果。

第三节 "有无相生"：说服过程的逻辑证明

logos 可以翻译为"逻辑的说服力"，但其本身的意义要比逻辑广泛得多。逻辑证明（logos）是"修辞学首要的劝说手段，是以形式、惯例、推理模式去打动听众使之信服的感染力"。对他人进行说服的过程，其实也就是基于原有的事实进行逻辑推理或者是引用例子，以达到说话者与听众之间的共同立场，从而使听众接受自己的观点，即"晓之以理"。

老子认为在说服的过程中，说服者必须运用有无相生的传播技巧，虚实结合、论证充分、两面提示，才能有效地对听众进行劝说。"有无相生"，即有和无相互对立而产生[①]，作为一个相对固定的搭配出现于《道德经》第二章："天下皆知美之为美，斯恶已；皆知善之为善，斯不善已。故有无相生，难易相成，长短相较，高下相倾，音声相和，前后相随。……夫唯弗居，是以不去。"老子一连提出八组相反相生的概念，并且在随后的篇章中，断断续续地又提到天地之间相反相生的若干观念，如第三章的"虚"与"实"、"弱"与"强"，第二十六章的"重"与"轻"、"静"与"躁"，第二十八章的"雄"与"雌"、"白"与"黑"、"荣"与"辱"，第三十六章的"歙"与"张"、"弱"与"强"、"废"与"兴"、"夺"与"与"，第三十八章的"厚"与"薄"、"实"与"华"，第三十九章的"贵"与"贱"、"高"与"下"，第四十二章的"阴"与"阳"、"损"与"益"等等。[②]从上述举例中，老子擅长两面论证、对立统一的辩证逻辑表露无遗。

剖析老子的说服思想，从老子自身如何将"道"之理念传播开来，说服民众，这其中就可见一斑。他擅长向听众正面摆出事实，分析事实内在的逻辑道理，既而进行推理，从反面指出危害，向受众权衡利弊，积极地把受众与自身连接起来，感染受众，让受众也参与修辞推理，再通过一种自我诉说的诉诸发生作用，从内心找到支撑说服者的观点的理由，从而接受劝说，改变原来的观点。[③]

---

① 张忆：《〈老子〉白话今译》，中国书店出版社，1992年版，第6页。

② 杨和为：《论老子的"有无相生"》，《六盘水师范高等专科学校学报》，2008年第1期。

③ 谭丹桂：《亚里士多德修辞学三种劝说模式在说服行为中的应用》，《咸宁学院学报》，2009年第1期。

同时，老子还善于运用归纳法，将日常生活之所见所闻拔高到真理层面，通过隐喻手法说服受众，也不失为一种逻辑证明的体现。如第十章中提出的"专气致柔，能如婴儿乎？"就是老子著名的婴儿论，以柔弱但富有生命力的婴儿做比喻，用以说明"坚强者死之徒，柔弱者生之徒""强大处下，柔弱处上"（第七十六章）的柔弱胜刚强思想，就是老子运用逻辑证明的劝说手段意图取得说服效果，这样的逻辑证明，甚至可以让一个过去的说服者，跨越两千多年的时间洪流，以自己的思想劝说现在的说服对象，这也正是老子说服思想在现世的价值所在。

提高说服者的个人威信和个人魅力，了解说服对象的情感经历，运用辩证统一的说服逻辑，这或许就是老子隐藏在《道德经》文本中启示后人的说服思想，也是《道德经》作为老子思想影响后世，说服世人的思维佐证。而这种思想维度，与亚里士多德的修辞学三要素理论是不谋而合的，体现了两大思想家在时空间的思维对话和思想交流。

总的来说，分析《道德经》中隐藏的说服思想，不仅能够让学界重新审视和更加重视老子的修辞理论，关注其有关说服思想的观念，并且可以教导世人如何从信誉、情感和逻辑这三个方面进行劝说，实现最佳的说服效果。

（乐靖　谢清果）

第十六章　论老子传道的说服策略及技巧

老子"玄之又玄"、"正言若反"的说服思想居然能穿越时空抵达众多受众心灵，深刻影响了中国人的文化和思维。从传播学的视角来看，老子传道的效果可谓神奇。本章着重以《道德经》中第四十一章为例，解读老子传道的说服智慧。老子的说服策略主要体现在如何明确传播目的、定位诉求对象、精炼诉求内容、创新诉求方式，而说服技巧主要体现在诉求方式上，即引经据典，增强信源的可信性；双面诉求，反面论证；类比论证，以理服人；具象传播，易读易解。

传播效果是指传播行为在受传者身上引起的心理、态度和行为的变化，包括认知、情感、行为三个层面。① 从认知层面讲，"道可道，非常道""玄之又玄"，如此抽象玄妙的道家哲学却被世人奉为经典、反复寻味；从情感层面讲，"无为而治""以柔胜刚"，如此违背常理的道家思想却能穿越时空、深入人心；从行为层面讲，"明道若昧""进道若退"，如此艰辛坎坷的修道之路却能吸引众多求道者勤而行之、坚持不懈。由此可见"道"的传播效果令人惊叹。老子被奉为道家的创始人、道教的始祖②，其说服策略及技巧对"道"的广泛传播起到了积极推进甚至是决定性的作用。《道德经》这部道教的不朽经典，是老子思想和智慧的结晶，其中不仅蕴藏着"道"的深刻哲理，也集中体现了老子的传播思想与智慧。窥一斑而知全豹，我们着重以《道德经》中第四十一章为例，解读老子传道的说服策略及技巧。

---

① 郭庆光:《传播学教程》，中国人民大学出版社，1999 年版，第 188—189 页。
② 黄友敬:《老子传真》，儒商出版社，2003 年版，第 4 页。

第一节　明确传播目的：以道教化天下

任何成功的传播，都必须具有明确的传播目的。一切传播行为和技巧都必须服从并服务于传播目的。一言以蔽之，老子传道的目的是"以道教化天下"。道家产生的历史背景是春秋战国时代的战乱纷争。在那个混乱动荡的时代，各种传统的社会秩序、道德规范都面临崩溃瓦解。儒家想借仁、义、礼来规范世人行为，构建社会秩序。但曾经担任周守藏室之史的老子，"居周久之，见周之衰，乃遂去"①（《史记·老子韩非列传》），目睹了周朝衰败的过程，洞察到"故大道废焉，有仁义"（第十八章），所谓的"仁、义、礼"是"忠信之薄而乱之首"（第三十八章）。在由仁义礼建构的等级森严的社会里，人们受到束缚而不可能得到真正的自由及解放。

在老子看来，"道"是本然的客观存在，"道生一，一生二，二生三，三生万物"（第四十二章），是未掺杂渗入任何人为因素的自然状态；"德"人们遵行这种自然规律而参与人为因素的作用和结果，"道生之，而德蓄之"（第五十一章）。②只有"道"才是合乎自然、顺应人性的，因此他提倡"道法自然、无为而治"，希望"以道教化天下"，即倡导世人通过求道修身成为"善利万物而不争"（第八章）的有德之人，实现个人内心世界和社会的安宁与和平。以道教化天下包括两个层面，第一个层面是安顿性灵，实现内心和谐；第二个层面是治国安邦，实现社会和谐。老子认为人应该与人为善、与世无争，正如"上善若水，善利万物而不争"（第八章），只有"夫唯不争"（第八章），才能够活得轻松、没有失望和抱怨；应该心底无私、清心寡欲，只有"生而不有，为而不恃，功成而弗居"（第二章），才能明哲保身、过得洒脱。关于治国安邦，老子提倡无为而治、顺其自然，"治大国，若烹小鲜"（第六十章），只有不折腾，才能让民众"甘其食，美其服，乐其俗，安其居"（第八十章）；忠告统治者要关怀百姓、以身作则，"以百姓之心为心"（第四十九章）"我无为，而民自化；我好静，而民自正；我无事，而民自富；我无欲，而民自朴"（第五十七章），只有这样才能实现国富民强，社会和谐。

①　（汉）司马迁：《史记》，中华书局，1959年版，第2139页。
②　许彦龙：《论〈道德经〉"德经"篇中"礼"的批判指向》，《北京教育学院学报》，2010年第2期。

第二节 定位诉求对象：闻道勤行的上士

优美的琴声诉诸知音，那是"高山流水"，让其心潮澎湃；而对于不懂音律的人，那是"对牛弹琴"，丝毫激不起心中的涟漪。同样的琴声传递给不同的听众，能达到的传播效果是有显著区别的。虽然音乐、文字、图片等符号组成的信息本身具有意义，但是由于个人经验、文化素质、价值取向、自我需求等差异，不同的信息接受者对相同信息的解读是有差异的。因此，同样的"道"传达于不同的接收者，将对其认知、情感、行为产生不同的影响。所以，准确定位"道"的目标受众是实现最佳传播效果的前提。

老子将"道"的目标受众定位在士，即知识分子，而不是一般的老百姓。人以类聚，大分为三，有"上士""中士""下士"。"上士闻道，勤而行之；中士闻道，若存若亡；下士闻道，大笑之"（第四十一章）。意思是"上士听说道，勤奋不懈地实行它；中士听说道，好像存在又好像消亡；下士听说道，大大嘲笑它"①。老子将"上士"作为理想的目标受众，这类人具有大智慧、崇高的理想，能在求道的路上"持之以恒、不畏艰辛"，是"自强者胜"（第三十二章）中的"自强者"，这类人听闻道后能深信不疑、"勤而行之"；中士由于沉迷陷溺于私欲之中不能自拔，缺乏坚韧而不能持之以恒，常常中途而废，因此对道是"疑信参半"；而"下士"自囿于世俗的成见，乃道的绝缘体，他们认为"道"是荒谬可笑的②。

第三节 精炼诉求信息：反为道动的意义表达

确定诉求重点、精炼编码信息是传播中的重要环节。只有提供清楚、有用的信息，才可能让受众正确理解传播者的意图。道德经五千言，字字珠玑，第四十一章中的短短 36 个字，就精辟概括了求道的方法、求道的意义和得道者的形象。

一、求道的方法
求道是一个非常艰辛、曲折的过程，不仅需要坚持不懈，还要掌握正确

---

① 黄友敬：《老子传真》，儒商出版社，2003 年版，第 345 页。
② 黄友敬：《老子传真》，儒商出版社，2003 年版，第 351 页。

的方法，以防误入歧途、急功近利。关于求道的方法，老子提出了三个要点，即"明道若昧，进道若退，夷道若纇"（第四十一章）。

所谓"明道若昧"，意思是不断探明"道"的规律，却好像昏昧无知，但这不是真的愚昧，而是"大智若愚"。为什么明证于道时，反而会倍感自己愚昧无知呢？因为"道无止尽""学海无涯"，个人对事物的已有认知比起那些未知的领域，简直是沧海一粟。若一个人在求道路上，稍有收获就沾沾自喜、自以为是，就会故步自封、浅尝辄止，不能继续探明"道"的真意，达到"道"的至高境界。所谓"不自见，故明"（第二十二章），只有不自以为、不满足于一知半解、善于不断自我否定的求道者，才能真正明证于道。

"进道若退"是老子在忠告求道者要懂得以退为进，不要急功近利，急躁冒进，而要在若退、守退上下功夫，善于处下，正如"江海之所以能为百谷王者，以其善下之，故能为百谷王"（第六十六章）。求道不是为了扬名立望，即便是日进于道，也要懂得谦卑自守，"居其实，而不居其华"（第三十八章）、"和其光，同其尘"（第五十六章）。

"夷道若纇"是指行走在平坦的大道上，却好像崎岖不平。在老子看来，"谨慎小心"和"心怀敬畏"是求道者的必备素质，从事大道的人应该是"豫兮！其若冬涉川；犹兮！其若畏四邻"（第十五章）。为什么求道中要如此谨慎，如履薄冰呢？一是要防止世俗观念的侵扰，人总是有劣根性，要克服人性的弱点和世俗的牵绊就必须提高警惕性；二是"道"本身曲径通幽、幽深玄奥，并非表面所见的那般一马平川，而是隐藏着许多满荆棘和沼泽，求道之人要心怀敬畏，不断上下求索。

二、求道的意义

历尽千辛万苦，求"道"意义何在？对于"道"的受众来说，这是一个至关重要的问题。在老子看来，"道生之，而德蓄之；是以万物莫不尊道而贵德"（第五十一章）。也就是说"道"内化于"德"，"道"的作用是通过"德"体现出来，"德"是形而上的"道"落在现象界的中介。因此，求道对于世人的目的和意义在于培养真正有德之人，即"上德若谷，广德若不足，建德若偷"（第四十一章）；也只有当求道之人真正拥有高尚德行时，才算是真正得"道"。但这种德是有别于世俗的理解，是像谦卑的溪谷一样崇高的德，只有虚怀若谷，才能海纳百川、容善容德；是广阔无边、道莅天下，却还觉得自己做得不足的德；是为善不欲人知、道化自然的德。老子认为"故失道而后德，失德而后仁，失仁而后义，失义而后礼"（第三十八章），"道"是宇宙间的最高法则，而"德"紧随其后，接着才是仁、义、礼。当万物都遵道贵德时，才能真正实现内心和外界的和谐，这就印证了老子的传"道"目的，即以"道"教化天下。

三、得道者形象

第四十一章的结尾句"道褒无名。夫唯道，善始且善成"点名全文宗旨，描述了得道者的形象应该是褒扬无名的状态、善始善终，达到心中只有"道"，而无其他私心杂念的境界。这就给了修道者一个参考的标准。"道可道，非常道；名可名，非常名"（第一章），万事万物有了"名"后，就有概念和范畴，其本性将受到束缚、本质受到曲解。这里的名可以理解为"名分""功名"。得道者与世俗之人不同之处，在于不被"名"所连累，不为欲所羁绊，才能真正获得心灵的解放，达到逍遥自在的"道"境。得道之人，绝不是虎头蛇尾、三天打鱼两天晒网，而应该秉承"善始善成"的宗旨，意志坚定、对"道"的追求矢志不渝。

这些信息对于"道"的目标受众来说，是非常丰富清晰有用的，包括为什么要求道、怎么求道及求道会达到一个什么样的境界。"求道的意义"给受众提供了一个接受"道"的理由，而"求道的方法和得道者的形象"告知受众一个践行"道"的路径和参考标准，这就为"上士"理解、接受"道"的思想法则及明确传播者意图提供了清晰明了的信息。

第四节　创新诉求方式：玄实并用的语言策略

"正言若反"是老子的思维方式，"明道若昧，进道若退，夷道若纇""上德若谷，广德若不足，建德若偷"，这些违背常规认知的怎样才能说服受众理解和相信？幽深玄奥是"道"的本质特征，"道褒无名"，"玄之又玄，众妙之门"（第一章），这般抽象模糊的概念怎样才能让受众有感性具体的认知？面对如此高难度的信息传播，老子可谓深谙说服的策略和技巧，单就这一章而言，就折射出许多令人拍案叫绝的诉求方式。

一、引经据典，增强信源的可信性

一般来说，增强信源的可信性有利于提升受众对信息的信任度。例如权威的医学专家发布"吃苹果有利于预防某种疾病",这比你身边的朋友说同样的话具有更高的可信性(除非你的朋友也是医学方面的专家),因为医学专家对健康饮食知识的了解和掌握高于普通大众。因此,在信息传播中为了增强受众对信息的信任度,我们经常会援引可靠的信息来源,其中引经据典是增强信源可信性的一种有效方式。老子在《道德经》中屡屡称述的"建言""用兵之言""圣人之言曰",这些乃中华先祖历代修道的结晶,[①]凝结了前人修道悟到的经验和智慧。这就表明了老子所传之"道"并非信口雌黄、故作惊人之语,而是有根有据;也不是囿于个人经验、陈一己之言,而是继承了前人的思想智慧。这在一定程度上提升了"道"的可信度。

二、双面诉求,反面论证

双面诉求是指在信息传递中,不仅向受众提供有利于证明自己观点的证据,也提供不利证据,即双面论据。正确使用双面论证,可以获得意想不到的效果[②]。霍夫兰曾在第二次世界大战期间进行过"单面与双面宣传"实验,实验证明单面诉求和双面诉求没有绝对的优劣之分,但对于文化程度高者,双方面论据的信息宣传更为有效;对那些原先的态度与宣传的信息不一致的士兵,双方面论据更能说服他们改变态度[③]。也就是说,当传播对象拥有较高的文化程度或传播内容违背常理、难以被认可时,双面诉求更容易取得良好的说服效果。而"道"的目标受众是文化程度高的"上士",其内容常常违背常理、"正言若反",所以恰好满足了双面诉求的条件。

老子在这一章中就巧妙使用双面诉求的方式,提出"下士闻道,大笑之",并通过"不笑,不足以为道"反面证明了"道"的价值和意义。如果说世人可分为"上士""中士""下士",那按照常理,受世俗观念影响的"下士"恐怕是占绝大多数。但"道"是突破世俗偏见和常理的,因此"道"在传播之初将遭受大部分人的讥讽和嘲笑,是意料之中的事。老子没有回避"从众效应"可能带来的负面影响,首先指出"道"将遭受"下士们"的嘲笑和鄙视,接着话锋一转,一针见血地道明"不笑,不足以为道"。在老子看来,"道"如果不被囿于世俗偏见的"下士"们嘲笑,那就称不上是真正的"道"。换句话说,正是"下士的嘲笑与怀疑",反衬了"道"的意义与价值,正所谓"阳

① 黄友敬:《老子传真》,儒商出版社,2003年版,第356页。
② 黄合水:《广告心理学》,高等教育出版社,2005年版,第155页。
③ 罗亚莉:《宣传方式与宣传有效性的社会心理学分析》,《求实》,2006年第3期。

春白雪、曲高和寡"。此外，在反面证明中，老子也利用了人性中自尊虚荣的普遍心理。正如皇帝的新装中，骗子告诉大家只有愚蠢人才看不见"皇帝的新装"，谁也不愿意承认自己是愚蠢人，所以都在拼命夸奖皇帝的衣服是多么华丽，虽然皇帝身上什么都没穿。同理可得，谁又愿意将自己归为"下士"，这就在某种程度上增强了"道"对目标受众的吸引力。

三、双面诉求，反面论证

无论是求道方法中的"明道若昧，进道若退，夷道若纇"，还是修道意义中的"上德若谷，广德若不足，建德若偷"，老子对"道"的阐述中充满了矛盾、违背常理的逻辑。这些与受众原有认知不一样的信息必然会导致其认知冲突。若要改变受众的原有认知，就必须提供强有力的证据。于是老子列举了一系列相互矛盾、相互转化的客观存在，例如"大方无隅，大气免成，大音希声，大象无形"等，即最大的区域，没有边隅；最大的才器，是无须陶铸的；最大的声音，是听不见的；最大的形象，是没有形状的①。用我们可以感知体验的事实论证事物运动的规律是朝着其对立面相互转化的，启迪人们辩证看待事物的对立面，以此说服人们认可"正言若反"的"道"。

四、具象传播，易读易解

抽象的概念往往有多种解读的可能性，难以让人理解和把握传者的本意。因此，在传递信息时，要尽可能使用一些人们熟悉的、具体的形象来诠释抽象概念的内涵，也就是具象传播思维。老子在传道中非常注重信息的易读易解性，"以'象'尽'意'、以有形见无形的具象传播思维是老子论'道'的一种主要表达方式"②。单从第四十一章看，"上德若谷""大器免成""大音希声""大象无形"等语句中都包含着生动具体的形象，将抽象的"道"与"德"的本质属性生动呈现，启发人们应该在无形、无声中把握"道"的内涵、拥有"虚怀若谷"的"上德"。而纵观《老子》五千言，比喻、比兴等具象传播方式俯拾皆是。比喻、比兴总是建立在想象的基础上，产生出某种视觉效果，也就是"象"，使老子抽象的思辨获得形象生动的间接表达③。

---

① 黄友敬：《老子传真》，儒商出版社，2003年版，第345页。
② 谢清果：《和老子学传播——老子的沟通智慧》，宗教文化出版社，2010年版，第194页。
③ 李锋，刘睿：《论老子比喻方法及其哲学意义》，《中国道教》，2004年第1期。

　　承载老子思想和智慧的《道德经》不仅是道家经典，其蕴含的传播思想和说服策略，也是值得我们去探究、回味和学习的。其引经据典、双面诉求、类比论证、具象传播等说服技巧对现代传播仍然具有借鉴和启迪的意义。

（曹艳辉　谢清果）

第五部分　老子思想的宣传学价值

第十七章　老子传播思想破解当代宣传工作困境

　　本章梳理了老子传播思想研究的文献，着重运用老子的传播智慧来破解当代宣传困境，提出有针对性的思想策略：一是宣传工作的目的性不能太强，应采取"无为而治，行不言之教"的态度，反而能够更从容地进行工作。二是宣传的信息不应过多，要适可而止，避免受众产生逆反心理。三是政治宣传中的典型报道要掌握好分寸，塑造人物要符合实际情况，避免"高大全"。四是广告宣传力度不能过于强势，要着重塑造企业及商品的美誉度。

　　在中国，长期以来对"宣传"的认识有特殊的含义，赋予它十分神圣的意义。如郑邦俊等在《宣传学概论》中将"宣传"定义为"为达到说服、劝导或教育的目的，向个体或群体传播某种有说服力的观点或意识，以影响宣传对象的思想和行为，使之向所希望的方向发展的一种活动。"① 那时的宣传者都是以真理的代表甚至是化身而出现的，被宣传者只能被动地全盘接受对方所发送的东西，没有主动性。

　　在现代，西方学界对宣传的认识并无变化，他们认为，"宣传(propaganda)是指通过唤起人民的感情和偏见来对公众思想进行有意控制的方式"。② 宣传是试图"改变其他人的观点，以便推进人们自己的事业或损害与之相对立的人"。

　　我国有学者认为，宣传是"个人或团体通过各种传播媒介表达自己的观

---

　　① 郑邦俊主编:《宣传学概论》，辽宁大学出版社，1987年版，第2页。
　　② 戴维·波普诺:《社会学》(第10版)，李强等译，中国人民大学出版社，1999年版，第13页。

念。以影响受众的态度和思想的社会活动。"①

第一节 老子传播思想观照下的宣传学

一、宣传与传播的关系研究

尽管传播和宣传一样着眼于让受众接受一种观念或者得到一份信息,但毫无疑问,传播更加强调要通过受众喜闻乐见、易于理解和潜移默化的有效方式来进行。因此,本质上说,我们认为传播是一种"有效宣传"。叶皓认为,宣传与传播的区别在于"传播关心受众,宣传偏重单向,传播偏重双向。宣传侧重直接,传播侧重间接。宣传强调覆盖,传播强调渗透宣传具有刚性。传播兼有柔性。宣传重视信息筛选,传播重视信息公开。"②

对于宣传与传播和受众之间的关系,姚里军认为"传播是从客观到主观的过程,传播的信息本是客观的,但是在受众接受信息后,就会产生思想和行动上的变化。宣传与传播的过程相反,它是宣传者将自己的主张和意志灌输给受众的过程,是主观到客观的过程。从传播目的来说,传播的目的是服务受众,宣传的目的是影响受众,两者有所不同。"③

宣传与传播虽然二者存在不同点,但是仍然有一些共同点。韩凤鹏认为"新闻既具有新闻价值,又具有宣传价值。新闻价值是通过传播信息来实现的,宣传价值是通过表达舆论来实现的。宣传要借助传播来灌输自己的思想、观点和主张,增强自己广泛性和及时性。传播有来与宣传的思想、观点和主张,来奠定传播的基调,以扩大影响,增强权威性。"④

二、新时期宣传工作的变化

新时期宣传工作的立足点越来越从"以我为主"向"以人为本"转变。叶皓认为"过去那种'以我为主'的宣传,那种强调单向、直接、教导而忽视服务的传统方式,都不能适应新时期的政府职能。建设服务型政府、执政为民,要求宣传工作必然也要适应这一转变,越来越注重满足人民群众的知

---

① 甘惜分主编:《新闻学大词典》,河南人民出版社,1993 年版,第 9 页。
② 叶皓:《从宣传到传播:新时期宣传工作创新趋势》,《现代传播》,2009 年第 4 期。
③ 姚里军:《传播和宣传是否具有统一性?》,《写作》,2001 年第 1 期。
④ 韩凤鹏:《论传播与宣传的必然联系》,《探索与争鸣》,2007 年第 5 期。

情权，越来越注重人民群众的认知度。"①

三、《老子》的传播学研究导向宣传视域

贯穿《老子》的中心思想就是一个字——"道"。"道指的是外部客观世界一切事物发生和发展的客观规律。'德'指的是客观世界的规律在人类社会和生活中的表现，或者说是人根据客观规律得出的自身生活的规范。"②据此，可将《老子》分为"道"与"德"两部分。"道可以分为'天道'和'地道'，'德'可以分为'为人之德'——人道，以及'治人之德'——治道。""所以《老子》的基本内容包括四个方面：天之道，即是自然界和人类社会、思维以及宇宙中一切未知领域的发生发展的基本规律。地之道，是指物质世界的发生和发展规律。人之道，即为人处世的道理，也即君子之道。治之道，指为君之道——君主如何治理国家、修身，齐家，治国平天下之道。"③这一说法，将"道"分为四类，从中可得出一点，即"治道"对传播学的影响最深。

传播学界的学者对《老子》一书中的思想作了传播学意义上的解读，目前篇目虽然不多，但也得出了不少成果。暨南大学的蔡铭泽认为："老子的传播思想大致体现在以下三个方面：一，'道'是宇宙间万事万物发生发展的根本动因，当然也是信息传播赖以发生发展的根本动因；二，真善美等'德'的范畴规定了真实性、以人为本和出以善心等信息传播的基本原则；三，'无为'的人生态度体现出信息传播应该遵循的一系列基本方法。"④这是对老子传播思想的一个总体的解读，认为"道"是信息产生的根源，"德"是信息传播过程中要遵守的准则，"无为而治"的思想强调的是一种传播技巧。

还有学者从《老子》的思想中得出了与媒介批评相关的启示，暨南大学李红认为："媒介批评主要是一种批判，老子的主要思想取向也是批判的。我国的媒介处于政治控制、经济的影响、伦理文化纠缠当中，常常不能按照理想的状态行动，这是我们强烈呼唤媒介批评的原因所在。我们需要'反'的媒介批判精神，老子说'反者道之动，弱者道之用'，也即事物的运动和发展靠的是反，如果没有反，可能就会因为熵的不断扩大而解体，也只有处于弱，才能不断地进取，老子思想中的'反'，不是真正的反，而是'正言若反'，

---

① 叶皓：《从宣传到传播：新时期宣传工作创新趋势》，《现代传播》，2009 年第 4 期。
② 田文军：《老子"道"论新探》，《社会科学》，2011 年第 8 期。
③ 彭富春：《论老子的道》，《湖北社会科学》，2011 年第 8 期。
④ 蔡铭泽：《老子传播思想探析》，《湖湘论坛》，2012 年第 6 期。

'弱'也不是真正的弱,而是'守弱曰强','无为'也不是什么都不用做,而是'无为而无不为',老子的批判不是纯粹的消解,而是期望事物向相反的方向转化,通过批判获得发展源源不断的动力。"①因此可以得出,媒介批评的价值不在于"说坏话",而是通过批判,获得发展的源泉和动力,促进媒介的持续健康发展。

"拟态环境"一词是形容媒介传播的内容给受众营造的一个虚拟环境,它不同于客观真实的环境,但是由于个人活动的有限性,不可能完全真实的认识客观环境,必须依赖于媒体塑造的"拟态环境"来认识世界。厦门大学谢清果等人认为:"对于拟态环境的认识,老子在第一章就早有说明。'道可道,非常道。名可名,非常名。'道,可以描述,但经过描述的道与原来的道就不是一样的了,同样,名也是可以描述的,但经过描述的名与原来的名却也是不同的了,概而言之,经过传播媒介传播的信息和信息本身之间是有所差异的。"②老子的思想准确地概括了拟态环境的基本特征。同时还提出了受众应对拟态环境的策略:"常无欲,以观其妙——信息接收的无欲原则,致静虚,守静笃——信息解读的虚静观复原则,悠兮!其贵言也——信息反馈的贵言原则。"③以上是从《老子》中得出的受众在应对"拟态环境"时应采取的态度。对于传播者而言,为了尽量缩小拟态环境与现实环境之间的差距,在信息传播时应遵循的原则有:"以百姓之心为心——传播目的的确立,见素抱朴,少私寡欲——传播内容的选择,为无为,事无事,味无味,'传无传'——传播理念的创新。"④

媒介生态环境与大自然的生态环境一样,需要平衡。当它处于非平衡的状态时,社会就会出现问题。自然也可以成为人、媒介与社会的和谐之境,成为媒介生态平衡的和谐之境。王乃考先生认为:"老子推崇个体、生命、自由等基本价值理念,推崇'无为而治'的治世主张,批判'损不足以奉有余'的剥削方式,憧憬'甘其食,美其服,乐其俗,安其居'的和谐状态。这样看来,呼唤个体生命的价值,人人平等参与互动传播,传者才能既不制人也

---

① 李红:《老子思想与媒介批评》,《国际新闻界》,2011年第4期。
② 谢清果、于宁:《老子思想中的媒介拟态环境批判意识及其治理之道》,《现代传播》,2011年第9期。
③ 谢清果、于宁:《老子思想中的媒介拟态环境批判意识及其治理之道》,《现代传播》,2011年第9期。
④ 谢清果、于宁:《老子思想中的媒介拟态环境批判意识及其治理之道》,《现代传播》,2011年第9期。

不制于人，达到处于自然状态的和谐媒介生态。"①并且从老子的思想中提炼出建构和谐媒介生态的具体措施："正己化人：传者自然的生态观，上善若水：策略和谐的生态观，无为而治：无为效果的生态观。"②分别从传播者的素质，传播策略，传播效果三个方面阐述了如何建构和谐的媒介生态环境。

郭志坤认为，为了使人"复归于道"，老子进行了坚持不懈的宣传活动。老子说"言善信，正善治"。在老子看来，为政者在宣传上能够讲究信实可靠就能实现国泰民安。"宣传要以信服，信是立国之本。"③《先秦诸子宣传思想论稿》中写道老子说过这样的话"将欲歇之，必固张之，将欲弱之，必固强之，将欲废之，必固兴之将欲夺之，必固与之"。其意思是，将要削弱它，必先暂时增强它。将欲废毁它，必先暂时兴起它。将要夺取它，必先暂时给予它。其实老子的这段话是在分析事物的发展规律。他指出事物常常依据"物极必反"的规律运行，任何事物都有向它的对立面转换的可能。当事物发展到某一极限时，它就会向相反的方向转化。开张是闭合的一种征兆，强盛是衰弱的一种征兆。

郭志坤在列举了大量事实后，继续分析说老子讲的这段话，似乎是在启示人们，在处理事物的时候（宣传也一样），不要只看到事物的一个方面，而要看到两个方面不要只顾事物的现状，还要看到事物的发展趋向。

第二节 老子思想对改善宣传工作的启示

宣传是"为了达到特定目的而进行的传播活动。根据宣传的类型不同，可以分为政治宣传、宗教宣传，军事宣传，商业宣传，科技宣传等"。④在我国尤以政治宣传最为突出。宣传的目的是为了传播于己有利的信息，并以此信息影响受众，达到改变受众的思想和行为的目的。

宣传工作不论是在政治领域，还是经济和社会领域，都是必不可少的且具有重要作用。但是在以往的宣传工作中，常常存在宣传过于生硬和直接的问题，让受众难以接受甚至产生逆反心理。特别是随着新媒体的出现，受众

---

① 王乃考：《一种导向和谐的媒介生态观——评〈和老子学传播〉》，《青年记者》，2012年第7期。

② 王乃考：《一种导向和谐的媒介生态观——评〈和老子学传播〉》，《青年记者》，2012年第7期。

③ 郭志坤：《先秦诸子宣传思想论稿》，福建人民出版社，1985年版，第68页。

④ 鲁杰：《传播、宣传与思想政治教育》，《求实》，2011年第2期。

的主动性越来越强，也越来越有主见，再也不是任人摆布的"靶子"，新的形势对宣传工作提出了新的要求。我们可以从《老子》一书中发掘对宣传有利的策略，提高宣传的效率。

目前我国的宣传工作中普遍存在的问题有：宣传的目的性太过明显，缺乏"润物细无声"式的境界。宣传的信息过多，容易造成受众的疲劳与抵触心理。在正面宣传中喜欢树立典型人物，将典型人物塑造成"高大全"的形象，脱离实际情况。广告宣传中容易出现宣传过度，造成受众的反感，反而起不到应有的塑造品牌形象的作用。因此，可以从以下四个方面来谈老子传播思想对改善当代宣传工作的启示。

一、"无为而治，行不言之教"——宣传境界的追求

《老子》的一书的中心思想就是"无为"，"有些人可能会误以为老子要取消传播活动，但细读《老子》就会发现，老子所说的无为，并非真的是要所有人都无所作为，而是要统治者'不妄为'，不对人民的生活进行过多的干涉，使传播活动处于自然而然的状态"。[1] 反映到传播活动中，即是：行不言之教和贵言。"是以圣人处无为之事，行不言之教，万物作焉而不辞，生而不有，为而不恃，功成而弗居。"（第二章）王弼对这句话的解释是："自然已足，为则败也。智慧自备，为则伪也。"[2] 这告诉我们，在传播的过程中，不需要使用太多的技巧，让信息顺其自然的传播，就能达到预定的效果，如果刻意使用技巧，反而会产生反作用。

"不言之教"不是不传播，而是强调非语言符号传播重于语言符号传播，强调"身教重于言教"。更为重要的是，"不言之教"是为了统治者的"言而乱教"。目前我国的宣传活动，往往目的性太强，总是向受众灌输太多的信息，进行一种"洗脑"似的教育，这样做并不能产生很好的效果，真正有效的宣传，应该是一种润物无声似的感染，宣传者向受众传播一种信息，并不用表现出太强的目的性，适可而止即可，让受众自己去领会其中的含义。

《老子》第三十八章云："上德不德，是以有德；下德不失德，是以无德。上德无为而无以为；下德无为而有以为。上仁为之而无以为；上义为之而有以为。上礼为之而莫之应，则攘臂而扔之。故失道而后德，失德面后仁，失

---

① 全冠军：《先秦诸子传播思想研究》，北京大学博士学位论文，2005 年 5 月。

② （魏）王弼：《老子注》。

仁而后义，失义而后礼。夫礼者，忠信之薄，而乱之首。"在老子看来，自然而然地生活是"上德"，传播活动作为人类社会基本活动之一，最理想的传播境界就是按照传播活动本来的样子进行。①

二、少则得 ——宣传"信息不应过多，要适可而止"

当今是一个信息爆炸的时代，每个人每天都接受到来自不同方面的信息，海量的信息不仅没有让人对世界更加了解，反而增加了人们的焦虑。正如《老子》中所说："五色令人目盲，五音令人耳聋。"（第十二章）它的意思是："缤纷的色彩使人眼花缭乱，纷杂的音调使人听觉不敏。"② 过量的信息冲击着受众，会使人感到麻木，传播的效果可想而知，一定是非常差的。

为了让宣传的内容产生应有的效果，传播者要学会精简信息，言简意赅的信息能产生更好的效果。可以设想一下，看一万字的材料，让读者自己从中领会主旨，和将其中的要点提取出来，编排成一千字的材料，一定是后者更突出重点，宣传的效果更加突出。

三、不尚贤——宣传中的"典型报道要注意负面影响"

"典型宣传就是通过各种新闻媒体采取多种宣传手段宣传先进人物和先进事迹，推广典型的先进经验和做法，弘扬主旋律，在全社会形成正确舆论导向的一种方式、方法。典型宣传是我们党的宣传思想工作的优良传统，是坚持正面宣传为主，唱响主旋律，打好主动仗，在全社会形成和发展积极健康的主流舆论的重要方法。"③ 典型报道历来是我国新闻和宣传工作中的重头戏。雷锋、张海迪、焦裕禄、任长霞等耳熟能详的名字，都是通过典型报道逐渐深入人心的。"通过树立典型人物，让受众从典型人物的思想和行动中受到感染，产生一种崇拜感，从而效仿他们的行为。可以说，成功的典型报道所产生的效果是巨大的。"④

但是典型报道如果分寸掌握不当，也会产生负面效应。老子说："不尚贤，使民不争；不贵难得之货，使民不为盗；不见可欲，使民心不乱。"（第三章）典型报道之所以会产生相反的效果，源于统治者自身的腐朽和虚伪。"本来人

---

① 仝冠军：《先秦诸子传播思想研究》，北京大学博士学位论文，2005 年 5 月。
② 楼宇烈：《老子道德经注校释》，中华书局，2008 年版，第 41 页。
③ 张树斌：《关于典型宣传问题的几点思考》，《新长征》，2005 年第 17 期。
④ 叶皓：《从宣传到传播：新时期宣传工作创新趋势》，《现代传播》，2009 年第 4 期。

们只要依道而行德，就可以达到自然和谐的状态。但是，统治者因其贪婪的本性，既不能依道，也不能行德，所以引发民怨沸腾。为了掩饰自身的腐朽和消弭民众的不满，他们往往以假乱真，将自己的意志强加于人。"①虽然老子对针对的是过去的统治者，但是在当今社会也可找到其中的影子。

目前的宣传工作在塑造典型人物的过程中，往往会过分拔高人物的形象，使典型人物成了一个"完人"，受众对这种人物没有亲切感，甚至在知道真相后，还会产生"被骗"的感觉。如最近一两年网络上对雷锋的质疑，就是一个典型人物塑造产生负面影响的案例。所以，宣传工作中使用塑造典型人物的方式，应当掌握分寸，力求实事求是。

四、大者宜为下——"宣传力度不能过于强势"

相信大家对"脑白金""恒源祥"等广告都已耳熟能详，但是提起对它们的印象，除了铺天盖地令人生厌的广告宣传，就很难再联想到别的信息，其品牌美誉度可想而知，一定不会很高。这就是强势宣传造成的结果。在很多商业活动的宣传中，都会出现类似情况，为了让消费者记住自己的产品，就一遍一遍重复自己的广告词，砸重金在央视做广告，但是观众对此并不一定买账，这说明，宣传不能太多强势，要懂得"柔弱胜刚强"的道理。

"人之生也柔弱，其死也坚强。万物草木之生也柔脆，其死也枯槁。故坚强者死之徒，柔弱者生之徒。是以兵强则不胜，木强则兵。强大处下，柔弱处上。"（第七十六章）这一章告诉我们，柔弱的都是出于上升趋势的，而那些看似很刚强的事物，都是面临死亡的。运用到广告宣传中来，就是告诉广告主，在宣传活动中，要注意"度"的把握，不能认为单纯强势的广告造势就能为品牌带来良好的美誉度。要懂得"守柔曰强"，将相同广告量分散投放，给观众一个缓冲和回味的空间，会产生更好的效果。

随着二十世纪80年代，现代意义的公共关系进入中国大陆，公关在中国得到了迅猛的发展，越来越多的企业重视公共关系，运用公关的手段提升企业的知名度和美誉度。"20年间，公关和广告俨然成为企业营销的左右手。广告通过重复提醒，加强消费者的记忆，侧重于提升企业产品的知名度；公关通过第三方力量（通常是大众传媒）的客观性和可信性，侧重提高企业的

① 蔡铭泽：《老子传播思想探析》，《湖湘论坛》2012年第6期。

可信度和美誉度。"① 因此，广告给人感觉总体比较生硬，还应多实施一些公关活动，在公关这种"软作用力"的帮助下，品牌的形象会得到更好地提升。

　　宣传无论是在我国的政治宣传中，还是在商业领域，都有广泛的应用。因此，掌握适当的宣传技巧，对提高宣传的效率作用是非常大的。

　　综上所述，可以将从老子的传播思想中得出的对当代宣传工作的启示分为以下四个方面：一是宣传工作的目的性不能太强，应采取"无为而治，行不言之教"的态度，反而能够更从容地进行工作。二是宣传的信息不应过多，要适可而止，避免受众产生逆反心理。三是政治宣传中的典型报道要掌握好分寸，塑造人物要符合实际情况，避免"高大全"。四是广告宣传力度不能过于强势，要着重塑造企业及商品的美誉度。

（缪立芳　谢清果）

---

　　① 易妍：《对公关宣传与广告宣传差异的探讨》，《广告大观》，2006 年第 2 期。

第十八章　老子宣传思想的基本结构

老子的《道德经》探讨了宇宙间万事万物特别是人类社会发生发展的根本规律，其中也包含丰富的宣传思想。老子认为每个宣传者心目中都应有一个"道者"形象，传者应该平等地对待每一个受众，为他们着想，传播真实可信、简洁明晰的宣传内容，因势利导、因时而变。与此同时宣传者还可以采用一些简单的宣传方法帮助宣传，以达到预期的宣传效果。

东方文化价值的核心指陈的是儒家、佛家和道家的思维，是一种自然和谐的宇宙观。道家作为东方文化的代表之一，历来就是研究的热点。在学者们致力于使传播研究本土化和探索本国传播理论的过程中，道家学说作为东方文化的重要代表，于是乎也就变成了一个不可绕开的核心点。《道德经》是道家学派的开山之作，其重要地位自然是不可小觑。研读《道德经》不仅可以领略老子朴素的哲学思想、人生大道，对于社会主义现代化建设也有着深刻的启发意义，其独特的处世之道，治国理想在某种程度上也就代表者古代学者们对于传播、宣传的最初探索，耐人寻味！

第一节　何以从宣传维度考察老子思想

一、宣传的起源

（一）在西方"宣传"的起源和流变

英语中"propaganda"一词是起源于拉丁语，由拉丁语词根 propaso 演变而来的。它的本意是"发布传播"以及"使其延展于空间"的意思，有以外力使植物繁殖之意。开始时，它的特定含义是指园丁在园中栽种植物

的幼苗使其繁殖生育，是一个与农业生产相关的词语。"第一次出现是在
1622 年，罗马教皇格里高利 15 世（Gregory XV）成立圣道传信部（Sacra
Congregatio de Propaganda Fide，the Sacred Congregation for the Propagation
of the Faith），针对宗教改革运动，传播天主教教义，带有宗教主义的色彩。"[1]

在第一次世界大战之前，宣传很少被使用。一战后，由于战时战争宣传
产生的显著作用，而引起了人们的广泛关注。第一次大战也就顺理成章地成
为宣传概念变迁分水岭。刘海龙在《西方宣传概念的变迁：从旧宣传到新宣
传》[2]一文中指出：迈克尔·斯普劳尔把 20 世纪 20 至 30 年代宣传论争中的不
同派别分为四个：人文主义的、专业的、科学的和攻击的。

以杜威为代表的人文主义宣传观对宣传持批判态度，他们认为在宣传的
影响下，人们的意见并不是来自理性地判断和直接经验，而是通过外在的影
响建立起来的。以"公关之父"伯奈斯为代表公关和广告从业人员则认为宣
传是必要的，因为它可以使整个社会运行得更加有效率。在上述两个极端的
话语之间，还有一个中间地带，这就是把宣传现象作为一般社会现象，中立
地进行研究的学者的话语，其中最具代表性的人物便是美国政治学家哈罗
德·D.拉斯维尔，他最早把宣传现象明确作为研究对象，本章采取的便是此
种宣传观。而在现实生活中，20 世纪早期随着宣传概念感情色彩走向负面，
宣传也成为政治对手相互攻击的武器。

（二）在中国"宣传"的起源

在汉语中，"宣传"二字合用最早见于《三国志》的《蜀志·马忠传》：
"见大司马蒋琬，宣传诏旨，加拜镇南大将军。"此处虽然合用了"宣传"二
字，但是含义与现代汉语里中"宣传"概念并没有直接联系，是"宣布传达"
的意思，而按《现代汉语词典》的解释，"宣传"是指："对群众说明讲解，
使群众相信并跟着行动。"

尽管"宣传"这个名词在古代鲜少提及，且意义与而今也不尽一致，但
是宣传活动的产生却可以追溯到人类氏族部落社会。早在春秋战国时期，宣
传活动就已较为常见，而且达到了相当高的艺术水准，如：我们耳熟能详的
百家争鸣；苏秦、张仪周游列国，游说君主，宣传他们的政治主张等等。郭

---

[1]　申明：《宣传（Propaganda）源流及其本质考》，《娄底师专学报》，1999 年第 3 期。
[2]　刘海龙：《西方宣传概念的变迁：从旧宣传到新宣传》，《国际新闻界》，2007 年第 9 期。

志坤的《先秦诸子宣传思想论稿》①对春秋战国时期各家学派代表人物的宣传思想都做了一定程度地剖析，见解独到且深刻。对于老子的宣传思想，他从"不言之教"、释"愚"、"崇尚阴谋"、"善言"方能说服人等四个角度进行解读、提出了老子提倡淳朴、反对巧诈，希望人们能够达到"愚"的境界；而在宣传手段上，郭志坤认为老子讲究事实、善于诱导，生动而形象。与此同时，郭志坤还指出由于时代和阶级的局限性，老子的宣传思想有时失之晦涩，在有些地方甚至还弥漫着虚无主义的色彩，应该加以批判，观点中肯严谨。邓卓明在《中国古代宣传活动初探》②中也探讨了古代宣传活动的起源和发展。从他们的一系列研究中，我们可以对古代的宣传活动窥见一斑，那时的宣传实际上就是一种传播活动，且是带有一定目的的传播活动。

二、"宣传"的概念

宣传活动无论是在东方还是西方都古已有之，那究竟什么是宣传？宣传有哪些特点？我们应该如何进行宣传呢？董路在其编著的著作《传播学核心理论与概念》③中给我们做了相关阐释，概括如下：

一战后，哈罗德·D.拉斯维尔在其经典著作《世界大战中的宣传技巧》④（Propaganda Technique in World War I）中，第一次试图给宣传下定义："它仅指以重要的符号，或者，更具体一点但欠准确地说，就是以消息谣言、报道、图片和其他种种社会传播的方式来控制意见的做法。"后来他又将宣传定义修正为："宣传从最广泛的含义来说，就是以操纵表述来影响人们行动的技巧。"拉斯韦尔第一个定义将宣传归结为一种以符号来控制意见的特殊传播活动；第二个定义则将宣传归结为一种影响人们行动的技巧。

《大不列颠百科全书》对宣传的解释是："宣传是一种借助于符号（文字、手势、旗帜、纪念碑、音乐、服饰、徽章、发型、硬币图案、邮票等等）以求操纵他人信仰、态度或行为的或多或少系统的活动。"

《中国大百科全书·新闻出版卷》给宣传下的定义是这样的："运用各种符号传播一定的观念以影响人们的思想和行动的社会行为。"

① 郭志坤：《先秦诸子宣传思想论稿》，福建人民出版社，1985年版，第51—71页。
② 邓卓明：《中国古代宣传活动初探》，《上饶师专学报（社）》，1988年第6期。
③ 董路编著：《传播学核心理论与概念》，北京大学出版社，2008年版，第211—217页。
④ [美]哈罗德·D.拉斯维尔：《世界大战中的宣传技巧》，张洁，田青译，展江校，中国人民大学出版社，2003年版，第22页。

对宣传的概念还有很多，不胜枚举，但都大同小异。从上述宣传概念的描述中我们可以看到：第一，中西方对于宣传的概念理解基本一致；第二，宣传都是有目的的，希望对目标受众产生一定的影响；第三，宣传需要向受众展示信息、陈述观点、发表观点。一言以蔽之，宣传的本质就是一种以影响他人为目的的传播活动，宣传是大众化的说服工作。

三、宣传的方法和技巧

由阿尔弗雷德·李（Alfred M.Lee）和伊丽莎白·李（Elizabeth B.Lee）共同编写的《宣传的完美艺术》一书中总结了七种常用的宣传设计技巧，即：辱骂法、光辉泛化法、转移法、证词法、平民百姓法、洗牌作弊法和乐队花车法。这七种方法常常用于广告的制作宣传中。此外"三色宣传"即"白色宣传——公开表明信息来源；灰色宣传——不说明信息来源；黑色宣传——隐藏真实的信息来源"，也是西方国家，尤其是美国进行心理战的三大法宝。

而在中国，李良荣《新闻学概论》[①]一书中也指出影响宣传效应的七个因素，简称"6W1H"，分别为：宣传者（Who）、被宣传者（Whom）、宣传内容（What）、宣传场合（Where）、宣传时机（When）、宣传动机（Why）、宣传方法（How），实际上也就是指出了宣传工作中应该要注意的一些因素。本章欲以此为理论立足点，深挖《道德经》中老子对于宣传工作的独到理解。

第二节　"6W1H"框架下的老子宣传思想研究

一、从宣传者的角度来看（Who）——"道者"形象、无为而治

宣传者是一次宣传活动的起点，是宣传活动的组织者，也是一次宣传活动的掌控者，宣传者的自身形象是决定宣传成败的重要因素之一。就目前所处的大众传播时代，宣传者多指机构或组织，而魏超[②]认为："在老子所处的时代，宣传者往往指陈个人，老子将宣传主体研究的重心放在个人而非机构上，这不仅是囿于当时所处的现实社会环境，也是其宣传思想的一大特色。"虽然如此，但老子五千言中所蕴含的宣传智慧对现今仍有极大的启发意义。

那老子心目中理想的宣传者究竟是什么样的呢？这在《道德经》的首章中便可以找到答案，即其所言的"得道者"。在老子看来，每个宣传者心中都

---

① 李良荣：《新闻学概论》，复旦大学出版社，2011年版，第42—45页。
② 魏超：《老庄传播思想散论》，中国轻工业出版社，2010版，第1页。

应该有一个"道者"的形象，这是一个自我不断完善才能达到的形象，其首要特质便是淳朴。老子说："古之善为道者，非以明民，将以愚之。"（第六十五章）这里的"愚"当然不是愚蠢，而是指淳朴。老子是极力主张淳朴，反对巧诈的，他不仅期望民众淳朴，更要求统治者以身作则，引导人民诚挚相处。这便是老子的"愚人之心"。推陈到今天，身处在社会转型期的我们，正面临着信仰的缺失，陷入了精神的泥淖，尔虞我诈、钩心斗角充斥了我们的生活。经历了苏丹红、三聚氰胺、瘦肉精的人们早已在心里树起了一层层围墙，在这种情况下，妄想用更为精巧的花言巧语去取信民众是难于上青天。但若我们回归纯朴，重新用真挚的心去善待他人，或许便会收到意想不到的效果，这也是为什么现在食品广告更愿意以农村元素作为卖点，并取得成功的原因。因为农民往往给人纯朴、善良的形象，农村亦然，是以"好油乡里来"的广告宣传语才会获得受众的青睐。

老子说："是以圣人处无为之事，行不言之教，万物作焉而不辞，生而不有，为而不恃，功成而弗居。"（第二章）其意所指，在阐明有道的人以"无为"的态度来处理世事，实行不言的教导，养育万物而不自恃己能，功业成就而不自我夸耀。老子多次提到圣人，在老子眼中，圣人便是理想的宣传者，他们顺应自然、因势利导，无为而治，在不知不觉中达到自己的目标。这里的"无为而治"并不是指不作为，而是指不故意为之，不牵强附会。"无为而治"是老子希望宣传者所保持的一种状态，所应达到的一种境界，也可以说是所应掌握的一种技巧。真正高明的宣传是不露痕迹的，是悄无声息的，而要达到这种境界除了宣传者自身修养的提升外，还需要做到"无为而治"即顺应天时，自然而不做作，此乃宣传的上乘境界。

二、从被宣传者的角度来看（Whom）——善待他人、平等交流

被宣传者也就是受众，是一次宣传活动的终点。他们是信息的接受者，是宣传效果的承担着，也是宣传效果的最后鉴定者，作为一次完整宣传活动的另一主体，其重要性一点儿也不亚于宣传者，尤其是随着魔弹论的破除，受众的重要性也愈发引起重视，他们是有思想、有选择的个体，而非一击即倒的"靶子"，他们虽然不能直接控制宣传活动，但却凭借着手中的选择权影响着宣传活动的始末。尤其是近年来，随着信息社会的进一步发展，卖方市场进入买方市场，宣传者若想影响被宣传者，获得他们的青睐，就不能不考虑他们的需求和喜好，顾及他们的想法。

老子其实早就注意到了这一点，他说"是以圣人常善救人，故无弃人"（第二十七章），平等地进行传播也是实现良好沟通的重要一环。无论政府对民众，还是公司对顾客，上级对下级，缺乏平等的交流，都难以使人口服心服，也难以实现宣传目的。因而老子提倡以平等开放的心态去对待每一个人，主张少一些生硬的政令发布、倨傲的上情下达，实际上也就是暗含了希望宣传者放低姿态，以一种更加平和、平等地方式去沟通交流的意味。每个人都有他存在的价值，应该并且值得被平等对待，要想被尊重被善待，首先要尊重善待他人。善待善者，平等交流，可谓传受双方浑然一体，达于至境，这很容易理解。

三、从宣传内容的角度来看（What）——诚信为本、希言自然

宣传内容是决定一次宣传活动成功与否的根本所在，是宣传过程中的灵魂。毋庸置疑，与谬误相比，真理能得到更多人的理解和推崇；与谎言相比，真言能获得更多人的支持和信服。这便要求我们的宣传内容必须要经得起考验。

"信不足焉，有不信焉"（第二十三章），诚信不足，人们自然不会选择信任，老子在这里强调了诚信的重要性，把"信"称为宣传内容的第一准则。他认为讲诚信必须力戒"轻诺"。在老子心目中许诺必须兑现，不能兑现便要失信。所以他说"夫轻诺必寡信。多易必多难。是以圣人犹难之，故终无难矣"。（第六十三章）在这里，讲明轻易许诺，必然会带来失信的后果。为了保证政策法令的可信性，使人民感到政治可靠，老子又提出"贵言""希言"的主张，滥言多语，难免失口，这样就会带来人心浮动的后果。这也启示我们在进行宣传的时候，宣传的内容一定要是真实的，其次还要清晰简洁，少些冗长的文字堆叠。颁布政策法令或者发布命令时，不能朝令夕改，一天一个样儿，而要恒久稳定，只有这样民众才觉可靠，才会信服，才能达到宣传的目的。

四、从宣传场合的角度来看（Where）—— 开放环境 VS 封闭环境

宣传场合也是影响宣传活动的重要条件之一，在封闭的环境下信息渠道单一，外界干扰小，宣传更容易取得预期效果，而在开放环境下，信息渠道多样，各种竞争性或敌对性势力会设法争取受众，想取得预期效果就会更加困难。因此善于组织和选择场合也是取得预期效果的重要一环。

老子在八十章里说道："小国寡民，使有什伯之器而不用，使民重死而不远徙。虽有舟舆无所乘之；虽有甲兵无所陈之；使民复结绳而用之。甘其食，美其服，乐其俗，安其居。邻国相望，鸡犬之声相闻。民至老死，不相往来。"（第八十章）此章是老子对他的理想国家，即"小国寡民"社会所做的具体描绘。"小国寡民"在某种程度上来说就是一种封闭环境，它反映的是中国古代社会自给自足的生活方式，人民安于简朴，生活安定恬淡，不会攻心斗智，消弭战争，和邻国"老死不相往来"。这样的社会，不会有竞争性势力的干扰，信息渠道单一，正是适合宣传的绝佳场合。虽然老子的"小国寡民"未必适用于当今的社会，但是它所希冀的这种民风淳朴、幸福简单的生活状态却是值得我们憧憬的。设想，若我们的国家安定、人民安居乐业，外国势力也对我们表示友好，那么政令的上传下达，正面思想的宣传是不是更易于让人接受呢？结果毋庸置疑。因此看似简单的一句话，其实暗含了深刻的宣传智慧！"小国寡民"的生活状态和生活场景正是我们理想的宣传的场合。

五、从宣传时机的角度来看（When）——因势利导，因势而变

要把握好的宣传时机就需要针对各个个体在不同时机的不同心理状态，因势利导才能事半功倍。好的时机是成功宣传的开始，它可以减少宣传过程中由于一些个体心理因素导致的阻力，从而便捷宣传过程。

"飘风不终朝，骤雨不终日"（第二十三章）世间万物皆有其运行的规律，狂风刮不了一个早晨、暴雨不可能一整天都在下，万事万物都处在不停地运动变化中。这看似是在揭示自然运行的语句，其实另有玄机。狂风过境、暴雨倾盆、乌云密布整个世界似乎是被一片阴霾所覆盖，然而却暗藏转机，风雨终会过去，温暖的阳光会刺穿厚厚的黑云，闪耀世界。这启示我们要在看似艰难的环境中善于等待时机，等待雨后初晴时刻的到来！我们在进行宣传活动时也一样，要想取得预期的宣传效果就一定得选择合适的时机，狂风暴雨中听不进软语低吟，烂漫晴天里不适合疾风呐喊，我们需要根据宣传目的，静候时机，因势利导，因势而变，只有这样才能取得预期效益。

六、从宣传动机的角度来看（Why）—— 忠于受众，为受众着想

动机是推动人从事某种事情的念头或愿望，宣传动机就是推动宣传者从事宣传的一种内在驱动力，动机不同，宣传内容的选择就会不同。因而秉持不同的宣传动机不仅事关宣传效果，也关乎着宣传内容的选择。但无论采用

何种动机，我们都要确保自己的宣传目的明确。

"鱼不可脱于渊，国之利器不可以示人"（第三十六章）鱼儿离不开水，国家政权不是用来威胁人民的锐利武器。老子告诉我们，国家要发展就必须密切联系群众，处理好与群众的关系，就如同鱼不能离开水一样。一个国家、一个政党只有真切地为人民着想，忠于人民才能得到人民的拥戴。我们的党在成立之初，在从事马克思主义宣传之时，就是凭借着"为人民着想"这一法宝赢得了广大工人、农民的用户与爱戴。推广开来，也就是我们在进行宣传时，要以被宣传者利益为基，大至政党宣传，小至职员对顾客推销，如果能时刻将被宣传者的利益放在第一位，想他们之所想，急他们之所急，真心为他们服务，那就一定能获得受宣传者的青睐。老子此言虽是针对统治者治国而言，适用于政党宣传，当倘若我们细致思考，不难发现其中的妙处！

七、从宣传方法的角度来看（How）——正话反说、以柔克刚

宣传方法也可以成为宣传技巧，就是在进行宣传活动中所采用的一些异于平常的取巧小妙招。合理运用宣传方法，不仅可以事半功倍，还可以活跃宣传过程，使整个宣传过程更加生动，更富趣味。老子作为一个思想家，宣传自己的政治主张，试图影响君主，因此他对于宣传技巧也有着自己独特的理解。

（一）正话反说

老子云："众人昭昭，我独昏昏！众人察察，我独闷闷！"（第二十章）表面这句话看起来，老子是在说世人皆醒我独醉，世人皆明我独愚，但实际上所指陈的意义却完全相反，这就是老子常用的宣传技巧之一，即正话反说。

正话说反话就是用反语揭示他人的意图，表面上好像是反对自己，其实是反对他人的内涵。实际上，反语是反性的偷换概念，也就是偷换概念的过渡或铺垫。其合理性就是利用自然语言中自身包含的歧义，使它过渡为合理化。此举不仅能解脱自己的困境，还可以起到讽刺他人，表达自己正确观念的作用。有一则宣传戒烟的公益广告，其广告语中对吸烟的坏处只字未提，相反地却列举了吸烟的四大好处：一省布料：因为吸烟易患肺痨，导致驼背，身体萎缩，所以做衣服就不用那么多布料；二可防贼：抽烟的人常患气管炎，通宵咳嗽不止，贼以为主人未睡，便不敢行窃；三可防蚊：浓烈的烟雾熏得蚊子受不了，只得远远地避开；四永葆青春：不等年老便可去世。这里表面

说的吸烟的四大好处，实际上却隐含吸烟的害处，显得很幽默风趣，让人们从笑声中悟出其真正要说明的道理，即吸烟危害健康。正话反说不仅能含蓄地表达自己的真正意图，让人印象深刻，易于接受，有时还能增添不少趣味，一举两得。

（二）以柔克刚

以柔克刚的字面意义就是柔软的去克制刚强。此法暗合道家主张的学说。"顺其自然，万物相生相克，刚劲的东西不一定要用更刚劲的征服，有时最柔软的事物才恰恰是它的弱点。"[①] 老子在道德经中也多出提及，如："柔弱胜刚强"（第三十六章）、"弱者，道之用"（第四十章）、"天下之至柔，驰骋天下之至坚"（第四十三章）、"守柔曰强"（第五十二章）等。老子所说的"柔""弱"并不是我们正常意义的软弱，而是如老子所说的"弱者，道之用"其实正提示了，这里的柔弱其实是一种策略，一种手段或者说是一种战略。在宣传活动中，讲究的正是无声胜有声的沟通，以及润物细无声的长期性。有句俗语叫"四两拨千斤"，讲的正是以柔克刚的道理。

20世纪60年代，艾维斯汽车租赁公司只是美国出租车市场上的第二大公司，但于当时排名第一的赫兹公司在规模上还有很大差距，但艾维斯租赁公司却直面自己的劣势，大胆地对消费者说"我们第二，所以我们更努力。"从而在消费者心目中建了一个谦虚向上的形象。艾维斯的此次广告宣传就是典型的以柔克刚，面对比自己强大的对手——赫兹公司，他并没有与其硬碰硬地"火拼"，而是以一种"怀柔"的姿态，承认自己的弱势地方，博取消费者的同情，同时直言自己的态度，即更加努力，争取消费者的认可，从而扬名立万，给消费者留下深刻印象，市场份额也节节高升。因此在我们从事宣传活动时，可是适时示弱，当自己处于优势，也不能以强凌弱，而应该"抱怨以德"；就算处于劣势，也要懂得委曲求全，以柔克刚，不争一时痛快而损害长远利益。

当然，尽管宣传技巧如何巧妙，它毕竟只是一种辅助性的手段，我们在运用的时候不能本末倒置。过度追求高端、复杂的宣传技巧，而忽视宣传内容、宣传动机、被宣传者这些根本性的要素，那样只可能会导致"聪明反被聪明误"。因此，技巧虽好，但我们不能贪求，只有运用得当，才能锦上添、

---

① 谢清果主撰：《和老子学传播》，宗教文化出版社，2010年版，第56页。

画龙点睛，否则便只能是画蛇添足！

　　郭志坤指出，"《老子》五千言本身就是一本宣传教育的书"[1]，老子本人就是一个思想宣传家，他深谙"智者不言、言者不智"的道理，不仅谨言慎言，而且十分讲究言语宣传技巧，熟悉了解宣传之道。老子本身对自己的主张和思想的宣传是成功的，于此散布于《道德经》中的宣传真言，也是"玄之又玄，众妙之门"。理解领悟老子的宣传思想，定能发掘出更多有价值的宣传智慧，对宣传学的长远发展及中国化的宣传研究探索有所裨益。

　　昔人已去，但是《道德经》中所述述的为人处世、待人接物，自然观以及事物辩证法的思想千百年来一直被中国人奉为经典，不断收到来者地学习和追逐。16世纪初，《道德经》还被译成拉丁文、英文、德文等多个国家的语言，开始了与世界人民的接触。据联合国教科文组织统计，目前《道德经》已经成为仅次于《圣经》的发行量最多的世界文化名著。无论什么肤色、什么种族、从事什么职业的人都可以从中汲取到有益的思想。相信《道德经》还有许多有助于建立中国特色宣传体系的思想等待着我们的发掘和思考。

（邬双　谢清果）

---

　　[1]　郭志坤：《先秦诸子宣传思想论稿》，福建人民出版社，1985年版，第53页。

第十九章 老子思想与新媒体时代 宣传工作的耦联

撷取《道德经》的思想精髓，溶入现代的传播理念，我们可以发现，对媒体的宣传工作来说，《道德经》中的"变"的思想、"预防"思想和"敬畏"思想也给我们以深刻的指导。

宣传是运用各种符号传播一定的观念以影响人们的思想和行动的社会行为，一直是媒体工作者的本职工作。传统媒体历来不乏有效的宣传策略，但在新媒体时代，这些宣传策略却发生嬗变，新媒体给宣传工作带来了新的机遇和挑战。宣传不再是传播者的单向灌输，而更注重受众的反馈，受众的参与才是整个传播过程中最活跃最重要的环节，宣传的过程不仅要达到传播者的自我认同，还应获得网民的社会认同。

新媒体平等互动的双向交流模式给沟通才华的展示提供了熠熠生辉的平台，老子所提倡的民主、平等、自由、公平、自治等思想使其沟通智慧在新媒体时代大有作为。

第一节 新媒体与传统宣传技巧的回顾

一、新媒体时代的到来

（一）考问"新媒体"

根据国家工信部提供的数据称，截至 2015 年底，我国网民数量达到 6.88 亿人，互联网普及率已经达到 50.3%；手机也首次成为中国网民的"第一上网终端"，手机网民规模达 6.2 亿，占比提升至 90.1%，网民 WiFi 使用率达

91.8%。2015 年中国网民人均上网时长 26.2 小时，与 2014 年持平。由此可见，新媒体正以不可抵挡的势头，迅速渗透到社会政治、经济、思想、文化等各个领域，影响人们的生活和思维方式。

关于新媒体的定义，国内外学界尚无定论，但在纷繁芜杂的定义中也不乏较有影响的观点。

清华大学熊澄宇教授提出，新媒体或称数字媒体、网络媒体，是建立在计算机信息处理技术和互联网基础之上，发挥传播功能的媒介总和。[①] 熊教授的定义基本上已经概括了"新媒体"概念的内容，观点清晰明确，但不符合形式逻辑学思想里本质定义的呈现形式。定义中"计算机信息处理技术基础上"范围过大，现在很多传统媒体都利用了计算机信息处理技术，但这种技术的应用并没有使传统媒体发生本质上的改变，从而不能被定义为新媒体。[②]

上海文广新闻传媒集团总裁黎瑞刚说："所谓新媒体，是一个相对的概念，是对于我们平时见到的报刊、广播、电视等传统媒体以后发展起来的新的媒体形态，最常见的就是数字媒体。"

匡文波教授认为，"新媒体"是一个通俗的说法，严谨的表述是"数字化互动式新媒体"。从技术上看，"新媒体"是数字化的；从传播特征看，"新媒体"具有高度的互动性。"数字化""互动性"是新媒体的根本特征。[③]

（二）新媒体的特征

我们可以根据喻国明教授提出的解读新媒体的几个关键词来理解新媒体，即数字化、传播语境的"碎片化"、话语权的阅众分享、全民出版：自媒体模式。[④]

喻国明教授对新媒体定义做了梳理总结出，新媒体具有以下四方面的特征：1. 以数字技术为基础，以电信网络为运作平台的媒介形态；2. 传播内容集语音、文字、图形、影像等为一体，可以实现多媒体复合式的同步传播；3. 以高科技为支撑，可以实现跨媒体、跨时空的传播；4. 多点对多点的传播

[①]　熊澄宇、廖毅文：《新媒体——伊拉克战争中的达摩克利斯之剑》，http//new.xinhuanet.com/newmedia/2003-06/10.content_910340.htm。

[②]　景东、苏宝华：《新媒体定义新论》，《新闻界》，2008 年第 3 期。

[③]　匡文波：《"新媒体"概念辨析》，《国际新闻界》，2008 年第 6 期。

[④]　喻国明：《解读新媒体的几个关键词》，《广告大观媒介版》，2006 年第 5 期。

模式，改变了传受关系，任何人都可以随时随地的收发信息，与世界保持同步。因此，"新闻生产不再是少数媒体机构中编辑和记者的专利，已逐渐演化成'多数人向多数人传播新闻'的传播模式"。①

二、传统媒体的宣传技巧

关于宣传，比较完整的定义是美国学者乔伊特 Jowett 在《宣传与说服》（1992）一书中提出来的，"所谓宣传，即宣传家基于特定意图，通过形成知觉、影响认知和指引行动而试图唤起预期反映的一种有组织的说服性传播活动"。宣传技巧就是宣传的手段和方法，宣传活动能否达到预期的效果取决于宣传技巧的综合运用。在传统媒体时代，信息流向不平衡，大多数信息掌握在传播者手中，受众只是无选择被动地接受，常用的宣传技巧包括以下几个方面②：

（一）内容提示

对某些存在对立因素的问题进行说服或宣传之际，通常会有两种做法。一种是仅向说服的对象提示自己一方的观点或于己有利的判断材料，成为"一面提示"，另一种是在提示己方观点或有利材料的同时，也以某种方式提示对立一方的观点或不利于自己的材料，称为"两面提示"。

（二）情理交融

宣传要注重说话的技巧与艺术，当传播者向受众传达他们并不是喜闻乐见的信息时，受众容易产生抗拒心理，这个时候聪明的传播者就不能用强硬的态度或命令的口吻对待他们，而应该利用情感为进入心理系统的某些信息开路。这个时候，情感就类似柔性的力量拆掉受众的心理抵制墙，对受众动之以情晓之以理，最终达到传播致效。

（三）恐惧诉求

恐惧诉求（fear appeals）是大众传播中一种常用的战术，通常是运用"敲警钟"的方法唤起人们的危机意识和紧张心理，促成他们的态度和行为向一

---

① 贺兰：《中国新媒体传播学研究前沿》，中国人民大学出版社，2010 年版，第43—51 页。

② 孙慧：《论新媒体时代宣传技巧的创新思维》，华中师范大学硕士学位论文，2011 年。

定方向发生变化，这是一种常见的说服方法。它具有双重功效，一是，它对事物利害关系的强调可最大限度地唤起人们的注意，促成他们对特定传播内容的接触。二是，它所造成的紧迫感可以使人们迅速的采取对应行动。[①]

（四）首因效应

首因效应又叫首次效应、优先效应、第一印象效应，它是指当人们第一次与某物或某人相接触时会留下深刻印象，个体在社会认知过程中，通过"第一印象"最先输入的信息对客体以后的认知产生的影响作用。因此在宣传工作中，也经常运用首因效应，在激烈的媒体竞争中，讲求时效，把握宣传时机，先声夺人占取高位，从而让第一手信息影响受众的思想与行为。

（五）意见领袖

意见领袖在传播网络中是积极的"活跃分子"，经常为他人提供信息、意见和评论。他们在人群中首先或较多地接触大众传媒信息，具有较强的综合能力和较高的社会地位或被认同感，能够有效地影响周围人的思想和态度，因此利用意见领袖的影响力引导舆论，是做好宣传工作的一个重要手段。

（六）正面典型

坚持以正面宣传为主既是"两为"方针（为社会主义服务，为人民服务）的具体体现，也是新闻报道工作应当遵循的重要方针。客观的好的典型可以给人以鼓舞，传播社会主义核心价值观，促进社会的和谐。

第二节　老子思想与新媒体时代宣传的特点相契合

在对新媒体时代及其传统媒体的宣传技巧剖析后，这里将着重从"变"的思想、"预防"思想和"敬畏"思想入手，将老子思想与新媒体时代的宣传技巧有机结合，并将对新媒体时代应该怎样改善宣传技巧进行分析，试图探讨新媒体时代宣传工作如何体现老子的沟通智慧。

传播主体是传播行为的发起者，也常能主动掌控传播活动和传播过程。就人类目前所处的大众传播时代而言，传播主体多指传媒机构。但是，在老

[①] 许静：《传播学概论》，清华大学出版社，2007年版，第107页。

庄所处的时代，传播主体往往就是指个人。按照麦克卢汉的说法，网络媒介带领人类重返部落时期和人际传播时代，老庄二人将传播主体研究的重心放在个人而非机构上，是其传播思想的一个最大特色。① 宣传工作其实就是如何将传播者的思想传播给受众的一个过程，从而影响受众的思想和行为，《老子》五千言本身就是一本宣传教育的书，老子的思想为我们宣传工作留下了宝贵财富和智慧真经。

"变者，天下之公理也"，存在于世间的万事万物都处于变化之中，自然世界里四季的更替轮回，树叶从嫩绿到枯黄的变迁，天色由迟暮到破晓……人类世界里与人的联系由陌生到亲密，情感由愤怒到喜悦都是在不间断的运动、变化和发展，因此具备"变"的思想对我们媒体工作者来说是很重要的。其次，预防重于治疗，能防患于未然之前更胜于治乱于已成之后，时刻拥有警觉性和洞察力可以帮助我们在应对紧急事件时有一套自己的解决思路，而不是无能为力，空怀一切，思想缜密能使我们把工作做得更好。最后，我们要拥有"敬畏"的思想，这是人格魅力的展现，细心谨慎不浮夸，对自然、生命、生活都保持一颗敬畏之心，这将使我们怀着更宽广和包容的心态去面对人生、面对工作。因此，笔者接下来将从"变"的思想、"预防"思想和"敬畏"思想来分析老子思想在这三方面给予我们的智慧。

一、"变"的思想与宣传的针对性

老子经常从事物的反面、表象的对立面看问题，形成丰富的辩证法思想，他用辩证思想作为观察和处理社会生活的原则。老子思想中有许多"变"的思想，这也符合社会发展的规律，正如古希腊哲学家赫拉克利特所说"世上唯有变化才是永恒的"。老子认为"有无相生，难易相成，长短相形"（第二章），"曲则全，枉则直，洼则盈、敝则新，少则得，多则惑"（第二十二章），其中相生、相成、相形、委曲和保全、弯曲和伸直、不满和盈溢、陈旧和新生、缺少和获得、贪多和迷惑都体现了辩证思想，指出事物是发展变化的。

尤其在新媒体时代，正如霍福兰提出的个人差异论，面对的受众非整齐划一型，每个人都有不同的兴趣、需要、态度和价值观等，矛盾丛生。传播者在进行宣传工作时要学会变通，注重矛盾的对立转化，遇特殊情况可以酌情变通处理。李普曼在《公共舆论》一书中说道："在大家都用同样的方式思

---

① 魏超:《老庄传播思想散论》，中国轻工业出版社，2010 年版，第 1 页。

考的地方，没有人思考得很深刻。"① 因此，具备"变"的思维方式和认知方式很重要，对于不同受众的信息宣传活动要有针对性地进行。

二、"预防"思想与宣传的对策性

传统媒体宣传策略讲究"首因效应"，利用第一印象抢占先机，赚取"注意力经济"和"眼球经济"。但是在传播速度呈几何级数增长的新媒体时代，并不能时时都抓住第一时机，这个时候有些传播者则不知所措，只能眼巴巴地看着别人获得独家优势。老子指出"其安，易持。其未兆，易谋。其脆，易泮，其微，易散。为之于未有，治之于未乱"。（第六十四章）强调在事情尚未萌芽的时候，就要预先处理，在乱事尚未形成的时候，就要早做防备。

这要求传播者具有"预防"的思想，始终保持对局面和形势的高度关注，"不鸣则已，一鸣惊人"，一方面对宣传内容做深度报道，深入挖掘事物细节，以内容取胜；另一方面虽然失去"时新性"的优势，但可以抓住"时宜性"的机遇，善于把握时机。"知其雄，守其雌"（第二十八章），以"守雌"的内收、凝敛做好防备工作。凡事预则立，不预则废，我们要应对新媒体时代的挑战就必须做到备而无虞，防患于未然。

三、"敬畏"思想与宣传中的受众本位

"敬畏"思想是指行动者要对自己的行动抱有慎重心态，传播者在开展宣传活动时也应如此。新媒体时代的交互性使受众可以按照自己的需要对信息选择性注意、并选择性理解对信息做出反馈，传播者的宣传态度会影响受众做出选择。

首先，传播者要有"冬涉川"和"畏四邻"（第十五章）临深履薄的小心及恭谨的心态与品格，在传播时对信息严格筛选，做好把关人的工作；其次，传播者要做到自我内省，提高自身素养。"得之若惊，失之若惊，是谓宠辱若惊"（第十三章）说的是宠辱实乃身外之物，成为好的传播者重在贵身，保持自己完整、独立的人格，严审信息的真实性和实用性，宣传不是为个人攫取名利，而是为广大民众造福。坚持自省自修，不断超越自我，从而达到"以其终不自为大，故能成其大"（第三十四章），亦即陈鼓应认为的消解领导者

① ［美］沃尔特·李普曼：《公众舆论》，阎克文、江红译，上海人民出版社，2006年版，第135页。

的占有欲与支配欲，从"衣养万物"中，我们还可以呼吸到爱与温暖的空气。

第三节　老子沟通智慧在新媒体时代大有作为

沟通是人与人之间、人与群体之间思想与感情的传递和反馈的过程，以求思想达到一致和感情的通常。沟通是情绪的转移，是信息的传递，是感觉的互动，与人沟通交流是一项技巧也是一门艺术，老子的传播思想、沟通智慧在新媒体时代大有作为，主要可以归为以下四点：

一、追求事实　实事求是

由"不言之教""希言自然"而断言老子不兴教育，不搞宣传，这是不符合老子思想本义的。从老子宣扬"不言之教"的语言环境来看，他是反对儒家学派徒托空言、不务实际的空头宣传。要求"希言自然"——说得少些，尽量按照"自然"的规律去办就是了。[①]

因此老子强调，宣传首先要追求事实，"处其实，不居其华"（第三十八章）。信息的真实性是宣传工作的首要前提，是新闻宣传工作的生命，正确的舆论导向才能得民心。因此，要弃浅薄虚化，取淳厚朴实，"见素抱朴"（第十九章），少私寡欲，以复其本。

其次，宣传要讲诚信，实事求是。宣传是基于信任的传播过程，老子推崇"言善信，正善治"（第八章）、"信不足焉，有不信焉"（第十七章）。宣传工作必须取信于民，正如康德所说，诚实比一切智谋更好，而且它是智谋的基本条件。在新媒体时代，每个网民都是一个结点，他们既是信息的接收者又是信息的发布者，一条虚假信息可以产生整个网络的"蝴蝶效应"，从而影响传播者的形象和宣传工作的进展。

二、尊重受众　平等交流

《道德经》第十章中指出"爱民治国，能无知乎"，虽然体现的是老子"爱民"这一最基本的政治主张，同时彰显着老子的传播思想。"爱民"即尊重受众，与受众平等交流。新媒体时代的特征趋向"技术大众化、应用平民化"，精英文化退居边缘。网络的自主性和随意性逐渐消解着中国传统文化体系中

---

① 郭志坤:《先秦诸子宣传思想论稿》，福建人民出版社，1985年版，第52页。

的等级观念，平等交流日益在网络社会文明形态中彰显。老子一直强调"绝
圣弃智""被褐怀玉""韬光养晦""和光同尘"，也即尊重受众个体的平等意
识和权利意识，若一直强调以自我为中心，从自我出发向受众单向灌输思想，
则"自见者不明，自是者不彰，自伐者无功，自矜者不长"（第二十四章），
违背新媒体时代"道"的规律将适得其反，惹人厌恶。

威廉·詹姆士在《心理学原理》中写道："我的经验是那种我愿意去注意
的东西。只有那些我注意的东西才会被组合到我的心灵之中。假如没有选择
的兴趣，经验就是一堆完全混乱的东西。有了兴趣才会有赞同和倾向……"①
因此宣传要时刻注重受众的参与，Arnstein认为公民参与也即权力的重新分
配，使过去那些没有参与条件的公民在政治和经济的进程中被纳入进来，既
然新媒体提供了良好的沟通参与平台，宣传工作则应以受众为出发点和根本
落脚点，提供他们所需的信息，主张"去中心化"，与受众平等交流。

三、诉诸于情 以情动人

新媒体时代信息海量，浩渺如烟，让人应接不暇，以情动人的信息戳中
人们内心柔软深处更易被人们优先选择和接受，正如老子"贵柔""以柔克
刚"的思想。老子认为"天下之至柔，驰骋天下之至坚"（第四十三章），"强
大处下，柔弱处上"（第七十六章），此为柔弱与刚强的辩证法，有时候需要
换个角度思考事物，在不能用强硬的手段解决问题的时候，换一种有策略的
方式可能更能达到我们想要的效果。

美国肯萨斯大学心理学家布林提出心理感应抗拒的理论，他通过研究发
现，当一个人在得到令他的行为自由受到威胁的信息时，就会产生一种恢复
或保持这种行为自由的动机来抗拒这一信息。当传播者向受众宣传他们司空
见惯已经乏味的信息时，受众容易产生抗拒心理，这个时候聪明的传播者就
不能用强硬的态度或命令的口吻对待他们，而应该挖掘信息的情感触点，利
用情感为进入心理系统的某些信息开路。这个时候，情感就类似柔性的力量
拆掉受众的心理抵制墙，对受众动之以情晓之以理，最终达到传播致效。

"弱之胜强，柔之胜刚"（第七十八章），现在我们都追求软实力，所谓的
软实力就是柔弱。柔弱是一种软性的看不见的力量，就像水滴石穿一样长久

① 引自[美]莫蒂默·艾德勒，查尔斯·范多伦编：《西方思想宝库》，《西方思想宝库》
编委会译，吉林人民出版社，1988年版，第520页。

的功夫，反对生机浅薄，反对锋芒毕露。在宣传工作中不要把自己打扮成一个强者，一种内在的慈，一种韧性，柔弱反而能得到人们的同情，不是霸道、棱角、自我张扬的状态，而应该雌柔、无为、不争、虚静，贵柔戒刚。

四、内外兼修　无为而治

传播者是宣传工作的主体，他们把意图进行编码产生信息进行宣传，要充分发挥主体的独立性和主观能动性，强调多元化思想，发散思维。

所谓"绝学无忧"（第十九章），不断地思索和探求，以知识武装自己，时刻把握舆论导向和整体局势，韬光养晦，自省内化，将向内钻研的学习和向外扩散的宣传有机结合，发表有独特见地的看法，展现宣传者的个人魅力，内外兼修，学以致用。

老子宣扬"无为而治"，给民众以自由。"为无为，则无不治"（第三章）、"为无为，事无事，味无味"（第六十三章），"无为"并不是指无所作为，而是对"无为"的认识方法和实践方法，不自恃有功，行无为之政，使民无知无欲，返璞归真。沟通的最后一环是反馈，反馈可以检验我们按设想传递信息成功的程度，同时也让我们知道沟通内容是否得到理解。因此，在新媒体时代，我们面对受众提出的质疑或批评不应该压制，《国语》有言"防民之口，甚于防川"，此时传播者应该"无为而治"，不排斥受众的意见，不借助外力强加于人，顺应自然、因势利导，及时与受众进行沟通交流，"生而不有，为而不恃，长而不宰，是谓玄德"（第十章），从而达到"惠风和畅"的传播境界。

（李晗　谢清果）

第二十章　老子宣传思想在政务微博中的应用

　　本章以老子的思想及言论为研究对象，基于李良荣提出的我国古今常用的十种宣传策略和技巧，将老子《道德经》中涉及的宣传思想和技巧进行归纳、阐发，并探究老子宣传思想对当今政务微博中的启发意义。

　　老子及其著作《道德经》几千年来对中华民族产生了深远影响，其中的不少思想已经深深地融入我国传统文化、风土人情之中，成为我国珍贵的民族精神瑰宝。在老子的众多思想中，宣传思想占据重要位置。老子当时处在春秋战国诸国纷争的乱世局面，又是一个百家争鸣、思想碰撞丰富的时代，统治者也重视人才，极力拉拢文武将才，老子自然也不例外。他四处游学，著书立说，深受推崇，自然受到君主青睐，多次担任国家重臣，身居要职。老子丰富的人生阅历为其宣传思想的产生奠定了坚实的现实基础，加上他学识渊博、敏于思考，有着丰富的理论知识，有大量涉及宣传技巧的论述。本章以老子宣传思想和技巧为研究对象，并进一步探讨其在现代政务微博中的应用价值。

　　近年随着微博的迅速推广，它在公共事件中扮演越来越重要的舆论场，一些政府机构和官员开始主动尝试在这一新兴的网络平台上发布和讨论政务信息，与网民互动。政务微博由此而产生。在两年多的时间里，政务微博已初有规模，上万个政府机构和官员开通了微博。然而，微博作为自媒体，与传统媒体的传播模式迥然不同，它的便捷性、碎片化、开放性、实时性等特点使微博舆论非常难以控制，传统媒体的把关手段在微博中几乎无法发挥作用。有鉴于此，不少政务微博的管理者一时难以适应这种新的舆论环境，无法有效地通过微博达到宣传效果。在这样的背景下，我们认为有必要将老子

丰富的宣传技巧与现代政务微博"联姻",探索前者对政务微博宣传致效的
启发。

第一节 老子宣传技巧与政务微博的研究回顾

本章力求以《道德经》为研究主体,从中发现老子的宣传技巧,并在此
基础上,探索它们在现代政务微博中的应用价值,或者说,探讨老子宣传技
巧对于目前政府微博或官员微博的启发。论文涉及宣传、老子宣传技巧、政
务微博等一系列重要概念,这些概念的界定将为后文的阐发提供基本框架,
因而有必要进行一番梳理。

一、"宣传"意涵的思考

国内外对于宣传的定义,说法不一。在国外,宣传较多地带有贬义色彩,
美国当代著名传播学家拉斯韦尔给宣传下的定义是:它仅指以重要的符号,
或者,更具体一点但欠准确地说,就是以消息、谣言、报道、图片和其他种
种社会传播的方式来控制意见的做法。[1]

我国社会主义体制下,宣传服务于各个时期国家的主要任务,对宣传的
定位有别于国外。《宣传舆论学大辞典》中对宣传的定义是:"一定社会组织
运用各种思维方式,传播事实和观点,用以引导、控制人们思想倾向的过程,
宣传的目的在于改变人的意见和态度。"[2]

甘惜分认为:宣传是传播思想,是用一种思想去影响别人的思想。[3]

郑保卫给宣传下的定义是:"宣传是有目的地传播某种事理以影响他人意
识和行为的一种社会活动。"[4]

李良荣(1988)对宣传的定义:宣传是运用各种有意义的符号传播一定
的观念,以影响人们的思想、引导人们的行动的一种社会行为。该定义全面
地体现了宣传的目的性、现实性、自觉性、阶级性、社会性等特征。[5]

本章倾向于采用张笃行、张力行(1987)在他们合著的《社会宣传学》

---

① [美]赛佛林、坦卡德:《传播理论:起源、方法与应用》,郭镇之等译,华夏出版社,
2000年版,第107页。
② 刘建明:《宣传舆论学大辞典》,经济日报出版社,1992年版,第59、60页。
③ 郑保卫:《新闻学导论》,新华出版社,1990年版,第121页。
④ 郑保卫:《新闻学导论》,第122页。
⑤ 李良荣:《宣传学导论》,福建人民出版社,1988年版,第14页。

中对宣传的定义："宣传是为特定政治利益服务的，是通过各种传播媒介将特定阶级（集团）、群体或个人的政治主张、意图、观点晓之于众的过程。"①

二、老子宣传思想和技巧的研究述评

老子在《道德经》中阐发了丰富的政治思想，以他睿智机敏的宣传技巧将这些政治主张传递给上至君主、下到百姓的广阔受众，并成为中华民族宝贵文化的一部分得以流传千年。我们认为，老子的宣传技巧不仅在古代有着"齐家治国平天下"的效用，即使在今天也十分值得借鉴。

然而，国内专门研究老子宣传技巧的成果却十分匮乏，有关老子宣传技巧的论述散见于传播学、政治学、社会学、哲学、法律等的相关文章及著作中，如谢清果的《和老子学传播：老子的沟通智慧》（2010）和《老子的组织传播思想纲领初探》（2011）、武铁传的《老子政治思想与当代政治文明的互通》（2009）、郭志坤的《先秦诸子宣传思想论稿》等。但是，就单纯的宣传技巧研究而言，则主要集中于新闻报道的宣传技巧方面，也有一些学者从特定媒介角度出发研究某种媒介的宣传技巧，如韩曙光《广播对农理论宣传技巧浅谈》。②

值得一提的是，20世纪80年代出版的多部宣传学著作对宣传技巧有较为全面的研究，如李良荣《宣传学导论》（1988）、张笃行和张力行合著的《社会宣传学》（1987）、周振林的《实用宣传学》（1988）都开辟专门章节对宣传技巧进行了论述。李良荣在《宣传学导论》一书中提出我国古今常用的宣传策略和技巧，一是"最大—最大策略"；二是求同化异；三是"无我策略"；四是"小骂大帮忙"；五是"适可而止，留有余地"；六是微调；七是扮演角色；八是奖励优于惩罚；九是同工异曲；十是树立典型。③

本章将借鉴李良荣的这一结论，探讨老子的宣传技巧，并将之应用于现代微博问政，发掘我国新兴的政务微博中有哪些宣传技巧与老子的宣传技巧不谋而合。

三、政务微博的兴起

近年，微博获得了迅猛发展。在一系列突发新闻、社会重大事件中，越

① 张笃行、张力行：《社会宣传学》，上海社会科学院出版社，1987年版，第18页。
② 韩曙光：《广播对农理论宣传技巧浅谈》，《新闻传播》，2010年第11期。
③ 李良荣：《宣传学导论》，第237—251页。

来越多的新闻线索发源于微博，越来越多的信息通过微博传播到更广泛的群体，微博在信息传播、社会发展中所起的作用逐渐凸显。这些变化促使越来越多的政府机构开始借助微博平台了解民意、传达官方意见、与民互动，"微博问政"的概念应运而生。

微博问政是网络问政的一种表现形式，指的是通过微博参政及处理政务。微博问政的研究在国内学界尚属新话题，被研究最多的是两会期间的微博问政现象，如韩洋的《"微博问政"成为"两会"新宠》（2010）等。①

微博问政最早始于 2009 年 11 月，当时云南省委宣传部及云南省委宣传部原副部长伍皓为了有效解决昆明市螺蛳湾批发市场发生的群体性事件，开设了"国内首家政府微博"——@ 微博云南。此后，越来越多政府机构和官员开始把微博作为处理政务的渠道之一。据统计，截至 2012 年 6 月 30 日，经新浪微博认证的政府机构微博已有 24525 家，官员个人微博已有 8269 位；经腾讯微博认证的政府机构微博有 18903 家，官员个人已有 8107 位。②

本章所说的政务微博，就是微博问政的产物，只要指的是政府机构或官员个人通过微博发布的政务信息。

第二节　老子宣传技巧在政务微博中的应用

如前所述，老子以其开创性的道家思想，借助《道德经》的阐发，为我们传达出丰富的宣传思想和技巧。如今，随着政府机关、官员个人对微博这一新兴网络平台的重视，政务微博备受关注，已经成为百姓监督政府、政府了解民意的重要途径。那么老子有哪些值得借鉴的宣传思想？这些思想该如何应用于政务微博以推动其发展？本章将围绕这两大问题进行讨论，以期为政务微博的发展提供一些实用性建议。我们采纳了李良荣在《宣传学导论》一书中提出的我国古今常用的十大宣传策略和技巧，以它为依据归纳出老子的相关宣传思想。

一、老子的无为思想与"最大—最大"策略

老子思想的精华就在于他的"无为"思想。老子说："是以圣人处无为之事，行不言之教。"（第二章）他告诫当政者应以无为的态度处理政事，顺应

① 韩洋:《"微博问政"成为"两会"新宠》,《辽宁医学院学报》, 2010 年第 8 期。
② 卢金珠:《微博问政》, 东方出版社, 2012 年版, 第 16 页。

自然发展的规律，不用言语刻意去教化于人。又说："故圣人云我无为而民自化，我好静而民自正，我无事而民自富，我无欲而民自朴。"（第五十七章）"是以圣人之治，虚其心，实其腹，弱其志，强其骨。常使民无知无欲，使夫智者不敢为也。为无为，则无不治。"（第三章）在老子看来，只要坚持"无为"的原则，不施教令，人民自然会富足。他说："道常无为而无不为，侯王若能守之，万物将自化。"（第三十七章）意思就是说，自然的道理总是存留天地之间，不用主动，万事万物都随之而动，君王如果能够坚持顺应自然的精神，一切都会变得顺利和谐。

由此可见，老子政治思想中的"无为"可以理解为最大化地节省行政成本，顺应民意，就能让百姓获得最大的实惠，这与李良荣教授提出的"最大—最大"策略有着异曲同工之妙。李良荣认为，"最大—最大"策略就是宣传者在追求自己利益最大化的同时，也要兼顾到受众的利益最大化，寻找双方的利益共同点，获得双赢。因此，老子的无为思想与"最大—最大策略"在内涵上可谓不谋而合。

为了强调"最大—最大"策略的重要性，老子还列举出"有为"的反面案例，以警示统治者。他说："天下多忌讳，而民弥贫""法令滋彰，盗贼多有"（第五十七章）意思就是说，禁令太多，老百姓会越来越穷；法令愈分明，盗贼反而更多。这种情况下，执政者和老百姓都没有得到好处，双方的利益都没有达到最大化。因此，老子认为只要顺乎自然，不加强令，老百姓就会顺化、端正、富足、淳朴起来，即形成"最大程度地顺应民意——行政成本降到最低——最大的民众福利"这样的良性循环。

把老子宣传思想中的"最大—最大"策略应用到政务微博当中，@段郎说事是一个非常有代表性的例子。该微博的开通者段兴焱是江西九江市公安局的一位民警，自称"业余杂文时评作者"，在微博上实时发布和警务、法律相关的事件，紧跟时事，形式不拘一格，言语犀利，改变了不少人心中对警察的看法。有一条微博内容是："《左传·昭公》写道：宾孟在郊外看到一只公鸡啄掉自己尾部漂亮的羽毛，不解，问及仆人，答曰：它是害怕自己被当作祭品用呢。——在身家财产乃至性命不保的情况下，自残、跳楼、自焚看来是最无奈、最痛苦之举！"这其中不仅体现出博主深厚的文化功底，而且为民众喊冤解气。正因具备了这些魅力，这个微博让不少民众对民警产生了好感，同时微博内容为民服务，实现了双方利益的"最大—最大"效果。该微博连续获得了 2011 年、2012 年全国"十大公务人员微博"、"十大政法官员有影响力微博"等荣誉，收获 41 万多名粉丝也就不足为怪了。

二、老子的师资观与求同化异策略

老子崇尚"善"，他认为任何人都有"善"的一面，都有值得他人学习之处，并且"善"能普及天下。他说："故善人者，不善人之师；不善人者，善人者之资。"（第二十七章）善人要教导那些不善的人，帮助他们成为善人；不善的人是善人告诫自己的老师，老子认为善人与不善人之间可以互相学习借鉴，不善之人最终也能转化成善人。老子还说："修之于天下，其德乃普。故以身观身，以家观家，以乡观乡，以邦观邦，以天下观天下。"（第五十四章）如果能有"以天下观天下"的包容心，就可将"善"推广到天下，普及开来。

因此，老子认为将"不善人"能变成"善人"，他看到了天下向善的共性，这正是一种求同化异的宣传策略，即"寻找矛盾双方的共同点，从共同的立场（态度、认识）出发来求得分歧的消除"。①

在政务微博中，求同化异既是一种观点，也是一种修辞艺术。微博限定于 140 个字，如何在政务微博中表达出明确的内容和目标是一门学问，即"道"。政务微博有两个重要功能，其一，发布言论，对于事件进行陈述，表明我方主张。其二，回应受众，对于提问作出解释说明，表明态度立场。尤其是面对追问、质疑、问责甚至是围攻时，政务微博应该做到求同化异，"求同"就是要坚定立场，统一口径，任何人、任何级别的机构在政务微博中都要宣传真实的既定内容。"化异"就是要宣传、劝服他人接受你的观点，消除思想上的质疑。

这里值得一提的是最牛城管微博——@ 桥上人家，博主是一名南京城管队员，他在微博中曝光"城管打人秘笈"，举报城管局长联席会议非法组织，对城管执法中的不文明现象直陈其害，大胆批驳。不仅获得民众支持，也促使相关部门予以整改。同时，他还在微博中表达城管执法中的各种无奈与困难。

他备受关注的一条微博是："一位残疾人因为生活困难，在路边摆了个摊点。几年来，城管每逢年节都上门慰问，残疾人感激不尽。实施'大城管'体制后，考核越来越严，这个摊点的存在让城管屡屡被上级批评扣分。于是

---

① 李良荣:《宣传学导论》，福建人民出版社，1989 年版，第 239 页。

温情不再，冲突频起，城管一夜间完成由好人向坏人的成功转型。这个冬天显得格外冷。"

　　这条微博体现出城管温情的一面和法令冷酷的一面，引来民众对城管的同情，也引发民众对不合理法规的批评。博主以温情感动受众，使民众愿意从城管的立场来思考问题，从而让利益上有矛盾的双方站到了同一立场，共同推动事情的解决。这正是求同化异策略在政务微博中的妙用。

　　三、老子的"不言之教"思想与"无我"策略

　　郭志坤提出老子的宣传思想之一就是"不言之教"，他认为老子反对儒家学派徒托空言、不无实际的空头宣传。老子说："是以圣人处无为之事，行不言之教，万物作焉而不辞，生而不有，为而不恃，功成而弗居。"（第二章）"多言数穷，不如守中。"（第五章）"希言自然。"（第二十三章）"不言之教，无为之益，天下希及之。"（第四十三章）"知者不言，言者不知。"（第五十六章）这里的"知"，同"智"，这句话应理解为：智者是不随便向人民施加政令的，随便施加政令的人不是智者。①

　　老子主张的"不言之教"与他的"无我""无为"思想紧密相连。老子说："不贵其师，不爱其资，虽智大迷，是谓要妙。"（第二十七章）就是说，至善之人不会因为帮助了别人而自鸣得意，他希望再也没有不善的人，每一个人都可以达到至善的境界。虽然他们有这种超凡的智慧，可是他们仍然能做到大智若愚，不露锋芒。这就是一种绝妙的"无我"境界。

　　"无我"策略指的是以宣传对象为主，从满足受众的实际需要入手，让他们在获得信息、知识、娱乐满足的同时，不知不觉地接受我们的宣传，就是在宣传过程中尽可能地隐藏宣传者的宣传意图，减少宣传中的"宣传味"，把宣传寓于信息传播之中，寓于知识传授之中，寓于娱乐、艺术享受之中，寓于满足受众的需要之中。②

　　政务微博可以借用老子的"无我"策略，运用客观还原、寓言于事、通感移情等常用的修辞手法，增加内容的可读性、真实性和感染力。这些方法运用于微博编写当中，犹如给政务微博换上了茶馆的门头，平易近人、自然亲民，网民自然就会到你家做客，听你讲故事、话家常。"若要相信，必先相

　　①　郭志坤：《先秦诸子宣传思想论稿》，福建人民出版社，1985年版，第54页。
　　②　李良荣：《宣传学导论》，福建人民出版社，1989年版，第242页。

交"，与网民成了老朋友，政务微博就仿佛成了知心大姐，自然受到网民的追捧。

在政务微博中，这样的例子不胜枚举。北京协和医院的微博名人 @ 急诊女超人于莺的微博就是"无我"思想的体现，她已经受到卫生部等政府部门的重点关注和扶持。她虽然不是官员，但她代表了中国排名第一的医院的形象和声誉，她的微博以叙事为主，句句贴近生活、生命，给人一种生机盎然的健康之风，写微博犹如跟网民聊天讲故事。

另一个例子是 @ 古城钟楼，它是为西安市一座钟楼开通的官方微博。2011 年 10 月 26 日零时，该微博发出两条微博向网民问好并致谢，之后的第三条微博发布时间恰好是当日凌晨一点整，内容只有一个字：铛。这句拟声词被转发 860 次，评论 1161 次，137 人称赞。从此，该微博发表的内容只由拟声词"铛"构成，每一个小时报时一次，如【寅时】铛~铛~铛~铛~"。截至 2013 年 1 月 19 日，共发表微博 2626 条，粉丝数超过 46 万，被转发、评论无数，多为正面、夸赞之词，该微博被网友称为"神一样的存在"。该微博从未出现过"我"，却获得了民众掌声，有人从中感受到时光飞逝的紧迫感，有人从中体会到执着与坚持的可贵，有人产生了生活重新开始的美好期待……该微博恰是借此达到政务微博的宣传用意——无教而无不教也，告诉人们什么是简单质朴的真善美，以最简单的方式传递道理。

一个成功的政务微博，不能靠生硬灌输，而要"随风潜入夜，润物细无声"，平易近人，以民众为主，做到"无我"；面对曲解、质疑甚至诋毁，及时作出正式声明，做到"不争"。

四、老子的玄德思想与"小骂大帮忙"策略

老子主张自然质朴之"玄德"，他说："故以智治国，国之贼。不以智治国，国之福。""玄德深矣，远矣，与物反矣，然后乃至大顺。"（第六十五章）就是说，用才智治国，是国家的灾难；不用才智之力国家，是国家的福气。陈鼓应对这句话作出如下解释：

这种玄妙的德深奥、久远，它和万事万物复归到真朴，只有依循它而行才能最后达到和顺自然的境界。老子呼吁人们扬弃世俗价值的纷争，而返归真璞，他认为政治的好坏常系于统治者的处心和做法。统治者真诚朴质，才能导出良好的政风，有良好的政风，社会才能趋于安宁；如果统治者技巧黠滑，就会产

生败坏的政风。^①

老子的玄德思想在宣传活动中可以理解为，无论是正面新闻还是负面报
道，都应坦诚质朴地还原事件原貌，这种质朴自然的"玄德"更容易打动读
者，平息不良影响，尤其是在负面事件发生后，事故责任方如果敢于率先做
自我反省，对自我进行"小骂"，反而能为他们赢得公众信任，帮助责任方平
息民愤，也就是所谓"小骂大帮忙"的宣传策略。

对政务微博的管理者而言，在发表言论时，不能一味做正面劝导，有时
候，换一种方式来发表批评、指责、戏谑或调侃，适度进行"批评与自我批
评"，宣传效果会更好。广东省卫生厅副厅长廖新波的微博 @ 医生哥波子发
表的不少言论就起到了"小骂大帮忙"的效果。他有一条微博是："医生误诊
一定要追究。但是误诊要有裁定标准，笼统的误诊问责不全面，应细化。如
果医生都是诊断正确的，人们就不要研究测谎仪了。故意误诊的在专业委员
会的认定下由司法部门制裁。所以条文规定应该是指有目的的误诊，对影响
误诊的人也得问责！"

廖新波既是一名医生又是卫生厅长。但是在医患关系紧张、医闹频发的
特殊时期，他没有一味疏导民众理解医生，而是坦诚接受批评。他曾抛出"要
有尊严，别学医"的惊人之语；他敢于揭露医生收红包的黑幕；他对医疗卫
生现状中的不足大胆直言；甚至还顶撞过卫生部长。但是民众却纷纷赞扬他
是"敢说话"的卫生厅长，@ 医生哥波子的新浪微博粉丝高达 334 万多人，
可见他多么的受民众爱戴。

正如老子所言："玄德深矣，远矣，与物反矣，然后乃至大顺。"政务微
博有时能够坦诚地检讨自我而不是欲盖弥彰地辩解，更能缓和敏感时期的尴
尬、不明朗情况，对紧张局势起到调和剂的作用，这种态度更令受众觉得真
实可信。

五、老子的辩证思想与适可而止，留有余地的策略

老子是中华民族最有影响力的哲学家之一，他在几千年前就发展出丰富
的辩证思维。他说："祸兮，福之所倚。福兮，祸之所伏。孰知其极？其无正。
正复为奇，善复为妖，人之迷，其日固久。是以圣人方而不割，廉而不刿，

---

① 陈鼓应：《老子注译及评价》，中华书局，1984 年版，第 315 页。

直而不肆，光而不耀。"老子提出福祸相依，互相转化的观点。（第五十八章）还有"兵强则灭，木强则折"。（第七十六章）老子认识到如果超出一定限度，福与祸，正与奇，善与妖就会互相转换；军队强大反而不能取胜，树木强盛反而会遭到砍伐。所以他告诫人们，要端正而不生硬，有棱角但不伤害他人，正直而不放肆，光明正大而不盛气凌人。

在宣传活动中，老子的辩证思维体现为适可而止，把握适度原则，也就是李良荣教授提出的"适可而止，留有余地"的宣传策略，从而让受众产生意犹未尽的感觉。

一个好的政务微博，当知什么该说、什么不该说，要讲到什么程度，要表达多少层含义，要宣传出什么效果都应有所分寸。多一分就容易产生误解，少一分又表达不充分。有时候太热情会给网民以挖掘炒作的机会，太冷淡又给人不够亲切的形象，没有什么内容、空洞无物的微博会被骂尸位素餐、行政无作为，处处爆料、什么内幕都交代的人可能被网民热捧，但如果因此丢了饭碗就不值得了。

广东省公安厅开通的微博@平安南粤是新浪微博上第一家粉丝超百万的政府机构微博，以认真而风趣的态度与网友互动，及时发布公安消息，面对质疑能及时反馈，与外地公安微博在网上联合办案，可谓与时俱进、开放亲民。@平安南粤的博主之一刘博认为，他们代表官方微博的重要一条准则是"不做五毛，不穿马甲，在法律框架内，有什么问题都可以讨论"。他们不哗众取宠，尊重事实，就事论事的稳重态度正是遵循了"适可而止，留有余地"的宣传原则，并因此获得民众好感。

政务微博在宣传中应做到关键时刻发出声音，平常工作表现态度，逢年过节嘘寒问暖，面对质疑坦诚客观，语言有分寸，不可把话说死，对于是非问题，说事实不说程度；对于事故，重讲态度慎讲结论，在宣传上要留有回旋余地。

六、老子的损益观与微调策略

老子说："为学日益，为道日损。损之又损，以至于无为，无为而无不为。"（四十八章）又言："重积德则无不克，无不克则莫知其极，莫知其极可以有国。有国之母可以长久。是谓深根固柢，长生久视之道。"（第五十九章）老子以发展的眼光看待事物的趋势，善于从一点点微小的变化中发现"道"之精进的方法，主张无为，其实是不妄为，那么任何事情都可以有所作为。他重视积德，认为要防患于未然，在问题出现之前，就积累足够的德，那么什么事都能克服，从而获得无穷的力量，可以领导国家，长治久安。

这些言论体现了老子见微知著的损益观，所谓"不积跬步，无以至千里；不积小流，无以成江海"老子很早就提出了"微调"的宣传策略，主张对受众进行一步一步的引导，一点一点的影响。

把老子"微调"的宣传技巧应用到政务微博当中，可以理解为，每一条微博都会影响博主的公信力和影响力，在一天天的发言、评论和转发中，日积月累地培养信誉。因此，当负面事件发生时，政务微博就很容易引导网络舆论，达到预期的宣传效果。这一点也符合沉默的螺旋理论，如果多个公众影响力强大的政务微博在某一事件发生后统一口径，其宣传效果会越来越大，反对者的声音就越来越小，所以好的政务微博不需要刻意宣传或有所作为，只需要在一条条微博中巩固立场，就可轻松达到宣传目的。即所谓"无为便能无所不为"。

被称为"政府微博第一名"的 @ 平安北京就是一个很好的例子，它是北京市公安局官方微博，开通两年多来，本着"人人是形象、件件有回复"的原则，发布各类咨询上万条，粉丝达到 400 多万人，其影响力可见一斑。这么强大的影响力来源于管理者对微博年复一年、日复一日的苦心经营，他们推出"平安北京直播间""微试验"等网上互动栏目；组织了恳谈会、观摩特警演练、参观解读康复中心、观看影片《社区民警故事》等一系列线下活动；开通"平安北京微博群"；还组建了"平安北京粉丝挑刺专家团"，给网友提供一个向"平安北京"挑毛病、提建议的新渠道。@ 平安北京依靠一个个小活动、小栏目，拉近了与民众的距离，慢慢聚集人气，赢得民心，最终成为好评最多的政府微博，正是"微调"技巧在政务微博中的灵活运用。[①]

七、老子的民本思想与扮演角色策略

老子非常善于换位思考，尤其是从人民的角度进行思考，他主张"轻君""重民"，认为民是君之本，反映出浓烈的民本思想。他说："民之饥，以其上食税之多，是以饥。民之难治，以其上之有为，是以难治。民之轻死，

① 卢金珠:《微博问政》，东方出版社，2012 年版，第 231 页。

以其求生之厚，是以轻死。"（第七十五章）老子提出，人们之所以遭受饥荒，是因为统治者收取的赋税太多；之所以难以治理，是因为统治者肆意妄为；人民之所以看轻死，是因为统治者过于追求奢侈。老子从百姓的立场换位思考，发现统治者作为的不合理之处，警示统治者不可一味维护自己立场，施行苛政，不顾民意。

老子的民本思想在宣传活动中可以理解为，以受众为本，从受众的所需所想为重点进行宣传报道。正如李良荣教授对"扮演角色"的宣传策略所要求的那样，扮演角色在宣传工作中以两种形式达成：一种是思想上设身处地地从对方立场思考问题；另一种是从行动上扮演角色，也就是到对方的环境中亲身体验。①

在政务微博中，也有一些官方微博不与网民互动，喜欢以权威发布的形式来发出声音，但是往往效果不理想，反而招致民众反感。如有的微博由地方政府新闻办开通，关注的对象只有寥寥几个人，非常有限；发布的信息少，而且内容多为官话，很多时候直接将新闻稿搬上了微博；形式上也非常单一，从不发图片或视频，只发布本部门的文字政令；最重要的是，极少与网友互动，对网民提出的质疑往往视而不见。不少网友评价该类微博是活在自己的世界里、苍白无力等等。还有一些政府高级官员开通微博后只潜水，不敢直面群众，或者受到一点质疑就匆匆关闭微博，不善于利用微博这个互动平台，徒有虚名。

因此，一个好的政务微博，应该多关注民声、关注舆论领袖、关注社会各界优秀人才，尊重学者、专家、社会名人，要善于站到民众的立场上，向他们学习，接受他们的正确观点，转而宣传给广大网民，而不是把自己当成一个高高在上的传播者角色。简言之，政务微博的管理者应融入群众，善于以他人为师，善于放低身段，变换立场看问题。

八、老子的慈爱思想与奖励优于惩罚策略

《道德经》中处处透露出对自然和人民的大爱，他强调"仁""慈""善""德"，主张公平、和谐、仁爱，这些都是他慈爱思想的体现。他说："民不畏死，奈何以死惧之？"（第七十四章）还说："善者吾善之，不善者吾亦善之，德善；信者吾信之，不信者吾亦信之，德信。"（第四十九章）"人之不善，何弃之

---

① 李良荣：《宣传学导论》，福建人民出版社，1989年版，第245页。

有？"（第六十二章）这里讲的就是一种奖励优于惩罚的原则，老子认为，使用惩罚和暴力来治理国家是没有用的，因为人民不畏惧死亡，只有给予一定的善待和奖赏才能达成治理效果。对于那些不善之人，应该宽宏大量，鼓励他们改善自我，这样人民才更愿意向善，这与"奖励优于惩罚"的宣传策略不谋而合。

李良荣提出，在宣传中，应鼓励人们改变现状，为追求更美好的状态而接受宣传。因为惩罚性（劝服）宣传的最大报酬仅仅是保持现状，不使事态变得比现在更糟，一旦人们感到他们可以保持现状，那就不愿接受宣传，这就是说，促使人们接受宣传的动力不大。而奖励性宣传的报酬却是超越现状，使事态变得比现在更好，鼓励人们去追求它，这对人们产生很大的吸引力。①

在政务微博中，奖励其实很容易实现，因为这里所说的奖励并不只是物质奖励，也包括精神奖励。因此，政务微博的博主可以结合自己部门的工作向网民提供相关事务的咨询，普及法律法规知识，弘扬正确的价值观、传递正能量，对于积极协助相关部门处理政务的网友进行点名表扬甚至物质奖励等，开辟网上施政的新渠道。厦门市公安局微博 @ 厦门警方在线就曾通过微博悬赏 5000 元征集案件线索，最终在极短的时间内找到凶手，推动了案件的迅速解决。对此，@ 厦门警方在线还专门发微博对协助破案的网友们表示真诚感谢。

因此在宣传中，要使某项政策更容易让人民接受，应该寻求大家的利益共同点，将之与人民切身利益结合起来，让人民体会到接受该政策的益处，对发表异议者持宽容态度，而不是颁布一条又一条禁令，站到民众的对立面，以居高临下的姿态发布恐吓或惩罚性的信息。

九、老子的"弱者道之用"思想与同工异曲策略

老子说："反者道之动，弱者道之用。"他认为，"道"不仅来源于"正者""强者"，也同样受益于"反者""弱者"，即天下之"道"可借助同工异曲策略而得。就《道德经》一书而言，老子在很多章节中采用不同的阐发，即"异曲"，来表达同样的道理，即"同工"。

老子显然擅长同工异曲的表达技巧，综观他的《道德经》就会发现，他

---

① 李良荣：《宣传学导论》，福建人民出版社，1989 年版，第 250 页。

对某个道理的阐发往往会在不同的章节中，从不同的角度加以解释；或者在同一篇文章中列举丰富的例证。比如，他在阐述"柔弱胜刚强"这个道理时，在七十六章中说："人之生也柔弱，其死也坚强。草木之生也柔脆，其死也枯槁。"就是说，植物的幼苗虽然柔弱，但是它能从柔弱中壮大；相反，等到壮大了，反而接近死亡。在四十二章中，老子又说"强梁者不得其死"，即处在柔弱的地位就会转为坚强，就可以避免走向死亡的结局。在七十八章提出："天下莫柔弱于水。而攻坚强者，莫之能胜，以其无以易之。弱之胜强，柔之胜刚，天下莫不知，莫能行。是以圣人云，受国之垢，是谓社稷主；受国不祥，是为天下王。正言若反。"（第七十八章）老子亲身践行了同工异曲的宣传技巧，他认为，"道"是殊途同归的，因此为了达到宣传效果，政务微博应不拘一格，采用多种形式进行宣传。

李良荣指出，宣传内容往往在一个时期内需要重复，但机械重复往往使受众厌烦，这时就需要从不同角度，运用各种事实加以宣传，即一个主题，多种角度。[1] 对此，老子也说："言有宗，事有宗。"意思就是说，言语要来源于事实，当阐释同一个道理时，应结合世间万象，运用多种事实材料，丰富表达方式，深入浅出，才更容易让受众理解，即"同工异曲"的宣传策略。

受群众喜爱的政务微博往往能以多种多样的形式传递信息，语言风格时而活泼，时而犀利，时而严肃；或是灵活运用文字、图片、视频等各种载体，给受众眼前一亮的感觉。如中央部委开通的第一个微博 @外交部小灵通，它以轻松幽默的语言引起网友围观，时而卖萌，时而撒娇，时而搬出"淘宝体"，时而端庄贤淑，时而又严肃细心，让外交信息以生动活泼的形象走进网友生活，大大改变了人民对外交部的刻板印象。有网友大呼："原来外交也这么有爱！"

总之，政务微博要善于使用多媒体。单纯的文字信息比较抽象，因此结合图片、视频、音频或者其他形式进行宣传，会比文字更具有说服力。同时，语言表达不清楚的地方，画面更加善于展现，用几百字才能说清的事情，一两个镜头就能使人明白，从而达到异曲同工的目的。因此，政务微博需要拓宽表现形式。

---

[1] 李良荣:《宣传学导论》，福建人民出版社，1989年版，第253页。

十、老子的圣人观与树立典型策略

其实，老子在《道德经》中处处都在树立一个典型的"圣人"形象，他说："是以圣人处无为之事，行不言之教，万物作焉而不辞，生而不有，为而不恃，功成而弗居。夫唯弗居，是以不去。"（第二章）"是以圣人之治，虚其心，实其腹；弱其志，强其骨。"（第三章）"重为轻根，静为躁君。是以圣人终日行不离辎重。虽有荣观，燕处超然。奈何万乘之主，而以身轻天下？"（第二十六章）"故圣人云，我无为而民自化。我好静而民自正。我无事而民自富。我无欲而民自朴。"（第五十七章）从这些内容不难看出，老子对"圣人"极为推崇，希望所有人都能成为"圣人"。为了树立这个典型，他在大量章节中列举事例、描述其行为举止、传达其思想观念，对"圣人"的各方面情况进行了深入介绍。老子塑造"圣人"形象的方法与现代宣传活动中树立典型人物形象的方式非常相似，极具启发意义。

树立典型是我国新闻宣传中经常用到的手法。如，@平安北京的页面中专门开设一个版块——十大警察群，对公安民警中的十名优秀典型人物进行宣传，1月20日笔者看到的十大典型警察有：@吕岩SWAT、@我就是一片儿警、@孟昆玉微博、@北京南大门的守护者——王聪颖、@双榆树派出所便衣老张、@李国平微博、@首都消费_王伟、@警营花木兰匡岩、@传说中的女网警、@刑警曹志刚。这个版块提供了十位典型人物的微博链接，网友很方便地就能进入他们的个人微博页面了解这些典型人物的详细信息。同时，该微博还在页面最上端居中位置发布大的新闻图片，多为民警基层工作的特写镜头，这也是树立典型的手段之一。

由此可见，政务微博中也可以采用多种形式树立典型，应大力宣传遵纪守法的典型人物、典型事例、典型群体，要借助典型的力量，摆事实、讲道理，宣扬社会主义核心价值观，在网民中树立威信。

老子在几千年前就为我们提供了丰富的宣传思想和宣传技巧，这些思想至今依然具有启发意义。政务微博在我国还是一个新兴事物，考验着政府和官员接受新事物、适应新媒体舆论的能力。尽管已有部分官员或政府机构开始大胆尝试运用微博宣传政务，然而多数政府部门和官员都还在摸索当中，他们还不熟悉微博宣传环境，不适应微博舆论圈，不懂得微博宣传的技术手段，有时宣传效果适得其反。因此，老子的宣传思想对政务微博如何达到宣传效果有很好的借鉴价值，能为政务微博提供一系列宣传技巧，提高政务微博的宣传效果。因此，政务微博的管理者有必要深入研究老子的宣传思想。

（高庆龄　谢清果）

第二十一章　老子智慧与现代广告宣传技巧和企业美誉度宣传策略

　　《老子》一书所蕴含的思想不仅对我国古代思想文化的发展作出了重要贡献，其思想的精华已经涉及现代社会的方方面面。它以其特有的智慧告诉人们应该如何遵循生命之道、社会之道和宇宙之道。老子的思想对现代广告宣传也有一定的启迪，有待我们去挖掘和研究。因此，我们以《老子》一书中所表达的思想为研究对象，主要从现代广告的宣传技巧与企业如何通过对企业美誉度的塑造来进行宣传这两方面来进行研究论述。

　　《道德经》短短五千余言，以"道"为核心，建构了上至帝王御世，下至隐士修身的思想体系，包含着丰富的哲学思想，在中国思想文化上占有十分重要的地位，老子的主要思想都集中在这本书里，老子也因此被推为道家学派的创始人。《道德经》几乎涉及当今社会的所有问题，它以特有的智慧告诉人们如何遵循生命之道、社会之道和宇宙之道。[①] 几乎各行各业的问题都可以通过《道德经》来进行解答，因此，历代研究老子思想及《道德经》的学者都有很多，甚至有很多学者穷其毕生的精力来研究老子的思想，研究《道德经》。

　　在古代关于老子思想的研究中，仅我们目前所能见到的，就有《庄子》对老子思想的继承发展，有《韩非子》中的《解老》《喻老》篇；有河上公的《老子道德经章句》和严遵的《老子道德经指归》；王弼的《老子道德经注》更被视为《老子》注作中的经典；还有唐初傅奕根据北齐时发现的项羽妾墓

――――――――――
　　① 赵建军：《老子管理思想论述》，山东大学硕士学位论文，2008年，第18页。

中的古本整理成的《道德经古本篇》等①。据王重民1927年所著的《老子考》统计,流传下来的就有450多种。到现代,学者们对老子的研究更是从现在社会的方方面面来研究老子的思想。

在老子的思想中,"道"是核心,老子认为"道"是第一性的,世间万物皆由"道"而来,是第二性的。所以他说"道"是"万物之宗"。老子心中的"道",指的是宇宙中存在的一种物,无始无终,无边无际,不断演变,演变出天地万物,并形成了人和人类社会。即老子所言"道生一,一生二,二生三,三生万物"。②

老子思想以"道"为核心,就是老子讲求要遵循自然规律,认为自然规律是必须遵循的,其主张"守柔",推崇"不敢",老子的主张是明确的,老子认为自然规律是柔弱不争的,他遵循自然之道,贵柔弱,不贵强悍妄为;贵卑下,不贵高上贵重,指出自然之道是不可违背的。

"无为而治"也是老子思想的核心。"无为"通过"有为"来体现,以"无为"实现其"无不为"。"无为"是道家思维中一种基本的思维工具,道家认为,使用"无为"的手段去处理一切事务所取得的效果要远远超过"有为"的手段。其"无为"不是无所作为,而是一种遵循自然规律、辅助而不占有、服务而不居功、顺应而不横加干涉的做事、处世态度。③《道德经》之精华是含有朴素的辩证法思想,它揭示出世界上的事物都包含有矛盾对立的两个方面,互相依存,相辅相成。如美与丑、难与易、长与短、高于下、前与后、有与无、祸与福、强与弱、刚与柔、多与少、实与虚、智与愚等等,都是对立的统一,相反而又相成。他指出:"有无相生,难易相成。"④

总之,老子是我国古代伟大的思想家、哲学家、道家学派的创始人,世界百位历史文化名人之一,连美国的《纽约时报》都将列其为世界十大古代作家之首。他的不朽之作《道德经》开创了我国古代哲学思想的先河,被公认为世界上最古老的哲学经典。虽然只有短短五千余字,却包含了丰富的哲学思想,在中国思想文化上占有十分重要的地位。《道德经》的精髓无为、守柔思想几乎涉及了现代社会的各个领域,老子思想对广告宣传方面的研究也有一定的指导意义。

---

① 赵建军:《老子管理思想论述》,第45页。
② 许抗生:《老子与道家》,宗教文化出版社,2012年版,第32页。
③ 袁劲松:《道德经今解——道家思维活学活用》,中央编译出版社,2009版,第10页。
④ 李梅梅:《关于老子思想现代意义的思考》,《理论界》,2003年9月。

第一节　老子宣传思想与企业管理

郭志坤的《先秦诸子宣传思想论稿》是学界研究《道德经》在宣传方面的研究比较早的论著。书中指出先秦诸子的宣传活动是客观存在的。古籍上的"上说下教""驰说""行说"等都是宣传活动的写照。① 虽然"宣传"一词是现代的词汇，但宣传所指的内容古代可以有，正像"逻辑"一词是现代的，而且是外来语，但古代可以有逻辑思想。②

在《道德经》宣传方面的研究，学者们多是从企业管理、企业经营的层面来谈宣传。而研究道家管理思想的专著也不多，比较有学术价值的是张绪通《道学的管理要旨》、杨先举《老子与企业管理》、潘乃裰《老子与现代管理》和田云刚、张元洁《老子人本思想研究》在刘世英、万资姿的《老子的财富——经营的高境》，这本书中也从企业经营的角度提及对宣传策略的研究。

"无为而治"是老子思想的核心。"无为"不仅是道学的核心内容，也是我国传统文化中最能体现管理内容的智慧结晶。不难发现，老子的"无为"思想其实包含着广泛而又深刻的管理内涵，并非玄之又玄的空泛理论，而是中华传统管理思想的精华。老子的"无为"思想实际上向我们提供了一种管理的模式。"无为"通过"有为"来体现，以实现"无不为"，即"为—不为—无不为"，这是一个完整的管理过程。③

管理讲求艺术。"无为"思想讲求"不争"和"守柔"之智。老子在《道德经》第六十六章道："以其不争，故天下莫能与之争。"运用在管理方面，则是将自己处于柔弱的位置，充分发掘潜力，扬长避短，后发制人，便能攻无不克，无往不胜。④

学界已有的这些研究成果，虽然专门研究老子的宣传思想的论著不多，但其丰富的内容，已涵盖了哲学、文学、美学、社会学、军事学、医学等诸多领域，对当代构建社会主义和谐社会具有重要的人文价值。这些在其他领域的研究思路和方法，为我们研究老子的宣传思想也有重要的启发和借鉴

---

① 郭志坤:《先秦诸子宣传思想论稿》，福建人民出版社，1985 年版，第 6 页。

② 闻纪之:《宣传史应予重视的学问——先秦诸子宣传思想论稿读后感》，《新闻战线》，1986 年第 1 期。

③ 刘世英、万资姿:《老子的财富》，中国民主法制出版社，2007 年版，第 34 页。

④ 袁劲松:《道德经今解——道家思维活学活用》，第 296 页。

意义。

老子是中国古代伟大的哲学家、思想家、道家学派的创始人，他所撰述的《道德经》开创了我国古代哲学思想的先河。他的哲学思想和由他创立的道家学派，不但对我国古代思想文化的发展，作出了重要贡献，对我国2500多年来思想文化的发展，也产生了深远的影响。

老子思想以"道"为核心，就是老子讲求要遵循自然规律，认为自然规律是必须遵循的，其主张"守柔"，推崇"不敢"，老子的主张是明确的，老子认为自然规律是柔弱不争的，他遵循自然之道，贵柔弱，不贵强悍妄为；贵卑下，不贵高上贵重，指出自然之道是不可违背的。老子主张的"无为而治"，是通过"无为"来实现"有为"，"无为"是道家思维中一种基本的思维工具。老子之所以力主"无为"，因为他深感"有为"之政带来的祸害。①道家认为，使用"无为"的手段去处理一切事务所取得的效果要远远超过"有为"的手段。其"无为"不是无所作为，而是一种遵循自然规律、辅助而不占有、服务而不居功、顺应而不横加干涉的做事、处世态度。②道家思想认为无为胜有为，要通过无为的方式来达到有为的效果。

老子主张的道是一种守柔的思想，认为自然规律是必须遵循的，要勇于选择合适的方式来应对问题才是正确的，肆意妄为的"敢"则是无为之勇。老子的思想中，自然规律是必须遵循的，要勇于选择合适的方式来应对问题才是正确的，宣传亦是如此，采用适当的方式来进行宣传，才能得到预想的效果。

第二节　老子宣传思想与现代广告宣传技巧

老子的思想几乎可以涉及现代社会的所有问题，它以特有的智慧告诉人们如何遵循生命之道、社会之道和宇宙之道。③几乎各行各业的问题都可以通过《道德经》来进行解答。因而在老子的思想中，其对广告宣传方面的研究也有一定的指导意义。

---

① 郭志坤：《先秦诸子宣传思想论稿》，第35页。
② 袁劲松：《道德经今解——道家思维活学活用》，第99页。
③ 赵建军：《老子管理思想论述》，第18页。

一、《道德经》里的受众本位思想

受众本位思想是指大众传播媒介在传播信息的过程中，应最大限度地维护受众利益，以满足受众的需要为己任，以提高受众的思想、政治、道德和科学文化等素质为目标，全心全意为受众服务。[①] 受众本位概念的提出，改变了以往以传者为中心的传播模式，要求传者要以受众为中心，做让受众乐于接受的事情，在广告宣传上表现为要顺从消费者的心理及行为习惯。

在《道德经》的第四十九章论到"圣人无常心，以百姓心为心。"可以意译为：有智慧的人无我没有成见，以百姓的意志为意志，以万民利益为至上。这在广告应用中，其所指即为受众本位的思想，要求广告者要以受众为中心，做让受众乐于接受的事情，决不通过欺骗的手段来进行传播，以诚信为原则，用真诚来打动受众，合法经营。

海尔集团是全球大型家电第一品牌，连续 11 年蝉联中国最有价值品牌榜首。从 1984 年创立至今，海尔已经成为我国可谓家喻户晓的家电品牌。海尔的成功，靠的就是企业对产品质量的保证和对客户真诚的服务。

客户购买产品后，最担心的就是产品售后的问题，因此，企业对产品的售后保障就成了顾客最为关心，因为对产品的售后保障增加了产品成本，也成了企业最难做的部分。虽然现在绝大部分企业都已经认识到了售后服务的重要，也有了比较好的售后服务保证，但海尔集团的确是我国对产品售后服务进行保障，做得比较早，也做得比较好的企业。海尔除对产品本身进行严格的质量把关之外，只要产品出现质量问题，在保修期内，海尔集团保证免费上门维修，在保修期外，也只收基本的零件成本费，真正让顾客买的放心，用的舒心。也正是因为这样，海尔才从一个国内的小公司，发展成为跻身全球 500 强的国际企业。海尔集团正是企业以诚信为原则方能长久发展的典型代表。

二、"柔弱胜刚强"——策略竞争

策略竞争是指企业通过寻找具有某种其竞争对手所无或相对缺乏的特殊能力，以便能更有效、更经济、更快捷地为顾客提供所需的产品和服务。

在现代市场的激烈竞争中，如何扩大知名度吸引消费者的眼球，抓住消费者的心已经成了广大企业商家们关注的焦点。多数消费者喜欢"求新""求

---

① 陈崇山：《受众本位论浅析》，《新闻纵横》，2003 年第 1 期。

异"①。因而经营者大都会绞尽脑汁的营造一个宣传、促销的购物环境，使其在激烈的市场竞争中站立一方。

在老子的思想中，其也提倡柔弱胜刚强的思想，在全文多处体现此思想观点。在《道德经》第七十三章中写道"勇于敢则杀，勇于不敢则活"。译成现代文，其意是勇于表现刚强就会送命，勇于表现柔弱反能生存。第七十四章"故坚强者死之徒，柔弱者生之徒。是以兵强则不胜，木强则兵。强大处下，柔弱处上"。在现代汉语中，其义为坚硬的东西属于死亡一类，柔弱的东西属于生机一类。所以用兵逞强就会遭到灭亡，树木强壮就会遭受砍伐。还有，第七十六章写道"弱之胜强，柔之胜刚，天下莫不知，莫能行"。在现代汉语中，其义为软弱能够战胜强壮，温柔能够战胜刚硬。普天之下没有人不知道，却没有人去践行。这些语句都体现着老子柔弱胜刚强的思想。

老子所提倡的柔弱胜刚强的思想，在市场竞争中的所旨并不是要提倡守旧，保守不创新。其所提倡的是要量力而行，要策略竞争。在"敢"与"不敢"间权衡，是在除硬碰硬竞争之外，开创新的市场，进行"差异竞争"。亦可理解为是，要抓住消费者，即要抓住消费者求新求异的心理。而如何寻求"新异"可以从广告投放的"时间差""空间差""销售渠道差"以及差异技术开发等几个方面来进行。

现代市场上，广告铺天盖地，各种商品琳琅满目，市场竞争激烈。商家们都斥巨资投放在广告宣传中，但收益却并不一定都与投入成正比。如何"求新异"，联通的成功给了我们巨大的启发。

在中国，联通、移动、电信三家在通讯业处于三方鼎立的状态，相互之间竞争激烈。而联通在 2008 年将 CDMA 项目的网络卖给了电信之后，当时很多用户就开始猜测，是不是联通不行了，已经开始卖资产了。恰巧，当时正好是联通看准智能机市场，最先开始做 3G 业务，而移动和电信都还没有消息。但 3G 业务在当时的中国来说并不普及，能使用 3G 业务所需的智能手机在国内的普及率还很低，且费用也较高，所以很多人也都还不支持 3G。在现在看来，当时正是 2G 和 3G 之间过渡的时期，而当时联通恰好顺应国家的统筹安排把 CDMA 网络卖给了电信，而自己又一枝独秀地推出了 3G 业务。这就引起了很多人置疑，并且，在大多数人眼中，联通是走了一步坏棋。但不久，联通又第一家推出预存话费送 iphone4 的活动，这项活动一出来，很

---

① 赵建军：《老子管理思想论述》，第 44 页。

多人就都跃跃欲试，自此之后，联通的发展越来越好。现在看来，靠着 3G 这一块，联通赢得了很多的用户，不仅是联通用户，就连电信和移动的用户在了解了联通的 3G 网络后，都对联通的 3G 业务赞誉有加，可以说在 3G 这场仗中，联通是个赢家。联通这场仗打得如此成功，除了求得"新异"之外，其领先于移动和电信的"时间差"，更是联通取得成功的关键所在。因而"差异性"竞争，才是攻占消费者领域，让企业深入消费者内心的法宝。

三、"将欲夺之，必固与之"——小损换大利

有时候，企业对产品在广告上大量投入，但其回报并没有立竿见影的体现在企业的数据报表上，但并不一定表示这次的广告就是失败的。小损换大利其实就是一种舍得投资，即通过一些打折或赠品的方式来刺激受众消费，虽然可能造成短期内一定程度的损失，但是从总体或长远看，短期的损失会带来更好的发展。

在老子的思想中，其在第三十六章写道"将欲夺之，必固与之"。其现代汉语意思为想要夺取，必先给予。其在市场上则表现为，让别人有"取"自己，才有可能"取之"。

同样还是联通的例子，联通在大手笔的投入 3G 业务后，为增加其噱头，还推出了预存话费送 iphone 的活动。但据联通的业内报表来看，联通做的存话费送 iphone 的活动是一项赔钱业务，每年在这一块显示的收益数据都是几千万的负值。但联通还是坚持做下来，为的就是吸引客户。事实证明，联通的执着的正确的，不论其此项业务是否为负债，但其推出的活动噱头够大，且也推动了市场上智能机更新换代的速度。使得 3G 业务的使用范围越来越大。而其 3G 网络使用便利，受到了越来越多客户的喜爱，同时也吸引到了很多高端客户。由于联通掌握了这些方面的先机，抢到了一大批的客户。后来，电信还与联通在 iphone 新一代的首发定制机中激烈竞争，如果不是此项活动宣传效果够好，电信怎么会紧随其后的来蹚这赔钱的浑水。

毛泽东也说过"市场交易，买者如果不丧失金钱，就不能取得货物；卖着如果不丧失货物，也不能取得金钱"。市场收益，不单单是一个项目的投资收益，看的是总体，一个项目的亏损如果带来整个企业的收益大增，怎能不是一个成功的项目，这样的宣传投入，不得不说是一个值得的方式，是一个成功的策略。

第三节 老子宣传思想与企业美誉度的塑造

老子的思想很多是站在治国的角度来看待问题，这与老子所处的地位及历史背景有很大的关系。其实，管理企业同治国的道理也是一样的，老子的思想同样适用于对企业的管理。一个企业管理得好不好，管理者处事的态度是怎样，与企业形象有很大的联系。而一个企业的企业形象，应该是企业宣传的核心部分，企业在消费者心中的形象，才是一个企业能够长期发展的关键所在。

一、企业经营——上善若水

企业经营指企业经营者为了获得最大的物质利益而运用经济权力用最少的物质消耗创造出尽可能多的能够满足人们各种需要的产品的经济活动。但企业经营不能只是一味追求得而不论舍。事物均有两面性，企业经营亦如此，企业要在社会中得到更好的发展，经营方式就要在社会效益与企业效益中寻求平衡，把握"舍得"。

老子思想推崇不争，讲求舍得。在《道德经》的第八章中写到"上善若水，水善利万物而不争"。现代汉语的意思就是说，凡是符合"道"体的人就像水一样，水善于帮助万物，但水从不与万物争短长。上善若水，水善利万物而不争。这是天之道、人之道，这在市场竞争中，我们可将其"不争"理解为，是通过利人而成就利己的目的，这是经营之道。①

企业除了对商品进行广告投放的宣传外，想要长远发展，就是要注重其经营之道，通过好的宣传策略，来提高其自身的美誉度。

二、企业美誉度的塑造——不争、舍得

企业美誉度是指大众心中的企业及其产品的品牌形象和市场地位，是市场中人们对企业的好感和信任程度，它是现代企业形象塑造的重要组成部分。

老子在《道德经》的第七章写道"天长地久。天地所以能长且久者，以其不自生，故能长生"。其现代汉语的解释是天很早就有了，地很早就有了，天地存在的时间亘古而久远。天地之所以能够长久存在，是因为它生存不是为了自己。其所表达的就是长久之道。企业要发展，必定按照长久之道来发

---

① 赵建军：《老子管理思想论述》，第26页。

展。对企业美誉度的塑造，就是一项长久发展的策略，企业的美誉度如何塑造，本文就从以下两个例子来论述。

（一）企业对员工的福利

《道德经》第七十三章写道："天之道，不争而善胜，不言而善应，不召而自来，繟然而善谋。"其现代汉语的意思为自然的规律是，不斗争而善于取胜；不言语而善于应承；不召唤而自动到来，坦然而善于安排筹划。

道家思想推崇"不争"，讲求"舍得"的因果关系。老子认为"舍"与"得"是一个付出与收获的关系，小舍小得，大舍大得，不舍不得。"舍"的主观目的是为了"得"，得的目的是为了自己不是为他人，但在主观为自己的同时，客观上也同时顺应自然之道造福苍生。[①]

"海底捞"的服务好在业界是出了名的，很多顾客都是冲着海底捞的服务而去海底捞吃饭。而海底捞的服务为什么好？除了企业自身的严格要求外，其给员工的福利待遇好，也是原因之一。让员工给顾客好的服务，首先要让员工过得好，这是海底捞老板的经营之道。虽然很多员工只是在店里做服务员，提供更好的福利待遇对企业老板来说无疑是增加了一笔大的开销，但是老板从企业的长远发展来经营，投入了这笔开销，老板舍弃了部分的钱财，在一定程度上自己赚的少了一部分，这是海底捞老板的"舍"，但是，其员工严格要求自己，更好的投入工作，给顾客提供了满意的服务。这又在另一方面提高了企业的营业额，且增加了企业在顾客心中的好感度，这对企业、对员工、对顾客来说，都是有利的，这就成了海底捞老板的"得"。有"舍"才有"得"，"舍""得"是相互影响的，通过增加员工福利来保证服务质量，以提高企业美誉度的经营方式，是一个多赢的决策。

（二）对公益事业的贡献

《道德经》第八十一章写道："圣人不积，既以为人，己愈有；既以与人，己愈多。天之道，利而不害。圣人之道，为而不争。"现代汉语的意思就是说，圣人帮助别人全力以赴，帮助了别人，自己反而更充实；把一切给了别人，自己反而更丰富。天的正道是，对别人有利而无害。圣人的正道是自己努力去做，不与人争夺。不争、舍得，虽然表面上看似吃亏了，但从长远来

---

① 袁劲松:《道德经今解——道家思维活学活用》，第321—324页。

看，才真是占了大的便宜。

加多宝集团在汶川地震后，其宣布捐款 1 亿元，当这个消息公布出来之后，其社会公益产生的口碑效应立即在网络上蔓延，许多网友第一时间搜索加多宝相关信息，加多宝网站随即被刷爆。"要捐就捐 1 个亿，要喝就喝王老吉！""中国人，只喝王老吉"等言论迅速得到众多网友追捧。

俗话说，好人有好报，善有善报。老子所说的"为而不争"其实也是这个道理。虽然表面上看这只是一个企业在国人受难之时，给予了力所能及的帮助。但对一个中型企业来说，拿出一个亿来捐款，不能不说是震撼人心的。正是因为震撼了国人的心，在这捐款事件之后，加多宝集团在公众心目中的美誉度，比其之前在央视投放更多的广告费都要提升得快很多。我们不能说加多宝当初拿出巨资捐款就是为了这样的效益，我们应该要看到的是，一个企业对国人的爱心，对其企业美誉度的塑造，有多大的能动作用。

所以，企业做宣传，不是一味地砸钱做广告，广告费越多，效益就越好。在强大的市场竞争面前，树立企业的良好形象，使顾客对企业产品及企业本身产生好感，从而培养和提高品牌忠诚度，使企业达到巩固和扩大市场占有率的目的。

广告宣传可分为三个层面：广告市场投放、促销刺激还有就是通过企业形象的塑造来进行宣传。在老子思想中，以受众为中心的"新异"的思想在广告市场投放这一部分中有很大的指示性意义。但在其思想中，主要还是强调广告的高级宣传的重要作用，强调企业形象的塑造，美誉度的提高是企业宣传的关键。宣传是要讲究方法的，宣传不是只要投入大钱就会有好的收益回报，但要有好的收益回报，宣传的投入一定是必不可少的，如何拿捏适当的度，就是老子思想所要表达的精髓所在。老子思想包含了丰富的人生智慧，面对现在竞争日益激烈的社会，老子的思想在很多方面都能给我们很大的启示。学习老子的思想，保持清醒的头脑，才能获得更好的发展。

（陈颖艳　谢清果）

第六部分　老子思想的舆论学价值

第二十二章 老子论"水"的特性
与微力量舆论监督机制

　　水乃生命之源，万物之本。《老子》中多个章节提到"水"，老子提倡道，道是无形的，而其认为水"几于道"，水最接近道的本质和核心。关于"水"的意象可以有多方面解读，本章分析"水"的性质及其哲学内涵，结合传播学理论，将水隐喻为新媒体环境下的"微力量"，探讨微力量舆论监督机制与水的性质之间共通之处。以时下热门的新媒体舆论监督案例，来进行具体分析。然而，微力量不及"水"之博大，尚存在很多局限及不足，以水为道，微力量舆论监督应更多参考《老子》中水的性质，不断完善自身才能达到舆论监督的目的。

　　老子思想的核心在于"道"，《老子》第一章就明确提出："道可道，非常道；名可名，非常名"，这种道是不可名传的，因为道的无形，如若用有形的东西来束缚道，就违背了老子的本意。

　　而《老子》第八章中，引出了水的意象"上善若水，水善利万物而不争，处众人之所恶，故几于道"。在此处，老子把道的本质用水的性质来表现，认为水是最接近道的存在。于是，水的性质及其意象便值得去研究，来更好的学习老子的思想。

　　结合传播学相关理论及其新媒体的运用，本章通过对比《老子》中水的性质与新媒体力量舆论监督机制，总结出二者共通的部分，不仅加深对老子"道"的思想认识，同时也能把握新媒体舆论监督的一些特点及局限。

第一节 水的哲学内涵与舆论监督效果的期待

一、中国哲学中的水的思想

中国古代关于水的哲学思想是中国古代自然哲学的精华，早期的思想家们都提出水乃万物本源这种朴素唯物主义思想。《淮南子·原道训》里认为：水，"上天则为雨露，下地则为润泽；万物弗得不生，百事不得不成"[①]，认为所有的物质都离不开水。中国古代的"五行说"认为"金、木、水、火、土"是世界的本原。范洪、王安石提出，"五行：一曰水，二曰火，三曰木，四曰金，五曰土"，水居"五行"之首。最具代表性的是春秋时期齐国丞相管仲，《管仲·水地》则全面叙述了水之性质及其哲学思想，《孙子兵法》中也提到"水无常形，军无常势[②]"。《老子》则将水誉为最"几于道"的存在，上善若水，水至柔则刚。可以说，中国古代哲学思想中，水被赋予了至高的意义，从宇宙秩序原理，到伦理道德、人与自然的关系，不仅反映了早期朴素唯物主义，也带有一定的自然辩证思想，比如水的清浊，水的动静，水的形态等在特定条件下都能相互转换。

二、老子"水"的意象与无为期待

纵观"老子思想"与"水"的研究文献，其中相关性比较大的文章有《上善若水——读老子的〈道德经〉》《老子阴柔美思想研究》《艾兰研究中国思想史的方法——以〈老子〉中水的隐喻为例》《论老子思想中"水"的性质》。通过分析这些文献，可以得出一些对于老子思想中"水"之意象的研究成果：《老子》中水意象的基本表现有几个方面，第一，柔弱胜刚强；第二，上善若水；第三，水的"虚静"。另外，研究老子思想水之意象的文章还分析了其哲学依据。第一，老子整篇思想核心是"道"，天道与人道，道是老子哲学的最高范畴，然后以"无"和"有"来称道，表明道由无形质落向有形质的这个过程；第二，老子思想的唯物辩证法；第三，水之意象与道的本体生成性，水孕育了文明，也是生命力和生命体的发源和供给。

《老子》水的性质研究集大成者，不得不提到美国学者艾兰，在他的《水

---

① 刘安：《淮南子》，广西师范大学出版社，2010年版，第4页。
② 孙武：《孙子兵法》，北京翰海行知文化有限公司，2012年版，第17页。

之道与德之端》^①一书中,就提出《老子》中的道,是以溪流和水道为本喻,道的观念依托于水,同时也用与水有关的意象来表现道。艾兰以西方隐喻认知理论来研究中国古代思想体系,隐喻不同于修辞领域的比喻,它不是用来表述已经形成的思想,其本身就是一种认知力量,对思想观念的形成起一种引导性的作用。他指出,水滋养生命,从地下涌出,以其自然的状态成就道的最高境界,静静沉淀,清澈澄明,可以通过长久之力消磨坚石,如此而成为《老子》中诸多意象的本喻。另一方面,艾兰认为,水通过自然的方式,有利万物却不力争,此种方式恰好正是道的精神实质——无为。水无作为,但它沉淀杂质澄清自我,"无为"和水非常相似:柔弱、忍让、屈从、不争,然而,却能与任何对手匹敌。水是无为概念的基本喻象,无为的品性是从水性提炼而来,此外,艾兰还研究了人性与水的关联等。

三、新媒体环境下的舆论监督亟待改进

新媒体最早源于美国哥伦比亚广播电视网技术研究所所长戈尔德·马克在1967年发表的一份商品开发计划中,此后这个词常在美国传媒领域中使用,从美国开始流行并扩散到全球。国内学者对新媒体的研究始于对新媒体所具备的特点展开,对于新媒体概念的界定有各种陈述,但从本质上来说,新媒体就是借助计算机(或具有计算机本质特征的数字设备)传播信息的载体。

西方最早形成舆论的概念是在1762年,法国启蒙思想家卢梭在《社会契约论》中,首次把"公众"和"意见"两个词结合在一起,形成了舆论的概念。20世纪初,美国学者沃尔特·李普曼在《公共舆论》一书中,系统阐述了舆论的相关内容,形成了舆论学。我国学者孟小平、刘建明等都提出了舆论的相关概念,著名舆论学者陈力丹则认为舆论有广义和狭义之分,他提出,舆论监督是指公众通过舆论这种意识形态,对各种权力组织和其工作人员,以及社会公众人物(包括著名记者)自由表达看法所产生的一种客观效果。

当前新媒体舆论监督的研究有几个局限:多集中在其优势极其特点上,大部分都是对网络舆论监督进行研究,而新媒体不仅仅只限于网络媒介一种;其次,多关注新媒体的特点,而对新媒体舆论监督的特点、形式、发生机制

---

① [美]艾兰:《水之道与德之端——中国早期哲学思想的本喻》,张海晏译,上海人民出版社,2002年版,第24—25页。

等研究较少；最后，对新媒体舆论监督多关注如何引导和改进，更多关注官员媒介素养的培养和加强，忽略公众媒介素养的重要性。

第二节 老子论"水"的德性、道体及其安身立命期许

一、水的德性象征

水是万物之源、生命之本。在我国早期的哲学中，水被认为是五行元素之首，其实不是没有依据的：人体内七成以上都是水；地球表面百分之七十是水，陆地只有百分之三十；人可以不吃饭一个星期，却不能断水三天以上……水是生命得以存在的前提。《老子》很多章节都提到"水"，我将水的德性分为以下三点：

（一）上善若水

第八章中明确地提出贯穿《老子》核心之道的"水"，"上善若水。水善利万物而不争，处众人之所恶，故几于道。居善地；心善渊；与善仁；言善信；正善治；事善能；动善时。夫唯不争，故无尤。"老子认为水是最接近道的本质之存在，因为其滋养万物却不争，且处众人所厌恶的地方，从七个方面来说明水的这种本性。陈鼓应也提出"本章用水性来比喻上德者的人格"[①]，人应当具有水这般的特性：至柔，停留在卑下的地方，滋润万物却不争。如此，才是道的最高境界。

老子将善分为上善与下善，上善若水，且几于道，下善与之对应，并非是自然的天道，而是人为的人道，老子不提倡下善的原因也在于此：人为的东西是刻意的，有心为之的，但老子提倡的是"无为"，无为并非不作为，就如同上善并非无作为，而是顺应规律，顺应道来有所为有所不为，下善却不尽然，滋生各种反其道行之的弊端。

上善若水是老子思想中的重要方面，因为道是无形的、难以捉摸的，但有了"上善若水""故几于道"的提示后，道的意象便有所参考了。

（二）柔弱胜刚强

第七十八章中所言"天下莫柔弱于水，而攻坚强者莫之能胜，以其无以

---

① 陈鼓应：《老子今注今译》，商务印书馆，2006 年版，第 104 页。

易之。弱之胜强，柔之胜刚，天下莫不知，莫能行"。水是至柔之物，却能胜刚强，水滴石穿的典故正来源于此，柔弱是老子阴柔思想的核心，水随着气候和节令呈现不同形态，有着极其强大的适应力，万物适者生存，水在自然界的生态圈中不断循环，亿万年来，山峰不复存在，石头风化成为细沙，物种不断灭亡消失殆尽，唯有水永恒长存。

柔弱胜刚强的道理，正是因为水趋下卑微，老子提倡的正是这种秉性与态度。"天下之至柔，驰骋天下之至坚"（第四十三章）、"人之生也柔弱，其死也坚强。草木之生也柔脆，其死也枯槁。故坚强者生之徒，柔弱者死之徒"（第七十六章）都是《老子》中的相关章节。

（三）虚静徐清

第十五章中，"混兮其若浊，孰能浊以静之徐清，孰能安以动之徐生"，"浊"与"清"对应，"安"与"动"对应，老子强调动静结合的生命动态形式和转变。第十六章中，"致虚极，守静笃"，"虚静"这一说法被提出，致虚以守静，守静是修道之士的最佳状态，而水的特性是致静而清，澄明过滤沉淀，老子提倡修道之人应仿效上善之水的品性，才能达到虚静的境界。动与静本就是生命的两种状态，水在动态中呈现浑浊，只有静下来才能恢复澄明，直达本质，人在修为过程中，也要仿效水的此种性质，以静守动，才能达到道的最高境界。

二、水的道体隐喻

水的三种特性，正是老子所提倡的道的体现，这个道具有几种意义：第一，构成世界的实体；第二，创造宇宙的动力；第三，促使万物运动的规律；第四，作为人类行为的准则。老子将道、上善与水联系起来，其实正是源于中国哲学思想之源，水孕育了生命和文化，以善喻水，以水体道，水是中国古代哲学中的至高境界。

艾兰的《水之道》运用西方哲学的隐喻认知理论，认为水与植物生长是中国哲学概念体系的本喻，水是老子思想中多个核心范畴的本喻，给各范畴间的联系提供了寓意结构[①]，因而可以说，老子思想中的抽象概念，实际是以水为本喻相互联系而形成的。具体而言，主要从以下两个方面体现其哲学

---

① ［美］艾兰：《水之道与德之端——中国早期哲学思想的本喻》，张海晏译，第27页。

内涵：

（一）水作为万物之源的本体生成性。世界早期文明发源地都是傍水延伸开来，古埃及文明、中国长江黄河流域文明、古印度文明……这些无一不带有水的存在，中外早期思想家们在探寻宇宙与人的关系时发现，二者在本质上其实是一致的，而中国古代思想家将水作为这个连接点，以水作为隐喻来探究宇宙，关于水的概述能够体现宇宙本质，其实正是因为水的这种本体生成性，宇宙中水之奇妙博大，因而能够成为其他范畴的本喻。

（二）水几于道的朴素性及其柔弱性。上善若水，道的核心在于无为，水几于道，最接近道的本质，就在其朴素性，以其自然而然之姿态，浑浊时虚静徐清，沉淀澄明，受环境变化转换形态，在整个生态循环中永恒存在。同时，水处众人之所恶，不卑不亢的态度使其具有柔弱性，然而，"天下莫柔弱于水，而攻坚强者莫之能胜，以其无以易之"正是老子守柔至刚哲学思想的体现。柔弱是老子无为思想的一部分，如水一般自然、柔弱、坚韧、不争，却往往能获得最终的胜利，弱转换为强，由衰而盛的观点也是老子辩证思想的体现。

第三节　老子论"水"的特性与微力量舆论监督机制的比较

一、水之特性与微力量舆论监督机制的共通

（一）作用主体卑下草根性

《老子》书中，水处众人之所恶，处于众人所不愿意停留的卑下之处，不争却利万物，而新媒体时代下的微力量，也是具有此般草根性质，主体是广大的群众，具有水一样的卑下性和平民化，但是却能够爆发最大的力量。正因为这种去中心化的大众特征，使微力量舆论监督具有传统监督所不具备的彻底性，2012年曝光的贵州毕节流浪儿死亡事件就是网友最早在天涯社区中曝光，并在微博和各大门户网站上成立专题新闻，获得广泛的关注，随着事件的发展，微博上各种形式的原创和转发将此事件推向高潮，给贵州毕节政府及其相关部门施压，曝光其不作为导致流浪儿冻死在城市垃圾箱中，该事件是微力量舆论在政府职能监督中的一个有力案例。新媒体环境赋予大众主体监督权力，一方面可以有效制约和监督政府及其官员的职能，维护社会公平正义；另一方面也提高了大众参与意识，回归其主体地位，积极维护自身

权益。

（二）作用方式的无形引导性

水作为万物之源，其作用方式遵循自然规律，顺道而流，屈从坚强，能够适应各种形态及其渠道，古代治水就是合理引导水流，使其滋养万物，灌溉树木，而不加治理的水域会发生洪灾。作为微力量的舆论监督，其实也有着如同水一般性质的无形润物，能够被合理引导，但也会被误导，肆意歪曲舆论造成恐慌，由此可见，微力量舆论监督也需要像治水一样来加以引导指正，这样才能发挥其自身作用，滋养各方利益。2011年日本福岛核电站泄漏事故发生后，曾经一度有谣言称我国东南海域受到污染，要多食用碘盐，一时间造成我国广大群众的恐慌，各地纷纷出现"抢盐潮"，国家发改委立刻出面澄清事件，才平息此次突发性事件，该事件反映了舆论引导的重要性，水是生命之源万物之本，但不加治理的话，会使生灵涂炭，灾难重重，两者的作用方式有共通性，都需要善加引导。

（三）作用目的的清明如鉴性

所谓水清如鉴，水在静止时会慢慢沉淀，达到清澈澄明的效果，《老子》第十六章"致虚极，守静笃"所提倡的就是水的此种性质，有识之士若要修善自身，应当以此作为目的来静心，使自身变得透彻。可以说，这种状态是最为圆满的，《庄子》外篇中提到"水静犹明，而况精神，圣人之心静乎，天地之鉴也，万物之镜也"[1]处于虚静状态的心被比作因静止而空虚的水，这才是接近天道的状态。而微力量舆论监督的目的也在于，使一切的舆论止于澄明可鉴，既然沉淀至清，自然没有需要再进行监督，很多学者将新媒体时代舆论监督比作是新时代的"全景监狱"，进行全方位监视，保持信息公开透明，在政治中尤为明显。2012年曝光的官员不雅照事件中的主角雷政富，通过网上匿名视频一夜走红，之后，网友的各种人肉搜索和事件爆料不断地把新的官员牵扯进来，所有的新近报道其实只有一个目的：还原事情真相，调查出原委，整治官员不正之风，真正地做到廉洁政府，廉洁官员。从古至今，为官者总会以"清明"作为自身最高行为准则，倘若政府及其官员作风清明如鉴，那就如同虚静徐清的水一样透彻，舆论监督的目的也正在于此。

---

[1] 《庄子·外篇·天道第一》。

二、微力量舆论监督对水之特性的偏离

尽管《老子》思想中水的性质与微力量舆论监督在很多方面都具有共通点，但是，水的意象及其性质被称为最接近道的存在，是微力量舆论监督所不能比拟的，当下，新媒体舆论监督虽然比传统舆论监督进步很多，却仍然带有自身不可避免的局限性和问题，具体而言，有以下几点：

（一）言论过激，夸大事实，造成不良后果

微力量舆论监督主体的大众性，致使其构成主体素质参差不齐，难以保证言论可靠性，同时，由于受各种因素的局限，事件涉入者源于各自立场及其目的，所陈述的言论难免带有主观性和感情因素，所导致的结果就是其言论失实、过激的后果，煽动大多数民众，在不知情的情况下有可能会使事情失控，甚至造成更大的伤害等等，这也就是所谓的"集体无意识"。在政府及相关部门做出澄清之前，微力量舆论有可能成为负面因素影响事态，2011 年我国的"抢盐潮"就是鲜明的案例。

（二）监督越位，人肉搜索，曝光他人隐私

我国的政体决定了人民群众的主体地位，国家赋予人民权利来实行舆论监督，不仅是政务公开、信息透明的有效保障，也保证了我国公民享有的权利，然而，与传统监督方式不同，新媒体环境下的舆论监督让更多的人参与进来，以更多元化和全面化的方式进行。不得不承认的是政府及其企业、官员等的工作得到有效监督，然而，监督越位的现象却越来越普遍，通过网络曝光的事件主体被网友进行人肉搜索，并在网络上大肆宣扬传播，不仅曝光他人隐私，还有恶意造谣和歪曲，这种行为严重影响了事件涉入者的正常生活。比如"雷政富视频"中的女主角，经过网友的大肆人肉搜索和歪曲揣测，竟然编造出该女性是厦门大学女大学生，事后该同学将爆料这个新闻的媒体告上法庭，并站出来澄清说自己根本不认识雷政富，自己的照片和信息在网络上被恶意捏造，几个月后，该女性身份查清并公开，并非是之前所称的大学生。此类事件不止一次发生，很多与事件无关的人被莫名卷入其中，不仅损害了自身名誉，也影响了个人正常的生活，谣言散布者兴许并非刻意为之，但是由于盲目跟风而造成恶劣后果，伤害了他人。舆论监督若引导的恰当，必能达到其正面效果，如若不经引导及管理，必然会侵权，损害政府或者企业、个人形象。

（三）公信力缺失、危害国家安全

言论自由是公民权利，但言论自由不等于言论泛滥，微力量舆论监督搭建起一个大众化平台，人人都能通过这个平台发表言论，然而以上两方面已经指出这种机制存在的弊端，通过新媒体舆论中伤他人，为满足个人利益捏造信息、恶意炒作等行为只会导致微力量舆论监督的公信力缺失。与之相反的却是大部分公众的真正意愿遭到忽视和质疑，失去了公众对新媒体舆论监督的信任，长此以往，此种监督方式形同虚设，公众无法辨别信息真假，更无法判断事件影响，一个没有公信力的舆论监督方式是无法保证人民权利的。伴随着诚信的缺失，所有的言论都是肆意的、利己的，一些利益方甚至会借助新媒体平台危害国家安全，传播不利于国家的舆论。

将《老子》水的性质与微力量舆论监督机制进行分析比较，其实是源于二者的确有共通部分，借水的意象及其哲学内涵来看微力量舆论监督机制，一方面是其自身与传统舆论监督对比后进步的部分，以及与水的性质重叠的分析；另一方面则是与之伴随的局限之处，通过这些问题更能体悟出"水"的博大精深，微力量舆论监督需要以水为启示，需要善加引导，才能如治水一样达到最优效果。微力量是一把双刃剑，不能一味肯定或者否定，当下，我国已经提出将网络舆论监督纳入法制化、制度化的轨道，这其实是对于微力量舆论引导的一个有效管理方式，对新媒体环境下的舆情监督是十分必要和迫切的，言论自由不是绝对的自由，而是相对的、合理的自由，只有理解了老子思想的核心及精髓，以水为启示，才能真正获得微力量舆论监督的正效应。

（王莉　谢清果）

第二十三章　老子"无为"思想
与微博时代的言论自由

　　微博的出现使公民言论自由权利在网络环境下以一种新的形式得到进一步延伸，然而，当微博用户追求言论自由的权利超过必要限度时，便会引发一系列问题。对于我国目前微博言论自由出现的种种问题，除完善相关的法律外，德治也是规制微博的重要手段之一。本章将从蕴含中华文明几千年精髓的道家思想出发，从老子"无为"思想角度，探析微博时代的言论自由问题。

　　据调查数据显示，2015 年 9 我国微博活跃用户数量达到 2.22 亿。截至2015 年 12 月底，中国网民数量突破 6.88 亿。一个全新的微博时代在我们不经意间已经悄悄走来。一方面，微博的出现使公民言论自由权利在网络环境下以一种新的形式得到进一步延伸；另一方面，当微博用户追求言论自由的权利超过必要限度时便会引发一系列问题，如在微博中揭人隐私，侮辱、诽谤他人等行为；一些商业营销公司、公关公司利用突发事件后民众的信息饥渴，运用微博进行炒作，甚至制造一些虚假事件发布谣言，"微"言耸听，从而带来利益。我国目前对微博言论自由出现的种种问题尚未有明确的解决对策，但是对体制外的自媒体不可能像对体制内的大众媒介那样通过宣传纪律进行调控，这样法制、德治自然就成为规制自媒体的重要手段。
　　"无为"思想则是《道德经》中所要表达的最重要的观念之一，是老子思想的核心，它包含着对人与自然相互关系的深刻理解，包含着对社会的有益启示。作者将从蕴含中华文明几千年精髓的道家思想出发，从老子"无为"思想角度，探析微博时代的言论自由问题。

第一节　老子的无为思想与微博言论自由的研究回顾

一、老子"无为"思想探源与研究评述

（一）老子"无为"思想的历史背景与思想的内涵

"无为而治"的政治主张，有其深刻的社会历史根源。《老子》一书大约成书于春秋战国之际，正是社会发生大变革的时期，各个诸侯国连年争战，内部争权夺利、弑君弑父的事件接连不断，人民饥寒交迫，生活朝不保夕。在老子看来，这都是统治阶级"有为"而导致的，统治者为了一己私利而肆意妄为是政治腐败、社会混乱的根源。^①"有为"导致了冲突、不平等、不自由的混乱无序。因此，老子提出"无为"观念，希望从烦乱纷争的无序社会中超脱出来，回归到自然本真的状态中去，以此达到消融社会矛盾、人民安居乐业的无为而治的理想世界："其政闷闷，其民淳淳。"（第五十八章）"我无为而民自化，我无欲而民自朴。"（第五十七章）

"无为"是老子哲学所要表达的最重要的观念。"无为"不是"不为"，而是要求人们的一切思想行为都要听从自然法则，顺应自然发展的规律。因此，老子的"无为"实际包含着"自然"与"无为"两层内涵。

"自然"是一种观念、态度和价值，也是一种状态和效果；"无为"则是一种行为，是实现"自然"的手段和方法。"自然"与"无为"紧密联系、相得益彰："自然"的观念、态度和状态必然要求"无为"的行为；"无为"的行为也必然体现"自然"的观念，必会实现"自然"的价值和效果。

老子所指的"自然"和我们现在说的"自然界"或"大自然"是不同的。"自"是"自己"，"然"是"如此""这样"，合起来就是"自己如此""本来如此"的意思。老子提倡清静无为，崇尚自然，反对的只是违反自然规律的"妄为"。所以，"无为"的确切含义，是指顺应事物之自然，顺其自然不妄为，用"无为"的态度去对待一切，处处顺应自然规律，辅助万事万物自身的发展，不勉强用人为的力量去干扰它，不背离自然规律去追求个人的目的。正如英国科学家李约瑟对"无为"的解释："不做违反自然的活动，亦即不要固执地违反事物的本性，不强使物质材料完成它们所不适合地功能。"^②

---

① 杨治刚：《老子"无为"思想及其伦理价值》，西南大学硕士学位论文，2007年。

② 詹剑峰：《老子其人其书及其道论》，湖北人民出版社，1982年版。

（二）老子"无为"思想研究评述

研究现有的文献，不难发现：

1. 注意对老子"无为"思想内涵的挖掘及现实意义的解读

西南大学杨治刚在其硕士毕业论文《老子"无为"思想及其伦理价值》[①]中，从宏观上对老子"无为"思想的内容进行了阐述，并论述了其影响和思想价值。谢清果在《道家语言传播效果的求美旨趣》[②]一文中指出，道家崇尚"无为"，无为不是不为，其实是为无为，无为而无所不为。华东师范大学张丽在其硕士论文《老子"无为"思想探析》[③]中，较为深入地挖掘了老子"无为"思想的含义，探析了"无为而无不为"的宇宙观、人生观、政治论、美学观及老子"无为"思想的当代价值。李成德在《老子的无为思想及其现实意义》[④]中指出，从深邃博大的《老子》中，我们可以看出"无为"是老子的哲学思想精髓。"无为"表现在政治上的就是"无为而治"，它体现为君主的一种治国原则和南面之术。魏红在《论老子的无为思想》[⑤]中提到，如果把老子的"无为"观念理解成"无所作为"，这似乎和儒家积极入世的观念完全背道而驰，也与今天与时俱进的时代精神格格不入，因此"无为"绝不是什么都不做，而是"有所为"。老子就其所处的时代所面临的问题，提出了自己的解决办法。陈刚在《论老子"无为"思想对我们的积极启迪》[⑥]一文中，认为"无为"是"无为而无不为"，老子的"无为"是顺其自然的无为，从"无为"出发到达"无不为"的境界，给人们阐述了人生修养的最高层次。

2. 老子"无为"思想与其他相关领域理论结合进行研究

以老子"无为"思想为研究视野，如苏高翔的《老子无为思想视野下人与自然的和谐相处》[⑦]；康敏的《浅谈老子无为思想在现代企业决策中的运用》[⑧]等。青海师范大学王晓倩在其硕士论文《论老子的无为思想和我国和谐社会

---

① 杨治刚：《老子"无为"思想及其伦理价值》，重庆：西南大学硕士学位论文，2007 年。

② 谢清果：《道家语言传播效果的求美旨趣》，《哲学动态》，2008 年第 3 期。

③ 张丽：《老子"无为"思想探析》，华东师范大学硕士学位论文，2008 年。

④ 李成德：《老子的无为思想及其现实意义》，《大庆师范学院学报》，2007 年第 2 期。

⑤ 魏红：《论老子的无为思想》，《天津市经理学院学报》，2007 年第 2 期。

⑥ 陈刚：《论老子"无为"思想对我们的积极启迪》，《陕西师范大学学报（社会科学版）》，2002 年第 S3 期。

⑦ 苏高翔：《老子无为思想视野下人与自然的和谐相处》，《天津市经理学院学报》，2006 年第 3 期。

⑧ 康敏：《浅谈老子无为思想在现代企业决策中的运用》，《全国商情（理论研究）》，2010 年第 20 期。

构建》①中论述了老子无为思想对我国和谐社会的启示,重点论述了老子无为思想中政治、管理、生态、人生四方面对构建和谐社会的借鉴意义。

把老子"无为"思想作为一个比较项,如王凤香、修巧燕的《老子的"无为"思想与荣格的释梦心理学》;周建波等的《〈老子〉无为思想与西方经济自由主义的比较》;韩曦的《试论老子与陆贾无为思想的异同》等。

二、微博言论自由研究评述

目前传播学界关于微博言论自由方面的研究还比较有限。已有的文献中多是从权利和法律的角度,对微博言论自由的相关问题进行解读。

林坚逢在《微博时代言论自由权利的冲突与协调》②中指出,言论自由权无论通过传统媒介,如书刊、报纸、广播、电视,还是现代网络,都不可避免地与人身权等其他一些权利发生冲突。而微博的开放性、传播效应和自我约束性,又把这种冲突无限地扩大。郑燕在《网民的自由与边界——关于微博公共领域中言论自由的反思》③一文中,对微博舆论场中网民的言论自由进行了反思,民主化媒体的喧嚣背后也必然产生一系列问题,比如网络围观、群体极化、话语权仍被少数微博精英控制等问题,并指出我们有必要对网络空间的言论自由进行反思,以期寻找言论自由的边界,净化我们的网络空间。杨露在《浅谈"微博"时代的言论自由权》④中分析到,作为"微博"时代下的公民,都拥有这样的话语权,也就是宪法规定下的言论自由权。然而,微博作为一个开放的信息平台,其言论具有很大的随意性,主观色彩浓厚,也很难将一些别有用心者拒之门外。

综上所述,前人对老子"无为"思想的研究主要以内涵的解析、意义的挖掘为主,将老子"无为"思想与大众传播、特别是新媒体相结合的研究还非常少。而在微博言论自由方面的文献中,前人多从传播与法制的视角,从微博言论自由的法律边界角度对微博言论自由进行规范。然而对于微博时代言论的管理,仅仅依靠法律是不够的。

---

① 王晓倩:《论老子的无为思想和我国和谐社会构建》,青海师范大学硕士学位论文,2010年。

② 林坚逢:《微博时代言论自由权利的冲突与协调》,《法制与社会》,2011年第9期。

③ 郑燕:《网民的自由与边界——关于微博公共领域中言论自由的反思》,《社会科学研究》,2012年第1期。

④ 杨露:《浅谈"微博"时代的言论自由权》,《现代营销(学苑版)》,2011年第11期。

第二节　老子"无为"思想与微博言论自由的对话

言论自由权是公民所享有的一项基本人权，是政治自由的重要组成部分。无论是资本主义国家还是社会主义国家都把"言论自由"作为公民的一项基本权利规定在宪法中。我国《宪法》第35条规定："中华人民共和国公民有言论、出版、集会、结社、游行、示威的自由。"①

微博的出现是继即时通信软件、BBS、BLOG之后，又一种新兴的交流工具。与博客相比，微博拥有更强大的即时通讯功能，用户可以即时迅速地表达自己的想法、心愿。因此，微博的出现使公民的言论自由权利得到了更加极致的发挥。

然而，事物都具有两面性，微博在以其交互性、便捷性，为公民行使表达权开辟新渠道、使公民的言论自由得到充分保障的同时，也不可避免地遇到了一些问题。随意、主观超过一定限度，就会造成对公共利益和他人利益的损害，诸如捏造和传播虚假信息、诽谤、侵害隐私等情况屡屡发生。

《老子》第十七章说："修之身，其德乃真；修之家，其德有余；修之乡，其德乃长；修之邦，其德乃丰；修之天下，其德乃博。"老子在此强调了道德精神的普及和修养的重要性。在当前道德缺失、特别是网络道德失位的时代，从五千言字字珠玑的《老子》中提炼出有益思想，对微博的使用者、微博的管理者进行道德上的引领和指导是十分必要、也是非常有意义的。以下，我们将从老子的核心思想——"无为"思想出发，针对微博时代的言论自由，对微博的使用者、监管者的作为提出一些建议。

一、微博使用者："无为而至""道法自然"

（一）微博传播过程中要"无为而至"，尊重事实

虚拟的微博世界让曾经一度失声的中国公众拥有了空前的话语权，自媒体时代，微博成为公共话语的重要平台，受众随时随地都可以通过微博发送信息、传播信息，言论自由得到更充分的发挥，但一些问题也相伴而生。

一段时间以来，微博中时常流传一些虚假、失实信息，从"金庸去世"到所谓"铁观音"迷魂抢劫，从日本核泄漏的"谣盐"风波到北京暴雨中真假难辨的现场目击，不仅误导虚拟社会的舆论，也对现实社会产生了诸多不

---

① 林坚逢:《微博时代言论自由权利的冲突与协调》,《法制与社会》,2011年第9期。

良影响。

2011年3月，春节刚过，一则农业大学08级学生张玲因突发亚急性肝衰竭的求助帖疯狂流传于微博、论坛以及QQ群里。但求助信息中的主人公的就读学校却相继出现了十几个不同版本，经多方调查核实，这起求助事件是一个骗局。

2012年12月6日早盘，新浪微博有人将茅台塑化剂超标的检测报告贴出，贵州茅台股价开盘即大幅暴跌；午后，新浪"官博"辟谣，称消息纯属捏造；晚间，贵州茅台紧急发布澄清公告，表态"公司生产过程中不添加任何外加物质。"①

由于微博使用者自身媒介素养、道德素养的缺失，没有履行好"把关人"的职责，忽略"无为"的重要性，没有对信息进行严格把关，传播虚假或不实信息，使微博信息的真实性和可信度大大降低。

学者张松如认为："老子所说的无为，并非不为，而是不妄为，要顺其自然，而不强求。"②微博的使用者亦是微博的传播者，作为微博信息的把关人，微博使用者的"为"，会很大程度上影响最终的传播效果。微博使用者若在传播事实信息过程中过度带上个人的倾向性，甚至扭曲事实，则会制造微博传播过程中的"噪音"，造成微博谣言的出现，甚至会造成假新闻的出现。

现在，建立绿色、健康、安全的微博舆论环境势在必行，这要求微博使用者在传播信息、享受言论自由的同时，更要时时以"无为"的思想为指导，尊重客观事实，如实地反映事实原貌，做好信息把关的工作，做微博时代称职的把关者。

（二）微博传播应遵循"道法自然"

自媒体时代，网民作为微博传播的参与主体，其道德素养的好坏直接或间接地影响着微博能否健康而持久的发展。由于微博自身的开放性、传播效应和自我约束性，使得公民在享受言论自由权时不可避免地与他人的人身权等一些权利发生冲突。尤其是有些别有用心者通过发布虚假信息进行一系列

---

①　网易财经新闻：《微博假消息引茅台剧震》，2012年12月10日，http://money.163.com/12/1210/12/8IC6E6QN00253B0H.html。

②　张松如：《老子说解》，齐鲁书社，1987年版，第31页。

人身攻击，侵害他人的人身权，使微博成为众矢之的。由于微博在初始阶段出现了法律、伦理及道德规范的"真空"，使得一些网民的行为"失范"，随着微博的发展，在微博平台上引发的问题纠纷也频繁出现。

2011年8月30日，国内微博第一案——金山起诉奇虎360董事长周鸿名誉侵权案宣布终审判决，微博侵权问题也逐渐引发了更多人的重视。微博作为新生的网络传播媒介，正越来越多地成为人们获取信息和观点的渠道，同样也滋生了很多新的问题。著名律师、广州大同律师事务所主任朱永平曾对此表示，作为新生事物，微博的侵权应该引起各方面的高度重视。如果成为公共人物的企业家利用微博实行侵权，造成重大损失，仅仅受到小处罚，那势必将微博变成恶性商业竞争的手段。①

毫无疑问，言论自由权是公民的一项基本权利。但每项自由都是相对的，言论自由也不例外，它应受到合理的限制。在我国，言论自由是在宪法和法律的规定范围内正当行使的权利，并且不能侵犯到其他公民的权利。这与老子"无为"思想中"道法自然"的观点有异曲同工之妙。老子曰："人法地，地法天，天法道，道法自然。"（老子·二十五章）在此，老子主张遵循道德原则，效法天道，实现人与自然的平衡，达到人与社会、人与人之间的和谐。自由是相对的，言论自由必须以一定的标准（老子所称的"道"）为限定，不能对国家、社会及他人造成危害和妨碍。2005年10月7日，新加坡首次对两名在博客中发表种族煽动性言论的年轻男子判刑，旨在警告他人：网上言论自由也要有限度。

二、微博监管者："为无为，则无不治""我无为而民自化"

以上，从"无为"的思想出发对微博的使用者在微博传播过程中的行为规范提出了一些建议。言论自由是相对的，公民应在尊重客观事实、不违反道德法律要求的前提下，行使言论自由权。而作为微博的监管者，则应以"为无为，则无不治""我无为而民自化"的思想为指导。

老子说："无为而无不为。"（第三十七章）又说："为无为，则无不治。"

① 凤凰网：《微博第一案终审判决》，http://finance.ifeng.com/roll/20110831/4496607.shtml。

（第三章）无为而治不是说不治，而是通过不治来达到治，无为而功自成，是一种最高最好的治。应用于微博监管工作中，我们首先必须明确的是，微博监管并不是不作为，微博监管的最终目的是为了更好地保障公民言论自由。需要注意的是，不要把微博监管和言论自由对立起来。

鉴于微博传播具有广泛参与的特征，在微博监管工作中应该充分利用这一点，依靠和调动公众的参与。正所谓"我无为而民自化，我好静而民自正，我无事而民自富，我无欲而民自朴。"（第五十七章）在微博监管的过程中，尽量使政府和有关部门少作为，调动人民的积极性，发挥人民的创造力，依靠广大的微博用户，让他们参与到微博监管、自治的过程中来。

在谈到对微博的监管问题时，中国人民大学陈力丹教授指出，"目前主要应该做的是鼓励微博的自律和网站的辟谣机制。同时，对于微博的管控本身要合法，要在宪法的范围内行事，要保障人民的知情权、参与权、表达权、监督权，让权力在阳光下运行。菜刀是切菜的，但不能因为有人用菜刀杀了人，就禁止所有人都使用菜刀。"[1]这与老子"我无为而民自化"的思想不谋而合。在讨论及制定有关微博监管方面的法律和措施时，应积极引入公众的参与，只有在这样的情况下形成的监管模式，才能够适应我国微博发展的实际情况，才能够得到更好的贯彻施行，也才能够最终取得预期的效果。同时可以通过倡导网民自治组织等形式（如辟谣联盟）支持网民所进行的自治监管，达到"民自化""民自正""民自富""民自朴"的效果。

在微博日益普及的今天，公民的言论自由得到了前所未有的发挥。针对微博言论自由中出现的负面问题，我们可以从老子"无为"思想中汲取力量：作为微博使用者，应以"无为而至""道法自然"的思想为指导，在微博传播的过程中，尊重客观事实，在不侵犯他人人身权的前提下行使自己言论自由权利；作为微博的监管者在微博监管的过程中，要充分调动人民的积极性，发挥人民的创造力，依靠广大微博用户，让他们参与到微博监管、自治的过程中来。

（王丹柠）

---

[1] 陈力丹：《微博基本是个好东西》，《新闻爱好者》，2012 年第 3 期。

第七部分　老子思想的危机管理
　　　　　　与政治传播价值

第二十四章　老子思想与新媒体环境下
政府危机公关四阶段策略

本章以四个阶段作为研究老子思想在新媒体环境下政府危机传播中的整体框架，探讨老子思想对政府危机公关各个阶段策略的启示。政府部门应当汲取老子思想精华，秉持在危机预警阶段"无为而无不为"，危机准备阶段"为大于其细"，危机应对阶段"柔弱胜刚强"和危机修复阶段"慎终如始、知止不殆"的原则。

纵观已有研究，老子思想传播大多是翻译传播、传播过程和传播效果等方面的研究，学界对老子思想与公共关系这部分的研究相对薄弱。目前已有文献中有一篇是来自厦门大学郑玮的《老子思想对现代公关的启示》，该文主要从《道德经》中引申出适合公关策略的思想。关于新媒体环境下老子思想对政府危机公关策略的启示目前尚无人涉及。

政府危机公关的本质是指政府借助媒体进行危机管理，主要包括政府对媒体的公关活动和借助媒体实现对大众的危机公关。① 关于政府危机公关的研究，以"政府危机公关"为关键词在中国知网上搜索得到的结果为 23 条，这些研究主要讨论政府危机公关的策略和机制。其中关于新媒体环境下的政府危机公关只有 4 篇，主要涉及新媒体环境对政府危机公关的影响、地方政府危机公关的问题与对策等。从老子思想角度来解读政府在新媒体环境下的危机公关还是一个新视角。学者海恩斯沃斯（Brad E. Hainsworth）以时间为界限，将危机公关议题周期界定为四个阶段：危机预防阶段、危机准备阶段、

---

① 陈力丹：《舆论学——舆论导向研究》，中国广播学院出版社，1999 年版，第 121 页。

危机应对阶段和危机修复阶段。① 本研究将以这四个阶段作为研究老子在新媒体环境下政府危机传播中的整体框架，探讨老子思想对政府危机公关各个阶段策略的启示。

老子在待人接物上讲究不争善胜的成功之道，可以说他是很讲究不同情境下的应对策略。这里我们侧重从应对危机处理的四阶段来观照老子的相关思想，不难发现其精神上的共通之处。

第一节 危机预防阶段——无为而无不为

转型时期的中国经济、社会发展进程中隐藏着一些深层次的危机，群体事件开始常态化的频发，不断地挑战着政府的权威和公信力。新媒体背景下，处于被动的政府部门如何建立一套完善的危机预防机制，已经成为政府应对公共危机的首要任务。"无为而无不为"（第四十八章），政府部门如果能够在危机预防阶段持守这"无为之道"，那么"万物将自化"（第三十七章）。同时，也要善于挽救，"镇之以无名之朴"。

首先，政府部门应当加强居安思危和未雨绸缪的能力，防患于未然。老子认为"其政闷闷，其民淳淳。其政察察，其民缺缺。祸兮福之所倚，福兮祸之所伏。孰知其极？其无正。"（第五十八章）也就是说如果政治宽厚，人民就淳朴，而政治严苛，人民就狡黠。幸福倚伴在灾祸当中，灾祸潜藏在幸福之中，幸福和灾祸之间会如何转化没有一个定准。正是由于幸福和灾祸之间转化的不确定性，政府部门需要在日常工作中就把危机感时时放在心上，才能在遇到危机时最快地冷静作出正确有序的危机公关处理。另外，政府部门在办事时要放低姿态宽厚地对待人民群众。例如针对上访者，相关政府部门应当认真听取其意见，尽量解决上访者反映的问题。

其次，政府部门应当遵循危机发展规律，通过捕捉有效信息对危机加以预测和预防。所谓"人法地，地法天，天法道。道法自然"（第二十五章）。万物的发展都必须顺应自然。老子认为，"道"虽然是生长万物的，却是无目的、无意识的，它"生而不有，为而不恃，长而不宰"，即道不把万物据为己有，不夸耀自己的功劳，不主宰和支配万物，而是听任万物自然而然发展着。

① Brad E. Hainsworth, *The Distribution of Advantages and Disadvantages* [J]. Public Relations Review, 1990(23)。

表面上来看，危机具有不确定性，难以捉摸。但任何危机在发生之前往往会有一些征兆和规律，通过捕捉这些征兆来掌握危机发生和发展的规律性能够预测和预防危机的发生。如有数据显示，我国内地基尼系数激增至 0.48，已经大大超出 0.4 的警戒线。这提醒政府部门要为转型时期贫富分化可能出现的各种问题做好准备。

最后，从长远来看，政府要"以其无私成其私"（第七章），即更多地考虑公共利益而非自身利益，推进政府公开透明化、法制化和行政民主化。[①] 老子认为"天地所以能长且久者，以其不自生"，也就是说不为自己为别人方能长生久远。政府部门要"无常心，以百姓心为心"（第四十九章），即以人民群众的利益为先，把人民群众的需求真正放在心上，拓宽利益表达渠道，加强与人民群众的对话与协商，让各种利益冲突消解在表达当中。老子还主张"欲先民，必以身后之"（第六十六章），政府不断增强自身的服务意识，将人民群众的需求放在前面，将自身置之度外，也就能在危机预防阶段达到"无为而无不为"的效果。

第二节　危机准备阶段——为大于其细

对政府危机公关来说，最合理、最有效也最经济的方式便是是对危机进行预防和准备，尽最大的努力在危机发生前便消除危机或是减轻危机对资源的浪费。老子说"其未兆易谋"，要"为之于未有，治之于未乱"（第六十四章），也就是说在危机还没发生之前，就加以重视，才比较容易找出解决的对策。政府一定要在危机还未开始之前就有所绸缪。因为危机的发生发展是一个过程，任何危机在发生之前都是有征兆和苗头的，在过程中进行监控发现问题，并及时提出应对策略，是能够对危机进行有效管理的。危机预防阶段和危机准备阶段都是在危机发生之前，但是两者的着重点有所不同。危机预防阶段的重点是规范日常行为操作，心怀居安思危、防微杜渐的意识，比较抽象化和概念化，而危机准备阶段更加具体化，更像是危机公关的应急演练。危机准备阶段应持守"图难于其易，为大于其细"（第六十三章）的准则。

为了做好危机公关的演练，政府部门应当从两方面做好准备。一方面是进行组织方面的准备，政府部门要高度重视"专业的人做专业的事"。老子认

---

① 汪锦军：《危机过程、制度结构与危机预防》，《北京行政学院学报》，2010 年第 4 期。

为"上士闻道,勤而行之;中士闻道,若存若亡;下士闻道,大笑之"(第四十一章)。老子对"上士、中士和下士"是有偏爱的,但是事实上"上士、中士和下士"都是有各自才能和擅长之处的。政府部门应当做好各种准备,配备不同专业的人做不同专业的事情,在媒体关系、公共沟通方面游刃有余地开展工作。当政府部门负面消息出现时,有所准备的专业人士能够发挥专业沟通优势,在第一时间出击。如政务微博兴起后,很多民众通过微博留言或评论的方式反映问题,微博管理者应当认真对待这些留言并反馈上级,及时地处理和回复相关意见和建议。

另一方面是进行资源方面的准备,要健全危机传播预案体系、危机管理小组培训和演练、保证外部资源的畅通。老子有云"治人事天,莫若啬。夫唯啬,是谓早服。早服谓之重积德,重积德则无不克,无不克则莫知其极"(第五十九章)。也就是说危机处理要早作准备,不断的积德,这样就没有什么不能够胜任的。政府部门往往准备了很多制度和预案,但是却很少进行实际的危机处理演练,而且有些预案缺少操作性,难以适应各种变化。健全的危机传播预案应当经常根据"高者抑之,下者举之,有余者损之,不足者补之"(第七十七章)这一准则进行修正,即目标太高就把它压低,目标太低就把它升高,有余的加以减少,不足的加以补充。另外,也不要轻视危机处理的准备阶段,把事情看得太简单和容易,因为"天下难事必作于易。天下大事必作于细。夫轻诺必寡信。多易必多难"(第六十三章)。

第三节 危机应对阶段——柔弱胜刚强

危机预防和准备阶段目的是尽量避免危机的发生,而如果危机已经发生,那么就要立刻进入危机应对阶段。这个过程也可以称为危机响应,或者危机应对,也就是危机发生后的处理和解决阶段。及时的响应、有效的应对,可以帮助挽回损失,甚至可以化"危"为"机"。有人说新媒体背景下,危机应对变得比以往更加困难。但是笔者认为,有了新媒体的助力,政府的危机应对反而能够更迅速地先发制人,尤其是在政务微博兴起的条件下。政府可以在出现危机的第一时间通过政务微博平台发布准确、权威的信息,与民众进行有效的对话和沟通。在危机应对阶段,政府需要秉持"柔弱胜刚强"的原则,让自己处于一个低位,用事实和诚实来争取舆论的主导权。

首先,在危机应对初期,政府应当摆正姿态,将自身放在一个"处下居后"的位置。老子认为"江海所以能为百谷王者，以其善下之"（第六十六章），即江河湖海之所以能够成为百川众流之王，是因为它善于处在低下的地位。"大者宜为下"（第六十一章），政府与执政者面对民众也要有敬意，本着谦虚和实事求是的态度，第一时间向各方沟通，积极向民众和媒体传达"我们正在做什么"和"将要怎么做"。同时，政府不应当运用手中的特权阻碍公民的言论自由，"欲上民，必以言下之；欲先民，必以身后之"（第六十六章），要争取危机处理的主动权就应当言辞谦恭，将自身利益摆在公众利益之后，尊重公民的自主权利。民众大多"吃软不吃硬"，真诚谦虚的态度能够赢得民众的信任感。

其次，本着诚信的原则，政府部门发布的信息必须是真实可靠的，这是危机公关的基点，也是有效说服受众的前提和基础。政府部门不能用花言巧语来搪塞受众，应当本着"信言不美，美言不信"（第八十一章）的原则，尽量用平实的语言陈述事实。如河南平民女子李莉阻拦暴力拆迁被辗于轮下死亡，结果却被平阳县政府定性为"自己不慎滑入挖掘机下死亡"。类似连自己都无法说服的言辞频繁地出现在政务微博当中。另外，"夫轻诺必寡信"（第六十三章），政府部门在危机应对阶段不要轻易地对民众做出单方面的承诺，发布的信息要坚持全面的原则，不能为了掩盖事实而仅仅突出强调有利公共部门的正面信息，造成信息的武断性传播，这会使民众产生抵触情绪。

第三，如果危机进一步加剧，政府应立刻调整策略，以柔弱对付刚强。柔弱是生命力的象征，老子认为"坚强者死之徒，柔弱者生之徒"（第七十六章），柔弱的东西充满生机，而坚强的东西属于死亡的一类，人和草木皆是如此。因此，"弱之胜强，柔之胜刚"（第七十八章），政府部门主动承认错误、自曝弱点也不失为一种危机应对的好方法。如山东省历城区政府在发现自己工作出现失误后，第一时间通过媒体承认八个旧村改造项目属于"越权审批"，这种敢于揭短、主动揭短的行为，有效地推进了矛盾的解决，使其处于"善柔者不败"的高处。

最后，如果危机到了无法控制的地步，那么"曲则全，枉则直"（第二十二章），委曲方能求全。委曲求全在这里不是逆来顺受的意思，而是为了大局的利益主动让步。危机公关有两个前提，一是承认基本事实，二是不危害社会基本利益。在此条件下，政府部门修复形象和挽回声誉的举措才是良性

的。① 在承认事实基础之上，为了不损害社会基本利益，做出一些让步性的
举措是危机应对的最终解决方式。如温州政府从沈诺事件到戴海静、钱云会
事件，实现了从不懂得如何应对危机事件到最后妥协的进步。

第四节　危机修复阶段——慎终如始，知止不殆

当危机事件结束之后，政府危机公关进入危机修复阶段，这一阶段的任
务是有三个：利益补救、信任重建和意义输出。"利益"、"信任"和"意义"
这三个核心概念，构成了危机修复阶段的三步走策略。② 在这一阶段，最重要
的是"慎终如始"（第六十四章）和"知止不殆"（第四十四章），即政府部门
要审慎面对事情的终结，像开始时那样慎重，知道适可而止。③

第一步是利益补救。危机事件解决之后，政府部门一般来说会把危机修
复阶段的重点转移到利益的补救上来，包括政府自身利益和公众利益。很多
政府往往忽略了这一步的重要性，就没有像危机应对阶段那样积极，但是老
子认为"慎终如始，则无败事"（第六十四章），危机修复阶段应当谨慎的对
待各项利益冲突，尽快恢复常态秩序，对公众利益做出承诺和补偿。

第二步是信任重建。所谓"信不足焉，有不信焉"（第十七章），诚信不
足，人民就不会相信他。政府部门哪里错了，哪里病了，便对症下药。在很
大程度上，改善政府形象，关键在于重建信任。譬如，当初是因为信用问题
陷入危机，那么危机修复阶段应当重塑政府公权力形象，并将之通过公关、
广告、营销等方式传播出去。至于如何重建信任，"无名之朴，夫亦将不欲"
（第三十七章），必须要本着真实、坦诚的态度，遇到问题不掩盖，承认不完
美，而非弄虚作假，努力提升危机公关意识。老子认为用真朴来安定民众，
民众便自然复归于安定。事实能够影响价值，但不能主导、替代价值世界的
重建，所以政府部门必须通过各个方面重塑自身的公权力形象。

第三步是意义输出。所谓意义输出，是指政府部门在危机事件结束之后，
构建并输出人们普遍认可的公共信念，比如真诚、友爱、美好、平等、善
良等。老子说"失道而后德，失德而后仁，失仁而后义，失义而后礼。夫礼
者，忠信之薄而乱之首"（第三十八章），可见政府部门在危机修复阶段应当

① 龚莉萍：《三鹿事件：拷问危机公关职业底线》，《国际新闻界》，2008 年第 10 期。
② 胡百精：《危机传播管理》，中国人民大学出版社，2009 年版，第 174 页。
③ 陈鼓应：《老子今注今译》，商务印书馆，2003 年版，第 311 页。

以"道德"为上，"仁义"次之，讲求实质的意义。① 至于如何进行意义的构建与输出，要把政府部门的自我角色纳入社会公共系统运行当中来，找到个体角色和公共角色之间的价值纽带。一言以蔽之，责任方能拯救危机。

以上三步，利益补救让民众不再愤怒，信任重建让民众不再犹疑，意义输出让民众与政府重归旧好，唯有"慎终如始，无名之朴，知足不辱，知止不殆"，方能长久。

新媒体环境下的政府危机公关有其特殊性，政府部门在应对应根据危机事情所处的不同阶段有针对性地进行处理。老子思想为政府危机公关处理提供了一个全新的视角，有别于传统危机公关的理念和策略。我们认为老子思想对于新媒体环境下政府部门应对危机公关的各个阶段都有很大的借鉴意义。

（廖炜霞　谢清果）

---

① 清宁子:《老子道德经通解》，鹭江出版社，1996年版，第83页。

第二十五章　老子的政治传播智慧

——基于传者主体性的视角

老子的《道德经》涉猎广泛，在传播学领域不仅涵盖了自我传播、人际传播、大众传播和组织传播等内容，还阐述了许多关于政治传播的思想。其中对于如何发挥传者的主动性，提升政治传播的效果也提出了自己的观点。本章基于传者主体性的视角，对老子的政治传播思想进行了解读："圣人"是政治传播者的形象；"道"是政治传播者的信仰；"不争"是政治传播者的策略。并在此基础上对传播者提出三点建议：塑造政治人格，创造政治象征和善用政治修辞。

老子所著的《道德经》影响深远。有学者认为，"道德经的伟大在于它以短短五千言而让后人以无数文字去诠释它，而且似乎永远也意犹未尽。"[1] 的确，自道德经问世以来，研究者甚多，出版有关道德经的著作也相当之多。许多世界著名的学者也对老子非常重视：伏尔泰、谢林、尼采都曾夸赞或引用老子的思想。在黑格尔的心目中，老子更是中国古代唯一的哲学家。[2]

道德经包罗万象，其思想对管理学、社会学、语言学乃至养生学都影响深远。在政治学上，老子也给后世留下了宝贵的财富。众所周知，老子虽是中国著名的思想家和哲学家，但在仕途上老子的身份只是周朝的一名史官。尽管如此，老子对政治却有着异常深刻的见解。在篇幅不长的《道德经》中已经充分地体现了这一点。即便是从政治传播学的角度来看，老子仍然能给后人许多启发。本章将通过解读《道德经》，阐释老子政治传播思想中关于传者主体性的内容，以期对当前中国的政治管理和政治传播提供一些参照。

---

① 赵娜、赵树利：《读道德经的意义和价值》，《中国德育》，2008 年第 6 期。

② 宋育人：《道德经在世界上的影响》，《三门峡职业技术学院学报》，2002 年第 1 期。

第一节　老子的政治传播思想述要

政治传播古已有之，然而这一领域的研究却是二战后才兴起的。

由于"政治传播"这一范畴包含"政治"与"传播"双重的学科要素，因此对于"政治传播"范畴本身的界定十分困难。目前西方对于"政治传播"的界定有两种倾向即政治学本位和传播学本位。从"政治学"角度来定义的学者将政治传播视为一种政治现象和政治行为，如丹顿与伍德将政治传播定义为"（公民或社会）关于公共资源（如税收）、政治权力与公共裁决权（奖惩制度）的分配所进行的决议"。[①] 从传播学的角度来界定政治传播的最简练并被广泛接受的定义来自查菲。他把政治传播认为是"传播在政治过程中所扮演的角色"。[②] 本文将政治传播定义为：一定的政治传播主体运用有意义的符号，通过大众媒介与政治传播的对象之间进行的政治信息的传递、接受、反馈的行为和过程。

老子的政治传播思想扎根于其政治思想和政治哲学。李文琴（2000）认为，老子主要的政治思想可以概括为"以道莅天下"，"反对干预、扰乱民众生活"，"不以智治国"，"躯体政治论"，"小国寡民、独立自治"五个方面，其主要特点是不论政权，只论大道；不重政体、国体，只重天下。[③] 谢清果（2001）认为，老子在六十七章中提出"一曰慈，二曰俭，三曰不敢为天下先"的"三宝思想"充分彰显出其政治理念。[④] 虽然学者们视角不一，观点各异，但毫无疑问，《老子》一书是一部堪称经典的政治哲学著作。不仅如此，《老子》还是一部政治传播学的大家之作，其中包含了许多重要的政治传播观点，对政治传播学的一些重要领域（如政治说服、政治宣传、政治沟通等）也作了详尽阐述。总体而言，老子的政治传播思想遵循了老子思想的总体特征，以道为最高目标和最终准则，以自然为道者的效法对象。下面笔者将分别从政治传播的目标、秩序、技巧三方面对老子主要的政治传播观进行概述。

[①]　R. E.Denton, G C Woodward: *Political Communication in America* [M], New York: Praeger, 1990.

[②]　Lynda Lee: *Handbook of Political Commu nication Research* [M], New Jersey: MahWah Lawrence Erlbaum Associates, Inc, 2004。

[③]　李文琴：《老子政治思想浅论》，《西安交通大学学报》（社科版），2000 年 9 月，第 20 卷第 3 期

[④]　谢清果，曹艳辉：《老子"三宝思想"是其政治哲学的核心理念》，《成都大学学报》（社科版），2012 年第 5 期。

首先，政治传播目标可分为宏观的政治目标和微观的政治目标。从宏观上，"甘其食，美其服，乐其俗，安其居"是老子政治传播的终极目标。也就是说老子的政治传播是为其政治理想服务的，老子的政治理想规定和明确了其传播的内容和方式。从微观而言，老子的传播目标在于宣传"道法自然"。老子非常注重"道"的传播，"道"是老子思想的核心。老子希望实现国家安定、百姓幸福的政治愿望，而"道"是唯一能够实现这种愿望的途径。可以说，老子政治传播的宏观目标和微观目标具有一致性和共通性。

其次，在传播秩序上，老子强调一种"无为"和"自然"的传授关系。政治传播不可避免地具有方向性，但老子认为传统的自上至下的政治宣传方式过于生硬呆板，往往给人"孤""寡"这种居高临下、曲高和寡的感觉。这种宣传模式会引起受众的反感，达不到理想的传播效果。换言之，老子追求的是一种"无为""自然"的政治宣传境界，和西方学者提出的"平民百姓法"有异曲同工之处，归根到底就是：听起来、看起来不像是宣传的宣传，才是最有效的宣传。这一点放在中国语境里，表现为新时期宣传工作的立足点要从"以我为主"向"以人为本"转变，也就是当前共产党反复强调的"贴近群众、贴近生活、贴近实际"的要求。

最后，在传播技巧上，老子特别强调"物或损之而益，或益之而损"，也就是政治传播要讲求"度"、讲究分寸。老子认为"多言数穷"和"大音希声"。话说的过满，容易起到逆反效果。老子并不崇尚冗长空洞的政治辩论和华丽浮夸的政治修辞。对于政治传播而言，单讲"一面理"的说服力有限。当前中共中央提出"以正面宣传为主，以批评报道为辅"策略正是这种思想的延续。正面宣传并不是只讲成绩，相反，适时开展一些有利于事情解决、有利于社会发展的批评报道，是对正面宣传的有益补充。另外，老子还提到"不尚贤，使民不争"表明老子对典型宣传持保留态度，其根源也在于典型宣传若过激过度会适得其反。

第二节 老子政治传播思想中的传者"主体性"

学界对于政治传播过程中谁是政治传播者存在分歧。奥斯汀·兰以政治学家的视点指称："采取行动去影响政府政策的任何个人或团体就是个政治传播者。"①台湾学者祝基滢认为："政府发言人或政府机构的新闻发布人是代表政府机构政策官员发言的职业政治传播者。"②大陆学者邵培仁有认为"所谓政治传播者，就是在政治传播活动中凭借一定的媒介，采取一定的方式直接或间接地向人们表现、传递知识、感情、意思等精神内容的个人或集团"。③综合以上三种观点，本文认为对于政治传播者的研究可以分为三个部分。首先是关于政治人物；其次是关于专业传播者。最后是政治行动者。本章侧重于政治人物的视野。

一、"圣人"——政治传播者的形象

"圣人"这个词在《道德经》中共出现了三十多次，但老子并没有对"圣人"一词给予正面和直接的定义。这个词语最初出于儒家对"止于至善"的人格追求。在中国，古代圣明的君主帝王及后世道德高尚、造诣高深者称圣人。总的来说，圣人是指大众认为德才兼备的人。在《道德经》中，圣人一词有更丰富的内涵。

老子推崇圣人，但"老子口中的圣人并非是神，不是先验的存在，也是属于人，是'被褐怀玉'的人"。④"圣人"一词在《道德经》中有管理万物、统领万民的权利和义务，如第二章中出现的"是以圣人处无为之事，行不教之言，万物作焉而不为始末"，第三章中"是以圣人之治，虚其心，实其腹"，第十二章中"是以圣人之治也，为腹不为目"等。尽管《道德经》中体现了朴素的民本思想，但在老子看来圣人与万民之间仍然存在着统治与被统治的关系，圣人是统治者，万民处于被统治地位。但这种统治者并不是国家权力机构的代表，相反，和传统意义中的统治者——"不德之君"相互对立。一方面老子厌恶"不德之君"，推崇圣人；另一方面又说明了如何能成为"圣人"。实际上老子为这些"不德之君"设立了一个理想，一个楷模，那就是"圣人"。老子希望所有的统治者都能向圣人学习，最好的状态是每个统治者都是圣人。从这个意义上来看，老子理想的政治传播者形象是"圣人"而不是"不德之君"，圣人是政治传播的主体。与此对应，"万民"是政治传播的

---

① 奥斯汀·兰尼：《政治学》，林剑秋等译，台湾桂冠图书股份有限公司，1990 年，第146 页。
② 祝基滢：《政治传播学》，三民书局，1983 年版，第 66 页。
③ 邵培仁：《政治传播学》，江苏人民出版社，1991 年版，150—151 页
④ 刘选：《道德经中的"圣人"》，《信阳农业高等专业学校学报》，2011 年第 1 期。

对象，是政治传播过程的终点。值得注意的是，"在老子所处的时代，传播主体往往是指个人，其传播主体研究的中心放在个人而非机构上，这是其传播思想的一个最大特征"。①

老子又对"圣人"的形象进行了详细地描述：第五章中"天地不仁，以万物为刍狗，圣人不仁，以百姓为刍狗"，第二十七章中"是以圣人常善救人，故无弃人。常善救物，故无弃物"，第四十七章中"是以圣人不行而知，不见而明，不为而成"，第四十九章中"圣人在天下，歙歙焉为天下浑其心，百姓皆注其耳目，圣人皆孩之"。……由此可见，老子眼中的政治传播者首先必须具有极高的智慧，能够洞察事物的本质，即便不出门也能知天下事。其次必须具有人文关怀精神，表现为关心受众，贴近受众，以受众为中心。

二、"道"——政治传播者的信仰

"道"这个词在《道德经》中前后出现了七十三次，这七十三个"道"字符号形式虽然一致，但是内涵和意义却不尽相同。它对"道"的范畴进行了界定和阐释。

在老子看来，天地万物皆因"道"而生，都是"道"的产物。道是"天地之母""万物之始"。但"老子并没有把'道'人格化或神化，'万物作焉而不辞，生而不有，为而不恃，功成而弗居'。也就是说，'道'衍生了万物，却并非万物的主宰。万物的生长都是顺其本性，任其自然"。②可见，"道"即自然，正如第二十五章中所说的"人法地、地法天、天法道、道法自然"。一言以蔽之，道是自然无为。老子认为"圣人"就应该秉承"为而不争"，秉承自然之道。

许春华在《天人合道》一文中指出"'无为'是'圣人之道'的基本价值原则"。③《道德经》中至少有三十余章讲到与"无为"相似或相近层次的否定式用语。前文提到"圣人"是老子心目中理想状态的统治者。只有践行"道法自然""无为而治"的人才是圣人。那么从政治传播的角度，传播者践行"无为"实质上是指传播者的活动要遵循政治传播的规律，只有这样，才能达到理想的传播效果。如何做到遵循政治传播规律呢？首先，传者在传播过程

① 魏超：《老庄传播思想散论》，中国轻工业出版社，2010年版，第1页
② 李振兴：《老子之道辨析》，《承德职业学院学报》，2006年第3期。
③ 徐春华：《天人合道——老子天道、地道、人道思想的整体性与统一性》，《河北大学学报》，2012年第6期。

中要做到"利而不害"。这一词出现在《道德经》第八十一章，其意是天道对万物不亲不疏，不贵不贱，却生养之，此有大利而无一害。政治传播者因其特殊的政治背景，与一般传播者存在很大差异，政治传播者要尊重受众的权利，并努力使受众获益，传播对受众有利的政治信息。其次，传播者要切记"损有余而补不足"。老子以"张弓"作比，在第七十七章中提出"有余者损之，不足者补之"的公平原则。这与第九章中"持而盈之，不如其已；揣而锐之，不可长保"一脉相承。对于政治传播主体而言，一方面是强调要掌握传播的技巧，不可一味说教或单面提示，以免引起受众逆反心理。另一方面也指出政治传播者传播的信息应当是及时、最新的，这样才能够"补不足"而不是"损有余"。

三、"不争"——政治传播者的策略

在《道德经》中，"不争"共出现了八次，与之相似的还有"知足""知止""不敢为天下先"等也频频出现于《道德经》中。与"圣人""道"不同，老子的"不争"思想招到了翻译家和学者的一致批判。联系到数百年来中国所遭受的国辱和凌虐，鲁迅等学者对"不争"思想和行为疾恶如仇也是可以理解的。但也有学者指出"老子所说的'不争'并不是反对战争，特别是反对为了推进社会发展和社会进步而进行的生产战争、阶级战争、思想斗争等的含义"。① 姑且不评老子的"不争"思想是否过于消极，笔者认为，在政治传播中，这种思想对于发挥传播者的主体性却有着积极的意义。

第三章中"不尚贤，使民不争"，意思是说，不要把那些"离道行权，去质为文"的世俗贤人推到高位上去，以免使那些世俗贤人争名。有些学者认为这反映出老子反对典型宣传的思想。典型宣传属政治宣传的范畴，通常用于政治活动中。老子提出"不尚贤"处于分裂和战乱的时代背景，实际上，这种"不尚贤"不是说绝对地否定榜样和模范的作用，恰恰相反，这刚好从反面上验证了"尚贤"存在的价值。当前中国的"典型宣传"和"正面宣传"是十分必要的，但传播者过分地崇尚贤能和崇尚"伪贤能"存在很大风险。政治传播者在选取典型人物和事件时要谨慎小心，在进行"正面报道"时要掌握适度原则。

第六十八章中"古之善为士者，不武；善战者，不怒；善胜敌者，不与；

---

① 董京泉：《老子不争思想之辨析》，《北华大学学报》，2007 年第 6 期。

是谓不争之德"。其意在指古代善于作军队将帅的，不妄逞勇武；善于指挥作战的，不被敌人所激怒；善胜善于克敌制胜的，力避与敌正面交锋。对于政治传播主体而言，良好的心理素养，宁静致远的心态，是"不争"思想的真正体现。

第三节　老子政治传播思想的时代启发

老子在《道德经》中体现的政治传播思想对于当代我们的实践有着重要的启发作用。把握其中的精髓可以提高传者的积极性和主动性，提升政治传播的效果。

一、塑造政治人格

政治人格是个体人格的一个重要组成部分，"是构成个体的政治思想、政治情感和政治行为的特有统和模式，决定了个体在政治生活中的表现和产生特定的政治行为"。[①] 老子在《道德经》中阐述了其理想的政治家应具有的政治方面的人格特点。政治家是政治传播的重要主体。承启老子的思想，政治传播者要有"愚人之心"，具有大智若愚的品格；要能"知足不辱，知止不殆"，具有淡泊名利的气节；还有"不仁"的平等意识，"居善地"的心理素养。

二、创造政治象征

政治象征作为政治传播的一种特殊策略，通过政治象征符号及其意义的建构、传播、塑造，在政治传播中发挥着重要的作用。"我国的政治象征古已有之，源于人类初始社会的图腾崇拜，后又发展出丰富的内容，主要有标语口号、纪念节日、纪念性建筑物、旗帜、仪式等表现形式，各种表现形式又由语言、图像、声音等组合而成。"[②] 老子的《道德经》阐述了老子的政治理念，本身就是一种政治传播行为。老子在书中通过塑造执管万物的"圣人"形象和推崇"道"的理想，将"圣人"和"道"作为其政治传播中的政治象征。

---

① 郁红、周鑫：《从道德经解读老子理想的政治人格》，《辽宁师专学报》，2006 年第 4 期。
② 杨爽：《政治象征：一种特殊的政治传播策略》，《云南社会主义学院学报》，2012 年第 3 期。

三、善用政治修辞

"政治修辞是政治主体运用一定的政治语言，在政治过程中实现政治说服的技术和能力。在政治权力的运作过程中，政治修辞是重要的普遍的政治现象，并发挥着诸多政治功能。政治修辞诸多政治功能的发挥是政治修辞基本要素综合作用的结果。"[①] 老子在《道德经》中论述了"希言自然""多言数穷"和"大音希声"，表面上看，老子对于言语传播不以为然，但从另外一个角度来看，老子正是因为深谙政治传播之道才有此感悟。"美言可以市尊"，善用政治修辞不仅在于能达到"善言无瑕谪"的要求，而且要洞悉语言的内涵，掌握说话的技巧和尺度。

老子思想的最可贵之处在于对当代的启发。其政治传播思想弥足珍贵，具有长远的眼光和深刻的洞察，对后人而言是宝贵的财富，提供了很好的参照。更为重要的是，它对中国当前的政治传播学发展有着特殊的意义。政治传播学起源于西方，中国在这一领域起步晚，发展慢，而且由于中西方政治体制和政治传统的差异，西方的政治传播学范式不一定适合中国语境。老子的时代虽然遥远，但与中国文化血浓于水。就这一点而言，研究老子的政治传播思想对于培植中国自身的政治传播学说有很大的价值。此外，从微观的层面也为传播主体开展政治传播活动提供了建议。

（黄娟　谢清果）

---

① 刘文科:《论政治修辞的基本要素》,《中南民族大学学报》, 2008 年第 2 期。

第八部分　老子思想的媒介批评指向

第二十七章　老子思想中的媒介拟态环境批判意识及其治理之道

　　受众通过大众媒介所认识的世界，往往不等于客观世界本身。从当前传播媒介在构建拟态环境中出现的一系列问题以及拟态环境环境化越演越烈的现象出发，研读《老子》，不难发现老子的传播批判思想对于剖析"拟态环境"问题，进而提出消除当今社会传播媒介拟态环境负面影响之道，极富启发和指导意义。

第一节　老子传播思想中的拟态环境批判意识

　　拟态环境作为一个舆论学、传播学术语，最早由美国学者李普曼在《舆论学》中提出，由于世界太大，人们不可能直接地去认识每一个发生的事件，再加上国家检查制度的存在以及官方设置的保密制度等原因，人们往往生活在媒体提供的和自己设想的一种"假环境"中，也就是一种拟态环境。李普曼指出，"新闻和真实并不是一回事，必须清楚的加以区分。新闻的作用是突出地表明一个事件，真实的作用是把隐藏的事实显露出来"。①

　　《老子》一书，虽仅五千言，却字字珠玑，闪耀中华文明之光；虽并非为传播学而著，却蕴含着丰富的传播思想。尽管老子生活在两千多年前的传统社会，但其对传播的批判意识蕴涵拟态环境的认知，却早已洞察明晰，透过其一部《道德经》向世人娓娓道来。

---

　　① ［美］沃尔特·李普曼：《公众舆论》，阎克文、江红译，上海人民出版社，2002年版，第283页。

一、"道可道，非常道"：对媒介拟态环境的深刻洞察

对于拟态环境的认识，老子在第一章就早有说明。"道可道，非常道。名可名，非常名。"道，可以描述，但经过描述的道与原来的道就不是一样的了，同样，名也是可以描述的，但经过描述的名与原来的名却也是不同的了，概而言之，经过传播媒介传播的信息和信息本身之间是有所差异的。正如李普曼所言，"我们在看到这个世界之前就被告知它是什么模样"①，老子在两千多年前就已经认识到了传播中媒介（当时主要指语言文字）会对事实造成的影响，只是没有用今天所谓的传播学术语说出来而已，道理却是一样。

有学者在研究老子的传播批判思想时指出，"语言承载意义，而意义在承载过程中又会有噪音，乃至意义的丢失"②，这里的"噪音"就包含语言传播中所形成的"拟态环境"。同样，"文字等符号包围着我们，我们却无法判断符号反映的是客观世界还是拟态环境，以媒介为中介的交流方式使个人无法独立地、直接地与世界和他人交流。"③

二、"复结绳纪事"与拟态环境环境化问题的消除

老子提倡以"复结绳"的方式来克服语言文字媒介所产生的"拟态环境"的环境化现象。这种智慧对于对待当今的信息爆炸时代依然有其振聋发聩的意义。所谓拟态环境的环境化，是指人们的行为是对拟态环境的反应，但结果却作用于实际发生的现实环境④。结绳记事虽然是人类蒙昧时期的文化传承方式，然而对于日益纷繁的传播世界而言，对于日益增多的媒介信息而言，却是一种跳出拟态环境、认清真实的绝佳方式。在老子看来，语言文字往往容易割裂"道"的整体性，而"复结绳"就实现了"从媒介层面消除对道意义的分割"，从而消除拟态环境环境化的隐患⑤。因此，老子倡导在小国寡民的理想社会里，人民"乐其俗"，即更多地通过现实的人际交往来实现对意义更充分的占有。

---

① ［美］沃尔特·李普曼：《公众舆论》，阎克文、江红译，上海人民出版社，2002年版，第73页。
② 谢清果主撰：《和老子学传播——老子的沟通智慧》，宗教文化出版社，2010年版，第293页。
③ 同上，第30页。
④ 李普曼：《舆论学》，林珊译，华夏出版社，1989年版，第15页。
⑤ 谢清果主撰：《和老子学传播——老子的沟通智慧》，宗教文化出版社，2010年版，第253页。

然而，对于老子有关拟态环境的批判研究，目前还多集中于原因和现象的解释，对其救治之道还没有十分详尽系统的阐释，因此，本章将以老子的传播批判思想为基础，以传播学拟态环境这一维度为研究视角，从《老子》中探寻当今社会传播媒介拟态环境负面影响的解决之道，以期对现实媒介环境有一定的指导和借鉴意义。

第二节　老子智慧中媒介拟态环境治理之道

传统社会中，人与环境的互动大多呈以下模式：客观环境—环境认知—人的行为—客观环境。对环境的认知多是亲眼所见亲身所得的第一手资料，因此认知环境与客观环境有高度的重合。即便是这样，生活在两千多年前的老子依旧意识到了传播中媒介（当时多为口语、文字传播媒介）会对事实造成的影响。那么到了现代社会，随着媒介技术的不断发展，报纸、广播、电视等传统媒体加之互联网、手机等新媒体不断涌现，人们获得信息的渠道纷繁复杂，这种"非常道""非常名"的状态就成为受众获取信息时的一种必然，因此如何克服"拟态环境"的负面影响就显得尤为重要。

李普曼在研究人类与世界的精神交流中，将上游留给了传者研究，将下游留给了受众研究。因此，本文拟从这两个方面着手，从《道德经》中寻求拟态环境的救治之道。

一、玄鉴以观：受众对拟态环境的认知与超越

通常情况下，"新闻媒介不会把事情原原本本的告诉我们，不会也不可能不带任何偏见；新闻媒介不可能完美地反映现实"。[①] 正因为如此，受众媒介素养的提升才得到越来越多的重视。媒介素养是"受众对各种媒介信息的解读批判能力以及使用媒介信息为个人生活、社会发展所应用的能力"[②]，从《道德经》中我们发现，老子对受众如何认识和把握信息，如何识别和分辨信息真伪，如何提升受众的媒介素养以减轻拟态环境的负面影响都有相应的论述，概括来说就是要"玄鉴以观"，即对信息本质的一种深远的观照，如河上公注

---

① ［美］德弗勒 丹尼斯：《大众传播通论》，颜建军译，华夏出版社，1989 年版，第 341 页。

② 张志安、沈国麟：《媒介素养：一个亟待重视的全民教育课题——对中国大陆媒介素养研究的回顾和简评》，《新闻记者》，2004 年第 5 期。

曰："心居玄冥之处，览知万事，故谓之玄览也"①。具体而言有以下三个阶段：

（一）常无欲，以观其妙——信息接收的无欲原则

有关"欲"的论述多次在《道德经》中出现，延伸到传播学领域，我们可以将其理解为一种"噪音"，即影响受众理性接受信息的障碍。李普曼认为，舆论的主体必须是一些"有理性的个人"、能明辨是非的公众，而他对现实的普通人是非常失望的，因此将其称之为"局外人"②。信息社会的发展使得受众在铺天盖地的信息洪流中迷失了自己，在信息接受和选择上往往以一种随心所欲的心态求新求怪求奇，沉迷于媒介所营造的拟态环境中不能自拔。因为欲望发作，受众无法以一种理性思维去看待媒介呈现的事实，而往往配合媒介共同"编织"拟态环境，不仅使自己处于一种虚幻麻木的状态，对媒介过度依赖，同时也会给媒体以错误的信号，导致媒介环境的恶化。

老子针对受众过多的"欲"，提出了"不欲以静，天下将自定"（第三十七章）的断言，提出了"虚其心，食其腹"（第三章）的方法，以期做到"不贵难得之货"（第三章）的要求，凡此种种，皆为说明"无欲"乃是认清媒体所建构的信息环境的首要条件。

"甚爱必大费，多藏必厚亡"（第四十四章），无欲，就不会被媒介所制造的拟态环境所蒙蔽，就能以一种比较清醒和客观的态度对待媒介提供的信息；"信言不美，美言不信"（第八十一章），无欲，就不会被媒介的美言所蒙蔽，就能以一种理性的观念对待媒介不美的"信言"；"少则得，多则惑"（第二十二章），无欲，就不会迷惑于媒介纷繁的信息之中，就能以一种纯粹天然的婴儿状态少而精的接收信息。总体而言，就是要"化欲而作，吾将镇之以无名之朴"（第三十七章），以一种朴素的思想，清除欲望，抵制不良信息。

（二）致静虚，守静笃——信息解读的虚静观复原则

信息解读过程中的"静"字，是老子对受众的第二个要求，为受众提供了甄别和筛选信息的第二道把关方式，即以冷静的头脑和审慎的态度寻找信息的本质，从而得出一定规律性的东西，是谓"虚静观复法"③。

---

① 张继禹主编：《中华道藏》（第九册），华夏出版社，2004 年版，第 131 页。

② ［美］沃尔特·李普曼：《公众舆论》，阎克文、江红译，上海人民出版社，2002 年版，第 312—313 页。

③ 黄友敬：《老子传真》，海峡文艺出版社，1998 年版，第 114 页。

信息解读的过程在传播学中又称作释码的过程，这一过程是对信息内容的逐个解码，是一个繁杂的过程，老子认为保持一种"静"的心态尤为关键。没有这种"致静""守静"的本领，就会导致释码过程中信息解读的误差，比如国内由于日本核辐射而引发的抢盐风波就是典型的例子，由于受众解读信息时的不冷静不细致，造成了信息理解的扭曲，随之而来的是谣言和恐慌的泛滥。尤其面对媒体精心构建、"日臻完美"的拟态环境，受众一颗冷静而平和的内心就更是正确释码的关键。

此外，老子这种"致静虚，守静笃"的信息解读法更能带来"万物并作，吾以观其复"（第十六章）的巨大效用。王弼说："以虚静观其反复"[1]，苏辙也说："虚极静笃以观万物之变，然后不为变之所乱，知凡作之未有不复也。"[2]信息解读同样也有"以身观身，以家观家"的规律性可言，这对于长期处于拟态环境的受众来说，无疑是寻求信息本质的一条捷径。老子所说的"观"，并非观之以目，而是观之以心，即要求受众在解读信息时不是简单地看它表层的意思或事件的故事性，而是要结合社会环境或事件来龙去脉作整体而深刻的理解，从而把握信息的实质。在多次这样的解读之后，就会产生一种解读能力，这种能力似乎可以理解为老子所言的默思冥想或直觉思维，即不受任何情感欲望的影响，在静观中即可认识事物的真相。

（三）悠分！其贵言也——信息反馈的贵言原则

反馈是受者对接收到的讯息的反应或回应，也是受传者对传播者的反作用；是"受传者能动性"的体现，也是"社会传播的双向性和互动性的重要机制"的体现。[3]因此，老子要求受众不论是处于"太上、其次或又次之"的层次，都要以"知有之、亲之、畏之、侮之"的积极态度进行有效反馈。在媒介所传播的信息中，对"太上，下知有之"的潜移默化式传播，受众就要给出"知有之"的知晓式反馈；对"其次，亲而誉之"的宣扬式传播，受众就要给出"亲之"的鼓励式反馈；对"其次，畏之；其次，侮之"的低俗式传播，受众就要给出"畏之、侮之"的反对式反馈。

然而，老子在第十七章又接着说"悠分！其贵言也"，似乎又在告知受众不要多言，与开始要求受众积极反馈的思想相悖。其实，这正是老子对受众

① 张继禹主编：《中华道藏》（第九册），华夏出版社，2004年版，第196页。
② 张继禹主编：《中华道藏》（第十册），华夏出版社，2004年版，第378页。
③ 郭庆光：《传播学教程》，中国人民大学出版社，1999年版，第59页。

的一种严格要求，要求接收者以一种审慎负责的态度对信息做出回应，而非不假思索的随心而发。

老子说，"多言数穷，不如守中"（第五章），"希言自然"（第二十三章），"其贵言也"（第十七章），若将其简单地理解为"不言"或"少言"，就大错特错了。"希言""贵言"并不意味着不言，而是要求反馈必须是深思熟虑之后的，否则一方面会给媒介带来错误的暗示，使其朝错误的方向继续传播；另一方面也会使信息环境的环境化加重，因为这种反馈并不作用于拟态环境，而作用于真实的环境，正如日本学者藤竹晓所言"由于人们是根据媒介提供的信息来认识环境和采取环境适应行动的，这些行动作用于现实环境，便使得现实环境越来越有了'拟态环境'的特点，以至于人们已经很难在两者之间作出明确的区分"①。

由此可见，反馈对媒介、对受众自身所生存的现实环境都起着至关重要的作用，因此，以"贵言"的态度作积极的反馈，才是受众解读信息之后应有的心态。

二、传无传：传播主体对拟态环境的解构

拟态环境说到底是作为传播主体的媒介以客观物质世界为源、借助文字、图像或声音符号载体向受众传播信息的一种方式，尽管受众可以以主观能动性克服这种拟态环境的负面影响，但从信息散播的源头来治理拟态环境的危害似乎更为必要和重要。

老子在第六十三章提出："为无为，事无事，味无味"，从传播学角度解读，我们可以概括为"传无传"的传播理念，这种传播中的"无为"意识，对于当今媒体拟态环境环境化日趋严重的现象，无疑是十分必要的。具体而言，包含以下三方面：

（一）以百姓之心为心——传播目的的确立

传播主体在传播信息时选择什么样的事实、确立什么样的观点、进而期望建构起何种样子的拟态环境，归根到底是由传播目的决定的。因此，确立什么样的传播目的对媒介来说是指导思想的问题，是原则问题。

从《道德经》中我们不难发现，老子是十分重视"以人为本"的，"故道

---

① 郭庆光:《传播学教程》，中国人民大学出版社，1999年版，第127页。

大、天大、地大、人亦大。域中有四大，而人居其一焉"（第二十五章），老子将人与道、天、地放在同一范畴，可见其对"人"的重视。推演到老子的传播思想方面，我们可以将其理解为老子对传播目的提出了"人本"的要求。

《道德经》第四十九章指出，"圣人常无心，以百姓之心为心"，如果将这里的"圣人"理解为传播主体，那么"以百姓之心为心"就可以解读为以受众之所想所需为宗旨，确立一种全心全意为受众服务的传播目的。老子警示传播者，传播中要"不失其所"，不脱离"以受众为本"的传播思想，在此之下才能做到记录真实的事实、提供全面的意见信息、构建尽可能接近现实世界的真实图景。

（二）见素抱朴，少私寡欲——传播内容的选择

老子说："五色令人目盲，五音令人耳聋，五味令人口爽"（第十二章），当今媒介的内容越来越有以"五色""五音""五味"为主导的趋势，以此来提高收视率、阅读率、点击率，而受众也越发沉迷于这些"难得之货"所构建的拟态环境。然而，这种"令人心发狂"的信息长此以往的存在，必然会"持而盈之，不如其已。揣而锐之，不可长保"（第九章），最终导致媒介和受众的两败俱伤，导致整个社会的拟态化越发严重，直至媒体环境的异化。因此，在传播内容的选择上，老子提出了"见素抱朴，少私寡欲"（第十九章）的观点。

"绝圣弃智，绝仁弃义，绝巧弃利"（第十九章），此"三绝"，可理解为老子对传播内容的具体要求。一绝"典型化信息"——"不尚贤，不贵难得之货"（第三章）[1]。"某种程度上典型报道会拔高典型，使之成为'难得之货'，让民众误认为典型是脱离现实的'模范'，与典型保持距离，甚至背道而驰。"[2]长此以往，拟态环境与现实环境的差距就会进一步加深。因此主张不尚贤，不贵难得之货，弃绝典型化信息。

二绝"低俗化信息"——"我无欲而民自朴"（第五十七章）。媒介内容的低俗化在信息爆炸的今天可谓越演越烈，究其原因，就在于媒介自身的"贪欲"，渴望获得更多的经济利益和市场份额。因此老子提出了"无欲"和"朴"的要求。对性的频频报道、对明星私生活的挖掘、对暴力事件的关注，使得

---

① 郭庆光：《传播学教程》，中国人民大学出版社，1999年版，第115页。
② 谢清果主撰：《和老子学传播》，宗教文化出版社，2010年版，第217页。

媒体拟态环境越来越低俗，因此弃绝"低俗化信息"是媒体的当务之急。

三绝"同质化信息"——"我独泊兮，其未兆，如婴儿之未孩"（第二十章）。由于媒介技术的发展，信息同质化现象已经成为传播中的另一大问题，媒介中充斥着大量相同、相似的报道，扰乱受众的视线，加重受众的眩晕感。因此，用婴儿一样淳朴归真的心态来选择报道对象是减少"同质化"信息的必由之路。

达此"三绝"，则可"少私寡欲德乃全，见素抱朴化于道"①，从传播内容上对拟态环境进行有效的治理。

（三）为无为，事无事，味无味，"传无传"——传播理念的创新

李普曼曾说，媒介"像一束探照灯（search-light）的光柱一样不停移动，从黑暗中把事件逐个暴露出来"②而媒介的传播理念，则是该探照灯照往何处的风向标。"无为"的思想无疑是老子全书的指导思想，同样，对整个传播过程也有着统领的作用。

王弼说："以无为为居，以不言为教，以恬淡为味。"③黄友敬说："无为者，无去世俗的私心妄为；无事者，无去世俗的争竞俗事也；无味者，无去世俗的浓腻滋味也。"④由"无为"统领，传播目的要"无去私心妄为"，传播内容要"无去浓腻滋味"，从而达到一种"传无传，则无不传"的境界，如此，便能以一种有良知、有道德、有质量、有深度的新型传播理念构建拟态环境。

一方面，把关人自己要有"万物自化"的传播意识。老子说，"无为，故无败；无执故无失"（第六十四章）；王弼说，"处中和，行无为"⑤。具体而言就是传播中减少个人的倾向性，减少对受众有意识的干扰，让受众顺其自然的接受自己的观点才是真正高境界的传播，正所谓"道常无为，而无不为。侯王若能守之，万物将自化"（第三十七章）。

另一方面，把关人要有"治大国，若烹小鲜"的传播策略。传播者在传递信息过程中"度"的把握是十分关键的，犹如"烹小鲜"，不可过分过度。传播者过度的报道不仅影响受众的解码，对整个传播环境都会施加过分的

---

① 黄友敬:《老子传真》，海峡文艺出版社，1998年版，第132页。
② 李普曼:《舆论学》，林珊译，华夏出版社，1989年版，第240页。
③ 张继禹主编:《中华道藏》（第九册），华夏出版社，2004年版，第214页。
④ 黄友敬:《老子传真》，海峡文艺出版社，1998年版，第411页。
⑤ 张继禹主编:《中华道藏》（第九册），华夏出版社，2004年版，第142页。

压力。

如此，以"万物自化"的传播意识加之"治大国，若烹小鲜"的传播策略，在"传无传"的新型传播理念的指导下，拟态环境必将得到有效的控制和治理。

从传播学角度看，传播者和受众是两个不可分割的组成部分，是一种"协同进化"的关系。所谓"协同进化"，是指传播者与受众的持续互动，其途径是"信息互动"，其形式是"双螺旋"，双方"制约因子"的变化会先后导致自身和对方性状的变化，如此循环往复①。因此，从传播者"传无传"和受众"玄鉴以观"两方面对拟态环境给出救治之道，二者相互依存相互转化，必将对现存的媒介拟态环境问题有一定的指导意义。

第三节　老子的媒介批判意识与当代传媒文化

从传播学的视角解读《道德经》，不难发觉老子有着深刻的媒介批判意识，这种意识不仅是对古代媒介发展的历史回味，而且可以转化为对当代传媒文化的深刻反思，对当前的媒介发展发挥着巨大的指导意义和启示作用。

老子的传播观说到底是其宇宙观、认识论、辩证法等对哲学观点在传播学的启示，虽然相对隐晦，但其深刻性、历时性、科学性为解释和解决当前信息环境下传媒的种种问题提供了十分重要的借鉴意义，值得我们细细研究和思考。

对于当下信息爆炸的媒介环境，老子似乎早有预见，也在《道德经》中做出了一定批判。在老子看来，有限的语言符号是难以表达无限的意义的。"知者不言，言者不知"（第五十六章），"多言数穷，不如守中"（第五章），"希言自然"（第二十三章）等都表达了老子对符号的一种怀疑和批判态度。老子还以"道"为例，指出文字的局限性。他认为的"道"是"玄之又玄，众妙之门"（第一章），是"惚兮恍兮，恍兮惚兮"（第二十一章），是"有物混成，先天地生"（第二十五章），因此，是无法用语言界定，无法用文字指称的。

这种认知我们可以视为对媒介拟态环境的一种超前认识，即言语和文字

---

① 丁汉青：《重构大众传播中传播者与受传者之间的关系——"传""受"关系的生态学观点》，《现代传播》，2003 年第 5 期。

媒介并不能真正反映现实环境，通过言说和表达的事实已经和原本的事实有了差异。今天，随着媒介技术的发展，除了言语和文字，电子媒介的产生使得拟态环境现象更加严重，并且衍生出拟态环境环境化的问题。针对当代的媒介环境问题，我们通过阅读《老子》，领悟其中蕴藏着的传播智慧，从受众和传播者两方面出发，对拟态环境的问题给出了相应的"道家"式解决之道，希望可以对现实的媒介问题有一定的指导意义。

（谢清果　于宁）

第二十八章　老子思想与媒介传播者批评

老子思想包含着对媒介的批判，本章从老子思想和老子传播思想与坚持正确的价值导向、老子传播思想与坚持维护新闻事实的客观性、老子传播思想与传播方式三个角度论述了老子思想对媒介传播者的批评，从不唯市场、减少私欲、抛弃偏见和采用灵活的传播方式几个角度进行了具体的论述。

老子思想在中国流传了五千多年，既是道家思想的理论积淀，也是中国人的两大精神支撑之一。老子崇尚自然崇尚无为，老子思想影响了中国人的精神也影响了中国人的社会生活，正如林语堂所说"中国人得意时是儒教徒，失意时是道教徒"。当然在今天老子思想不止于此，直到今天我们的社会生活也很深刻地受到老子思想的影响。当今科技和媒介得到空前发展的时代，我们的社会生活已经进入到一个新媒体的时代，这个时代信息越来越碎片化，人与人社会与社会间的传播也越来越复杂。老子思想对我们的传媒社会也有诸多的指导意义。

第一节　老子思想的媒介批评光辉

李红在《老子思想与媒介批评》中认为"无论我们是否承认，中国人的心灵深处都有些或多少的到家思维，比如'谦虚'、'自然'、'守弱'等，老子真正从学理上论证了这些气质的必要性，而我们在媒介批评的实践和学理上，总是不可避免都带有道家思维的痕迹，因此，探索老子思想中可以为媒介批评所吸取的资源就有了深刻的现实意义"。① 更有人认为"老子对传播有深刻的认识。他创造了'道'、'无'、'有'等传播符号，并提出'道'是传播活动发生发展的根本动因。他对传播的方式方法、传者及受者都提出了自己的意见，比如传播应遵循自然规律，传播过程中，受者应该多观察、少说话，传者要真诚交流等，深刻影响了中国文化传播的发展。"②

　　对老子的探索可以扩展到传播的方方面面，从传播者到受众，从传播方式到传播效果，本章探讨的内容则是与传播者有关。老子说"道可道，非常道"，所以在《和老子学传播》中作者的看法是"传播者即传'道'者"，"老子在〈道德经〉首章点明了作为'传道'的传播者，即'得道者'，亦即'道可道'所蕴藏着的说'道'者"。而作为"传道者"更应该是有所为有所不为。老子说"无为"并不是不作为，而是"'常无欲，以观其妙'：传播者自身的'无为'和'为无为，则无不治'：遵循传播规律"。③ 而在林语堂的《老子的智慧》一书则认为道德经从五十七到七十五章都是政治篇，教育统治者要防止"民干政"的危险，从传播学角度来看也是对传播者的一些要求。④ 在王乃考的《一种导向和谐的媒介生态观——评〈跟老子学传播〉》里则说："老子推崇个体、生命、自由等基本价值理念，推崇'无为而治'的治世主张，批判'损不足以奉有余'的剥削方式，憧憬'甘其食，美其服，乐其俗，安其居'的和谐状态。这样看来，呼唤个体生命的价值，传播者坚持唯有'正己'才能'化人'的媒介伦理，人人平等参与互动传播，传者才能既不制人也不制于人，达到处于自然状态的和谐媒介生态。"⑤ 同时，随着社会的发展我们在探索老子思想在传播领域的发展的时候也要考虑到社会媒介的一步步演进。"两次世界大战以及第三次信息革命是媒介演进过程的三大拐点，尤其以网络为代表的信息革命时期人际传播方式的复苏更彰显了中国道家'不失其所者久'的传播之'道'。"⑥

　　当然，媒介并不是完美无缺的，对媒介的批评促使媒介的不断进步。什么是媒介批评呢？媒介批评目前并没有一个统一的概念，不同的人对其有不

---

①　李红：《老子思想与媒介批评》，《国际新闻界》，2011 年第 4 期。
②　周圆：《试论〈老子〉的传播观念》，《人民论坛》，2011 年第 5 期。
③　谢清果主撰：《和老子学传播》，宗教文化出版社 2010。
④　林语堂：《老子的智慧》，陕西师范大学出版社，2006 年版，第 202 页。
⑤　王乃考：《一种导向和谐的媒介生态观——评〈跟老子学传播〉》，《青年记者》，2012 年第 7 期。
⑥　陈柳江：《老子〈道德经〉看传播媒介的演进》，《东南传播》，2010 年第 8 期。

同的定义。在王君超的《媒介批评——历史与走向》中定义为："媒介批评，是为保证大众传播媒介系统的良性发展，保证它与周围运行环境处于良性的互动关系，而对传播媒介本身及其产品所作的自觉的、客观的批评。评价的主要内容包括新闻媒介行为的正误，结构、功能和效益；媒介的阶段性自发倾向；传媒的宏观走向预测；来自社会（环境）系统的评价信息。"① 刘建明在《媒介批评的文本理论》则提出"媒介批评是用解释学的方法对媒介的即时性，文本可以超出报道者的语境所具有的和新闻作品进行解读，通过剖视文本把媒体和外种种历史的、心理的、社会学的限定，表现出更广部世界的关系或新闻的意义提示给受众"。② 而雷跃捷《媒介批评》一书中考察了众多媒介批评的争议之后得出的结论是"所谓媒介批评，是指根据一定社会和阶级的利益与理想，并按照一定的标准，对大众传播活动所做的价值判断和理论鉴别"。同时他也总结了媒介批评的方法：1. 哲学的批评方法。这种批评方法是以人文关怀及哲学反思的精神关注大众传媒，是一定时代。2. 实证的批评方法。这种批评方法是以调查统计分析和科学实验为主要手段开展的媒介批评研的社会思潮和哲学思想在媒介批评、传播研究上的反映。3. 艺术的批评方法。这种批评方法，是借鉴文艺批评的方法而开展的媒介批评。除上述几种主要的媒介批评方法之外，我们还可以依媒介批评的对象和职能，采用定性、定量、定性与定量结合的方法，以及内容分析法、阶级分析法等等。③ 而黄新生在《媒介批评》里则提出媒介批评有评判、批判和诠释三个取向。批判理论分为以法兰克福学派和哈伯玛斯派，前者以精英文化为认同批判文化工业；后者把批判理论和社会进化理论相结合，以证明其必然性。黄新生认为媒介批评的方法有参与观察法、叙事分析法、视觉影像分析法、社会学的分析和比较的分析。④

　　当然，本章是对媒介传播者进行批评，自然不能少了批评主体——媒介的传播者。传播者从狭义来说是指大众传播者。李良荣在《新闻学概论》中，界定了新闻传播从业者的职业道德，但是在市场化、细分化的今天传播者的行为原来越来越受到市场的影响，新闻专业主义遭遇前所未有的挑战。

---

① 王君超:《媒介批评——历史与走向》,《国际新闻界》, 1999 年第 2 期。
② 刘建明:《媒介批评的文本理论》,《现代传播》, 2000 年第 5 期。
③ 雷跃捷:《媒介批评》, 北京大学出版社, 2007 年版, 第 18—19 页。
④ 黄新生:《媒介批评: 理论与方法》, 五南图书出版公司 1990 年版, 第 4—5、18—24页。

第二节 老子传播思想与市场导向下的媒介传播者

一、无为与传媒的人本取向

老子说"为无为"①，看起来好像是教育人民不要去做事情，但事实上却刚好相反，老子不是让人民不要做事，而是教育人民要恰当地做事，从而达到事半功倍的效果。这个"无为"同样也指导着新闻传播的从业者。与其他行业不一样的是，新闻传播行业与人的思想密切相关，正如李良荣所说："新闻媒介可以发挥、承担的宣传功能是多方面的，而且可以对现代社会产生巨大的影响力。"②随着中国逐步进入社会主义市场经济，市场越来越成为新闻传播行业的风向标，收视率、收听率或者说市场占有率成为判断一家媒体或者报纸杂志好坏的标准。因此新闻传播从业者在生产活动中不可避免地受到市场的影响，从而不断迎合市场需求。在以市场为导向的需求中，低俗易懂的东西更容易扩散也容易使受众获得满足。在这种情形下，媒介传播者便把这种低俗的要求作为受众需求，大量的不需思考的、低级趣味的节目或者栏目层数不穷并且被大量复制。湖南卫视的超级女生火了，紧接着的是无数选秀节目的产生；"非诚勿扰"变热，跟随的是数不清的相亲约会节目。甚至有些媒介传播者制造虚假的事件来吸引观众眼球，北京电视台曾经报道的"纸馅包子"事件就是一件彻彻底底的假新闻，这个报道还获得了很高的收视率，如果最后没有被披露出来是一则假新闻，不知道有多少人要因此受害！

二、心怀天下与传播者的社会责任

老子说"吾所以有大患者，为吾有身，及吾无身，吾有何患。故贵以身为天下，若可寄天下。爱以身为天下，若可托天下"。（第十三章）意思是"我之所以有大的忧患，是因为过分地考虑到自己，如果不考虑自己，我还有什么好忧患的呢？所以只有把天下看轻，深知自重的人，才能把天下的重任担当起来。所以只有把天下看轻，深知自爱的人，才可以把天下交给他"。所以老子认为应该把重任交给懂得不过分考虑自己，把天下的利益看重把自己的利益看轻，但是又懂得自重自爱的人。可以看出老子对现在为市场为收视

---

① （魏）王弼:《老子道德经注》，楼宇烈校释，中华书局，2011 年版，第六十三章。
② 李良荣:《新闻学概论》，复旦大学出版社，2001 年版，第 110 页。

率的媒介行为是坚决反对的，在他看来标准的媒介从业者应该是认识市场，面对市场但是不唯市场，能够在了解受众需求的基础上引导受众进行消费，而不是被动满足受众要求，放任自己完全投身于市场的波浪中。这就要求媒介传播者以正确的价值取向来要求自己，不把收视率、收听率作为衡量成功与否的唯一标准，进行传播时要传播积极的、向上的内容。

对于如何能达到这样一个要求老子也有自己的观点，即"见素抱朴，少私寡欲"（第十九章）。简而言之，要减少个人的私欲，在进行媒介活动时要更多考虑集体、社会、国家的利益，而不是仅仅考虑自己的利益，考虑自己能从媒介活动中获得多少名和利。媒介是国之利器，媒介传播者在使用媒介活动时不是为自己谋私利而是要为整体利益服务。市场是由欲望驱动，老子希望通过降低个人的欲望来达到集体利益的满足。

第三节　老子传播思想与维护报道客观性审思

一、知常与传媒报道的客观性

人无完人，金无足赤，人面对自己不了解或者不熟悉的问题时难免产生偏见和看法，媒介传播者要面对非常多形形色色的问题，面对这些问题的时候难免带上个人看法和价值观，比如在报道"切糕事件"时，传播者故意夸大了新疆人凶恶和切糕的价格，这是传播者本身的视野所局限的，但是这样的观点会让许多原本没有看法或者本身对新疆人有偏见的人产生更多的偏见。这样的例子在传媒报道中不胜枚举。老子说"不知常，妄作凶"（第十六章），其实是反对在不知道事情真实情况下轻举妄动的，不知道真实情况就有所行动，它造成的结果一定是不好的。即使现在要抢占媒介使用的时机，但是更是要要求传播者在弄清事情原委的前提下，没有弄清谁是谁非就报道出来或者披露出来，会造成非常不好的影响，对媒介本身也会有损害。"天乃道，道乃久，没身不殆"（第十六章），只有报道符合事实的东西媒介才能够有长久的生命力，才能够长久地生存、壮大，而这其中媒介传播者扮演了一个非常重要的角色。

二、自见和传播者的自身修养

老子对媒介传播着如何在维护报道事实的也有自己的看法。"知常容，容乃公，公乃王，王乃天，天乃道"（第十六章），首先要做扩大自己的知识范围，不断地了解世界，才能够对发生的事情更加包容，此为"知常容"。"知常容"而后能以更加客观的态度去评价各种事物，尽可能避免偏见的产生，从而尽可能地还原事物的本来面貌。但是一个人的能力毕竟是有限的，仅仅依靠自身的力量很难达到"知常容，容乃公"的境界。因此老子又说"不自见故明；不自是故彰；不自伐故有功；不自矜故长；夫唯不争，故天下莫能与之争"（第二十二章）、"自见者不明，自是者不彰，自伐者无功，自矜者不长"（第二十四章）老子对人性了如指掌，他知道人容易自闭、自傲、自夸、自伐、自矜，从而导致一叶障目，看不清楚自身的位置和事实变迁。但是社会不是不成不变的也不是局限的，所以要求媒介传播者要不自见、不自是、不字伐、不自矜，多向他人虚心请教，扩大自己的视野和知识面。

三、老子传播思想与传播者的传播方式

闾丘微露曾就柴静报道新闻的方式做出了批判，她认为柴静报道的方式过分地强调采访主体，即传播者，把传播者带入到传播中，把传播者自身也变成了一个参与者，影响了传播的客观性。不可否认，柴静情感化的表述方式容易让观众接受，也正是其参与性吸引了不少观众。另一方面，我们也看到柴静的报道方式从某个角度来说是片面的、个人的、有失偏颇的。甚至有人嘲笑道，现在这个社会不要就谈什么新闻专业主义了，大家的手法都是一样的，只不过有一拨人在柴静那听故事，有另外一拨人在闾丘微露那里听故事，意指不管什么样的手法，或者不管采用什么手段哗众取宠也好，曲高和寡也罢，只要最终结果是有观众喜欢有收视率就万事大吉。这样看来传播者的传播方式似乎对传播并无太大影响，至少从传播效果的角度看，人们已经不在意报道是否从新闻专业主义角度来进行传播了。

然而，与之相反，老子认为传播者进行传播的方式是有质的差别的。"上德不德，是以有德；下德不失德，是以无德。上德无为而无以为。下德为之而有以为。"（第三十八章）最好的传播方式会让人觉得传播者并不意在于传播，而不好的传播方式则会让人觉得矫揉造作，这也与老子的"无为"思想相照应，并不是没有传播方式而是让人看不出有传播的痕迹，这也是所说的"大音希声，大象无形"（第四十一章）。老子并不赞同任何传播方式只要达到收视率就可以称为好的传播方式。以出位博眼球或者靠三俗来获得观众这样的手段都不能算是好的传播手段。所以老子说"夫物或行或随，或歔或吹，或强或羸，或挫或隳。是以圣人去甚，去奢，去泰。"（第二十九章）不同的

事物有不同的特点，不同的传播面对的对象不一样，传播者就要采取不同的措施，并且不要采用极端、奢侈和过分的措施。什么样的传播方式才是好的传播方式呢？"大道氾兮，其可左右。万物恃之以生而不辞，功成而不名有。"（第三十四章）好的传播方式首先要能够将传播寓于无形中，让人看不出传播者的意图在哪，却能够达到教化的目的。但是若能达到"大成若缺，其用不弊。大盈若冲，其用不穷。大直若屈，大巧若拙，大辩若讷"。（第四十五章）的程度，即使是不说什么也能达到传播者的意图则是最高境界。其次，"圣人无常心，以百姓心为心。"（第四十九章）传播者要以观众喜欢的、易于接受的方式来进行传播，不能只做曲高和寡的独唱，脱离观众的需求即使内容再精彩也是孤掌难鸣。最后，好的传播方式要能够在用柔和的方式引导观众，让观众跟随传播者的传播方式，此所谓"上善若水，水善利万物而不争"（第八章）。传统的传播方式大多为说教式的传播，传播者不管传播对象爱不爱听愿不愿意听，一股脑把自己想说的倒在受众的身上，殊不知这样的方式只会让受众更加厌烦。唯有"善下之"（第六十六章），传播者要先了解受众心理，针对受众心理才能更好地引导受众，达到良好的传播效果。

（杨婕　谢清果）

第九部分　老子思想的战略传播价值

第二十八章　论老子的"水德"思想
与策略性传播思想的比较

　　《道德经》"上善若水"充分阐述了"水德"的特性，水"随物而形""滋养万物""清静""雌柔""不争"等特性对现在的策略性传播事业中的五大理论、七大原则有着深刻的借鉴意义。同时，也要辩证看待老子的"水德"思想与西方的策略性传播思想中西方在策略性思想中一火一水，一静一动，一刚一柔，一进一退，在万物起始等哲学命题的思考上，观点矛盾却又互补，应从两者的共性及差异中品味中西方策略性思想的哲学意味。

第一节　老子的水德与策略性传播的研究回顾

一、老子水德思想与西方水火思想的辨析

（一）老子"水德"思想综述

　　我国西周时期盛行的"五行说"即认为：水、木、金、火、土是世界的本原。而水是五行之首，是构成宇宙、产生万物的首要元素[1]，老子在《道德经》中也提到水是万物本源的思想。相传老子生长在楚国的涡水边，涡水是一条非常美丽的河流，因此从小老子就对水产生了特殊的感情。他认为，水是生命本源，并用具象的"水"来比喻"道"。老子在《道德经》第八章中提到"水几于道"，而"道生一，一生二，二生三，三生万物"（第四十二章）。老子由水引出其重要思想，道生万物，道生万物哺育万物，而水更是人类赖

---

　　① 沈香萍：《水：老子"道"论的理念直观》，《理论学刊》，2011 年第 4 期。

以生存的源泉。他在《道德经》中讲到："上善若水。水善利万物而不争，处众人之所恶，故几于道。居，善地；心，善渊；与，善仁；言，善信；政，善治；事，善能；动，善时。夫唯不争，故无尤。"（第八章）上善指的是上善之人，即为圣人，圣人像水一样。而水德有三个特征，一是能够滋养万物，二是顺其自然而不争，三是蓄居流注于人人所厌恶的卑下的地方，所以水是接近道了。水处于卑下的地方，有道德的人为人谦下；水渊深清明，有道德的人虚静沉默；水施于万物，有道德的人也是博施；水照万物，各有其形，诚实不妄，有道德的人出自至诚，绝不虚伪；水能滋养万物，清除污垢而有绩效，有道德的人清静无为而自然归与纯朴；水性柔弱，能方能圆，表现很好的功能，有道德的人施教立化，毫无私心，产生教化的功能。以上都是有道德的人像水的情形，但其中以"不争"最为重要。正因为不争，才不会招致怨尤。①

水无形无状却又跟随万物的形状变化而变化，诚实地反映出万物的本来样貌，滋养万物去除污垢却又不争功劳，甘处万物之下。且水性柔弱，是天下至柔之物，老子在第七十八章中阐述"天下莫柔弱于水，而攻坚强者莫之能胜，以其无以易之。弱之胜强，柔之胜刚，天下莫不能知，莫能行"。天下没有哪一种东西比水更柔弱的了，但攻击坚强的东西却没有什么能胜过水的，水能够以柔克刚、以弱胜强。第二十八章中老子提到"知其雄，守其雌，为天下溪。"这种"知雄守雌"的观点也与上述一致，雌柔胜刚强，"天下莫不知，莫能行"。老子在《道德经》中充分阐述了"水德"的思想及"水德"的特性，水"随物而形""滋养万物""清静""雌柔"等思想闪耀至今，对现在的传播事业还有着深刻的意义。

（二）老子"水德"思想与西方哲学"水""火"思想的辨析

在同一时代的西方，也出现了类似的"水"之思，泰勒斯是西方唯物哲学史的起始者。他比我国西周末年的老子年长五十三岁。他认为世界的来源是水，万物由水而生。泰勒斯同老子一样，都将自己理性的触角接触到"水"。英国哲学家罗素在《西方哲学史》中曾说："每本哲学史教科书所提到的第一件事都是哲学始于泰勒斯，泰勒斯说万物是由水做成的。"②由泰勒斯的"万

① 王柏文，白璐：《老子"水德"说与泰勒斯"水本"观的哲学之境》，《吉林师范大学学报（人文社会科学版）》，2012年第3期。
② 罗素：《西方哲学史》，商务印书馆，2003年版，第49页。

物的本原是水，万物复归于水"说开始了对神话世界观的否定。但泰勒斯并没有很好的论证这一观点，没有像老子那样点明"水德"的特性。

另一位古希腊学者赫拉克利特提出了与老子的"水德"说有共通之处的学说，但他选取的指代物却是截然相反的"火"。赫拉克利特认为："这个世界对于一切存在都是同一的，它不是任何神创造的，也不是任何人创造的；它过去、现在、未来永远是一团永恒的活火，在一定的分寸上燃烧，在一定的分寸上熄灭。""一切事物都换成火，火也换成一切事物，正像货物换成黄金，黄金换成货物一样。"一切都以火为开始和结束，万物都会复归于火，然后再由火在一定的分寸下生成万物。赫拉克利特特别强调"斗争"的作用，强调进攻的重要性，认为斗争是万物力量的来源。[①]

在"刚"与"柔"的层面上，赫拉克利特和老子虽然都主张辩证的看待世界，但是两位哲学家对矛盾斗争性的地位、作用及表现有着不同的认识。在"水德"思想中老子最推崇的便是水的"不争"的道德。老子反对一切战争，老子主张守弱处下，听命自然，反对刚强进取[②]，而赫拉克利特则十分强调对立面的斗争性，即斗争生万物。老子与赫拉克利特提出了路径相似却又截然相反的论点，他们一火一水，一静一动，一刚一柔，一进一退，在万物起始等哲学命题的思考上观点矛盾却又互补，他们以地球为圆，为东西方古代文明世界共同构成了一个完美的太极。也为东西方文明的走向分别烙上了自己的印记。还似乎为两千多年后，东西文明邂逅、冲突和融合埋下了种子。

比较了中西方哲学思想对"水"及其对立观点"火"的阐述后，再次回顾老子思想第八章中详细阐述的"水德"的属性，"随物而形""滋养万物""清静""雌柔"的特性对当今社会的策略性传播有着深刻的借鉴意义，但同时也要看到中西方在"斗争""攻""守"观上的不同，在辨证中把握策略性传播的技巧。

二、策略性传播理论综述

"策略性传播"是近几年的新兴研究领域，尚没有很成熟的系统理论阐述，同时将策略性传播与老子思想连接起来的文献暂时还没有，因此还有广阔的

---

① 北大哲学系外哲教研室编译：《西方哲学原著选读》，商务印书馆，2005 年版，第 108 页。

② 王雷生：《"火"与"水"——浅析赫拉克利特、老子思想之异同》，《今日南国》，2009 年第 6 期。

空间可以值得探索。策略性传播是指针对当今复杂的竞争环境和多元的传播渠道综合利用广告公关等手段进行说服性传播，它强调每个动作都要具有战略目标。^①。美国密苏里新闻学院国际交流中心主任、副教授弗里兹·克罗普（Fritz Cropp）在中国人民大学新闻学院的学术前沿讲座中提到虽然有关策略性传播的相关书籍也还很少见，但相关的教育和实务已经逐步开展，比如，很多公司已经将公关、广告部整合为策略性传播部。在密苏里新闻学院，硕士项目中已经设立了策略性传播专业，这个专业学生需要掌握的五大理论包括劝服理论、公关理论、权变理论、心理学理论和大众传播理论。

与公共关系相比，策略性传播更强调建立和维护双向互利关系，强调基于研究进行战略规划和效果评估，强调在多样性成为今天具有普遍性的战略挑战的背景下国际与多文化视角的重要性，强调新技术是重要的传播渠道，强调利用储备了无数技巧的整合"工具箱"去实施战略计划。策略性传播需要遵循七大原则：1.每个行动都要制造一种好印象；2.好公众实际上是很多公众，需要满足不同公众的需求；3.特定公众实际上也是很多公众，需要对他们加以细分；4.真实和诚实非常必要；5.进攻比防守更有效；6.沟通是良好公共关系的关键；7.规划非常必要。^②

第二节　策略性传播理论、原则与老子的"水德"思想

策略性传播五大传统理论劝服理论、公关理论、权变理论、心理学理论和大众传播理论对策略性传播的七大原则起着指导的意义。而老子的"水德"思想对其五大理论及七大原则的实行都有一定的借鉴。但也要辩证看待老子的"水德"思想与西方的策略性传播思想，中西方在策略性思想中一火一水，一静一动，一刚一柔，一进一退，在万物起始等哲学命题的思考上观点矛盾却又互补，应从两者的差异中品味中西方策略性思想的哲学意味。

一、老子的"水德"思想与策略性传播五大理论

（一）劝服理论与"水德"思想

在劝服理论中，传播者试图利用传播的信息来改变他人的态度与行为而

---

①　钟新、王岚岚、淡凤：《策略性传播及国际传播前沿问题——美国密苏里新闻学院国际交流中心主任弗里兹·克罗普博士系列讲座综述》，《国际新闻界》，2006 年第 7 期。

②　同上。

作努力。卡尔·霍夫兰（Carl Hovland）从传播源、传播方式和传播对象三个方面作出的总结研究结果，在传播源方面，霍夫兰对信源的可信度、权威性与说服效果的关系进行了实证考察，认为信源可信度、权威性的高低与说服效果呈正相关关系。而传播者的动机同传播者本人的利益相反时，劝服效果才更佳；在传播方式方面，霍夫兰提出"单面说理"和"两面说理"，指出对持反对观点和受教育程度高的受众适合"两面说理"，而对持赞同观点和受教育程度低的受众适合"单面说理"①，劝服策略应似水般诚实，有让人信服的权威性。同时应如水般处之下端，"滋养万物"，以被劝服者的利益出发，而非以传播者的利益角度。再次劝服策略应该似水般灵活变化，"随物而形"，针对不同的受众要采用不同的劝服策略，并如水般"雌柔"，以柔克刚以退为进地劝说，也不是一味地用强势雄刚逼迫对方。

（二）公共关系策略性传播理论与"水德"思想

公共关系策略性传播是指作为传播主体的社会组织，依据其与作为传播对象的公众之间的联系状态和环境条件，通过主动的筹谋策划，选择最为有效的传播手段、传播方式与传播机会，有目的、有计划、有组织地向公众巧妙地传播信息，以最大限度地沟通公众，赢得公众，使公众对组织及其产品与服务产生好感的高级传播行为。人类社会的传播活动，按其特性来说，大致可以分为三种，即常规性传播、策略性传播和欺骗性传播。作为现代社会应用比较广泛的公关传播行为之一的策略性传播，它既不同于常规性传播，也不同于欺骗性传播，具有自己的特殊品质②。策略性公关首先必须讲究技巧，应如水般灵活"雌柔"，"随物而形"，针对不同的传播情境灵活调整策略，还应似水般"以柔胜刚"，通过情感等柔软的方式打动受众，使受众易于、乐于接受传播。其次策略性公关是讲究原则的，这有别于欺骗性传播。这要求策略性公关应似水般诚实表露本真，不弄虚作假。

（三）权变理论与"水德"思想

权变理论是管理学中的一项理论，其核心概念是指世界上没有一成不变的管理模式，它认为根本没有所谓的最好的办法去组织企业、领导团队或者

① 银俊芳：《劝服理论在蒙牛危机公关策略中的运用》，《青年作家》，2010第5期。
② 李远庚：《公共关系策略性传播初探》，《辽宁商务职业学院学报》，2000年第3期。

制定决策。组织形式或领导风格、决策方式依赖于组织内部的或外部环境的约束，管理必须随机制宜地处理问题。此外，管理者还要能够归纳出管理中的情景由哪些因素所组成，它们有多少种存在状态，又有多少种不同管理方法。《道德经》中阐述的"祸兮福所倚，福兮祸所伏"的思想，辩证地看到了任何事物发展中的危险和机遇。《孙子兵法》中说到"兵无常势，水无常形，能因敌变化取胜者，谓之神。将在外，君命有所不受"，权变思想在战场上得到了极致的发挥。①在策略性传播会碰到随时变化的外部环境与自身实力发展，这时候就需要运用权变的思维，似水般无常形却又"随物而形"，能因"敌"变化而制敌取胜，针对不同的传播情境，受众特点，采取"不同之形"。

（四）心理学理论与"水德"思想

心理学的研究对象主要是心理过程。心理过程是指人对现实的反映过程，是一个人心理现象的动态过程，包括认识过程、情感过程和意志过程。认识过程是人的最基本的心理过程，它是人接受、储存、加工和理解各种信息的过程，即对客观事物的属性及其规律的反映过程，包括感觉、知觉、记忆、思维、想象等；情感过程是个体在实践过程中对事物的态度体验。人在认识客观事物的过程中总是抱着自己的某种需要去认识和反映客观事物，由于需要是否满足而产生的态度上的体验就是情感过程；意志过程是人为了满足某种需要，在一定动机的激励下，个体自觉地确定目的，并根据目的调节支配自身的行动，克服困难去实现预定目标的心理过程。②在策略性传播的过程中要充分运用心理学的原理，像水般常在于人们的生活环境中，成为人们生活中不可或缺的事物，满足最基本的认识过程。其次是要似水般"滋养万物""清静""雌柔"，满足受众的情感内化过程。再次是要调动人们的意志过程，用"柔弱胜刚强"等方法满足受众需要，使受众主动的想要获取，自觉地确定目的，调动意志行为。

（五）大众传播理论与"水德"思想

大众传播指传播组织通过现代化的传播媒介——报纸、广播、电视、电影、电影、杂志、图书等，对极其广泛的受众所进行的信息传播活动。其理

---

① 《孙子权变思想对现代经营的启示》，《商业研究》，2003 年第 22 期。

② 步平平：《网络传播研究的心理学观照》，华中科技大学硕士学位论文，2004 年。

论包括了三个基本要素：传者是一个机构或组织；受众是数量众多的分散在各地的人们；媒介是大量复制信息的机器。而分析内容主要包括了五个方面：控制分析、内容分析、媒介分析、受众分析、效果分析。策略性传播的过程中，要把握好大众传播的五个方面。① 佩特森在1947年报告《自由与负责的报刊》(A Free and Responsible Press)T.B. 中提出媒介要履行一定的义务，进行自我约束。同时媒介必须多元化，要自由发表各种见解，社会和公众有权介入传播。因此，大众传播应似水般"滋养万物"，对社会承担一定的义务；同时"随物而形"自由地反映来自各方的观点；另外"雌柔"的允许社会和公众的介入，而非强硬的控制话语权。在媒介分析中，大众传播应似水般跨越地域的限制，将信息尽可能的广泛传播。在受众分析理论中提到，受众是自由的，各不相同的，众多的，大众传播应如水般"随物而形"，针对不同的受众采取不同的策略性传播。在效果分析的议程设置理论中提到，我们所接触到的媒介讯息是经过把关人的一番选择的从而形成议题的。而在新媒体传播中，大众能够自发选择形成议题，如新浪微博的热门微博榜就是公众自发形成的，从而使议程设置呈现出了一种"双漏斗"的模式。② 因此在这种形式下，要求大众传播应似水般"兼容并包""随物而形"，"雌柔"地将公众议题与设置的议题进行相对的融合，而非目空一切，凭把关人经验设置议题，老子在《道德经》中提到"柔弱胜刚强"的思想，强硬的设置终归抵挡不住柔弱渐进式的公众力量。

二、老子的"水德"思想与策略性传播七大策略

（一）"滋养万物"制造一种好印象

水滋养万物，是万物之母，天下万物都需要水。因此，水塑造的是一个民众乐于接受的好印象。策略性传播的首要原则即是制造一种好印象，在策略性的传播中应该从受众角度出发，感知受众最迫切的需要，在与受众的博弈中，将传播诉求包装成受众最乐意接受的好形象，达到水般"润物细无声"的传播效果。如汶川大地震时王老吉的一亿元捐款使得全国上下对其品牌美誉度大增，"疾风知劲草，烈火见真金"，王老吉在国难时挺身而出为自身塑造了一个良好的形象，公众发出了"要喝就喝王老吉"的感叹，因此"滋养

---

① 佘绍敏：《传播学概论》，厦门大学出版社，2003年版，第47页。
② 吴闻莺：《微博议程设置研究的路径分析》，《石家庄经济学院学报》，2012年第8期。

万物"的效果般良好的印象是策略性传播的第一步。

（二）"随物而形"对公众加以细分

水是世界上最无形无相的事物，同时又是可塑性最高的事物。万事万物都有其形象，而水则能最诚实地反映出万物之形，因而具有"随物而行"的特性。随着新媒体技术的发展，受众因为不同的兴趣爱好，结为不同的群体节点，策略性传播也因此越来越强调"精准"，应似水般做到"随物而形"，对不同的公众加以细分，呈现出与之相应的形态。如搜索引擎中的相关推送或搜索联想等功能，能根据具体情况呈现不同状态，对不同受众加以细分。

（三）"兼容并包"满足不同受众的需求

"水纳百川，有容乃大"，水之贵在于其"兼容并包"的宽大胸怀，能为世间不同的万物提供其所需的生命之源。策略性传播的第三条原则是满足不同受众的需要，这就需要传播策略能够"兼容并包"地提供不同受众的需求，在对受众加以细分之后，能相应的提出不同的传播对策。奥美(O&M)的"360 度品牌管理"便是一个很好的案例。360 度品牌管理强调在"品牌与消费者的每一个接触点"上实行传播管理，能全方位的满足不同消费者的需求。

（四）"诚实以本真"，用真实和诚实的态度去传播

"水德"的一大特性便是诚实，总是以本真示人，不虚假欺骗。在策略性传播中虽然讲求传播技巧、策略组合，但其前提条件便是"诚实"，这是策略性传播与欺骗性传播的最根本的不同。三鹿奶粉在三聚氰胺事件爆发前一直掩盖事实，企图维持其品牌形象，但公道自在人心，一旦真相被发现，经营数十年的企业可以在一夜之间垮塌，因此牢牢把握"诚实"这一前提，才是策略性传播的基础。

（五）"雌柔"地与公众进行沟通是良好公共关系的关键

老子在《道德经》七十八章中提到，"天下莫柔弱于水，而攻坚强者莫之能胜"。水是天下间最柔弱之物，而柔弱往往克刚强。在策略性传播的沟通过程中也要讲究"柔弱胜刚强"的策略，用雌柔、富含情感的方式进行沟通，往往比用强势的论辩取得更好的传播效果。大众银行 2010 年的"梦骑士"系

列广告《不平凡的平凡大众》便是一个很好的例子，广告讲述了五个身患不同疾病的老人，平均年龄 81 岁，为了梦想环岛（台湾）13 天，穿越 1139 公里，从北到南，从黑夜到白天，只为了个简单的理由，所有人都是不平凡的平凡大众！广告关注普通人的梦想，也因此打动了很多目标消费者，获得了巨大的成功，如果仍是以基本的业务作为广告诉求来策划，试图劝服消费者，效果应该很难企及"梦骑士"系列。

（六）"水流冲刷出规则的河道"，形成一定的规划非常必要。

水的流向规划出河道的方向，在策略性传播中，似水般形成一定的规划也是非常必要的。在实施传播前通常要将传播主体当前所处外部环境、内部环境及未来的一段时间内将会发生的变化考虑其中，制定有长远的战略规划，但也要注意规划的灵活性，兵无常势，形势往往处于运动变化之中，及早地作出对应措施才能有备无患。柯达曾是相机、胶片行业的巨头，拥有良好的品牌基础，但其面对数字技术的冲击却偏于保守，仅满足于传统胶片行业的成绩，没有形成长远的企业规划，同时面对市场的变化没能及时调整其策略，导致百年品牌走向衰败。

（七）水德"不争"思想与西方"进攻比防守更重要"策略性传播原则的辨析

"水德"思想中，老子最为强调的即是水德"不争"特性，《道德经》第八章中提到水"夫唯不争，故无尤"。但西方的策略性传播中，强调进攻比防守更有效，因此需要辩证地看待老子的"水德"思想与西方的策略性传播思想。这一点可以从赫拉克利特的斗争生万物的思想中得到体现，赫拉克利特在欧洲哲学史上首先提出了"斗争"这个重要的哲学范畴，强调斗争性也成为后来欧洲哲学的一个重要特点。赫拉克利特把斗争看成是万物生长、变化的力量和源泉。

与赫拉克利特相反，中国古代哲学思想中都是强调"不战""不争"。《孙子兵法·谋攻篇》中说到"凡用兵之法，全国为上，破国次之；全军为上，破军次之；全旅为上，破旅次之；全卒为上，破卒次之；全伍为上，破伍次之。是故百战百胜，非善之善者也；不战而屈人之兵，善之善者也。"老子则强调"无争"，主张："将欲歙之，必固张之；将欲弱之，必固强之；将欲废之，必固兴之；将欲夺之，必固与之，是谓微明。柔弱胜刚强。"对于敌人，将要使它收敛，姑且使它扩张；将要削弱它，姑且使它强大；将要废毁它，姑且先让它兴起；将要夺取它，姑且先给予它，以促进强大敌人尽快走向反面，从而达到以弱胜强的目的。

因此在策略性传播的七大原则中既要看到老子的"水德"思想的指导意义，也要把握中西方"斗争""攻""守"观上的不同，在辨证中把握策略性传播的技巧。

总体来说，传播应似水，还原本真，放低姿态，顺应道的规律。像水一样无形，润泽，无为，却跟随不同的受众呈现不同的形状，即受众的"分众化""精细化"，同时传播信息营养以滋养万物，使人们易于接收，乐于接收并进行二次传播，这样的传播效果就类似一颗简单的"种子"（信息）种下去，便发挥巨大的效应，受众不仅乐于接收信息，还乐于传播该信息，使得传播至效像"树的生长""水的流动"一样自然而然。

（刘娟　谢清果）

第二十九章　老子"战略传播"智慧的四个维度

　　企业战略传播是一种在战略层面上选择信息、媒介和受众的，有战略影响的传播管理职能。相较于西方企业的战略传播，中国传统文化对于"战略"有独特的认识，战略性传播思想在中国思想史上一直具有深厚的历史积淀。表述凝练、意蕴隽永的《道德经》中蕴藏着老子丰富的战略传播智慧：其一，以"一"育万物，以"道"应世事的战略传播基本原则；其二，老子的战略形象管理智慧；其三，以其善下之，故能为百谷王的沟通传播智慧；其四，福祸相依，治之未乱的危机管控理念。

　　战略传播作为 20 世纪 90 年代后兴起的传播学研究领域，最初来源于美国军方提出的新型外交理念：立足于国家软实力和巧实力的战略性传播。近年来，战略传播被广泛应用在企业的管理决策和文化传播领域，形成继整合营销传播后的最新理论前沿。企业战略传播"是一种基于企业战略管理，在战略层面上选择信息、媒介和受众的，有战略影响的传播管理职能"。[1] 战略传播以认知提升、形象塑造、身份建构、态度转变、价值认同、行为转化为战略目标，因而是企业在实施其战略规划中的关键步骤，帮助企业的战略规划在其内外部公众中传递。[2]

　　相较于西方企业的战略传播，由于中国企业的成长正处在改革开放的变

---

　　① 周玉萍：《公共关系视野下的企业战略传播》，上海外国语大学的硕士学位论文，2011年，第 6 页。

　　② Argenti, Paul A., Howell, Robert A., Beck, Karen A.: *The Strategic Communication Imperative*: Sloan School of Management, MIT Sloan Management Review (SMR) Vol. 46, No. 3, Spring 2005：Page 83-84

革大环境中，需要对内外部各方利益进行统筹处理，因此，中国企业的战略实践与传播有着自身十分显著的文化差异。中国传统文化对于"战略"有独特的认识，战略性传播思想在中国思想史上一直具有深厚的历史积淀，在道家思想中主要针对国家治理、军事战略和社会管理等活动，当时还未以"战略"称谓，而更多被称为"治国之道"和"谋略"。

> 我请了三位著名的老师，是他们教我如何成功。我的第一位老师是老子，老子教会我战略性的思考；我的第二位老师是孙子，孙子教会我策略性的思考，是战术；我的第三位老师是孔子，孔子教会我做人做事的道理。
>
> ——1998 年 3 月 25 日张瑞敏在哈佛大学的演讲 [1]

谈到老子战略性思想在中国商界应用的最佳代言人，学者在撰著时常常会引用海尔集团创始人张瑞敏的例子。[2] 在多个公开场合，张瑞敏表示老子的"无为而治"是经营海尔的主要思想之一，"我只抓大事，企业的大事就是文化、组织和战略"。1996 年，海尔正处于扩张企业规模的关键时刻，张瑞敏执笔写下了一篇企业战略传播的经典短文《海尔是海》，在文中不着痕迹地渗透了老子的战略理念："大海最被人类称道的是年复一年默默地做着无尽的奉献，袒露无私的胸怀。正因其'生而不有，为而不恃'，不求索取，其自身也得到了永恒的存在。"[3]

"生而不有，为而不恃"[4] 正是来源于《道德经》第二章的内容，表达的是"道"虽生养万物但不据为己有，抚育万物而不自恃己能。这正是暗示了在企业扩张过程中，海尔用先进的管理经验去激活被收购的企业，但不是生硬占有它；海尔向被收购企业注入新的文化和战略，使集团中的每一个部分都发挥自己的效能，但功成而不自居，以体谅被收购者的心理感受。这些依道而生、顺道而行的战略又为海尔集团的继续壮大"海中的一切提供了生生不息赖以生存的环境和条件"，[5] 反而壮大了海尔集团的整体竞争优势。由此可见，《道德经》全篇虽只字未提"战略"，但在两千年前就已经蕴含着喻意深远的战略传播智慧。

---

① 张兴龙：《张瑞敏的儒商智慧》，浙江大学出版社，2011 年版，第 1 页。

② 例如谢清果的《与老子学管理：老子的组织传播智慧》、杨先举的《老子与企业管理》、钟永森的《道德经与无为管理》等专著均引用过海尔集团的案例。

③ 张瑞敏：《海尔是海》，《招商周刊》，2005 年 Z1 期，第 47 页。

④ （魏）王弼注，楼宇烈校译：《老子道德经注校释》，中华书局，2008 年版，第 6 页。

⑤ 张瑞敏：《海尔是海》，《招商周刊》，2005 年 Z1 期，第 47 页。

第一节 老子的战略传播基本原则：
以"一"育万物，以"道"应世事

学者戴国斌曾这样形容战略智慧，它往往以不同面貌出现在我们面前。有时，战略智慧"只可意会，不可言传"；有时，战略智慧是一两句耐人寻味的哲言；有时，战略智慧是一种具体的运作艺术。[1]老子的传世著作——《道德经》也蕴含了战略传播智慧的多个层面，"道"是老子思想的终级智慧。对道的论述在书中出现77次之多，其中以"一"来统驭万物、以"道"则处变不惊是老子战略传播的基本原则。

最能体现"一"和"道"的关系为《道德经》的第四十二章："道生一，一生二，二生三，三生万物。万物负阴而抱阳，冲气以为和。"本章所述的"一""二""三"乃是指"道"创生万物时的活动历程，根据陈鼓应的考证，"一始于道"，"一"是代指无形之道。在老子的思想中，道是独立无偶的自然规律的化身，道使万物得以产生：道作为统一体而产生天地，天地产生阴阳之气，阴阳两气相交而形成各种新生体。[2]在"一"向万物转化的过程中，这个过程是由简到繁，由深入浅的。恰如树木的生长过程：种子依顺着自然规律而成长为苗木，从细嫩的幼芽滋养出繁枝茂叶，枝叶末端再从植根深厚的树根吸取养分。

正如"万物得一以生"（第三十九章）的道理，企业战略是确定一家企业长期发展的基本目的和基本目标，公司总体战略的制定和传播往往决定了企业整体的价值观和文化观。当企业在"道"的层面（即长远战略）上能够顺应市场发展的客观规律，这是企业恒定"不变"的宗旨；当社会形势和市场潮流发生变化时，企业能够依据市场的变动情况做出调整，这是外部形势的"万变"。如此行事，企业自然能够像健康的幼苗接受阳光雨露一般发扬壮大。

这里再以海尔在互联网时代的发展引以论证。[3]第一，战略传播是以"道"为传播核心的，而"道"是顺应市场时势变化的，并作用于企业整体的传播系统，从宏观的战略细化到微观的行动。在互联网时代，传统的家电营销渠道发生重大变革：家电市场的用户逐渐网络化，营销体系也随之网络化了。

① 戴国斌：《危机中的企业战略：从哲学到运作》，上海社会科学出版社，2008年版，第28页。
② 陈鼓应：《老子今注今译》，商务印书馆，2006年版，第237页。
③ 大多数道家论著在引述海尔案例时集中在2000年之前海尔的初期发展，亟待更新。

消费者原先需要通过卖场和商超购买家电的习惯，正在逐渐转移到网络购物平台上。面对国美、苏宁等卖场压缩供货商的利润，以及供货商的利润压缩和淘宝电商的强势来袭，海尔将自身的战略规划调整为：2012 年至 2019 年网络化的企业。2011 年 6 月，海尔电器构建了自己的网上销售平台——海尔商城，经营 2000 多种海尔品牌的网络销售。此外，海尔还推出了互联网时代的定制家电品牌"统帅"：这类产品是完全按照消费者需求进行定制的产品，消费者成为统帅产品的"设计者"。①同时，海尔开始实施两个战略转型：企业转型，从"卖产品"转变为"卖服务"；商业模式转型，从传统商业模式转型为"人单合一"双赢模式，"人"是指具有创新和创业精神的海尔员工，"单"是指用户的价值。《哈佛商业评论》在评价"人单合一"时这样写道："海尔在战略灵活性方面胜人一筹，小到每一个员工都可以有效地使用不同的战略风格。"②

在互联网时代的发展，海尔正是吸取了老子论道的思想精髓：无论市场挑战再艰巨，环境再变动，一个企业能走多远，取决于适合企业自己的价值观，这是企业战略落地，抵御诱惑的基石。而创业创新精神则是海尔文化不变的基石。海尔战略的内部传播既是对员工个人发展观的指引，也是对员工价值观的约束，从而以"一"而生"万物"，万物生生不息，周而复始。

二是"道"可以衍生万物、滋润万物，正是由于传授的是"道"，而非仅仅是谋、法、术、艺、技，海尔才能在国内外兼并和扩张的道路上稳健行事，而不至于居大不易、尾大不掉。在国内兼并时，海尔主要选择硬件良好、软件不好的企业作为兼并对象。张瑞敏形象地称为"好鱼吃不到，坏鱼不能吃，只能吃半死不活的休克鱼"。海尔并购时，一些国有企业面临着管理僵化、权责不明的软性难题，但企业本身的资产和设备都是良好的，被称为正在"休克"而非"死亡"。海尔以"海尔文化激活休克鱼"的思路先后兼并了国内十八家企业，注入海尔的文化模式和管理模式，很快就可以使它起死回生，融入集团的整体战略。而原本管理落后、生产凋敝的企业在被激活后，则"神得一以灵，谷得一以盈，万物得一以生"（第三十九章），反而成为海尔集团挺进中国家电第一巨头的助推器。

在国外扩张的战略中，海尔第一步输出的就是品牌，提出"海外创牌"

① 资料来源：依据海尔集团官方网站的内容整理 http://www.haier.net/cn/。
② 《灵活战略的典范——海尔》，哈佛商业评论中文网，2013 年 1 月 2 日，http://cn.hbr.org/2013-01-02/112405408.html。

而非"海外创汇"的理念。目前海尔的海外市场主要分布于美国、欧洲、非洲、亚太等区域，海外销售中 90% 是海尔自有品牌。同时海尔近年也从海外收购著名品牌，2011 年海尔收购三洋即是典型举措，日本著名企业松下公司向海尔出售旗下三洋品牌的主营业务，海尔全球品牌运营总监张铁燕对此评论："三洋的并购不仅是市场和产能的并购，更是资源并购。"①

因此，在战略传播的过程中，只有遵循"道"这个总纲领，按照市场规律办事，以"一"育万物，以"道"应世事。一以贯之，以道生气，才能达到"冲气以为和"的理想状态，即企业战略与行动互相交融而形成和谐共进的状态。

第二节　老子的战略形象管理智慧：百姓乐推而不厌

战略形象管理在老子思想中是一种隐喻式的呈现，常以"圣人"和"得道者"的面目出现，告诫当时的统治者要如何塑造和传播自身的形象，才能达到"天下乐推而不厌"（六十六章）的传播效果。企业和品牌的战略形象作为重要的无形资产，往往能够配合市场营销达到事半功倍的效果，更需要企业的经营者顺应老子的传播智慧来深耕细耘，使消费者与公众舆论乐于推戴而不厌弃。在这一章中，老子用"江海"来比喻百川汇集之处，其一是隐喻得道者应学习江海的处下居后，以退为进，才能使地势更高的山溪河流都能纳入其胸怀；其二也是突出了江海纳百川的包容大度，它不与水流相争，天下反而莫能与其相争。

近来发生的加多宝与广药②争夺"王老吉"凉茶品牌的案例，正是老子战略形象智慧的恰当注解。此前"王老吉"的商标使用权曾由广药出让给加多宝，近年加多宝投入大量资金开展王老吉凉茶的品牌宣传和市场推广，特别是 2008 年汶川地震中加多宝集团捐款一亿元，这一举动使加多宝的企业形象在消费者心中的认知度和美誉度大大提升，王老吉的品牌形象也随之受益。在 2012 年 5 月 9 日广药通过法律途径收回了"王老吉"生产经营权和商标使用权，加多宝更改了其凉茶品牌的宣传策略。此后广药一纸诉状起诉加多

① 陈军君：《海尔海外扩张：先市场后工厂》，《中国经济时报》，2011 年 12 月 8 日（A06版）
② 加多宝的法人全称为加多宝（中国）饮料有限公司，以下简称"加多宝"，广药集团的全称为广州王老吉药业股份有限公司，以下简称"广药"。

宝公司虚假宣传，2013 年广州市中级人民法院下达诉中禁令，要求加多宝等被申请人立即停止使用"全国销量领先的红罐凉茶改名为加多宝"等涉嫌虚假宣传广告。^① 这一判罚对于加多宝的品牌营销是十分不利的，但加多宝的反应却出乎意料，在网络上迅速发布了"对不起"系列的主题微博，每条微博都配上幼儿哭泣的图片，部分内容为"对不起，是我们无能，卖凉茶可以，打官司不行"。以及"对不起，是我们太自私，连续 6 年全国销量领先，没有帮助竞争队友修建工厂、完善渠道、快速成长"。^② 从表面看加多宝是向广药道歉，但实际上是把自己置于更低的位置，用谦逊柔弱的态度来应对广药较为强硬的法律诉讼，在与广药的竞争上主打"感情牌"，反而争取了公众舆论的同情。

一、"圣人后其身而身先，外其身而身存"的社会责任管理取向

"不做责任时代旁观者：要个体发展，也要公共利益；要弱势关怀，也要系统变革；要商业模式，更要社会均衡。关注责任，关注战略大时代。"这段宣言来自于 2012 年中国企业社会责任年会，这一届年会的主题就定为"大战略时代"。由此可见，企业自身履行社会责任并把这一积极健康的形象传播出去，是战略传播中颇有远见的一个部分。战略性的传播活动在企业内部涉及了价值观和文化观塑造^③，从外部联系着行业环境、社会环境和自然环境。在经济全球化的宏观趋势下，现代企业已经很难孤立于其所处的社会环境、自然生态、政治形势和周边社区而存在，全然"唯利是图"的经营手法很难支持一家企业的健康发展和永续经营。

"义利之辩"一向是古代先哲论述的重要问题，就是辨明"义"和"利"关系问题。儒家的代表人物孔子在论语中提出义和利的对立，即"君子喻于义，小人喻于利"（《论语·里仁》），而荀子则回答了利和义的次序问题："先义而后利者荣，先利而后义者辱"，主张先义后利。孟子也把义和利看作是矛盾的，强调要贵义贱利："王何必曰利？亦有仁义而已矣。"（《孟子·梁惠王》）。墨子的说法与儒家不同。他认为"义，利也"（《墨子·经说上》），主张义和

---

① 潘洁，夏妍：《不服"诉中禁令"裁定，将提出复议加多宝坚称不会更改广告语》，《国际金融报》，2013 年 2 月 5 日（第 05 版）。

② 胡春春：《加多宝微博连发四条"对不起"》，《金陵晚报》，2013 年 2 月 5 日。

③ 周海炜，张阳，唐震：《谋略与战略——管理文化的观点》，科学出版社，2007 年版，第 8 页。

利是一致的。

道家内蕴宽润，可以融各家众多矛盾于其中，化纠纷为平静，化动荡为谧重。①老子在《道德经》中虽未言明"利"和"义"，却提供了另辟蹊径的利义之道，即"天长地久。天地所以能长且久者，以其不自生，故能长生。是以圣人后其身而身先；外其身而身存。非以其无私邪？故能成其私"（七章）。

这段论述把天地作为主体，认为主体之所以能够长久存在，原因在于它们的存在不是为了自己。因此贤德的人把自己放在最后（后其身），反而能占据先机，赢得众人爱戴（身先）；不把自己的利害作优先考虑（外其身），反而完成其理想（身存）。这不正是因为圣人不自私吗？所以反而能够成就他的私利。在道家思想中，"利"和"义"并不是矛盾体，而是荣辱与共、互为转化的统一体。企业的第一职责就是为自身的存在创造足够的利润，这样才能赋予企业实现社会责任的物质资本，同时，社会责任的履行和口碑扩散又提升了企业的美誉度，从长远来看是促进销售、扩大影响的战略规划。

世界轮胎业三巨头之一的普利司通，2012 年在《南方周末》上投放的系列广告，均是以"心手相连，为了地球：One Team，One Planet"为主题，关注于中国乡村的审美教育，为乡村小学提供音乐、美术、体育、游戏等副科教育支教等公益活动，请来户外拓展训练师，在咸阳等多所乡村小学开展"小勇士特训营"，提升孩子的领导能力、团队协作能力和反应速度。广告文案也颇显温情："这里的腰鼓震天响，这里的雪绒花唱得响。特训营的小勇士们，来来来，双手抱拳，道声佩服佩服。"广告中虽没有一句在介绍产品或企业，但这样的感性诉求更容易感化人心，以"小利取大义"。这正是"圣人不积，既以为人，己愈有；既以与人，己愈多"（第八十一章）。根据学者陈鼓应的解释，当有道的人不私自积藏，尽量帮助别人，自己反而更充足；他尽量给予别人，自己反而更丰富。②

这正是企业在战略传播中管理自身社会责任的常理所在。从表面上看，合理有效的公益活动在短期内消耗了企业一定的现金流，但从长远来看，为企业积累社会资源，营造未来的市场空间，更重要的是塑造了企业富有亲和

---

① 杨先举：《老子与企业管理》，中国人民大学出版社，1994 年版，第 9 页。
② 陈鼓应：《老子今注今译》，第 350 页。

力和责任感的公共形象。

"伴随巨大财富而来的是巨大责任，现在是把这些资源回报社会的时候了"：原世界首富比尔盖茨在淡出微软公司日常事务改作慈善的声明中如是说。① 在比尔盖茨隐退后，向比尔与梅琳达·盖茨慈善基金会捐出总计市值为580亿美元的个人资产。因此，企业存在的意义，不只是为了自身赚取利润，更要"后其身而身先，外其身而身"，加入社会责任的传递。把企业的市场责任、事业延伸责任和社会活动家责任纳入战略传播体系中，比如企业慈善捐赠、参与公共建设、员工志愿者活动等形式，承担起自身的社会责任和公益传播。

二、"用其光，复归其明，无遗身殃"的自我形象修复

美国广告大师大卫·奥格威在《一个广告人的自白》中提出了品牌形象论。他认为每个广告都必须对品牌形象这个复杂的象征有所贡献。企业要把广告看成是为建立品牌声誉而做的长线战略投资。② 事实上，企业的品牌形象和组织形象是企业战略传播中最重要的外显资源。一个品牌就像个性独特的人物形象，在选择产品或服务的决策过程中，最先进入消费者脑海的就是品牌形象。这个形象也决定了产品在市场的地位：是成功或失败。

在老子生活的时代，不可能出现在商言商的情况，因此组织形象和品牌形象更类似于"道"的某些特性。在《道德经》第十四章老子描述了这样一种事物：看它看不见，名叫"夷"；听它听不到，名叫"希"；摸它摸不着，名叫"微"。③ 这里讲的其实是"道"的特性，即无形、无声、无体，也可以引申为组织和品牌的形象。这样一种"惚恍"的状态是难以捉摸的，难道就不能把握了吗？老子在这一章的文末给出了答案："执古之道，以御今之有。"也就是道虽然是看不见的，但通过对万物本真规律的观察，是可以想象出"道"的规律的，一旦掌握了它，就可以统驭全局。

其次，在市场经济中，组织内部和外界环境都是处于时刻变幻中，没有一成不变的组织形象。当企业外部环境发生突变或是企业自身品牌运营过程中失误，使其形象受到负面的损害，并在短时间内扩散到社会公众，这种情

---

① 钟永森:《道德经与无为管理》，凤凰出版社，2010 年版，第 240 页。
② 陈先红:《现代公共关系学》，高等教育出版社，2008 年版，第 264 页。
③ 《道德经》原文为"视之不见名曰夷，听之不闻名曰希，搏之不得名曰微。"（魏）王弼注，楼宇烈校译:《老子道德经注校释》，第 31 页。

况单靠硬广告或是公关软文则收效有限，而是需要企业从战略传播的角度对形象重新规划和修复。

结合 2011 年台湾食品业爆发的塑化剂危机，来分析老子智慧是如何应对自我形象损伤。2011 年 5 月，媒体率先爆出台湾岛内首次发现不良厂商在食品添加物"起云剂"中，违法添加有毒塑化剂 DEHP。一石激起千层浪，包括统一、味全、白兰氏等知名企业，截至 6 月台湾共有 278 家厂商受到塑化剂污染，台湾饮料行业遭遇空前的信任危机。① 在遭遇危机后，老子的战略智慧指导我们要拨开私欲与妄见的蔽障：内视本明的智慧，宽照外物；从细微入手，才可明察事理。

第一，塞其兑，闭其门，终身不勤（第五十二章）。老子的寓意是：如果打开贪欲的孔窍，自己却闭目塞听，那么终身都不可救。在塑化剂事件中，台湾的食品销售商和品牌商处于强势地位，上架费昂贵，不断挤压食品生产商的利润空间，这正是"塞其兑"；食品厂由于成本压力过大，有部分从原材料上降低成本，使得价格低廉的不明添加物进入供应链，却装作并不知情，这是"闭其门"，最终导致了台湾的食品业遭受重创。

第二，用其光，复归其明无遗身殃（第五十二章）。陈鼓应对此句的注解是"光是向外照耀，而明是向内透亮的"。② 在企业遭受严重的信任危机后，只有运用智慧的光，返照内在的明，才能降低灾殃的损害程度。在这场危机中，台湾食品巨头统一也身陷其中，其多种产品被监测出含有塑化剂。统一企业通过以下方式来维护自己的品牌形象：一是迅速回收清查：5 月 25 日塑化剂被曝光，6 月 1 日统一启动了清查程序，通过三种渠道进行回收问题饮料：贸易商封闭库存、接受中间渠道和消费者退货、清查回收。二是公开道歉，在查明事故原因后，6 月 27 日统一企业针对旗下产品使用塑化剂事件登报道歉。在统一企业的 2011 年公司年报的《致股东报告书》坦言："不管这些事故发生背后有多少直接或间接的原因，当它们变成社会议题时，我们都要诚心检讨"。

三是在统一台湾的官方网站上建立产品检测报告专区，定期发布旗下产品质量检测报告。

---

① 张欣培：《统一形象受累塑化剂大受影响，康师傅抢占市场》，《时代周报》，2011 年 6 月 8 日。

② 陈鼓应：《老子今注今译》，第 266 页。

第三节　老子的沟通传播智慧：以其善下之，故能为百谷王

企业的战略沟通包含着两个层面：一是与外部公众的沟通，包括媒体关系、政府关系、社区关系、竞争对手关系等。二是与内部公众的沟通，包括股东关系、外部投资者关系、员工关系等层面。当企业制定了自己的战略和长远规划，通常需要在企业内部先行传播，让内部公众明确公司的意图和远见，以达到内部激励和对外一致。然后这种战略沟通在延伸至企业的外部，通过广告宣传、公共关系活动、企业领导人甚至是企业的员工，力求"多种渠道，一种声音"。《道德经》中所蕴含的"水德"智慧正是为企业处理内外部公众的传播关系提供了良方。

杨先举这样形容"道"与"水"的关系：道之真，上柔若水，上德若谷。①老子在道德经中时常借水喻人，借水喻事，老子曰：江海之所以能为百谷王者，以其善下之，故能为百谷王（第六十六章）。在这一章老子并不直引"水"之意，而是以天下水的汇聚之处——"江海"作为隐喻。如此看来，江海之所以能够汇集山川河脉，成为百川的领袖，原因在于它善于处在百川的下游，放低姿态，所以才能成为百川的首领。在战略传播中，沟通管理着重推崇的是一种"虚怀若谷，海纳百川"的传播模式，也就是双向对等沟通模式。企业在日常运营中，无论对内部还是外部的公众，都需要抱持一种"善下之"的心态，在平等和相互尊重的基础上互动。通过相互理解、对话来解决相互间的关系和矛盾，才能"欲上民，必以言下之"（第六十六章）。

同时，沟通的途径不只从企业到公众，同时也在从公众反流回企业。这就像百川虽是流入江海，但江海调节区域的气候，也间接地影响了降水，这种互通有无的过程是循环可持续的。来自内部公众的反馈可以提醒企业调整自身的管理制度和政策，来自外部公众的议题和信息能够帮助企业重新修正自己的市场目标和市场行为，这也是为什么现在颇具规模的企业一般都设立公共关系部门，收集企业上下内外的信息反馈。在这方面，全球最大的搜索引擎 Google 公司显然是吸取了"百谷之王"沟通智慧。在内部战略沟通中是以人为本，Google 所有的目标和每个员工的绩效目标全部在线显示，所有员工都可以查看。公司每季度董事会的汇报，对所有员工都是透明的，而且，CEO 还会与全球员工分不同的时间段进行沟通。其次是扁平的组织架构和平

---

① 杨先举：《老子与企业管理》，中国人民大学出版社，1994 年版，第 254 页。

等民主的文化。Google 的沟通完全是开放的，所有的东西都可以在公司的网上公开讨论，任何人都可以发表自己的见解，不存在职位层级和权限的差别。在外部战略沟通中 Google 提出"只要以使用者为中心，一切就会水到渠成"。谷歌公司提供的许多服务都是开放系统，在大部分的谷歌产品页面下都提供"用户反馈"功能，让用户可以提交疑问或建议反馈，最后生成用户体验报告。

第四节　老子的危机管控理念：福祸相依，治之未乱

《道德经》第五十八章中所蕴含的福祸相依思想历来受到研究者重视，"祸兮福之所倚，福兮祸之所伏"的辩证思想常被危机管理的著作所引用。钟永森在书中这样阐释：每一次危机本身既包含导致失败的根源，也孕育着成功的机会。事实上，并没有绝对失控的企业危机，只有不适合的危机处理方法。如果处理得当，危机完全可以演变为"良机"。[①] 遵循"道"的规律，转为危机是可以达成的，但这种转化是需要一定条件催生的，此时的"无为"应转化为"无不为"的主观能动性，防患未然，把握时机。

在战略传播中，危机的事前防控和事后动员同样重要，如果在事前不能及时处理危机的微小征兆，在事中和事后慌忙应对、全局失控，不仅给企业的品牌形象造成损害，同时也使企业面临重大的战略调整，反而出现"正复为奇，善复为妖"（正忽然转为邪，善重新变成恶）的局面。危机管控的道理说起来并不复杂，但仍有一些企业还停留在传统的经营思维，没有把握好福祸相依的转变。2012 年发生的酒鬼酒塑化剂风波正是典型的一例，因为涉及食品安全、知名企业和上市公司三大要素，备受媒体和公众的关注。下表为酒鬼公司在处理危机的"黄金七天"的反应：

2012 年"酒鬼酒"塑化剂危机案例		
时间	事件与回应	危机管控点评
11 月 19 日	危机初现：21 世纪网爆出"酒鬼酒塑化剂超标 260%，长期摄取会造成孩子性别错乱"的新闻，引发舆论的强烈关注，登上多个媒体的头条新闻。	新闻的依据是"21 世纪网"将市场上购买的酒鬼酒送第三方检测后得到的塑化剂超标检验报告。此时还未有政府官方机构介入。

① 钟永森：《道德经与无为管理》，凤凰出版社，2010 年版，第 148 页。

11 月 19 日	酒鬼公司的第一反应： 1. 向证券交易所申请股票临时停牌。 2. 表示对媒体提供的监测结果"存疑"，强调"白酒行业的国家检测标准里，没有塑化剂检验这一项"。	酒鬼公司回应非常迅速，但并没有正视问题的关键，而是想方设法从媒体报道和国家规定中寻找漏洞，导致第二天就引发了更严重的信任危机。
11 月 19 日	行业协会的声明：中国酒业协会当天发布的声明：该协会通过对全国白酒产品大量全面的测定，目前市场上销售的所有国产白酒中或多或少都含有塑化剂成分。其中高档白酒含量较高，低档白酒含量较低。	引发白酒行业危机。
11 月 20 日	国家监测机构回应：湖南省质监部门抽检酒鬼酒，向质检总局通报酒鬼塑化剂超标247%，称监测结果与此前媒体送检的结果相差不大。	由国家部门出具的权威监测结果，直接推翻了酒鬼公司的第一次回应。
11 月 21 日	酒鬼公司的第二次回应： 酒鬼酒发出致歉声明：指出"由于国家没有相关限量标准，故不存在所谓塑化剂超标的问题"，其副总经理郝刚 21 日在接受央视专访时称，"公司正组织质监人员自查自纠。在我们的传统酿酒工艺中不存在，也没有必要存在添加此种塑化剂的需要"。	事发三日后发布带有附加条件的致歉声明，态度并不诚恳。公司管理人员在接受媒体采访时也缺乏谨慎，使得危机升级。
11 月 22 日	酒鬼公司发出重大争议的股票复牌公告：日饮一斤无害。 用了三分之一的篇幅引述了 22 日白天媒体报道的"日饮一斤无害"的说法："以媒体报道的酒鬼酒中 DBP 含量为 1.08mg/kg 计算，按照我国人均预期寿命，每天饮用 1 斤，其中的 DBP 不会对健康造成损害。"	这一说法推卸责任，欠缺考虑，导致"日饮一斤无害"的新闻再次成为媒体关注的重点，网民热议。
11 月 23 日	酒鬼公司第三次致歉： 将"积极整改，让消费者喝上放心酒"。	已经错过诚恳处理危机的最佳时机，所以这次的致歉被舆论称为"道歉而不认错"，两次致歉，酒鬼酒都并未提及是否会启动召回和退货事宜的内容。

后果：酒鬼公司的股票自复牌后连续三日跌停，市值蒸发近 45 亿，白酒板块遭遇重挫，包括茅台、五粮液等诸多白酒股纷纷大幅下跌，整个白酒板块市值蒸发超过 400 亿元。全国多个城市的酒鬼酒经销商和卖场都下架了酒鬼酒相关产品。

以上资料来源于酒鬼公司官方网站、证券交易所的公告和媒体报道。

从"酒鬼门"看战略传播中企业危机管理的启示：

第一，防微杜渐：为之于未有，治之于未乱。

最能体现老子危机事前预防思想的是《道德经》第六十四章：事物稳定时，容易保持其原状；事物还没有出现苗头时，容易对付；事物脆弱时，容易灭掉；事物微小时，容易消散。在事情还没有发生的时候，就要做好准备，在国家还没有混乱时，就要注意治理。①

塑化剂在食品饮料中的添加已经不是"新闻"，而是"旧闻"。2011 年台湾塑化剂丑闻爆出后，全国的酒业协会已经组织企业自查塑化剂含量，当时检验的结果是：目前市场上销售的所有国产白酒中或多或少都含有塑化剂成分。但这一结果被当作行业潜规则被掩盖了，没有引起行业和企业的重视，反而成为白酒业"自知而不明"的共识，直到酒鬼门的舆论引爆。此外，根据酒鬼总经理的说法，在媒体曝光前，酒鬼酒厂在试验中发现了塑化剂超标的情况，但这一发现未得到公司的重视。在被媒体以强烈质疑的事态曝光之前，在酒鬼公司内部和行业里都已经有危机的征兆显露出来，但他们都没有抓住"未乱"的机会，升级食品安全的监控和设备，把危机消弭在内部，由此失去了舆论的主动权。

第二，防患未然：其安易持，其未兆易谋。

对企业的战略管理者来说，他们的职能正在由"消防救火员"向"火灾预防员"演变。有效的战略传播不仅是要在问题发生后料理后事，更要尽力避免这类事情的再现。战略管理者所面临的问题不是他的组织明天应该做什么，而是"我们今天为不确定的未来做了哪些准备"。如果酒鬼作为一家上市公司，能够在遇到危机之前就已经运作好自身的风险控制体系，在企业内部就监控到危机指标的上升，也不至于给品牌和企业都造成灾难性的信任危机。

第三，慎终如始，则无败事：公众更在意的是企业负责任的态度。

企业在处理危机时，即便做不到"事前之明"，也应有"事后之明"。一旦发生危机，无论为何原因引发，企业都要优先考虑社会利益和顾客的利益。很多企业在遇到危机时，最容易先去分清责任，急于向公众解释事情的来龙去脉或者强硬辩驳，反而给公众很糟糕不负责任的印象，其实，公众更在意的是企业负责任的态度而非事实本身。

---

① 《道德经》六十四章原文：其安易持，其未兆易谋，其脆易泮，其微易散。为之于未有，治之于未乱。（魏）王弼注，楼宇烈校译：《老子道德经注校释》，第 165 页。

在处理危机时，与相关利益公众进行平等的对话沟通更是化解危机、争取公众谅解的重要途径，但这种对话不是生硬的说明和居高临下的态度，更不是狡辩式的对话。酒鬼公司在其网站上发布的致歉声明措辞生硬，避重就轻，并没有起到化解危机的作用，反而被评论员斥为"酒鬼致歉鬼话连篇"。[①] 在一篇报道中，酒鬼酒的高层人员说在经历这次危机后，会更加严格地把关产品的质量，明年会加大品牌宣传的投入，以挽回失去的名声，显然还没有认识的问题的本质。企业在战略传播的过程中，只有做到"慎终如始"（第六十四章），在事情完成的时候也能像开始那样谨慎小心，则无败事。

（陆笛　谢清果）

---

① 殷建光:《"酒鬼致歉"鬼话连篇》:千龙网，2012 年 11 月 23 日：http://review.qianlong.com/20060/2012/11/23/2821@8337434.htm。

第十部分　老子有无相生的传播技巧

第三十章　老子有无相生的传播技巧运用研究

　　老子哲学思想核心是"道"与"有""无","有"与"无"虽然呈现方式不同,但它们都统一于"道"之中,无中生有,有无相生,老子的这一哲学辩证思想,为我们研究传播技巧提供宝贵经验。本章尝试展示其在传播技巧中运用之妙的几个案例。

　　有、无成为哲学史上的一对关系范畴始于老子。通行本《老子》还将有、无这对范畴,形成二个重要命题:一是"有无相生",一是"有生于无"。老子这位中国哲学的创始者,将有、无提升为本体论的最高范畴,同时也让有、无成为宇宙论中不可或缺的概念。[①] 关于从"无"到"有",一个小故事经典至极,父亲要给儿子娶媳妇,他去找比尔盖茨,说我给你女儿找了个丈夫,是世界银行的副总裁;又找到世界银行总裁,说我推荐一个副总裁给你,是比尔盖茨的女婿。这桩婚事就成了,就业问题也一并解决。这位父亲深通传播中暗含的老子哲学,本来不存在的"无"都符合对象的预期,于是就产生了"有"。《道德经》一书中可为世人所用的财富包罗万象,大到治国方略,小至家庭琐事,老子深厚的大智慧在现代社会里依然闪烁着耀眼的光芒。

　　老子哲学思想核心范畴是"道"与"有""无"。所谓"有"可以看作是作为存在者呈现态的哲学概念;而"无"则可以看作是存在着的哲学概念。"有"与"无"虽然呈现方式不同,但它们都统一于"道"之中。[②] 这一哲学辩证思想,可以给我们今天研究传播技巧以启迪,即传播活动中想让传播

---

　　① 陈鼓应:《老子的有无、动静及体用观》,《华中师范大学学报 (人文社会科学版)》,2005 年第 6 期。

　　② 李天道,魏春艳:《"有无相生"与跨文化文学比较》,《当代文坛》,2009 年第 6 期。

致效，可以运用许多技巧，其中有无相生便是良好办法之一。本章选取其中之一——"有无相生"的哲学思想，研究其在传播技巧中的运用之妙。

一部《道德经》，老子论述最多的哲理之一是关于事物"有无相生"的朴素辩证思维。在五千言中，老子对自然现象和社会现象的认识几乎都是从对立的观点来说明的。例如：大小、多少、高下、远近、厚薄、重轻、静躁、正反、美丑、强弱、祸福、生死、荣辱、愚智……由于老子的这些认识都是从自然和社会两大领域中概括出来的，所以广泛涉及数理、天文、道德、修养、审美、语言等方面，同时又反映着一切事物相辅相成、相互依存的关系。

古今中外，关于《道德经》中所体现的有生于无，有无相生的辩证思想的研究数量众多，角度各异，从最早发现老子智慧中的辩证之美到近现代对其运用，无无相生的思想源源不断。王夫之对老子的研究，是不同于前人的批判性研究，从分析老子"有无"观入手，抓住老子"虚无高妙"之说的思想本质，分析老子"有无"之生的"无"境界思想本质及其与实有之"生"的根本区别，从而在实有论的基础上摆正道与万物、天与人的关系，论证儒家实有境界"天人合一"思想的理论合理性。[1]从"有无"观讲，"有无"是蕴涵于实有万物中的"有无"，即，"有"与"有之无"，"有无"之生表征实有万物变化过程中不同形态的关系，道的实体性、客观性、能生性建立在实有万物"有无"之生的变化基础上。许多研究者认为无与有都源于道，道生万物，通过解析道中蕴含的意义对有和无及有无相生进行比较分析如田云刚在《"道"的隐喻与生命——论老子的生成辩证法》一文中通过分析老子的"道""母""子""乐"等关联隐喻，揭示他的生成辩证法的独特价值，指出老子通过说明"道"的隐喻性质，确立了"道"的本体地位，以"道"隐喻的生成辩证法，对于今人祛除神化迷信，化解冲突危机，构建和谐社会，体现以人为本，有着重要的启示意义。[2]部分研究者从文化艺术如文学作品、戏剧、美术作品等方面去研究有无之间辩证关系的运用，如姜耕玉在《中国智慧形式认为有和无的运用》考察具有艺术辩证法意义的概念、范畴的出现、形成和发展的文化土壤、哲学—美学的根基，同时以现代艺术科学的眼光，

① 肖建原:《王夫之对老子"有无"之生的思维研究》,《西北大学学报（哲学社会科学版）》,2010 年第 1 期。
② 田云刚:《"道"的隐喻与生命——论老子的生成辩证法》,《中国道教》,2010 年第 4 期。

进行审视和辨析①，从而进入对这一民族智慧形式的现代描述。②李天道与魏春艳则将"有无相生"的哲学思想与跨文化文学进行比较，主张不同文化的比较和交流，强调文化的相互沟通与互相促进。史冰川、潘显一主张"有无相生，和而不同"分析道教与儒、佛的文化互动来研究道教对社会文化的积极影响。③所有的研究中，对于"有无相生"在传播技巧上的运用的研究较少。谈及传播技巧，不得不提到宣传。"传播"一词是从英语communication翻译过来的，这一英文词另一译文为宣传。宣传作为一种行为，几乎一直与人类的宗教史、政治史交织在一起。对宣传的大规模使用是20世纪初伴随着第一次世界大战开始的。宣传技巧研究的兴起与战争有密不可分的联系。1927年，哈罗德·拉斯韦尔（H·D·Lasswell）的经典著作《世界大战中的宣传技巧》出版；1935年，阿尔弗雷德·李和伊丽莎白·李合编了《宣传的艺术》一书，提出了七种宣传技巧，即辱骂法（Name Calling）、光辉泛化法（Glittering Generalities）、转移法（Transfer）、证词法（Testimonial）、平民法（Plain Folks Talk）、洗牌作弊法（Card Stacking）、乐队花车法（Bandwagon），这七种技巧虽然没有全面涵盖人们所使用的宣传手法，但为日后的研究奠定了基础。二战结束后，随着世界局势的改变和人们对媒介效果认识的不断加深，以及对"宣传"这一带有马基雅维利色彩的词汇的避讳，宣传研究逐渐退出主流，让位给说服研究。宣传理论成为说服理论的一部分。④宣传技巧作为工具，一直被沿用至今，并不断创新，现代社会，人们更愿意表达成传播。今天，对传播技巧的研究和使用主要集中在传播领域，而中国古典文化博大精深，对于古典著作中充满智慧的思想进行研究，具有一定的现实意义。

天下事都是相对而言的，有"无"才会有"有"，"有"生于无，"无"才会生"有"，是谓有无相生，即有无相互转化。"有"与"无"是一种同时存在而又相互转化的万物共性之描述。传播活动存在于人类生活的方方面面，无论是从无到有，还是从有到无，传播中对二者之间微妙关系的恰到好处的拿捏为传播这门大学问增添了一门绝技。

---

①　李天道，魏春艳：《"有无相生"与跨文化文学比较》，《当代文坛》，2009年第6期。

②　姜耕玉：《中国智慧形式认为有和无的运用》，《当代文坛》，2008年3期。

③　史冰川，潘显一：《有无相生，和而不同———试析宋代道教与儒、佛的文化互动》，《西南民族大学学报（人文社科版）》，2008年第5期。

④　王正非：《宣传技巧的当代意义———以〈KONY 2012〉为例》，《新闻传播》，2012年第6期。

第一节　"有无相生"的传播情境应用技巧

在传播技巧中，"有"即传播活动进行中的过程与后之可得，是有限的"在场"者；"无"指传播过程的空间，是无言之言，"不在场"者，它隐而不显，却内涵"万有"，意味无穷[①]；传受主体的积极参与，使"有"与"无"互为生发，相得益彰。以"有"带"无"，以"无"蕴"有"，方得传播技巧表现之妙。许多传播活动的成功源于它利用这种宣传技巧塑造受众的情绪，也正是宣传技巧的实用意义所在。从一些看似"无"的事物当中催生出"有"，进行意义建构。如情绪会影响人的行为，通过情绪这样看不见摸不着的"无"引发人们的情绪，进而参与到传播者进行的活动中使之得以致效，最终产生"有"。

法国学者阿莱克斯·穆奇艾利曾用"布鲁克林桥上的盲人"的故事对此进行说明。一个春天的早晨，一位盲人在布鲁克林桥上乞讨。他的腿上放着一块牌子，上面写着"先天失明"。人流不断地从他眼前涌过，却无动于衷。一位陌生人停下了脚步，他拿起牌子，翻过来潦草地写了几个字就走了。随即，奇迹发生了：所有人都转过头来看这位盲人乞丐，很多人感动地停下脚步，将一枚枚硬币投入他的乞讨钵里。发挥作用的只是简单的几个字："春天已经来临，可我却看不到它。"穆奇艾利认为，传播活动的影响力和说服力旨在构建意义，这些意义可能引发与之相一致的行为。而意义的构建，是通过对情景语境进行操控实现的。陌生人留下的字，与盲人、春天、城市一起，使人们感到同情和内疚，造成一种悲哀的情绪，这种语境其实是一种无形无声无味的大"无"，而人们对喜悦的追求和同理心引发同情心理促成他们"有"的施舍行为，从"无"到"有"，完全了一次质的飞跃过程，使这一简单的传播行为收获美好成效，所谓无中生有之奥妙尽显无疑。

第二节　有无相生的慈善传播应用技巧

传播技巧是"不全之全"，含不尽之意于言外，是有限与无限的统一。传播中的"无"并非绝对的空无，而是内蕴"万有"的大全，是大盈之"虚"，它恍惚之中"有象"、"有物"、有意，只不过这个象、物、意，是"象外之

[①] 修偶：《"有言"之象与"无言"之美——"有无相生"论略》，《华中师范大学学报（人文社会科学版）》，2000年第7期。

象，景外之景"，是"韵外之致""味外之旨""言外之意"，它具有超强的生命力，通过被传播对象理解、把握参与下，"无"超越"有"而胜于"有"，"有"则因"无"而生辉，以"无"丰富了自身，"有"与"无"彼此依存，互为生发，相得益彰。有无相生的哲学思想在传播中的运用如此广泛，"巴比"慈善传播一例也透露着这种智慧。

巴菲特和比尔·盖茨倡导的慈善理念及专业慈善运作模式让人受益匪浅，两人的慈善传播经验却易忽视。许多人认为，两位大师极其低调，不喜欢做秀，低调踏实地做慈善，是所有中国富人们的道德楷模。其实不完全如此，巴菲特、比尔·盖茨似乎深知老子之道，熟悉如何进行无中生有。他们的慈善中国行充满了神秘，事先不透露任何口风，不让媒体参与，仅凭这点"无"已经让很多人抓狂。传播学心理定律表明好奇心与关注度成正比，越能引起受众好奇，意外的东西，越能抓住他们的眼球，人们对于司空见惯的"有"并不特别好奇，但对于若隐若现的"无"却充满好奇心。从巴菲特、盖茨两位教父行动中，人们看到慈善的智慧光芒，这些智慧可能比捐赠本身更为重要。无言的行动换来有声的回报。一旦中国富豪们将全球性的慈善理念、专业运作模式及慈善传播手法融会贯通，就能根本上改变中国慈善的生态，这无疑是国民所乐见的。中国富豪们或许还应该从老祖宗智慧中获得更多启示——"功成，名遂，身退，天之道"，身退未必就是归隐山林，而是以另外一种面貌出现，从商人转化为慈善家，换一种生活方式。从光彩的有回归到质朴的无，让慈善之心广为流传。有无相生的传播技巧在慈善事业中相得益彰，为之服务。

第三节　有生于无，商机无限

老子在第二章中说"有无相生，难易相成"，这是有无相生所出之处，老子又说：天下万物生于有，有生于无。（第四十章）。"有无"关系的本质体现老子境界形而上学的深层次思维特征。商业战场上，开拓新市场获胜的往往是对无中生有大智慧的运用。

日本人喜欢泡澡，一泡就是几个小时，而不能读书。一位女士在泡澡中，异想天开地说："要是有不怕水，能在浴室里看的书就好了。"大家哈哈一笑了之。但是有一位女士却从这"笑话"中发现了商机，终于在不长的时间内，用高科技研制出了浴室里看的书，颇受泡澡者青睐。无独有偶，海尔集团老总张瑞敏在四川出差，听说四川农民用洗衣机洗地瓜。讲话的人是当作笑话随意说的，而张瑞敏却独具慧眼，从这种似乎不合理的"笑话"中发现了商机。不久，海尔就推出了既能洗衣又能洗地瓜的两用洗衣机，很受广大农民欢迎。原本空白的市场"无"人问津，但思维一变，商业机会便昭然若揭。在轻松的笑谈中，看似无主题无重点，漫漫无边际，但有心之人则能从中窥得商机，开拓新市场。变无为有，化难为易，终成大事，先贤的圣明着实令当今之人折服。

　　老子之"有"，实质是"无之有"，其思维前提是"无"之最高境界，所以王弼曰："何由致一，由于无也。"（《老子注》第四十二章）。老子万物万形归一的实质就是归于"无"，所以王弼曰："由无乃一，一可谓无。"（《老子注》第四十二章），老子开辟道的世界，对物的领域，提供一套系统性的理论说明，他将"有""无"之同一语言符号使用到道与物的不同层次，为我们更加多元地解读这个丰富有趣的世界。老子的智慧深深地影响了中国文化传播事业的发展，并将一如既往地发挥灿烂的光芒。

（陈龙燕　谢清果）

第三十一章 "有无相生"思想下的 城市品牌传播

　　《道德经》一书文约意丰，有无数的经典思想传世，其中"有无相生"更是引起了世人的关注和探究。近年来，从各个学理角度去进一步阐释和应用"有无相生"思想的研究越来越多，却未见基于这一思想的城市品牌形象传播研究。城市品牌形象传播在我国还是一个新生事物，因此从理论上对其进行研究和分析势在必行，也将对城市发展带来长足的利益；而老子思想作为中国千年来的思想精华，对其进行进一步的阐释和分析，并在新时代事物的实践运用中发现其新的闪光点，也是对老子思想研究的一种新途径。

　　"道可道，非常道；名可名，非常名；无名，天地之始；有名，万物之母。故常无欲，以观其妙；常有欲，以观其徼。此两者同出而异名，同谓之玄，玄之又玄，众妙之门。"老子《道德经》开篇即以"有""无"说"道"，"有""无"也因此成为老子思想中的两个关键概念。老子认为，"道"作为一个本体性的存在即"有"和"无"的统一，但这种统一并不是在绝对静止的、凝固不动的状态中统一的。相反，老子认为道体是恒动的，所谓"反者道之动""周行而不殆"，因而"故有无相生，难易相成"的提出也就合情合理。如果说"有无统一"的思想主要是从静态的角度出发，那么"有无相生"则是从动态的角度展示宇宙自然"虚实相生"的生命过程。

　　"有无相生"是老子"道论"辩证法思想的精髓。所谓"有无相生"，是说有生于无，无生于有，有和无是相互转化的。借用西方现当代哲学术语来讲，"有"即"在场""显现"之物，"无"是"不在场""隐蔽"的东西，前者出现于后者所建构起来的视域之中，后者是前者的背景、根源或根底。在

《道德经》中，"有无相生"包含"形而上"与"形而下"两层含义：从"形而上"看，老子认为"天下万物生于有，有生于无"，即认为宇宙间的一切有形有名的具体事物皆源于混沌未分的实有之物（"有"），而"有"则本于无形无名的"无"；而天下万物（"有"）又在运动变化中"复归于无物（'无'）"。从"形而下"看，任何具体事物（"有"）都是不断地从"无"中产生，又不断地由"有"转化为"无"。① 这种"有无相生"的过程是"周行而不殆"的，而每一次"周行"都是历史的进步。这样一个辩证法命题，对于城市品牌形象传播有着重要的指导意义。

近年来，基于老子"有无相生"思想来进行各种学科理论的研究越来越多，张伟刚以老子的"有无"论来研究中国建筑空间理论，认为不管是普通的老百姓，还是建筑大师都能从老子的"有无相生"之论中领悟到建筑空间理论的真谛，以此创作了许多经典的建筑作品，从而结合建筑设计，在如何创空、组空和努力营造建筑空间上做出了巨大的贡献。② 李天道、魏春艳认为，老子"有无相生"思想可以给我们今天进行跨文化文学比较一种学理上的启迪，即我们在跨文化文学比较中必须既要承认异质文化的并存更要推崇异质文化的理解、交融与汇通，主张不同文化的比较和交流，强调文化的相互沟通与互相促进。③ 杨蓓蓓、杨向东将老子的"有无相生"分为"有中生无""无中生有"两个部分，结合朗格的观点，得出两个学说具有相通之处的结论；而后又将朗格"虚幻的力"单独罗列，因为朗格"虚幻的力"这个观点在舞蹈方面是解开老子学说中"有"与"无"相互转化的关键要素，更加诠释了老子学说与朗格美学的契合之处。④ 但是从老子"有无相生"思想来看城市品牌形象传播的研究目前并未发现，这也是本章写作的意义所在。

---

① 张世英：《哲学导论》，北京大学出版社，2002年版，第172—176页。
② 张伟刚：《老子"有无"论对中国建筑空间理论的影响》，《西藏民族学院学报》，2004年第3期。
③ 李天道，魏春艳：《"有无相生"与跨文化文学比较》，《当代文坛》，2009年第6期。
④ 杨蓓蓓，杨向东：《浅谈"有无相生"与朗格美学思想的契合》，《成都航空职业技术学院学报》，2011年第4期。

第一节 "无中生有"与城市品牌创造

在"有"与"无"的关系上,老子更侧重于"无","天下万物生于有,有生于无"(第四十章),"在场"的东西总是有限的,"不在场"者却是无穷无尽的。他懂得一切具体的存在物都不能作为一般存在的本体,任何有形有象的东西都是有限,所以有限的事物都只能从无限的本体中产生。作为本体的"无"不是空无,而是"无名"("道常无名""道隐无名"),"无形"("大象无形"),"无名天地之始,有名万物之母"(第一章),亦即"视之不见""听之不闻""抟之不得"(第十四章),却又"惚兮恍兮,其中有象。恍兮惚兮,其中有物。窈兮冥兮,其中有精"。(第二十一章)

老子本人虽然是从万物创生的角度立论的,但其哲学思想却对我们进行城市品牌形象传播有重要启发意义:

一、创造城市品牌

相对于"有"来说,"无"给人以无限的可能性,人们可以通过它,利用自己的想象,来进行发明创造,"无中生有"正是创造的本质特征,创造就是使原先"没有"的东西变成"有",使原来"不存在"的东西成为"存在"。而城市品牌形象的塑造也正是这样一种"无中生有"的创造,城市品牌并非伴随着城市的产生而自然出现,正因为原来"没有",所以我们就要创造"有",发挥人为能动性去发现和提炼以前未曾归纳过的城市元素,可以说,城市品牌的塑造得以发生恰恰是因为现存的"无"。

而这种城市品牌的"无中生有"显然很有意义,在市场化、全球化的时代,城市之间的竞争,从一定意义上说,也就是城市品牌的竞争。杭州市提出构建"东方休闲之都",打出这个品牌之后,大大推动了杭州各方面的发展,城市吸引力大增。2004 年仅旅游业收入就突破 400 亿元,"国庆黄金周"来杭的游客达到 140 万人次,由此带动了相关产业的发展,带来的相关效益十分可观。不仅如此,由于品牌效应,城市建设、城市管理、生态环境改善、社区建设、文化产业发展等也都有长足的进展,杭州变得更加美丽、更具魅力,2006 年世界休闲大会将在杭州举办。[①] 可见,品牌的影响和意义是巨

---

① 史及伟:《杭州特色与经验:纪念改革开放 30 周年(经济卷)》,杭州出版社,2008 年版,第 100—103 页。

大的。

二、城市品牌定位的独特性

如上文所述，一般人习惯于从肯定性思维出发，肯定"有"的作用；老子则更加重视从否定性思维出发，强调"无"的作用。立足于"有"的肯定性思维，往往表现为循规蹈矩；立足于"无"的否定性思维，则往往表现为标新立异。在城市品牌的定位中也必须做到这种"无"，反对墨守成规、提倡改革创新。在"千城一面"的城市风格"同质化"时代，想要从一众城市中脱颖而出，就必须有独特的城市品牌定位。

城市品牌不能相互雷同，而必须能够反映自己城市的特色。没有一个城市品牌能既适用于甲城，又适用于乙城，还适用于丙城。如果把城市人格化，不同的城市也具有不同的个性，如北京大气，上海奢华，苏州精致，杭州婉约，重庆火爆，西安古朴，大连豪放，等等。只有能够反映自己城市特色的城市品牌，对内才能发挥应有的凝聚力，对外才能产生较强的吸引力和辐射力。

城市品牌定位应该根据自己的特色、自己的优势，科学认定品牌。要结合本地的人文风情、文化底蕴、自然特征、民族特征、产业特征等要素，形成独具一格的品牌。香港的城市品牌定位就表现出高度的专业性，获得了广泛的好评。从 2000 年初开始，他们委托国际品牌设计及调研公司，在香港和世界各地就香港城市形象进行调查，最后确认香港品牌的核心价值（品牌精髓）是"文明进步、自由开放、安定平稳、机遇处处和追求卓越"，而香港所具备的精神特质则应是"大胆创新、都会名城、积极进取、卓越领导、完善网络"。与香港价值和特质相契合，他们又制定出"亚洲国际都会"这一城市品牌的主题定位，集中表达出香港作为通往中国内地和亚洲其他经济体系的门户，体现出香港在亚洲和全世界的独特地位。最后，这一主题表现为著名的"香港飞龙"标识设计。自 2001 年 5 月香港品牌正式推出以来，其清新、独特的品牌形象已逐渐深入人心。①

然而，一个城市制定形象传播策略时，经常会发现，目标市场已经有太多的竞争者，自己和它们相比，不仅没有明显的优势，可能还有明显的不足。这时，个性化策略可能就会出奇制胜。义乌作为浙江中山区的一个小县，既

---

① 倪鹏飞：《中国城市竞争力报告》，社会科学文献出版社，2007 年版，第 112—113 页。

不靠近大都市,也没有地理位置上的便利,更没有先人留下的丰富历史文化遗产,甚至连个稍微有名的景点也没有。但是,义乌却闯出了一条自己的道路:"小商品海洋,购物者天堂。""义乌模式"成为城市运用个性化策略传播形象的典范。①

三、注重细节与过程

从"无"到"有"的过程,同时也就由小到大、由少到多、由弱到强的过程。老子说过:"合抱之木,生于毫末;九层之台,起于累土;千里之行,始于足下。"(第六十四章)这也正告诫我们,城市品牌的传播不能指望一蹴而就,而必须从"无"生"有"逐渐展开、慢慢实现。要形成一个好的城市品牌,需要进行长期的培育。城市品牌在进行反复调查研究、广泛征询公众意见并经过一定程序确实名称以后,并不是城市品牌培育工作的结束,而是城市品牌培育工作新阶段的开始,而这个过程是一个长期积累的过程。老子也提出,"天下难事,必作于易;天下大事,必作于细"(第六十三章)。因而在这个过程中,从其品牌形成、到品牌管理、再到品自牌传播,城市品牌形象传播的方方面面都必须做到精益求精。

第二节 "有中生无"与城市品牌维护

"有无相生"的辩证智慧还包含了"有中生无"的奥妙。老子认为"天下万物生于有,有生于无。"虽然没有明谈"有中生无",但所谓"有无相生",就是既包括"无中生有",也包括"有中生无"。"有中生无"对城市品牌传播的意义,我们可以从两个维度来理解。

一、警惕从"有"消失成"无"

老子曾经告诫过我们,"祸兮,福所倚;福兮,祸所伏。孰知其极?其无正也"(第五十八章)。当城市品牌形象建立成功并取得理想的传播效果后,不论现当下是多么的"有",如果管理不善,都有转化为"无"的可能性,因此,对城市品牌的管理与维护也就显得至关重要。

一些城市对于品牌的管理缺乏长期性的考虑,对品牌的管理缺乏战略的

眼光。城市品牌塑造是一个长期而艰巨的过程，并不能在短时间内完成。城市品牌的管理同样也不能一蹴而就，而是需要一个系统的规划，长期稳定的计划。一些城市能认识到城市品牌的重要性，但缺乏持续的品牌形象维护。城市品牌的维护应该有连续性和一贯性，有些城市的品牌形象只是一届政府和一届班子的政绩工程，在品牌创设初期得到全面的支持和重点的呵护，但在政府换届后，或草草收场或偃旗息鼓，这种"急功近利"的做法值得我们认真反思；有些城市通过电视、广播等传播媒体一番狂轰滥炸，以后就认为可以坐享其成，没有政府公共管理的介入或很少介入，把品牌的维护丢给企业、媒体和市民，这种不发挥主体能动性的结果必将是品牌的沉沦。

　　而城市危机管理和舆论监测更是城市品牌传播过程中的重要部分。在SARS疫情后，香港为重振经济和旅游，推出了一系列大型营销推广活动，其间成功的危机公关和营销沟通，被业界传为美谈。当然也不乏失败的案例，有段时间河南杞县某厂钴60装置发生故障，第二天一则题为《开封杞县钴60泄漏》的帖子开始在网络论坛中相互流传，核泄漏谣言漫天飞扬，却迟迟未见当地政府的声音，恐慌百姓争相外逃，造成交通拥堵，秩序混乱，危机骤然升级。受制于河南人在国人刻板印象中的妖魔化，河南城市的品牌形象也受到了很大的牵制，尽管河南的一些重要城市在近年来依托独特的区位优势和深厚的文化底蕴制定了相应的品牌策略，但是一些突发事件对其造成的负面影响格外严重。[①] 为了防止这种"有中生无"的危险的发生，除了亟须城市危机管理外，舆论监测也是不可忽视。虽然目前对城市形象进行定期、不定期检测评估的城市还不算多。但显然有越来越多的城市已开始努力探索城市形象的测评问题。比如，南京市城调队就曾开展了以"南京城市形象"为主题的舆情调查，分别选取南京市民和外地居民的样板，来调查在他们心目中南京的城市形象以及南京人的形象。

　　二、从"有"中能动地发现"无"

　　积极的"有中生无"，并不是要使"有"消失成"无"，而是要从既有之"有"去发现新的"无"，即要善于从"有"中去发现目前城市品牌形象定位中还有哪些欠缺，城市品牌维护过程中有什么疏忽，对于最新的环境和背

---

　　① 杜骏飞:《沸腾的冰点：2009 中国网络舆情报告》，浙江大学出版社，2010 年版，第82—83 页。

景当前的城市品牌塑造是否有不足。这样，我们就不会满足于现有之"有"，故步自封，裹足不前，而是从现存的"有"去发现更多的"无"，由"无"再创造更多的"有"。

基于这种原因，城市品牌的更新也就显得十分必要。城市品牌塑造是一个动态的建构过程，定位上既要体现出连续性，更要体现出时代性。一个城市在正常条件下即会长期存在，又会不断发展变化，所以作为这一城市集中反映的城市品牌就有一个更新问题。这一点上杭州有着不俗的表现。杭州曾经的城市品牌定位是"旅游城市"，毫无疑问，旅游是杭州的经济命脉，但杭州不能一直依靠那些自然的、过去的、老的、"死"的东西来养活自己。西湖游过一遍了，灵隐寺拜过一次了，又如何能吸引他们再来杭州呢？所以杭州以旅游为核心借助于自然生态环境和旅游人气，打造了包括软件、动漫、休闲、会展等为一体的创意产业链条，坚持"环境立市"，围绕"国际风景旅游城市"的城市定位，"天堂硅谷""东方休闲之都""中国茶都""女装之都"等一系列产业定位，表明了城市的发展方向，勾勒出了杭州打造多方位的城市品牌的轨迹。继而把原有的"旅游城市"品牌定位提升为"东方休闲之都、生活品质之城"。这是一句颇有现代前沿性，也颇具丰富内涵带有立体想象力的主题口号，对于目前的杭州来说是合适的。①

第三节 "虚实相资"与城市品牌升华

"虚实相资"这一命题，是在《道德经》第十一章中提出来的，是"有无相生"命题的重要内容之一。老子从否定的思维方式出发，在肯定"实"的价值的同时，更为肯定"虚"的价值，提出了"三十辐共一毂，当其无，有车之用。埏埴以为器，当其无，有器之用。凿户牖以为室，当其无，有室之用。故有之以为利，无之以为用"。这句话意思是三十根木条，聚集在一个车轴，轴心是空虚的，可以做车的用途；陶土做成的器皿，有了空虚的地方，可以做器皿的用途；开凿门窗，建造房屋，有了室内的空虚，可以做房屋的用途，用以说明"有"给人们带来的利益恰恰是由于"无"的功用。明代哲学家薛蕙在其《老子集解》中解释说：这一章，"顾其指意，实即有而发明无

① 史及伟:《杭州特色与经验：纪念改革开放30周年（经济卷）》，杭州出版社，2008年版，第100—103页。

之为贵也。盖有之为利，人莫不知，而无之为用，则皆忽而不察，故老子借数者而晓之"。老子根据"虚实相资"的原则，进一步提出了"无有入无间"（第四十三章）的观点，认为无形的东西能穿越没有间隙的东西，如水虽是一种柔弱无形的力量，但它可以"驰骋天下之至坚"。

在城市品牌的传播过程中，既需要注重城市空间、布局、景观、环境等"实"的存在，也必须重视城市文化这种"虚"的城市无形资产。而在很多时候，这个城市无形资产甚至要比有形资产更重要。创建城市品牌，文化是一个不可或缺的因素，以沿袭传统文化为视角，注入现代的活力与新意，才会产生不落俗套的准确定位，避免产生水土不服的创意。文化传统悠久的历史名城可以充分利用文化资源优势创建城市品牌，城市文化在巴黎，我们为其浪漫高雅的精神气质所陶醉；在古罗马废墟，我们为其历史的苍茫感而感动；在伦敦，我们可以感受到一种源于英国文化传统的绅士风度；新兴城市则可以创造自己独特的文化，运用文化因素构建自己的城市品牌，比如厦门市主打的海峡文化和小清新的文艺感。

在城市品牌构建中有很多成功的范例，云南丽江正是在创建城市品牌过程中，有效地利用了文化因素，成功地打造了城市形象。在一开始"古城丽江"的旅游品牌取得成功后，丽江并没有停下脚步，围绕着利用城市文化因素构建城市品牌这样一个主题，丽江积极开发古城世界文化遗产、玉龙雪山和纳西古乐等资源，并进一步将城市品牌定位为"小资天堂，体验之都"，提高了城市的文化品位，也提升了城市的形象。随后配套的一系列文化宣传活动：著名导演张艺谋策划的《印象丽江》等文化项目的实施与引入，张艺谋执导电影《千里走单骑》首映式的举行，还有囊括了世界运动精英的国际越野挑战赛，吸引了全球的媒体涌入丽江，对其旅行区的国际旅行形象是一个很好的宣传，对其城市品牌的巩固更是起到了不容忽视的重要作用。[①]

"有"和"无"首先是一对哲学范畴。在中国古代哲学史上，老子第一个用这对范畴来说明宇宙的本原，提出了"有无相生"的辩证观点。这样的辩证思想对于当前亟须重视的城市品牌传播有着战略指导意义，就城市品牌的建设而言，应该讲求有无相生，注重如何使"无"中蕴"有"，形成城市品牌，如何以"有"带"无"，进一步发现当前城市品牌传播中的不足，如何预

---

① 张艺：《城市品牌建设中的文化因素研究：以云南丽江为例》，《今日民族》，2008 年第 12 期。

防"有"转化为"无",注重城市危机管理和舆论监测;也应该讲求虚实相成,对城市品牌元素中的有形资产和无形资产都给予足够的重视。城市的品牌塑造是一个动态的过程,任务艰巨而任重道远,在"有无相生"辩证思想的指导下传播城市品牌形象、提升城市软实力是当前城市建设的重点。

（苏鹏亮　谢清果）

第十一部分　老子思想的传播学其他视域

第三十二章　老子的组织传播思想与跨文化对话

　　《道德经》中有很大的篇幅在论述社会组织的形式，其中包含了老子的组织传播思想。他将组织的规模、特征，传播的形式、方向、功能，组织权力的运作方式、组织冲突的处理方式、个体行为的协调方式以及组织传播的环境表述为"无为""不争""守柔"之道以及"和"的社会理想。纵观西方的组织发展理论，我们也不难发现其中的很多道理都和老子的组织传播思想有着异曲同工之妙。

　　《道德经》中有很大的篇幅在论述社会组织的形式，其中包含了老子的组织传播思想。老子的思想在国家的规模、治理方式、关系处理和冲突化解等方面都有蕴含着丰富的智慧，对现在的国家治理以及社会公共管理方面都有深刻的启迪意义。本章从老子的组织传播思想出发，按照公共组织和组织传播理论将老子的相关思想进行梳理，同时与西方的组织传播和公共管理理论做出对比，进而分析老子组织传播思想的价值和局限性。

　　春秋战国时代，礼乐宗法式的政治遭到破坏，新的阶级兴起及新的政治思想主张抬头，原先依靠礼乐和谐调整的贵族政治秩序与诸侯的征战杀伐、攻城略地以及妄图一统华夏的政治目标越来越不相适应。在这种政治环境下，物足民丰、兵强马壮、政治组织高效运转是诸侯在争霸中占得先机的关键[①]。

　　有关老子的组织传播思想，其基本纲领为"以正治邦"的组织关系的象征互动，"以奇用兵"的组织冲突化解之道和"以无事取天下"的组织的权力

---

　　① 陈谦：《先秦法家行政管理思想的组织传播学分析》，《广西社会科学》，2009 年第 4 期。

意识①。《道德经》中蕴藏着丰富的组织传播智慧。老子在春秋末期社会纷乱之时已深入思考了修身齐家治国平天下的问题，归结而言，他追求"正善治"的组织传播目标，并以"以正治国，以奇用兵，以无事取天下"为基本纲领，而贯穿组织治理全过程的是"啬"这一原则。这对当代的组织传播依然有深刻的启迪价值。

组织传播是一种深入而准确洞察和分析组织思维方式的理论。组织传播几乎涵盖了人际传播和群体传播的方方面面。它所探讨的课题包括组织的结构和概念、人际关系，交流、组织过程和组织文化②。诺贝尔奖得主赫伯特·西蒙 (Herbe Si-mon) 可以说是组织传播研究最早期的主要人物之一。1900 年到 1940 年称为组织传播的准备期。工业革命造成的经济扩张引发了生产组织制度的巨大变革，形成了以泰勒 (Taylor) 为代表的以生产为中心、管理为导向的古典组织理论思想。1924 年以后延续八年之久的霍桑实验，梅奥 (Mayo) 等人提出了组织传播行为的人际关系导向思想。1940 年至 1970 年是组织传播学科形成期，主要标志是国际传播协会 (International Communication Association) 在 60 年代后期正式设立了"组织传播小组"，主要代表人物包括罗杰斯 (Rogers)、普特南 (Putnam)、格林堡和佛西奥尼 (Greenbaum and Falcione) 等人。③1970 年之后，组织传播进入成熟创新期，研究范围包括传播理论、组织—管理理论与组织传播理论三个方向④。

与组织传播学相关的学科是西方的（组织）管理学。组织传播学是在管理学和传播学基础上兴起的分析组织中信息传播特征以改进组织中传播行为的分支学科。应该看到，管理学自身就包含着对信息控制问题的认识，不过，在西方管理学流派中，无论是古典学派、人际关系学派、人力资源学派还是现代管理学派，初衷并不是为了研究组织传播，但组织环境中却清晰而广泛地包含了传播的含义⑤。

组织传播活动与人类历史一样古老。自有人类，就有了传播活动。有了人际人群之传播活动，就有了各类组织的产生、繁衍和发展。中国有数千年文明史，也有数千年的组织传播实践。组织传播的思想在历史的长河中不断

---

① 谢清果：《老子的组织传播思想纲领初探》，《今传媒》，2011 年第 3 期。
② 斯蒂芬·李特约翰：《人类传播理论》，清华大学出版社，2004 年版，第 17 页。
③ 郑瑞城：《组织传播》，三民书局，1983 年版，第 6—7 页。
④ 胡河宁：《中国组织传播研究源起、脉络与发展》，《新闻与传播研究》，2008 年第 6 期。
⑤ 陈谦：《先秦法家行政管理思想的组织传播学分析》，《广西社会科学》，2009 年第 4 期。

地积蓄着、发展着，并且有甲骨、钟鼎、竹简、帛书以及大量古籍、档案文献可考①。老子深谙国家治理之道，《道德经》也是一部启人心智的著作，其中蕴含了大量的组织管理智慧，本章尝试从组织传播的角度挖掘老子的组织传播智慧。

第一节　老子组织传播思想的基本主张

一、组织与组织传播

近代人类社会的重大变化之一就是组织化。②组织是指在一定的社会环境中，人们通地相互效而形成的具有共同心理意识，并为了实现某一特定目标而按一定的方式联合起来的有机整体。组织目标与行为是组织的本质性特征。③

我们的社会是一个组织的社会，我们出生在组织中，受教育于组织中，而且，我们中的大多数耗去大量的生命为组织工作。即使在许多闲暇的时间里，我们也在组织中娱乐，在组织中祈祷。我们中的大多数将死在组织中，并在葬礼到来的时候，还需得到最大的组织——政府——所赐予的官方许可。④

在《道德经》中，老子提到的社会组织有"家""国"和"天下"等，第四十三章"修之于身，其德乃真。修之于家，其德乃余。修之于乡，其德乃长。修之于邦，其德乃丰。修之于天下，其德乃普。故以身观身，以家观家，以乡观乡，以邦观邦，以天下观天下。吾何以知天下然哉？"中便提到了"家""乡""邦""天下"等，这都是老子眼中的组织形式。这里"邦"与"国"的意义相同，指的是诸侯国，而"天下"则包括了所有的诸侯国。此外，老子也认为不同的组织有不同的认知形式，要以个人的观点认识个人，以家的观点认识家，以乡的观点认识乡，以邦的观点认识邦，以天的观点认识天下，不能一概而论。

① 胡河宁，叶玉枝：《组织传播学的界定及其意义》，《中国人民大学学报》，2004 年第 6 期。
② 胡正荣，段鹏，张磊：《传播学总论》，清华大学出版社，2008 年版，第 104 页。
③ 陈振明：《公共管理学》，中国人民大学出版社，2005 年版。
④ 周晓明：《人际交流与传播》，上海文艺出版社，1990 年版。

　　在老子看来，国家有大有小，然而，老子最提倡的组织形式是"小国寡民"。这样的理想社会在第八十章中得到了充分的论述："小国寡民。使有什伯之器而不用，使民重死而不远徙。虽有舟舆，无所乘之，虽有甲兵，无所陈之。使民复结绳而用之，甘其食，美其服，安其居，乐其俗。邻国相望，鸡犬之声相闻，民至老死不相往来。""小国"的小，不仅指的是国家的规模小，而且指统治者的权利的小，这与老子主张的"无为而治"的思想是吻合的，国家小，人口少，统治者可以使用无为、质朴守柔的方式治理，民众自然形成意识达成共识，不需要统治者过多作为。

　　组织是社会关系的重要表现形式，社会上的大部分人都是"组织的人"。组织形成的过程实际上就是传播的过程，组织成员通过适当而有效的信息交流来维系组织的稳定和发展（卡尔·韦克），罗杰斯等人甚至说，没有传播就没有组织。①组织传播，即由各种相互依赖关系结成的网络，为应付环境的不确定性而创造和交流信息的过程（戈德哈伯）。这样"小国寡民"的社会中必然会出现碎片化的趋势，因此依赖媒介的社会整合功能。在老子看来，虽崇尚小国寡民，但他也讲"天下"，第二十二章"曲则全，枉则直，洼则盈，敝则新，少则得，多则惑。是以圣人抱一为天下式。不自见故明，不自是故彰，不自伐故有功，不自矜故长。夫唯不争，故天下莫能与之争"，即讲述了老子治理天下所遵循的"不争"原则。老子眼中的"天下"是包括各诸侯国在内的同一国家，无论"大国"还是"小国"，协调好国家内部的矛盾和国与国之间的矛盾，恰当处理组织之间的关系，其实质就是组织内部成员间，组织与组织之间，组织与外部环境之间进行信息交流的活动，这正是组织传播的实质，也体现了组织中信息传播的重要性。

二、组织传播的形式、方向、功能

　　组织传播的形式有正规的组织传播和非正规的组织传播两类。老子认为统治者治理国家，管理组织，建设组织文化，是一种正规的组织传播。正规的组织传播就是发生在组织内部的具有组织目的、遵循组织规范进行的传播活动。②老子认为，国家的管理核心就是"道"，贯穿组织传播的核心也是"道"，和谐治理组织有这样一个需要秉持的基本观念。正规的组织传播中，

---

① 郑瑞城:《组织传播》，三民书局，1983年版，第4页。

② 胡正荣，段鹏，张磊:《传播学总论》，清华大学出版社，2008年版，第106页。

传播的参与者与其在组织中的正是地位、角色和网络关系相联系，严格按照组织正规的权力关系、职能结构、等级系统和交流渠道等进行信息传播。老子虽然认为应该按照"无欲"的原则让民众自化，但也注重维护统治者的地位，他认为统治者是信息的把关人，是组织权力的拥有者。

组织传播的方向分为纵向传播和横向传播两类。在纵向传播的方向上，老子认为要采用自上而下的传播方式，王必须要保持天下首领的地位，天下才不会被颠覆，这种自上而下的传播方向是在大多数组织中占据主导地位的传播方向，信息由高一级向低一级流动，所谓的组织的规范、传统以及领导人的权威等都以此维持和发展，为维护统治发挥了关键的作用。在组织传播的信息流向上，古典管理理论认为，最重要的传播线路是信息沿着组织层级结构等级链垂直流动，并且组织的大部分传播以命令、规定和指示的方式。从上到下流动，只有少数反馈信息流向上级。在横向传播的方向上，老子采用的方式则是"邻国相望，鸡犬之声相闻，民至老死不相往来"。他认为组织之间的关系应该止于君子之交，彼此尊重求同存异，建立良好的沟通秩序。而在组织的内部横向传播也应是相互尊重彼此合同彼此合作，第五十六章中"知者不言，言者不知。塞其兑，闭其门，挫其锐，解其纷，和其光，同其尘，是谓玄同。故不可得而亲，不可得而疏，不可得而利，不可得而害，不可得而贵，不可得而贱。故为天下贵"。讲的就是这样的道理，不露锋芒，消除纷争，趋求合同，是组织内部应该达到的理想境界。老子明显倾向于禁绝不必要的、非正式的、用以建立人际关系和丰富人们精神世界的信息交流。

老子的人本组织传播智慧有着重要的传播功能。首先，"以正治国，以奇用兵，以无事取天下"的组织传播纲领能确保组织内部协调活动的发生，即建立起组织内部成员的联系协作，以实现组织目标；其次，"圣人抱一为天下式"的维护组织统一和内部团结的思想能确保组织与外部环境建立起联系，来完成正常的信息输入输出交换活动，使组织活动与外部环境相适应；"道法自然"的内部统一也能增强内部成员的凝聚力和向心力，通过组织内部多层次、多角度的信息交流满足其成员的社会心理需求，激励士气。

三、组织权力及其运作

在老子眼中，统治者治理国家、维护组织权力的核心是"无为"。在他看来，传播主体，传播行为的发起者，即使是君侯王者，也不将其作为国家这样一个权力机构的代表，而是将其作为一个需要不断完善品格修养的个人，①不要把自己放在大众的对立面，更不要高高在上，即我们所说的传者"去中心化"。

老子提倡领导者服务于民众，在第四十九章中，"圣人无常心，以百姓心为心"。说的就是圣人没有一己之心，而是一心为了百姓。"我无为而民自化"也是老子以民众群体的利益为出发点的地位思想。

老子的"无为"思想在《道德经》中有着多处体现，如第二章"是以圣人处无为之事，行不言之教"。第四十三章"天下之至柔，驰骋天下之至坚。无有入无间。吾是以知无为之有益"。第五十七章"我无为而民自化，我好静而民自正，我无事而民自富，我无欲而民自朴"。无为而治，是一种政治理想，当人民不需要外部干预，只要自己努力就可以实现社会治理的话，那么统治者就不需要过度作为。但老子也主张要按照"道"的原则为信息的传播把关，而这种"道"是万物的本源，也是一种组织权力运作的客观规律。

四、组织冲突与协调

组织冲突指的是组织间行为的"不合辙"。老子认为，处理组织冲突应讲究策略，他的化解之道便是"不争"。第三章"不尚贤，使民不争"，体现的就是老子不推崇贤才，使民众之间互不相争的策略。第六十八章"善为士者不武，善战者不怒。善胜敌者不与，善用人者为之下。是谓不争之德，是谓用人之力，是谓配天，古之极"。这就是老子的组织冲突化解之美，避免正面交锋，采用不争的策略化解冲突，也是正确的用人之道。

老子的另一处理组织矛盾的思想是"守柔"，"天下莫柔弱于水，而攻坚强者莫之能胜，以其无以易之。弱之胜强，柔之胜刚，天下莫不知，莫能行"。正是老子所认为的柔能克刚，柔能胜强的道理，柔比刚更有利于化解矛盾和冲突。这与老子"不争"的思想有着异曲同工之妙。正面的冲突总是会起到相反的作用的，在遇到冲突的时候才用巧妙地手段化解，也是一种顺从天道的处事原则，"上善若水，水利万物而不争"，恶性相争，必然会带来恶果。

五、个体行为与组织行为

老子认为统治者应服务于民众，从另一个侧面看也是提倡将组织权力下

① 魏超:《老庄传播思想散论》，中国轻工业出版社，2010年版，第1页。

移。他认为应该用"和"的方式组织人，提倡人与人之前的"和同"，这也是组织内人与人的关系以及组织之间关系应该达到的理想境界。①《道德经》第六十四章"合抱之木，生于毫末"。中的"合"即为老子所说的人与人之间的合作，第三十二章"天地相合，以降甘露，民莫之令而自均"，"天地相合"，是一种自然规律和现象，道法自然，也应是我们遵循的准则。

"和"是个体与组织最理想的状态。正如第五十六章所说，"知者不言，言者不知。塞其兑，闭其门，挫其锐，解其纷，和其光，同其尘，是谓玄同。故不可得而亲，不可得而疏，不可得而利，不可得而害，不可得而贵，不可得而贱。故为天下贵"。人们趋求和同，和睦相处，不因利益冲突而产生矛盾纠纷，不能进入这个境界，才产生亲近和疏远，才会有利益和损害，才分出高贵和低贱。所以，唯有这个境界才是真正可贵的。

六、组织的生态环境

老子认为存在于组织之外的，还有一种来源于自然的自然法则。"人法地，地法天，天法道，道法自然。"老子崇尚的不是人法而是自然法，人类应当尊重自然，按照自然规律办事，这一规律具有广泛的约束力，他在《道德经》第七十三章中说，"天之道，不争而善胜，不言而善应，不召而自来，然而善谋。天网恢恢，疏而不失"。上天的道，如同浩瀚缥渺的大网，稀疏得似乎看不见，却没有什么可以漏网逃脱。道是不可抗拒的，取之于自然，质朴无私且能化育万物，必须加以认识和遵循，这便是组织依赖生存的生态环境。

西方传播学中早有"拟态环境"一说，老子推崇的"邻国相望，鸡犬之声相闻，民至老死不相往来"。这样的小国寡民社会，也是为了让群众认清拟态环境，老子对受众如何认识和把握信息，如何识别和分辨信息真伪，如何提升受众的媒介素养以减轻拟态环境的负面影响都有相应的论述。②"有无相生，难易相成，长短相形，高下相倾，音声相和，前后相随。"世界并非非黑即白，也并非是非判然，置身于这样的环境中，我们能做的就是守住"道"的自然本真，清静无为，镇之以"无名之朴"。

---

① 田云刚，张元洁:《老子人本思想研究》，中国社会科学出版社，2005 年版，第 109 页。
② 谢清果，于宁:《老子思想中的媒介拟态环境批判意识及其治理之道》，《现代传播（中国传媒大学学报）》，2011 年第 9 期。

第二节 老子的组织传播思想与西方组织理论的跨文化对话

一、西蒙的决策理论与老子无为思想

西蒙的决策理论又叫连续有限比较决策论。他认为人的实际行动不可能合于完全理性，决策者是具有有限理性的行政人，不可能预见一切结果，只能在供选择的方案中选出一个"满意的"方案。[①]

老子的思想相比较西蒙的决策理论，人的主体性体现得没有这么明显，老子眼中的决策者也是"具有有限理性"的个人，但有"忘我""去我""无我"的主张，"少私寡欲，绝学无忧"。体现的就是这种使自我越来越少，使欲望越来越淡的思想。老子认为决策者的品格修养总是处在一个不断完善的过程中，按照自然的法则运转。这也体现了西方学人重外在表现，而东方学人重内在品格。

西蒙的"行政人"观点对行政环境的看法简化，往往不能抓住决策环境中的各种复杂因素，而只能看到有限几个方案及其部分结果。事实上，理性程度对决策者有很大影响，但不应忽视组织因素对决策的作用。

二、哈贝马斯的公共空间理论与老子自化思想

一个国家和社会之间的公共空间，市民们假定可以在这个空间中自由言论，不受国家的干涉，意指的是一种介于市民社会中日常生活的私人利益与国家权利领域之间的机构空间和时间，其中个体公民聚集在一起，共同讨论他们所关注的公共事务，形成某种接近于公众舆论的一致意见，并组织对抗武断的、压迫性的国家与公共权力形式，从而维护总体利益和公共福祉。[②]

老子眼中的理想世界也是一样，在《道德经》第三十七章中，"道常无为而无不为。侯王若能守之，万物将自化。化而欲作，吾将镇之以无名之朴。无名之朴，夫亦将无欲。不欲以静，天下将自定"。说的就是政府受其道，不过多干涉公共领域，民众自然形成意识，达成共识，从而形成正确的社会走向而无不为。

[①] 陶长琪：《决策理论与方法》，中国人民大学出版社，2010年版。

[②] [德] 哈贝马斯：《公共领域》，汪晖译，《天涯》，1997年第3期。

三、马斯洛的需要层次理论与老子的"无身"境界

马斯洛把人的需要划分为五个层次：生理需求、安全需求、社交需求、尊重需求、自我实现需求。在不同组织中、不同时期的成员以及组织中不同的成员的需求充满差异性，而且经常变化。[①] 因此，管理者应该经常性地用各种方式进行调研，弄清成员未得到满足的需要是什么，然后有针对性地进行激励。

马斯洛需要层次论的基础是他的人本主义心理学。他认为人的内在力量不同于动物的本能，人要求内在价值和内在潜能的实现乃是人的本性，人的行为是受意识支配的，人的行为是有目的性和创造性的。

在老子的思想中，也十分注重人的主体地位的回归。老子是把人作为根本出发点来提出其哲学思想和政治主张的。老子强调天人合一，"吾所以有大患者，为吾有身，及吾无身，吾有何患？""知人者智，自知者明。胜人者有力，自胜者强。"没有了自己，反而是实现了自己，这体现的都是老子的人本思想以及传者、受者主体地位的回归。

综上所述，老子早在春秋时代就提出了一系列组织传播的思想，对组织的规模、特征；传播的形式、方向、功能，组织权力的运作方式、组织冲突的处理方式、个体行为的协调方式以及组织传播的环境都有了深刻的认知。他在《道德经》中将其表述为"无为""不争""守柔"之道以及"和"的社会理想。

纵观西方的组织发展理论，我们也不难发现其中的很多道理都和老子的组织传播思想有着异曲同工之妙，老子的组织传播思想在当今社会仍然具有很大的价值和指导意义。

（李淇美 谢清果）

---

① ［美］马斯洛:《动机与人格》，许金声等译，中国人民大学出版社，2007年版。

第三十三章　阴柔风格：
老子思想传播中的女性意识和女性话语

老子思想与女性主义的研究比较多，但是，从女性主义话语"阴柔风格"为导向的却还很少见。本章将对此展开探讨。研究发现，《老子》的女性意识体现在"母""雌""牝"等代表话语上；"噤声群体"沉默即"静"；"阴柔风格"话语的传播形式主要包括具象化推理和体验式参与，从而导向传播效果的"柔弱胜刚强"。

"文章千古事，得失寸草心"，一部《老子》开创了古代中国哲学思想的先河，老子学说及其衍生出的道家、道教等流派对 2000 多年来的中国传统文化产生了深远的影响。在老子的相关研究中，哲学家琢磨"道"之"玄而又玄"；政治家思考"无为而无不为"的治世策略；而兵家讨论"柔弱胜刚强"的进退之法。[①] 尽管老子研究在各领域全面开花，但是，传播学方向的研究仍然不多，因此更具有新意和潜力。

郭志坤最早于《先秦诸子宣传思想论稿》一书中阐述了老庄的宣传思想[②]。随后，台湾关绍箕、庄万寿等人也对《老子》中的传播学侧面做了独辟蹊径的论述。但是，这些研究都各有侧重，老子思想与传播学的结合还有更多值得探讨的内涵。例如，兵家探讨的"怀柔政策"也与传播学话语研究中"阴柔风格"不谋而合。我们可以从更多角度研究老子的传播思想。

实际上，"阴柔风格"是近三十年来传播学界关于传播与性别间关系的研

---

① 梁启超等：《名家品老子》，中国华侨出版社，2009 年版，第 1 页。

② 郭之坤：《先秦诸子宣传思想论稿》，福建人民出版社，1985 年版。

究成果之一。"阴柔风格"植根于女性意识，旨在为女性发声。同时，它又包含女性意识和女性话语，认为女性话语的个人化语气和情感技巧，是一种被认可的新的传播形式。

第一节　老子"母""静"女性意识的传播力

"阴柔风格"的传播形式发源于女性主义的话语和权力研究。自由女性主义和激进女性主义是现代主义传统中的女性主义研究的两个主要流派。传播学的社会文化传统认为，性别化的话语构建了一个特定的"社会性世界"（social world）。女性则是"被噤声群体"（muted-group），而陷入沉默。[1]

有不少学者提出，"老子是人类最早的女性主义思想家"，[2] 老子是一位地道的女权主义者。[3]《老子》中充满了母性主题和女性至上。[4]《老子》有明显的崇阴尚柔的倾向，女性意识明显。陈鼓应先生在《道家易学建构》中指出，"《老子》中'阴阳'、'牝牡'、'静动'的排列序次，如'万物负阴而抱阳，冲气以为和'、'牝常以静制牡，以静为下'、'牝牡之合而朘作'、'知其雄守其雌'、'……浊以静之……安以动之……'、'静为躁君'、'静胜躁'等等。这种崇阴尚静的阴性词在前、阳性词在后的排列序次于先存古籍中独见于《老子》"。[5] 事实上，陈鼓应先生已经罗列出了大部分在《老子》体现出女性意识的词句和章节。如刘笑敢先生所说，"《老子》中的'雌'、'牝'、'母'等词汇的出现和地位明显比'雄'、'牡'、'父'多而寓意深远，其'柔弱胜刚强'不仅是方法论上的主张，而且也有着某种性别暗示或性别取向。"[6]

老子的女性意识传播学视角可以从以下两个方面考究。一是运用"母""雌""牝"等性别符号对道的阐释和比拟，看老子对女性的推崇；二是"静"，这一沉默的"噤声群体"的"动"的力量。《老子》开篇就说道："道可道，非常道。名可名，非常名。无名天地之始，有名万物之母。""有物

---

① 斯蒂芬·利特约翰，凯伦·福斯：《人类传播理论》，史安斌译，清华大学出版社，2009年版，第263页。

② 张再林，张兵：《老子：人类最早的女性主义思想家——身道视域中的〈老子〉女性气质发微》，《西北大学学报》，2010年第4期。

③ 阿甲：《从"雄雌辨"到"现代女巫"到老子的女权观》，《教育研究与评论》，2011第1期。

④ 吴宁：《试谈道教的女性观》，《安徽师范大学学报》，2009年第5期。

⑤ 陈鼓应：《道家易学建构》，台湾商务印书局，2003年版，第19页。

⑥ 刘笑敢：《关于〈老子〉雌性比喻的诠释问题》，《中华国学研究》，2008年第1期。

混成，先天地生，寂兮寥兮，独立不改，周行而不殆，可以为天下母。"（第二十五章）显然，这里都是老子对于核心"道"的描述，而均以"母"比"道"。突出"道"即"母"的本源性和哺育万物的"母"的尊崇，"周行而不殆"。"母"字的女性意涵十分明显。老子进一步阐发，"天下有始，以为天下母。既得其母，以知其子；既知其子，复守其母，没身而不殆"（第五十二章）。老子认为，已经掌握了万物的根本——母，就能认识万物——子。已经掌握了万物，还必须坚守万物的根本。王弼注，"'母，本也。子，末也。'得本以知末，不舍本以逐末也"，① 不能本末倒置，从而"见小曰明，守柔曰强"（第五十二章），守道而存万物。"母"这一代表性的女性意识一直贯穿始终。与"母"相似，"雌"也是《老子》中直接的女性代表符号，受到老子的推崇。《老子》曰，"知其雄，守其雌，为天下溪"。雄是刚强、雄壮之意，雌则为"柔雌"。而"知雄守雌"，甘为天下溪流，方能"常德不离"，永恒的"德"的不失去仰仗安守于谦下的位置，以"怀柔"的心态不"雄霸"，不急功近利。"牝"也是老子在"道"上常为使用的女性意象。"牝"与"牡"相对，《朱子语类》解释，"牝"是一切动物的母性生殖器官。"玄牝"象征着深远的、看不见的生产万物的生殖器官。② 老子曰，"谷神不死，是谓玄牝，玄牝之门，是谓天地根"（第六章）。和前文中提到的"母"一样，"牝"即使"道"。"道"（谷神）是永恒存在的，这叫作"玄牝"，"玄牝"之门，这叫作天地根。依然用"牝"比喻最为尊崇的核心"道"，具有包容性和生命力。实际上，老子的这些"母""雌""牝"的论述，将其比拟为"道"，正体现了女性意识在老子思想言说中的重要地位。许多学者以女性主义的生殖崇拜或女性观特质的功利性来进行解读，有其道理。但是，我们认为，老子这种崇阴尚柔的思想正是女性主义"平等""本质"的追求，其本源性和包容性有其对万物生命的关怀意识，也是一种生命崇拜。

著名的女性主义研究者切瑞丝·克莱玛瑞说，"沉默"并不是一个简单的现象。它也不是一个亟待解决的问题。沉默意味着沉思，或者是从喧嚣的都市生活中暂时解脱出来；或者是对我们自己或别人的尊重；或者是我们与他人共同分享的体验和情感；或者是摆脱说话的冲动，等等。沉默也可能是一

---

① （魏）王弼注：《老子道德经注》，中华书局，2010年版，第143页。
② 任继愈：《老子新译》，上海古籍出版社，1986年版，第72页。

种自我保护，让那些处于善意的人们去喋喋不休。[1]现代西方克莱玛瑞的"沉默"与远古中国老子思想中"静"的概念可谓是"遥远的呼应"。老子辩证法思想中以静制动的"静"即一种心境的澄明，一种自我保护，一种以退为进。老子曰"孰能浊以止？静之徐清。孰能安以久？动之徐生"（第十五章）。谁能使浑浊停止？安静下来，就会慢慢澄清。这是"静"的功用，表面保守，实际反而实现效果。老子主张虚心、静观其变，遵循万物变化。"夫物芸芸，各复归其根。归根曰静，是曰复命，复命曰常，知常曰明"（第十六章）。他认为，万物的变化是循环往复的，尽管"变"，最终会回到源头，所以叫作"静"。任继愈说，"为了遵循这一静的原则，就要保守安全"，[2]即"沉默"。但是保守不等于倒退，更不等于消极处事。老子善于"正言若反"的辩证思维。在"静"的政治功用上，老子对处理国家关系提出以"静"制"动"。"牝常以静胜牡，以静为下。故大国以下小国，则取小国。小国以下大国，则取大国"（第六十一章）。这是"静"的政治智慧。雌性经常以安静战胜雄性，就在于它安静而居下。同理，大国对小国谦下，即可取得小国的信赖；小国对大国谦下，则可取得大国新任。特别要指出的是，在春秋战国时期，人们已经将静、动划归为属阴、阳类事物所具有的不同性质。《庄子·天道》曰："静而与阴同德，动而与阳同波"，明确将静与动分属阴阳[3]。老子显然认为，静比动更胜一筹。"牝恒以静胜牡"，"静"是"牝"的主要属性。而这种沉静的"玄牝"，"绵绵若存，用之不勤"。无形地存在着，具有巨大的力量，用之不尽，取之不竭，是谓"厚积薄发"。

第二节　女性话语"阴柔风格"的传播技巧

女性主义的其中一个取向是对战略性的传播形式的认可。这种传播形式与现存的语言相比，从本质上说更具有"阴柔风格"。"阴柔风格"（feminine style）理论首先是由卡琳·柯尔·坎贝尔（Karlyn Kohrs Campbell）提出，后来由邦妮·道（Bonnie J.Dow）和玛丽·布尔·托恩（Mari BoorTonn）做了进一步的阐发。这一理论是对克莱玛瑞有关"性别化语言"理论的发展和延

---

①　斯蒂芬·利特约翰，凯伦·福斯：《人类传播理论》，史安斌译，清华大学出版社，2009年版，第136页。

②　任继愈：《老子新译》，上海古籍出版社，1986年版，第94页。

③　贺璋瑢：《〈老子〉的性别意识及其历史影响》，《华南师范大学学报》，2012年第1期。

伸。"阴柔风格"理论的核心论点是：人类传播中确实存在着一种"阴柔风格"，它原来是与坎贝尔所说的"技巧习得"联系在一起的。在此，坎贝尔的"技巧"不仅仅是其字面上所指传统女性应当具备的、与"家庭主妇"和"母亲"等"阴柔"角色有关的技巧，而且还指女性具有的情感技巧——例如，呵护、共鸣和具象化推理等。[1]Mary P. Hiatt 则指出，在传统意义上对女性"阴柔风格"的理解带有轻蔑意味，被普遍认为是"情感化、情绪化、不合逻辑、空白无物和歇斯底里的"，而实证研究则表明，"阴柔风格"特征是保守的、有结构的、自成一派的逻辑、能在感情和节奏上保持平衡。[2]有学者将坎贝尔的"阴柔风格"话语技巧概括为个人口吻（共鸣），具象化推理（引导性结构）和受众参与感（赋权）。[3]具象化推理和邀请受众参与是老子中的重要表达技巧。

一、具象化说理

具象思维即形象思维。从思维过程的角度看，形象思维是心象到联想，联想到想象，再到构思的思维过程。[4]老子从日常生活的形象入手，将具象思维与抽象思维结合起来，相辅相成，相得益彰。老子阐述"道之有限，道之无限"，用比喻、描写的方式说"道"，是最明显的具象化说理。在传统意义上，水属阴，其柔弱、灵活、包容的特点使其也成为《老子》中"道"比拟的常用意象。老子曰，"譬道之在天下，犹川谷之于江海"（第三十二章）。道在天下，对万物来说，就好像江海对于川谷一样。江海是百川的归宗，道也是万物的归趋。[5]以"水"的谦下和包容比喻"道"，具有母亲般的胸襟。老子曰，"上善若水，水善利万物而不争，处众人之所恶，故几于道。居善地，心善渊，与善仁，言善信，正（政）善治，事善能，动善时。夫唯不争，故无尤"（第八章）。这是说，上德之人好像水一样，有利于万物而不争功。立身处事，如同水之居下，安于谦下（居善地），心好像水渊一样清明（心善

---

① Campbell, Karlyn Kohrs. *Man Cannot Speak for Her: A Critical Study of Early Feminist Rhetoric*。转引自斯蒂芬·利特约翰，凯伦·福斯：《人类传播理论》，史安斌译，清华大学出版社，2009 年版，第 138 页。

② Mary P.Hiatt, *The Feminine Style: Theory and Fact*, College Composition and Communication, Vol. 29, No. 3, 1978, pp: 222–226.

③ Christine Oravec, *Man Cannot Speak for Her*, A Journal of the History of Rhetoric, Vol.9, No.3, 1991, pp: 275–278.

④ 谢清果：《老子形象思维及其现代价值》，《福建师范大学学报》，2002 年第 1 期。

⑤ 余培林：《老子快读》，海南出版社，三环出版社，2004 年版。

渊），处世如降甘霖毫无私心（与善仁），说话如同水一样汛期即至，不言而信（言善信），治理国家好像水一样清静无为，无为而治（正善治），做事要像水那样不逞能而能（事善能），行动要像水样因地而形，与时迁移（动善时）。① 此乃水之"七德"，也是"道"的"不争之德"，"以其不争，故天下莫能与之争"（第六十六章）。邦妮·道和玛丽·布尔·托恩在"阴柔风格"的进一步阐发上，发现，把女性"具象化推理"置于男性管用的"抽象化推理"之上，这种归纳法的形式构建使得受众更易于接受。老子正是具象化说理的大师，"天下若柔弱于水，而攻坚强者莫之能先，以其无以易之"。其将水之至柔至坚用作道的贴切比喻，水之下德，似"女子不争"，如母为万物之本源，具有生生不息的创造力。

二、体验式参与

坎贝尔认为，"阴柔风格"并非女性所独有，但是，这种风格确实是从家庭生活的体验中产生出来的，因此产生出这一特定信息。"它邀请受众参与到一下的过程中：'根据自身的体验来检验那些普遍性结论或原则。受众被视为（学者的）同行，凭借他们自身的体验获得（与学者同等的）权威。'"② 在政治话语中，"阴柔风格"是早期女性演说家常用的一种策略，通过使用个人化的语气和以关爱、联系和关系为主的情境来为听众'赋权'，让他们相信自己的感知。他们强调包容性和联系，邀请"体验"。这与老子的悟道的传播智慧相似。有学者指出，道家注重语言传播的价值理性和审美意境，那就是沉浸于"道"的体悟之中，忘我、忘言，准确地说，是生成了悟性之境，是谓"得意忘言"。"是以圣人处无为之事，行不言之教"（第二章），"不言之教"的重要内容即包括形象传播和体态符号等。"不言"方是最佳的传播效果。如《庄子·知北游》所说，"天地有大美而不言，四时有明法而不议，万物有成理而不说"。物以其内在规定（理）呈现为现象界的形象，这是自然而然的。语言传播的最好感觉就是让受众好像成为对象本身，对象的一切都了然于心，而没觉得语言符号在告诉他什么。③ 这就是"体验"和"参与"。

女性主义话语也指出，由于女性在言语上受到噤声，因此她们在传播过

①　梁启超等：《名家品老子》，中国华侨出版社，2009 年版，第 164 页。

②　斯蒂芬·利特约翰，凯伦·福斯：《人类传播理论》，史安斌译，清华大学出版社，2009年版，第 138 页。

③　谢清果：《道家语言传播效果的求美旨趣》，《哲学动态》，2008 年第 3 期。

程中更加依赖于非语言表达，比男性更加频繁地使用各种非语言形式。例如，一些相关的研究表明，面部表情、手势等非语言因素在女性之间的交流要比在男性之间的交流中更加重要。女性在言谈中所使用的表达方式要比男性多得多。① "阴柔风格"使得他们在公众的平台上更有风范，使受众更有参与感，创造出更舒适和友善的传播形式。这与老子思想提倡的"不言"，对言语传播的批判有相互映衬的地方。老子认为，传播的内容和意义需要"名"才得以表达出来，然而，道和名的传播形式具有很大的局限性。"名"作为传播符号，总是无法穷尽传播者对"道"的本来表达和内在意义。因为"大象希声，大象无形"（第四十一章），老子的传播致效原则更强调具象传播而非言语传播或者是心传、自得的形式去实现。因此，老子曰"不言""不争""不辩"，"希言自然"（第二十三章）。

三、正言若反："柔弱"

在传播技巧上，老子讲求"弱者道之用"（第四十章），在传播效果上，老子讲求"忘言"，"柔弱胜刚强"（第七十八章）。形而上的"道"向下落实而成人生准则的"道"，是崇阴贵柔的传播智慧。"阴柔风格"的话语传播形式也正是以此具象式、包容性获得"女性主义的反公共领域"的话语赋权，这一信息设计对女性群体和公共政策都具有重要作用。《老子》书中有许多关于柔弱的论述，但并不是老子思想消极的论据。王明先生曾在《道家与传统文化研究》中指出，《老子》书确实具有一定革新求弊的积极作用。

老子曰，"天下之至柔，驰骋天下之至坚。无有入无间"（第四十三章），只有天下最柔弱的东西，能再最坚硬的东西中穿来穿去。这个看不见的力量，能透过没有空隙的东西。老子从"柔弱"与"刚强"的发展规律看，"人之生也柔，其死也坚强。万物草木之生也柔脆，其死也枯槁。故坚强者死之徒，柔弱者生之徒，是以兵强则灭，木强则折，坚强处下，柔弱处上"。老子归纳出一条普遍原理：柔弱的东西最强大，强硬的东西最脆弱，接近死亡。他同样以具象推理，将人和草木的生发枯槁做比喻，得出结论。事物的强弱，看它是新生的还是腐朽的，新生的事物即使目前柔弱，仍将强大。老子赞扬水的"阴柔"特质，表面柔弱，而坚强的东西反而不能战胜它。"天下莫柔弱

---

① 斯蒂芬·利特约翰，凯伦·福斯：《人类传播理论》，史安斌译，清华大学出版社，2009年版，第 264 页。

于水，而攻坚强者莫之能胜，其无以易之。弱之胜强，柔之胜刚，天下莫不知，莫能行。"（第七十八章）知难行易，老子劝导"阴柔"的话语应用，"知雄守雌"，是内在本质的"刚强"与表在表现的"柔弱"，反其道而行之，从而"柔弱胜刚强"。

"千古文章意为高。"一部《老子》，短短五千余言，自在大气，饱含深意。本章仅从传播学视角的话语"阴柔风格"窥视一角，浅尝辄止。老子的崇阴尚柔思想与之相契，对"柔弱"的辩证法及发展规律的独辟蹊径，令人仰止千年前的古老智慧。这种生命力、包容性、体验式的话语美感和传播智慧，如同唐代诗作与舞蹈的巅峰——咏舞诗般，杂糅阳刚与阴柔，结合叙述语言和生命形态，"光而不耀"，"和光同尘"。

（李慧颖 谢清果）

第三十四章 《道德经》的民本思想
与"受众本位"的民生新闻

　　《道德经》中的民本思想历时几千年依然熠熠生辉，对现在的我们仍然有很多的启发。在传播学领域中，在中国各地日渐兴起的民生新闻所暗含的"受众本位"意识和《道德经》中所体现的"以民为本"思想有很多异曲同工之处。本章就是通过对《道德经》中的民本思想的探析，进而从"以民为本"与民生新闻的百姓话语和"无为而治"与民生新闻的百姓情怀这两个角度出发，阐述了民生新闻这一现代新闻观念的产物和古人的智慧是如何交相呼应，并且从中学习到一些"受众本位"这一西方思想是如何与老子的智慧交融，共同指导民生新闻的实践，使得其能发展得更好。

　　《道德经》传世已久，历时几千年，对这本小书的解读和阐释数不胜数，因为这本书包含着做人的智慧、处事的哲学、治国的道理、对于自然和宇宙的奥秘的探索、对道的追求等等各个方面的内容。老子——这个有着古老的智慧的老灵魂仍旧用他的方式影响着我们的言行，在完全不同于老子所处的战国的现在，我们依然可以从中汲取许多有价值的东西。《道德经》总所体现的"以民为本"的民本思想是老子的政治哲学的基本立场，这一立场不仅在政治领域对于现在的政府领导官员们有很大的指导意义，对于新闻传播领域的传播者们在新闻的实践过程也有很多的启示。

　　随着经济的发展，传播者从传者本位到受众本位的思想意识的变化，近几年来开始逐渐兴起了民生新闻，不管是地方报纸对于民生的关注，还是电视台对于民生节目的展开，无一不体现着"以民为本"的思想。在民生新闻的发展阶段，我们可以从老子的智慧中获取一些灵感，可以从《道德经》里面的民本思想的层面给予这些报纸或者新闻节目更多启发。

第一节　老子民本思想与民生新闻概述

一、老子《道德经》的民本思想

"以民为本",这是老子政治思想的精髓。生活在那个时代的老子,就能提出这样的思想是非常的超前的,对于今天在各个领域的人们都有很大的指导意义。

老子说:"故贵以贱为本,高以下为基。是以侯王自称孤寡不穀。此非以贱为本邪?"[1](第三十九章)所以,在一个和谐统一体中,贵以贱为根本,高以下为基础。因此,侯王们常说自己孤独、无助、不谦虚,这不正是因为他们充分认识到必须以贱为根本吗?他还说:"圣人无常心,以百姓心为心。善者吾善之;不善者,吾亦善之,德善。信者,吾信之。不信者,吾亦信之,德信。"(第四十九章)圣人没有恒常不变的思想主张,他以百姓的思想主张为思想主张。百姓的主张,合于自己的价值观的,予以善待;不适于自己的价值观的,也予以善待。只有这样才可以得到人们的共同善待。百姓的观点,自己认为正确的,予以信任;自己不认为正确的,也予以信任,这样就可以获得人们的共同信任。在这里,可以看出老子主张从百姓的角度思考问题,客观的体察到百姓的需求和心意,这就是老子的民本思想的体现[2]。

老子的民本思想还体现在要求执政者要改变官本位的执政理念,不可刚愎自用,唯我独尊,要重视民意。[3]王保国指出:"在贵以贱为本,高以下为基以及天道自然认识的基础上,老庄建立了以顺民自然之性为核心的民本主义思想体系,提出了轻徭薄赋、消弭战争、减省刑罚等主张,尽量减少对民众生活干预,使民众能够自由生存生活的主张老庄的民本思想是一种倡导无为而民自化的民本思想。"[4]

同时,老子也辩证地讲到了得民之道和得天下之间的关系,他说:"江海

---

①　王弼(注)《老子道德经注校释》,楼宇烈校释,中华书局,2008年版,第106页。

②　宋辉,宋晓璐,方雷:《老子的民本思想及其意义》,《西安石油大学学报(社会科学版)》,2012年第1期。

③　张红云:《从"天道自然"到"人道无为"——论老子〈道德经〉的民本思想》,《名作欣赏:学术版》,2011年第2期。

④　王保国:《老庄民本思想发微》,《甘肃社会科学》,2006年第4期。

之所以能为百谷王者，以其善下之，故能为百谷王。是以欲上民，必以言下之；欲先民，必以身后之。是以圣人处上而民不重，处前而民不害，是以天下乐推而不厌。以其不争，故天下莫能与之争。"（第六十六章）这是老子针对统治者而提出的谏言，告诫君主不可骄奢淫逸，罔顾民意，而要以百姓心为己心。对于老子的民本思想，高昌秀评论说："老子肯定民众自治自生的能力实质上是对自由的肯定；他的自化思想，包含着鲜明的政治自由民主的思想，这与其民本思想是一致的；无为而治的政治论既是自然主义的，同时也是德治主义的。"[①]

无为而治是老子政治伦理思想的核心。老子认为道生一，一生二，二生三，三生万物，万物都由道而生，道是最高之本体，自然是最高之法则所以人法地法天，天法道，道法自然，人应当效法自然，治国更应遵循自然，这样天道自然的哲学观念就自然引申出人道无为的政治观念。[②]老子希冀侯王们向圣人学习，"以圣人后其身而身先，外其身而身存"（第七章），把自己的切身利益置于之后，反而能获得首领之位。圣人顺应天道，对百姓的生活不横加干涉，而是让老百姓"自化""自正""自朴"和"自富"。

二、"受众本位"的民生新闻

受众本文意识是一种以受众为中心，重视并且满足受众需求的传播意识。代表性的理论有使用与满足理论，这一理论是传播学的受众观念的重要转折，受众不再被看作是被动地接受信息的个体，而是积极的使用媒介来获得需要的信息，通过媒介满足自己的需求。[③]受众本位的观点从西方来到中国，和经济转型一起，作用于传播者的传播实践，经过一段时间的发展，基本是已经成为传播者们的共识。"受众的主观能动性在大众传播中的作用日益受到重视，受众不仅仅是媒介信息的使用者和消费者，他们还是构成社会的基本成员也是参与社会管理和社会公共事务的公众"，[④]受众本位意识逐渐的深入到传播者的心中，受众也日益利用新媒体积极的发出自己的声音，积极地通过参与公共事务的讨论来维护自己的利益。

---

① 高昌秀：《易通老子》，九州出版社，2007年版。

② 张红云：《从"天道自然"到"人道无为"——论老子〈道德经〉的民本思想》，《名作欣赏：学术版 》，2011年第2期。

③ 陈文莉：《试论受众本位意识》，《新闻大学》，2000年第2期。

④ 马玉洁，霍薇：《浅论受众本位》，《新闻世界》，2010年第2期。

按照李金铨先生的观点，自改革开放以来，记者的角色经过了三次变迁：从儒家自由主义知识分子，到党的喉舌再到今日的新型媒介从业人员。每次变迁都是围绕着"民众"这个核心，"民"由原先的教育和灌输对象，逐渐变为消费型受众，信息的服务性被进一步强化，民众的主体性似乎得到了较大的提升，然而，实现人的全面发展，只剩下了强化经济和躯体发展，媒介中逐渐少了宏大叙事和对人性本原的萦怀思索，少了对个体灵魂的深刻诘问。①

受众本位意识是随着市场化的进程、公民意识的出现，逐渐在我国得到重视的。受众的地位随着互联网的出现进步不得到提升，原本掌握着绝对资源的传播者的地位受到一定程度的冲击，"自媒体"的出现也让传统媒体的受到感受到新一轮的冲击。挑战总是和机遇并存的，传统媒体在面临这一情况之时，选择了调整自己的定位，认识到受众在传播过程中的重要的作用，确立受众本位的思想，而这一思想在新闻报道的领域的实践产物就是民生新闻。秉持着"以民为本"这一核心理念的民生新闻的产生可以看作是在新的时代条件下，我们把从国外引入的"受众本位"的思想和传统的"以民为本"的民本思想的结合的产物。

但是学者易前良就指出这一理念的提出并不意味向西方的自由民主靠近，而是要结合我国具体的国情，既要赢得受众的支持的关注，又要兼顾品质，而不是媚俗化，同时还要考虑经济效益。②这三个方面都不能偏废，如果只是注重经济利益，过分强调受众本位，就容易导致出现媚俗化，这并不是真的以民为本，而是意味的迎合部分受众，这只会造成受众对于真实世界的认识的负面影响。我国的民生新闻是以建立和谐社会为导向的，在三贴近的指导方针下，利用地方电视台的亲近民众的特性，坚持以民为本，反应老百姓的心声，关心老百姓的切实的生活问题，积极与老百姓互动，力所能及的帮助老百姓解决问题，替老百姓说话，同老百姓的日常生活关涉较多。

当前的民生新闻在蓬勃发展的同时，也出现了一些问题，例如：新闻价值流失、煽情主义泛滥、媒体职能错位、叙事道德化、流于琐碎等等，这些问题的出现都是因为传者没有正确地认识到"受众本位"在具体放入情景下的是如何指导传播活动的，没能真正的和具体的国情相结合，为了真正实现让我们的民生新闻做到"以民为本"，贯彻"受众本位"的精神，我们要借鉴

① 李安定：《"民本思想"烛照下的公民新闻》，《新西部：理论版》，2011年第4期。
② 易前良：《"民生新闻"的理论阐释》，《河海大学学报：哲学社会科学版》，2005年第2期。

老子在几千年就提到过的"以民为本"的民本思想，把古老的东方智慧和西方思想相结合，兼顾现在的世情，以期给当前的民生新闻一些启发。

第二节　《道德经》的民本思想与民生新闻在价值取向上的共通

一、"以民为本"与民生新闻的百姓话语

如上所述，"以民为本"是《道德经》的一个重要的思想，是老子政治思想的精髓。"老子的民本思想体系是由'道'和'德'这两个哲学范畴建立的，其民本思想的提出，既有哲学上的根据，亦不失对社会现实的观照"，①这使得老子的民本思想不仅能够在形而上的层面给人们以启迪，同时可以在形而下的实践层面给出一些具体的指导。"以'柔'、'下'之心待民；以'圣人常无心，以百姓心为心'从民；以'自然无为'安民三个方面"②是老子民本思想对社会现实的观照的三个具体的方面，都是对统治者提出的具体要求。为了更好地使得这些民生新闻做到"民生内容、平民视角、民本取向"，我们还要更加的理解民生新闻的目的，从而进行改进。

民生新闻的内容一般是专注于老百姓及其日常生活中出现的事件，专注于对老百姓与直接影响的事情，专注对老百姓有直接相关的政策信息，一般都是地方电台，十分的注重地域性。③也就是老子所说关心那些老百姓真正关心的事情，站在民众的角度来考虑他们在想什么，想要看到什么，但是现在有一部分的民生新闻类的节目有叙事道德化的倾向，无疑道德化的叙述更容易引发群众在道德上的思考，但是也很容易有道德上偏见，不能客观地看待问题，吸引眼球的同时抛弃了对新闻工作更高层面上的追求。应该去理解受众在所想所思，而不是一味地迎合，一味地夸张和放大，聚焦在那些猎奇的事件之上。

老子提倡君主要以"柔""下"之心待民，对于传播者来说，就是不应该把自己放在比受众高的位置，不应该总是觉得自己和受众是一种师生关系，而是应该是一个平等的位置，甚至是一种服务受众的姿态。只有这样，传播

① 曲长海，李健：《老子民本思想发微》，《黑龙江史志》，2011 年第 11 期。
② 张红云：《从"天道自然"到"人道无为"——论老子〈道德经〉的民本思想》，《名作欣赏：学术版》，2011 年第 2 期。
③ 顾致农，崔涌：《民生新闻价值取向初探》，《新闻界》，2007 年第 3 期。

者才不会忽略来自受众的声音,自觉主动地拉近的民众的距离,报道和群众有直接关系的事实,这里包括明显和群众有关系的事件,和老百姓有关系但是老百姓认识不足的事件,就更加需要报道,但是报道时候一定要解释其中的缘由,真正用老百姓能够听得明白的话把具体问题报道清楚。

民生新闻"以民为本"的另一个重要的体现就是话语权交给老百姓,"在给了普通百姓更多关注的同时,民生新闻也实现了话语权的回归",[①] 具体表现在越来越多的节目是关于普通老百姓的家长里短的生活事,这些新闻报道的是他们的生活,他们的困惑,他们的努力,他们的乐观,有更多的普通人进入镜头,用他们的话语,表达他们对于事件的看法和诉求。但是与此同时,这一类的新闻也出现了煽情主义泛滥的倾向,为了吸引眼球,过分关注非常态的事件,关注情绪化的但是人,关注冲突。老子提倡一切要顺应天道,顺应自然规律,在新闻传播力就是顺应传播规律,在报道的时候,要对事件的相关人员都有相应的报道,不能有所偏僻,失去了一颗公正之心,就算短暂的赢得了受众的关注,迟早也会让失去受众的信任。

二、"无为而治"与民生新闻的百姓情怀

老子的民本思想体现着一种自然主义和自治主义的倾向。这里的"无为而治"也是针对为政者提出的,但是我们要认识到,所谓的"无为而治"不是不作为,"因为他的'无为'是达到无所不为,无所不治的。如果拱然而坐,什么事情也不干,怎么能达到'无不为''无不治'呢?"[②]老子是告诉统治者不能过分地作为,不能错误地作为,而是要真正的从百姓的角度出发,在老子的那个时代就是希望统治者能行天道的"无为",所谓的天道是"独立不改,周行而不殆"(第二十五章),按照它固有的客观规律运动,君主所能做的就是顺自然而为,遵循客观规律而为。为政者只要约束好自己,让百姓顺应天道,自由发展,不去横征暴敛,不轻易发动战争,虽然掌握着政治上的主动权,但是不对百姓的生活随意干涉。这样的话,人民才能够休养生息,达到老子说的民自化,自正,自富,自朴。如果不这样的话,君主任意的发动战争,横加干涉百姓的生活,"其政察察"只会造成"其民缺缺"(第五十八章),"法令滋彰"(第五十七章)只会造成"盗贼多有","天下多忌讳"

---

① 陆尧:《以"受众本位"理念提升电视民生新闻品质》,《今传媒》,2009年第6期。
② 游唤民:《论老子的民本思想》,《湖南师范大学社会科学学报》,1991年第1期。

（第五十七章），只会干扰了民的正常生活和生产，造成了"田甚芜"，"仓甚虚"（第六十三章），"民弥贫"，给民造成了灾难。

　　这是老子对彼时的王侯们的要求，放在今天，在传播学的领域，在新闻实践的民生新闻的领域同样带给一些启示。同样的，传播者在传播过程中要顺应传播规律，认识从传播者到受众包括反馈才是比较完整的传播过程，这个环节中每一过程都要重视，特别是受众反馈这一环节，往往是被传播者所忽视。在传统的传播者本位时代，受众是隐匿的、无名的、不受到重视的，甚至被认为是乌合之众，"在我国传统的新闻理论与实践中，往往坚持的是传者本位。新闻媒体往往充'说教者'的角色，习惯于讲大道理。老百姓没有知情权，更没有话语权，而是处于一种被动的、消极的接受状态"，① 在如今的受众本位的时代，的确传播者开始重视受众，他们尝试从受众的角度来考虑受众的需求，重新把一部分话语权交给受众，但是观念上的转变没有很好的深入到传播实践活动里面，往往只是节目形式和口号上体现着受众本位，但是真正的操作过程中却还是传者本位的思想。比如节目制作人们往往忽略了了解受众的一个很直接的渠道，就是反馈，很多时候节目制作者在每期的节目制作完以后就以为完事了，但其实在每期的节目以后积极的关注受众的反馈也是很关键的环节之一，只有通过认真地聆听受众的声音，切实的把受众的意见和节目的改进融合在一起，不忘记感谢受众对节目的贡献。还有这样的情况，传播者打着帮助老百姓的名义介入各种纠纷，但是总是一副占据着道德制高点的样子给出自己的意见评论，甚至是横加干预，如何让人相信这是"以民为本"呢。在互联网时代的今天，传播者有更多的机会听到观众的声音，博客、播客、轻博客、微博、网络电台，各式各样的第三方平台提供简单操作性强的途径让传播者触及更加广大的无名的受众，更多的了解他们的想法，通过互联网传播者们可以通过人际传播的这一更加直接亲密的交往方式拉近和受众之间的距离。

　　所以说，所谓的"无为"并不是不作为，而是要顺应市场经济的规律，要真正的考虑受众的需求，民生节目的受众大多是地方电视台针对地方居民所开设，所以地方居民的需求就在第一要位，在节目结束以后要通过新媒体和各个居委会来得到受众的反馈意见，真正的切实的去改进节目的不足之处，

---

　　① 王静：《民生新闻的新闻理念探讨》，《中国矿业大学学报：社会科学版》，2005 年第 2 期。

这样才是顺应传播规律，真正到达节目的效果。

　　散发着光芒的先贤的智慧，和来自西方的思想，在东方相遇，在这片土壤之上，指导这新闻传播者们的实践。对我们来说，只有更好的理解这些思想，去粗取精，汲取其中的精华，考虑到当下的具体的世情国情，利用先进的技术，才能真正地让我们的民生新闻秉承民本思想，在这一思想的烛光照耀之下，在思想上把受众置于首位，在传播活动的方方面面认识到受众的重要性，考虑受众的需求，听取受众的意见。也只有如此，民生新闻才能走的长远。

（廖晴　谢清果）

第三十五章　老子语言观
与优化公共领域内口语传播的思路

　　信息时代下，公共领域内的传播活动呈现出多媒体化的趋势，口语传播便是其中一种重要的传播活动类型。如何提高公共领域内口语传播的效果亦成为值得探讨的课题。老子的《道德经》中蕴含着丰富的传播学思想，本章便试图挖掘老子的语言观中对当下公共领域中口语传播活动的借鉴意义，以推动其健康发展。

　　在公共领域内，人们围绕某个议题可以利用各种传播方式共享信息，交流意见。"真理越辩越明"最初便是指在人们互相辩论的过程中真理能够逐渐得到彰显。句中的"辩"后来被引申为泛指一切互动性的交流。进入信息时代，围绕某个公共议题应该如何更好地实行口语传播？我们从老子的语言观中或许可以得到一些借鉴。

　　已有不少学者从不同角度对老子的语言观进行了研究。刘云汉在《〈老子〉的语言辩证观刍议》中指出，悖异修辞是老子语言风格的鲜明特色。杨文滢在《〈老子〉语言的模糊性及其翻译的"留白"》中从词汇、句子及篇章三个层面进行分析，指出老子以模糊立言，构成"道"对读者领悟力的持久召唤。张卫中在《老子对语言传播的批判》中指出老子从批判的角度来说明语言传播的局限性，提出语言传播的最佳境界是"不言"。芦亚楠在《语言和谐理论视角下的老子修辞研究》中认为正是由于老子"自然、和谐、真诚"的修辞追求，《老子》才实现了语音和谐、词汇和谐和语法和谐。

　　有学者探究了老子语言观的深远影响。陈云龙在《老子的语言观及其对后世言语行为的影响》中认为老子对语言采取保守否定的态度，导致后世轻视言语表达，形成以"诚信"为美的言语审美取向及言语表达的"谦虚"模式。黄尚文在《老子的名实思想、语言观及其影响》中认为老子的语言观对中国语言学的发展方向、文艺创作风格、民族文化心理的形成都产生了深刻影响。

口语传播历史悠久。有的学者用文献法从历史学角度研究口语传播，如张伟的硕士论文《先秦文明与口语传播》主要从先秦时期口语传播产生的条件、先秦诸子口语传播的理念等角度来考察先秦时期的口语传播。刘若欠在《倾听与对话——中国古代两种口头信息传播形式》中将古代的口头信息传播活动分为倾听式的单向传播和对话式的双向交流，并认为前者在等级森严的中国古代社会中占主导地位。

影响口语传播效果的因素有哪些？如何提高口语传播的效果？王晓晖在《口语传播中的非言语传播》中强调了非语言传播如身体动作、副语言、环境等因素都在口语传播中发挥着重要作用。糜艳庆在《信息论视角下的口语传播控纵》中分析了口语传播中的信息障碍，并提出优化信息设计、注重角色扮演等建议。

综上所述，对于老子的语言思想的研究成果中，多聚焦在对其语言观中的名实思想、名与道的关系及语言修辞的角度，对老子语言思想的后世影响的研究也多集中于宏观的民族文化及心理层面。信息时代媒介技术飞速发展，信息传播也呈现出多媒体化的趋势，但语言仍然是一切信息传播活动的基础。在口语传播中，传受双方通过口语互相交流，语言的作用更加直接。因此我们便试图挖掘老子的语言观中对当下公共领域中口语传播活动的借鉴意义，以推动口语传播健康发展。

第一节　老子语言思想的公共领域取向

一、语言风格

（一）自然无为

《道德经》中蕴含了丰富的老子语言思想。老子认为语言应当精练简洁，提出"知者不言，言者不知"（第五十六章），即应言简义丰，反对炫耀语言技巧，逞口舌之快。老子提倡"希言自然"（第二十三章），反对"多言"。推及语言传播的效果，老子则认为最佳境界是"不言"。即"圣人处无为之事，行不言之教；万物作而弗始，生而弗有，为而弗恃，功成而弗居。夫唯弗居，是以不去"（第二章）。这里的"不言"实际上就是"无为"。

因此，在公共领域内，传播者应维护传播活动的开放性，引导受众自发地领悟所接受的信息，在认知的过程中得出自己的结论，而不是将传播者自身的观点与思想强加于受众。

（二）真实谦虚

老子反对华而不实的语言，认为应注重诚信，讲究语言的真实性，即"信言不美，美言不信"（第八十一章）。但老子提倡信言、善言，反对美言，但并不是把美与真、善相对立，要人们抛弃对语言艺术性的要求，而是强调应增强对华丽辞藻的警惕性，将语言的真实性置于艺术性之上。正如刘勰在《文心雕龙·情采》中所说："老子疾伪，故称美言不信；而五千精妙，则非弃美矣。"[1]

另外，老子主张"谦言"，即"是以欲上民，必以言下之"（第六十六章）。认为说话时应谦恭退让，在涉及自身或与自身有关的情况时，要采用谦卑的言辞或一些特定的用语。如在指称方面要用谦称或贱称。帝王自称孤、寡人、不穀，一般人称"鄙人""愚兄""贱妾"等。[2]

因此，在公共领域内进行口语传播活动时，传播者应注重口语内容的真实性，不可为吸收受众而故意夸张渲染。同时亦应注重传播方式及内容的亲民性，那种自上而下发号施令式的口语传播是不可取的。

（三）正言若反

矛盾修辞是一种使用字面上意义相反或不相协调的词句组合，形成前后矛盾的表层语意，实质寄寓深厚意蕴的一种修辞手法。[3]《老子》一书中使用了大量的矛盾修辞。如"天下皆知美之为美，斯恶已；皆知善之为善，斯不善已。故有无相生，难易相成，长短相形，高下相倾，音声相和，前后相随"（第二章）、"将欲歙之，必固张之；将欲弱之，必固强之；将欲废之，必固兴之；将欲取之，必固与之"（第三十六章）、"大白若辱；大方无隅；大器晚

---

① 朱丹:《老子的语言风格探析》，湘潭大学硕士学位论文，2008年，第7页。

② 余炳毛:《老子的语言观及其对后世言语行为的影响》，《华夏文化》，1999年第3期。

③ 朱丹:《老子的语言风格探析》，湘潭大学硕士学位论文，2008年，第41页。

成；大音希声；大象无形"（第四十一章）和"大成若缺，其用不弊。大盈若冲，其用不穷。大直若屈，大巧若拙，大辩若讷"（第四十五章）等。

在公共领域的口语传播活动中，传播者亦可灵活运用矛盾修辞等各种修辞方式，通过正言若反的方式，用意义相反的词组来揭示现象与本质的矛盾，刺激受众透过语言进行深层次思考，以辩证的态度对待事物。

二、对语言作用的认识

老子对语言的积极意义给予了肯定，认为语言可以使人认识客观世界，交流思想。老子提出"有名万物之母"（第一章）、"常有欲，以观其徼"（第一章），即指人们通过为世间万物命名，才使万物从独立于人类思维之外的客观世界进入人类的主观世界，并借助语言认识万物的差异。正如卡西尔在他的《人论》中所言，分类必须借助于语言，借助于给事物或现象命名。事物和现象有了具体的名称之后，处于混沌之中的世界才能在我们的头脑中变得清晰而有条理，人类可以用语言将自然世界逐步改造成文化世界，同时用语言来管理世界。①

但老子也深刻认识到语言的局限性。"道可道，非常道；名可名，非常名"（第一章）并非完全否定语言的作用，而是意在提醒人们语言能够表达的意义是有限的。艾伯特·梅热比提出一个公式：沟通双方互相理解 = 语言（7%）+ 表情（55%）+ 语调（38%）。② 可见，非语言符号在交流中发挥着重要的作用，某些无法借助语言表达的意义只能借助于非语言符号的运用。并且，语言具有遮蔽性，常常阻碍人们全面地认识事物。"如果运用概念性语词或语言，人们在对某一事物进行指认时，在对它的某些特性有所揭示的同时总会对其他的特性有所遮蔽。"③

因此，老子提出"常无，欲观其妙"，即是指从无形象处认识事物的微妙。提醒人们语言不能穷尽事物的本相，并且世界上存在着无法用语言表达之物，因此既要走进语言的世界，又要突破语言的牢笼，借助语言之外的直观体悟去领略万物的奥妙。④

---

①　黄敏：《从"道"的命名看老子的语言哲学思想》，《理论界》，2006 年第 6 期。
②　胡正荣：《传播学总论》，清华大学出版社 2008 年版，第 87 页。
③　陈洪杏：《在"名"与"道"的曲通处》，《理论与现代化》，2008 年第 2 期。
④　黄敏：《从"道"的命名看老子的语言哲学思想》，《理论界》，2006 年第 6 期。

第二节　公共领域内口语传播的可道与非常道的困境

哈贝马斯曾对公共领域作了一个简明扼要的界定："所谓'公共领域'，我们首先意指我们的社会生活的一个领域。在这个领域中像公共意见这样的事物能够形成。公共领域原则上向所有公民开放。"[①]"公共领域最好被描述为一个关于内容、观点也就是意见的交往网络。在那里，交往之流被以一种特定方式加以过滤和综合，从而成为根据特定议题集束而成的公共意见或舆论。"在哈贝马斯看来，公共领域是一个人们相互交流而形成的"社会空间"。通过话语交流而进行的观点、内容交流的领域都属于公共领域。[②]

一、公共领域内口语传播的类型

作为人类传播活动的第一个发展阶段，口语传播在语言产生之后到文字被发明之前的历史阶段中，是人类主要的信息传播方式。文字产生后至今，口语依然在人类的传播活动中发挥着不可或缺的作用。[③]

总的来说，可将公共领域中的口语传播主要分为以下几类：一对一式的口语传播，即存在于两个主体之间面对面的口语交流；一对多式的口语传播，如演讲；媒介化的口语传播。随着媒介技术的发展，口语传播还可以借助各种即时通讯工具进行，尤其是借助网络。如视频通话、微信语音聊天等。

二、公共领域内口语传播的特点

与公共领域内的其他传播类型相比，口语传播有以下特点：信息针对性强；及时方便的互动和反馈；亲密的语境氛围；非语言传播因素对传播效果的影响不容忽视。

但在传播过程中，作为音声符号的口语亦有其局限性：

1.口语是靠人体的发声功能传递信息的，由于人体的能量的限制，因此只能在很近的距离内传递和交流；

2.口语使用的音声符号是一种转瞬即逝的事物，记录性较差，口语信息

---

① 陈勤奋:《哈贝马斯的"公共领域"理论及其特点》,《厦门大学学报（哲学社会科学版）》, 2009 年第 1 期。

② 王晓升:《"公共领域"概念辨析》,《吉林大学社会科学学报》, 2011 年第 4 期。

③ 北京大学新闻与传播学院:《网上课堂：传播学概论》, 2007-11-21/2012-12-30, http://sjc.pku.edu.cn/NetClass/topic.aspx?topicid=2416。

的保存和积累只能依赖于人脑的记忆力。因此口语传播受到空间和时间的巨大限制，在传播过程中亦容易因口口相传而出现信息失真。①

同时，与其他场合中的口语传播相比，公共领域的开放性使其中的口语传播能辐射众多受众，并且由于公共领域内的焦点议题往往与公众的利益密切相关，因此，口语传播活动所产生的影响便更为巨大。"7·23"甬温线动车追尾事故发生后，铁道部新闻发言人王勇平在新闻发布会上说出了这样几句话："这只能说是生命的奇迹"，"至于你信不信，我反正信了"。不仅未起到正视听、解民惑的积极作用，反而导致了广大受众对官方的强烈质疑，不仅给传播者带来了信任危机，更产生了严重的不良社会影响。

三、"道可道，非常道"：公共领域内口语传播面临的挑战

老子深刻洞察了语言的局限性，"道可道，非常道"的悖论同样存在于公共领域内的口语传播中。在公共领域内，人们试图通过包括口语传播在内的各种方式来得到关于某个公共议题的正确观点及解决方法，从而维护公共利益，推动社会进步。但就口语传播而言，它所面临的挑战之一便是人们能否及如何能够在公共领域内通过口语传播获得真理。

1957年《学术月刊》刊发了一篇署名"薺甘"的文章《真理愈辩愈明》。文中写道："对展开学术争论应当大胆放手。在大家还有顾虑和不习惯于论战的时候，提出'大胆的争大胆的鸣'也是适宜的。我们总要相信：真理愈辩愈明。"对此作者的论据是："真正的马克思列宁主义者不但不怕争论，而且必须通过争论才能坚持真理。马克思和列宁都是在争论中建设了正确的理论，作为马克思列宁的学生都应当学习和继承马克思列宁主义的战斗性。"对此西方也有相似的观点，如约翰·密尔顿在《论出版自由》一书中提出的"意见自由市场"理论，亦认为应让各种意见得到均等的传播机会，因为真理能够在与谬误的斗争中不断自我纠正完善，最终战胜谬误。

但真理是否愈辩愈明一直存在争议。因为首先真理不能只停留在辩论的阶段，实践才是检验真理的唯一标准。其次，真理具有无限性，这与老子所说的"道"有相似之处，因此无限的真理也难以被有限的语言所表达。通过辩论能否得到真理还受到当下人们认识水平及辩论素养的影响，偏见的力量使一部分人难以客观中立地审视所辩议题，只是一味固执己见。上海师范大

---

① 百度百科：http://baike.baidu.com/view/713073.htm。

学哲学系教授柳延延在《解放日报》发表文章《真理能否越辩越明》指出："新近出现的网络公共空间的'哄客'，习惯于用暴力的酷语、色语和秽语来武断地表达自己的立场，他们的作用是'搅场'，这不仅使论争者失去了必不可少的中立第三方的听众，还会使辩论双方更加偏激，越说越僵，最终变成仇寇。"①

在公共领域内，公众常常会以口语传播的方式展开真理之辩。就其效果而言，同样应辩证看待。

1. 积极作用：通过口语传播，公众能够彼此交流信息，进行沟通与理解，在观点的碰撞中使意见不断得到修正，接近真理，以民主的方式推动议题的合理解决。即使受到认识水平等诸多因素的影响，暂时无法最终辩明真理，通过参与公共领域中的口语辩论，也有利于公众情绪的宣泄。使公众共享一种参与感，认为自己能够通过对议题的讨论左右最终的解决方案，从而满足自尊心及社会认同，从而提高政治热情及公民素质。同时，根据库利的镜中我理论，通过口语传播公民了解到他人对自己的看法，有利于对自我形成更加清晰的认知。

2. 消极影响：由于参与者的素养参差不齐，公共领域中的口语传播也会出现各种意见鱼龙混杂，甚至无序混乱的状况。而根据沉默的螺旋理论，也可能会出现错误意见越来越占据主导地位，最终谬误暂时战胜真理的情况。

另外，正如老子所说的"信言不美，美言不信"（第八十一章），公众易被华而不实富有煽动性的言论或别有用心的"美言"所迷惑，受到误导而发生集群行为。拉扎斯菲尔德和默顿曾指出大众传播的负效果之一便是精神麻醉，即大众传播的产品把人们吸引到对事物的关注和讨论上，而不是采取行动。人们不再积极参与公共事务，而是消极旁观。②公共领域内围绕某个议题而进行的口语传播也可能产生这样的消极影响，人们一味情绪化地进行口语交流，忽视反思与内省。

---

① 柳延延：《真理能否越辩越明》，《解放日报》，2012 年 9 月 11 日（第 10 版）。
② 胡正荣：《传播学总论》，清华大学出版社，2008 年版，第 117 页。

第三节　老子语言观对优化公共领域内口语传播活动的意义

随着民主政治的发展及公民权利意识的增强，公共领域内针对某个公共议题的信息传播活动也愈加复杂，各种传播方式及传播媒介相互交织融合。如何提高口语传播的效果，使公共领域中的口语传播真正起到传播真理、维护公众利益并推动问题建设性解决的良好效果，我们或许可以从老子的语言观中得到些许启迪。

一、受众对公共领域口语传播的自觉审思

（一）在口语传播中应增强对信息的批判意识，意识到"信言不美，美言不信"，不被华而不实或别有用心的"美言"所迷惑。

（二）老子提出"常无，欲观其妙"，"道可道非常道"，受众亦应认识到语言不能穷尽事物的本相，从而注重借助语言之外的直观体悟去领略万物的"奥妙"。如通过观察传播者的姿势、表情等，挖掘传播者口语背后的潜在信息，增强对信息的判断力。

（三）防止对口语传播及其他一切信息传播方式的过分依赖，不一味地接受信息，沦为信息的奴隶，而是注重增强自省及反思，及时消化信息，形成自己的观点和态度，以此来指导行动。

（四）受众还应认识到真理的无限性及特定时空下个体认识的有限性，对真理保持敬畏之心，不自满，不断探索。

二、传播者当保有公共领域口语传播的自然谦下意识

（一）传播者要摒弃华而不实、故弄玄虚的辞藻，语言风格做到自然朴实，同时说真话，讲究诚信。

（二）同时，老子说道："是以欲上民，必以言下之。"（第六十六章）即传播者要以谦虚之心面对受众，双方之间进行平等沟通。

（三）老子提出"知者不言，言者不知"（第五十六章），因此传播者在口语传播中应注重"行不言之教"，不仅利用语言进行口头传播，还应身体力行，这样有利于提高信息的传播效果，增强信息对受众的说服力和影响力。

（四）老子认为最佳境界是"不言"。即"圣人处无为之事，行不言之教；万物作而弗始，生而弗有，为而弗恃，功成而弗居。夫唯弗居，是以不去"。

（第二章）这里的"不言"实际上就是"无为"。因此传播者不应将观点强加于受众，而应从受众的利益出发进行口语传播活动，引导受众自发地对信息进行体悟，从中得出自己的观点和结论。

（王小贝　谢清果）

参考文献

[1] 梁启超等：《名家品老子》，中国华侨出版社，2009 年版。

[2] 郭志坤：《先秦诸子宣传思想论稿》，福建人民出版社，1985 年版。

[3] 斯蒂芬·利特约翰，凯伦·福斯：《人类传播理论》，史安斌译，清华大学出版社，2009 年版。

[4] 王弼注：《王弼集校释》，楼宇烈校释，中华书局，1980 年版。

[5] 谢清果：《老子形象思维及其现代价值》，《福建师范大学学报》，2002 年第 1 期。

[6] 余培林：《老子快读》，海南出版社、三环出版社，2004 年版。

[7] 谢清果：《道家语言传播效果的求美旨趣》，《哲学动态》，2008 年第 3 期。

[8] 朱杰：《仪式传播观浅议》，《当代传播》，2007 年第 2 期。

[9] 张建中：《詹姆斯·凯瑞与美国传播学研究》，《国际新闻界》，2007 年第 4 期。

[10] 王晶：《传播仪式观研究的支点与路径——基于我国传播仪式观研究现状的探讨》，《当代传播》，2010 年第 3 期。

[11] 萧兵，叶舒宪：《老子的文化解读——性与神话之研究》，湖北人民出版社，1994 年版。

[12] 谢清果：《和老子学传播——老子传播的沟通智慧》，宗教文化出版社，2010 年版。

[13] 王明：《道教与传统文化研究》，中国社会科学出版社，1995 年版。

[14] 陈鼓应：《老子注释及评价》，中华书局，1984 年版。

[15] 江作苏，梁锋，王雪莲：《媒介公信论》，新华出版社，2010 年版。

[16] 魏超：《老庄传播思想散论》，中国轻工业出版社，2010 年版。

[17] 陈汝东：《新兴修辞传播学理论》，北京大学出版社，2011. 年版。

[18] 王德春，陈晨：《现代修辞学》，上海外语出版社，2001 年版。

[19] 陈汝东：《社会心理修辞学导论》，北京大学出版社，1999 年版。

［20］黄友敬：《老子传真》，儒商出版社，2003 年版。

［21］黄友，许道恒：《老子》，海风出版社，2011 年版。

［22］谢清果、郭汉文：《和老子学管理——老子的组织传播智慧》，宗教文化出版社，2011 年版。

［23］谢清果：《内向传播的视阈下老子的自我观探析》，《国际新闻界》，2011 年第 6 期。

［24］饶尚宽：《老子》中华书局，2006 年版。

［25］袁培智、袁辉：《老子新译——〈道德经〉评注》，宗教文化出版社，2002 年版。

［26］任悦：《视觉传播概论》，中国人民大学出版社，2008 年版。

［27］杨钢元：《具象传播论》，人民文学出版社，2008 年版。

［28］周宪：《视觉文化的转向》，北京大学出版社，2008 年版。

［29］[英] 理查德·豪厄尔斯：《视觉文化》，葛红兵 等译，广西师范大学出版社，2007 年版。

［30］[法] 居伊·德波：《景观社会评论》，梁虹译，广西师范大学出版社，2007 年版。

［31］杨钢元：《形象传播学》，中国人民大学出版社，2012 年版。

［32］龚鹏程：《道教新论》，北京大学出版社，2009 年版。

[33] 陈力丹：《舆论学——舆论导向研究》，中国广播学院出版社，1999 年版。

[34] 胡百精：《危机传播管理》，中国人民大学出版社，2009 年版。

[35] 清宁子：《老子道德经通解》，鹭江出版社，1996 年版。

[36] 仝冠军：《先秦诸子传播思想研究》，北大博士学位论文，2005 年版。

[37] 李泽厚：《美的历程》，天津社会科学院出版社，2001 年版。

[38] 王效先：《老子通》，江苏人民出版社，2009 年版。

[39] 郭庆光：《传播学教程》，中国人民大学出版社，1999 年版。

[40] 王学典：《新闻写作技巧与范例大全》，吉林大学出版社，2009 年版。

后　记

　　老子的《道德经》对于我这位既是她的读者，又是她的研究者，应该说不算陌生，因为我读她已 20 载有余，也先后出版了《紫气东来——太上道祖圣传》、《老子大道思想指要》(2006)、《和老子学传播》(2010)、《和老子学管理》（与郭汉文合著，2011）、《和老子学养生》（与郭汉文合著，宗教文化出版社，2011）、《先秦两汉道家科技思想研究》（东方出版社，2008）、《道家科技思想范畴引论》（宗教文化出版社，2013）、《中国道家之精神》（与业师詹石窗教授合著，复旦大学出版社，2009）、《〈道德经与当代传媒文化〉》（世界道联出版社，2014）等 10 部著作。然而，一方面钻研《老子》日益成为我生活中的一大乐趣，另一方面，我也越发感到要真正读懂《老子》，照着讲，已经是件十分艰难的工作，况且真正的学者应当是能够顺着老子思想的要义，接着讲，讲出时代韵味，反映民族精神，体现时代精神，使老子不仅活在春秋末期，更能够活在世人的心中，这又是何当的一种挑战！不过，这样的挑战是我所不能回避，且只能正视的挑战。

　　我坚信任何历史都是当代史，任何思想都应当怀有现实关怀，脱离时代的思想的苍白无力的，只有根植时代的土壤，回应百姓的内心愿望的思想才是受欢迎且长寿的思想。这样的理想，虽不能至，但心想往之。我牢记老子教诲"千里之行，始于足下"，因此，多年来我在厦门大学给本科生开设"道德经导读""中国道家精神概论"《道德经》与人际沟通概论"等课程，也给研究生开设"老子传播思想研究"课程，分"老子健康传播思想研究""老子人际传播思想研究""老子大众传播思想研究""老子组织传播思想研究"等模块，这些模块在长期的耕耘下，逐步都汇集成著作出版，读者诸君现在看到的，便是其中我们探索"老子思想与大众传播"专题的成果结晶。在这个过程中，最值得我欣慰的是，我带领三四十位研究生（他们大多以前没有读过《老子》），使他们在很短的时间内不仅相对熟悉老子思想，而且还能按着我规划的研究提纲和基本思路，先是做专题文献综述，写出初步大纲，经过讨论，调整写作提纲，再进入写作，初稿写成后，又经过多次修改而成。我们的基本追求是力求在把握《老子》思想原义的基础上，努力做到古今对话，将老子思想贯彻到传播学的各个领域，尤其是大众传播学的各个层面，如舆论传播、宣传学、说服学、战略传播等，一方面丰富人们对相关领域的思考，使老子思想跨越时代的鸿沟，转化为智慧，指导人们处理各个领域的传播实践；另一方面又拓宽了老学研究的新领域和新视角，实现跨学科交叉创新。

当然，我们也深知，我们虽众志成城，但终究面对的是"微妙玄通，深不可识"的《老子》思想体系，我们所撷取的无疑只是沧海之一粟。何况即便只是一滴水，尚且可不同角度折射太阳的光辉，因此，我们很惶恐自己所谈的认识是否准确无误地表达了老子思想，是否准确把握了传播学相关领域的深邃思想。不过，我们相信思想只有在交流中才能越发犀利，激浊扬清。相信聪明且善良的读者一定不仅能够体谅我们的不足，而且能够不断超越我们，以使老子智慧的种子播撒到尽可能多的朋友心里，使他们有着如老子般慈爱之心，如老子般无事而取天下之力，如此这般集合天下人的心力，这个社会，这个世界一定会越来越和谐，越来越民主、自由、平等、博爱，这便是老子所期盼的"太上，下知有之"的理想社会。在这个社会里，领导者能够"功成事遂，百姓皆曰：'我自然'"，君子之交淡如水，人与人相忘于江湖，至乐无乐！

感谢"厦门大学繁荣哲学社会科学计划（2011—2021）"为本书提供的出版资助，特此致谢。

谢清果
谨识于若水居
2014 年 8 月 5 日
修订于 2016 年 1 月 22 日